U0936060

珍藏本·增订本

纪念版

汉译世界学术名著丛书

论人

〔意〕托马斯·阿奎那 著

段德智 译

St. Thomas Aquinas
SUMMA THEOLOGICA
Benziger Brothers, Inc., 1946
* * *
S. Thomae De Aquino
SVMMA THEOLOGIAE
Collège Dominicain d'Ottawa, 1941

本书根据本兹格兄弟公司 1946 年版和渥太华多米尼克学院 1941 年版译出

汉译世界学术名著丛书
（120 年纪念版·珍藏本）
增订本出版说明

2017 年 10 月，为纪念商务印书馆创立 120 周年，本馆推出“汉译世界学术名著丛书”（120 年纪念版·珍藏本），计七百种。近五六年来，仰赖学界同人倾力支持，订正旧译，增补新译，拓展新著，积累日多。为满足读者需要，本馆在七百种的基础上，继续推出“汉译世界学术名著丛书”（120 年纪念版·珍藏本·增订本）三百种。至此，“汉译世界学术名著丛书”累计出版已达千种。

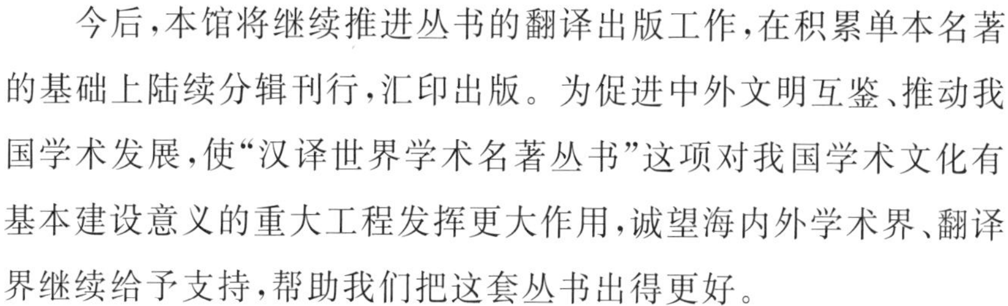

今后，本馆将继续推进丛书的翻译出版工作，在积累单本名著的基础上陆续分辑刊行，汇印出版。为促进中外文明互鉴、推动我国学术发展，使“汉译世界学术名著丛书”这项对我国学术文化有基本建设意义的重大工程发挥更大作用，诚望海内外学术界、翻译界继续给予支持，帮助我们把这套丛书出得更好。

商务印书馆编辑部

2024 年 2 月

汉译世界学术名著丛书
（120年纪念版·珍藏本）
出版说明

2017年2月11日，商务印书馆迎来120岁的生日。120年前，商务印书馆前贤怀揣文化救国的理想，抱持“昌明教育，开启民智”的使命，立足本土，放眼寰宇，以出版为津梁，沟通中西，为中国、为世界提供最富智慧的思想文化成果。无论世事白云苍狗，潮流左右激荡，甚至战火硝烟弥漫，始终践行学术报国之志，无改初心。

逐译世界各国学术名著，即其一端。早在20世纪初年便出版《原富》《天演论》等影响至今的代表性著作，1950年代后更致力于外国哲学和社会科学经典的译介，及至1980年代，辑为“汉译世界学术名著丛书”，汇涓为流，蔚为大观。丛书自1981年开始出版，历时三十余年，迄今已推出七百种，是我国现代出版史上规模最大、最为重要的学术翻译工程。

丛书所选之书，立场观点不囿于一派，学科领域不限于一门，皆为文明开启以来，各时代、各国家、各民族的思想与文化精粹，代表着人类已经到达过的精神境界。丛书系统译介世界学术经典，引领时代思想，为本土原创学术的发展提供丰富的文化滋养，为推动中国现代学术和现代化进程做出了突出的贡献。

为纪念商务印书馆成立120周年，我们整体推出“汉译世界学术名著丛书”120年纪念版的珍藏本，寄望既利于文化积累，又便于研读查考，同时向长期支持丛书出版的译者、编者和读者致以敬意。

两甲子后的今天，商务印书馆又站在了一个新的历史时间节点上。我们不仅要铭记先辈的身影和足迹，更须让我们的步伐充满新的时代精神。这是商务人代代相传的事业，更是与国家和民族的命运始终紧密相连的事业。我们责无旁贷，必须做好我们这代人的传承与创造，让我们的努力和成果不仅凝聚成民族文化的记忆，还能成为后来人可以接续的事业。唯此，才能不负前贤，无愧来者。

商务印书馆编辑部

2017年10月

导　读

段德智

《论人》原本是托马斯·阿奎那《神学大全》第一集中的1卷，2013年商务印书馆在推出第一集时曾与该集其他6卷一并出版，现在要出单行本，有必要对其作者及其出处、行文格式、基本内容和学术价值作出特别说明。

《论人》的作者及其出处

《论人》的作者是托马斯·阿奎那。托马斯（1224/1225—1274）不仅是西方中世纪哲学和神学的代表人物，而且在西方哲学史、基督宗教神学史乃至世界文化史上也享有崇高地位。

现代西方大哲罗素虽然囿于分析哲学对于托马斯的形而上学立场颇有微词，但在谈到他的哲学影响时，还是不无公正地指出："圣托马斯不仅有历史上的重要性，而且还具有当前的影响，正像柏拉图、亚里士多德、康德、黑格尔一样，事实上，还超过后两人。"[①]

① 罗素：《西方哲学史》上卷，何兆武、李约瑟译，商务印书馆1981年版，第549页。

托马斯在基督宗教神学史上的地位同样极其崇高。他不仅于1323年被教皇约翰二十二世(1316—1334在位)册封为“圣徒”,而且还于1567年被教皇庇护五世(1566—1572在位)加封为“圣师”,其“学说”也被宣布为“无与伦比”,[①]从而不仅使其成为与安布罗斯、哲罗姆、奥古斯丁和格列高利相提并论的最伟大的拉丁神学家,而且还赢得了青云独步天主教神学论坛的声誉。更有甚者,利奥十三世(1878—1903在位)在其于1879年发表的《永恒之父通谕》中不仅发出了“重建托马斯主义”的号召,把托马斯的哲学规定为天主教的“唯一真正哲学”,而且还毫无顾忌地称颂托马斯“天下无双”,“作为所有经院博士的大师和帝王,高高地矗立在他们所有人之上”,“他的上帝的知识和人的知识竟是如此的丰富,他就像是太阳”。[②]

托马斯不仅在西方哲学史和基督宗教神学史上享有崇高地位,而且对世界文化也产生了深广影响。20世纪末,英国广播公司举办了人类第二个千年最伟大思想家的网上评选活动,结果托马斯力压霍金、康德、笛卡尔、麦克斯韦和尼采,以排名第五的身份跻身于“千年十大思想家”之列。托马斯对世俗社会和世界文化影响之深广,由此可见一斑。

托马斯寿命不长,却著作等身。其著作主要有《〈箴言四书〉注》《论存在者与本质》《神学纲要》《反异教大全》《神学大全》《论独一理智》《论世界的永恒性》《论自然原理》《论真理》《论上帝的能

① 参阅傅乐安:《托马斯·阿奎那的基督教哲学》,上海人民出版社1990年版,第216页。

② 教皇利奥十三:《永恒之父通谕》(段德智译),见托马斯·阿奎那:《神学大全》第一集,第7卷,段德智、徐弢译,商务印书馆2013年版,第263、259页。

力》《论灵魂》《论受造的精神》和《论德性》等。如果将其全部汉译出来，其字数当在2000万之上。尽管教皇约翰二十二世有“托马斯著作的每一章节都包含有无比的力量”的赞誉，[①]但若就著作内容的博大精深、全面系统和影响深广论，《神学大全》无疑是其最有代表性的著作。对于这部皇皇巨著，教皇利奥十三世在其著名的《永恒之父通谕》中曾经由衷地感叹道：“托马斯首要的和真正独享的荣誉，任何一个天主教博士都不能分享的荣誉，在于：在特伦特大公会议期间，神父们竟一致同意，将托马斯的《神学大全》与《圣经》和至上教皇的教令一起，摆放在祭坛上，昭示它们乃人们寻求智慧、理性、灵感和各种答案的源泉。”[②]

《神学大全》是托马斯在其完成另一部代表作《反异教大全》之后即动手写作的，具体地说，是从1266年开始写作的。该著共分三集。其中第一集是他在罗马任教廷顾问期间（1266—1268年）写出来的。第二集是他在巴黎大学任教期间（1268—1272年）写出来的。第三集则是他在意大利那不勒斯大学任教期间（1272—1273年）写出来的。《神学大全》是托马斯的一部未竟著作。当托马斯于1273年，即临终前一年写到第三集第90个问题时，他便戛然搁笔了。对于该著的未竟部分，他的信徒们在集结其早年有关作品，特别是在集结其《〈箴言四书〉注》中的有关内容的基础上予以补充。这也就是我们通常所说的“补编”。就主题内容而论，第一集为“上帝论”，第二集为“伦理学”，第三集为“教理神学”。具体

① 参阅傅乐安：《托马斯·阿奎那的基督教哲学》，上海人民出版社1990年版，第216页。

② 教皇利奥十三：《永恒之父通谕》（段德智译），见托马斯·阿奎那：《神学大全》第一集，第7卷，段德智、徐弢译，商务印书馆2013年版，第263、259页。

地说，第一集着重讨论的是上帝的本质、位格和运行问题。第二集主要讨论的是人的道德伦理行为，广泛涉及“终极目的”“习性”“律法”“恩典”“三超德”（信德、望德和爱德）和“四枢德”（智德、义德、勇德和节德）诸问题。第三集则着重讨论了“道成肉身”“圣事”“复活”和“最后之事”等。

《神学大全》第一集“论上帝”，顾名思义，是专门用来“研究上帝”的。[①] 具体地说，该集分为7卷：第1卷为《论上帝的本质》，第2卷为《论三位一体》，第3卷为《论创造》，第4卷为《论天使》，第5卷为《论六天工作》，第6卷为《论人》，第7卷为《论上帝的管理》。这就是说，《论人》是托马斯《神学大全》中的一个部分，是《神学大全》第一集中的一个部分（为其中第6部分，也就是我们所说的第6卷），它的这样一种“出处”或“语境”不仅为我们了解或理解它的行文格式和基本内容提供了线索，而且也为我们了解和理解它的学术价值提供了线索。

《论人》的行文格式

《神学大全》虽然与《反异教大全》同为托马斯的代表作，但行文格式却大不相同。《反异教大全》是以卷、部、章和节的形式铺陈的。全书分4卷，共设22部473章，其中第1卷《论上帝》，含7部102章；第2卷《论创造》，含6部101章；第3卷《论运筹》，含5部163章；第4卷《论救赎》，含4部97章。每章长短不一，各有若干

① 参阅托马斯·阿奎那：《神学大全》第一集，第1卷，段德智译，商务印书馆2013年版，第15页。

节文字组成。《神学大全》则是依照当时大学教材的体例编写的。全书不分章节,也不分卷。我们所说的各卷,是我们遵照惯例,为了方便读者阅读和理解该书,根据有关内容添加上去的。当时的大学教材通常是以论辩问题的形式展开的。《神学大全》,如上所述,分为三个部分,我们称之为"集"。其中,第一集(Prima Pars)含 119 个问题。第二集上部(Prima Secundae)含 114 个问题,第二集下部(Secunda Secundae)含 189 个问题。第三集(Tertia Pars)正文含 90 个问题,补编有 99 个问题。这样,《神学大全》便含 611 个问题。如果将附录中的两个问题考虑在内,《神学大全》则共含 613 个问题。

按照中世纪程序化的教学法,"争辩"或"问题争辩"乃教学活动的一个基本环节。在课堂上开展"争辩"的秩序大体是:先是由教师提出一个论点,接着由教师本人或由学生对该论点提出反驳;然后由助教对这一论点进行正面论证,并且答复反驳意见;学生或教师可以针对助教的论证提出新的反驳;在反复发问与回答、论证与反驳之后,最后由教师作出最初提出的论点是否成立的结论。这样一种方法可以一直上溯到亚里士多德。如所周知,亚里士多德曾经将推理区分为两种:一是"证明",一是"辩证"。证明的前提在于"在两个矛盾的命题之中肯定一个",而辩证的前提则"取决于对手在两个矛盾命题之中的选择"。[①] 亚里士多德倾向于将辩证推理视为论辩的艺术,这也就是我们常说的辩证法。至中世纪,出现过"辩证法"与"反辩证法"之争,其实质在于究竟是支持还是反

① 亚里士多德:《分析前篇》,24a22—27。

对将辩证法(辩证推理)运用到基督宗教神学领域,是支持还是反对哲学的相对独立性以及它对基督宗教神学的普遍适用性。当时著名的辩证法学者阿伯拉尔的主要著作之一即为《是与否》。该著不仅列举了156个神学问题,而且还对每个问题都列出肯定与否定两种相反的意见,可以看作是中世纪辩证神学的雏形。托马斯在《神学大全》中展现的正是这样一种辩证精神和哲学论证方法。在《神学大全》中,每个问题(quaestio)之下都设定若干个论题(articunlus),为简洁计,我们称之为"条"。论题数目不一,有的多到十几个,有的则只有一个。例如,第一集问题71"论第五天的工作"和问题72"论第六天的工作"只含1条,而问题14"论上帝的知识"则含16条。[①] 在阐述和争辩每个问题时,往往先开列出各个相关论题,然后依次逐个阐述和争辩每个论题。阐述和争辩每个论题的程序或结构如下:(1)"异议",列出与作者在此论题上所持立场相反的意见,可视为"反方意见"。(2)"异议理据",即反方列出支持其意见的种种理由。(3)"正方意见",往往以"但是,从另一个方面看(Sed Contra)"开场。正方意见与反方意见("异议")针锋相对,往往比较接近托马斯的观点,但却并非全然代表托马斯的观点。有人断言"正方意见"即代表托马斯的观点,实在是一种误会。其实,真正全面展现托马斯本人观点的则是下面两个环节。(4)"主题论点",正面阐述托马斯本人的观点。文中往往以"我的回答是(Respondeo dicendum quod)"开场,虽说主要阐述的是正方

① 参阅托马斯·阿奎那:《神学大全》第一集,第4卷与第5卷,段德智、方永译,商务印书馆2013年版,第301—309页;第1卷,段德智译,商务印书馆2013年版,第236—237页。

意见的立场，但也常常接纳反方意见（“异议”）中的某些观点，从而在很多场合下呈现出综合正方意见与反方意见（“异议”）的态势。当然，在大多数场合下，这一部分阐释的只是与反方意见（“异议”）全然对立的观点。（5）根据“主题论点”逐一“答复”异议的诸项理据。但在一些情况下，托马斯在这一部分中则同时答复“反方意见”和“正方意见”的各项理据，从而使整个论辩过程形成了从“反题”和“正题”达到“合题”的辩证效果。例如，在《神学大全》第一集问题 13 第 10 条中，托马斯即采取了这样一种论辩立场。这一条的中心论题是“上帝”这个名称究竟是否“单义”地应用到上帝身上。反方意见（“异议”）主张“上帝”这个名称是“单义”地应用到上帝身上的，且提供了三个理由。而正方意见则主张“上帝”这个名称是“多义”地应用到上帝身上的，且提供了两个理由。托马斯的主题论点是：“上帝”这个名称既不是“单义”地也不是“多义”地应用到上帝身上的，而是“类比”地应用到上帝身上的。于是，托马斯便据此而一并逐一答复了“反方意见”和“正方意见”的上述 5 个理由。[①]

这样一来，《论人》的行文格式便不难理解了。既然如上所述，按照中世纪程序化的教学法，“问题争辩”构成教学活动的基本内容，既然每个“问题”又往往下设多个“子问题”（也就是我们的所谓“条”），既然问题争辩（更确切地说是“子问题”争辩）是以“异议”“异议理据”“正方意见”“主题论点”和“答复异议”为其基本程序，既然托马斯是一个中世纪学者，既然整个《神学大全》采取的正是

① 参阅托马斯·阿奎那：《神学大全》第一集，第 1 卷，段德智译，商务印书馆 2013 年版，第 227—230 页。

这样一种行文格式，则当我们阅读《论人》时，当我们看到托马斯讨论的只是一个个问题（总共讨论了 28 个问题），看到托马斯在讨论每个问题时，总是先开列出该问题所包含的诸多“子问题”（即“条”），然后以“异议”“异议理据”“正方意见”“主题论点”和“答复异议”逐个讨论各个子问题（即“条”），也就不以为奇了。

在阅读《论人》时，读者还会提出另外一个具体问题：《论人》劈头就讨论“问题 75”，这究竟是怎么回事？其实，这个问题和上个问题一样，也是由《神学大全》的行文格式决定的。如上所说，《神学大全》是依照当时大学教材的体例编写的，也就是围绕论辩问题的形式铺陈的。就第一集来说，总共讨论了 119 个问题。这些问题相继涉及上帝的本质、三位一体、创造、天使、六天工作、人和上帝的管理等七个问题。其中，第 1 卷《论上帝的本质》讨论的是第 1—26 个问题；[①]第 2 卷《论三位一体》讨论的是第 27—43 个问题；第 3 卷《论创造》讨论的是第 44—49 个问题；第 4 卷《论天使》讨论的是第 50—64 个问题；第 5 卷《论六天工作》讨论的是第 65—74 个问题；第 7 卷《论上帝的管理》讨论的是第 103—119 个问题。这样一来，第 6 卷《论人》讨论的便是而且也只能是第 75—102 个问题，而它讨论的第一个问题便是而且也只能是“问题 75”。

《论人》的基本内容

《论人》作为托马斯《神学大全》第一集中的一个部分（为其中

① 其中，第 1 个问题“论神圣学问的本性与范围”也可以说是整个《神学大全》的一个序言。若如是观，我们便应当改口说，问题 2—26 讨论的是“上帝的本质”。

第 6 部分,也就是我们所说的第 6 卷),它的这样一种“出处”或“语境”不仅为我们了解或理解它的行文格式提供了线索,而且也为我们了解或理解它的基本内容提供了一些线索。

《论人》的核心内容与其语境或上下文密切相关。《论人》一卷的内容非常丰富,但归根到底所讲的都是“人”,更进一步说,一如“问题 75”本身所表明的,都是“由精神和有形实体组合而成的人”。但在《神学大全》第一集中,人是以“受造物”的身份出现的。讲“人”这种受造物无疑会涉及两个方面的问题:一方面,既然谈“受造”,相应地就有一个“受造物的产生”问题或“创造”问题,就有一个上帝的存在和本质以及上帝的位格问题,这些也就是《神学大全》第一集第 1 卷《论上帝的本质》和第 2 卷《论三位一体》的核心内容;另一方面,既然谈人这种“受造物”,首先就有一个人与其他受造物的“区别”问题,也就是人与“天使”(精神受造物)和“物体”(有形受造物)的比较和区别问题,而为要进行这样一种比较和区别,我们就必须了解“天使”和“物体”,这就是说,我们就必须先行了解《神学大全》第一集第 3 卷《论创造》和第 4 卷《论天使》,因为非如此,我们便不足以了解人的本质规定性,不足以了解或理解作为《论人》一书根本对象的“由精神和有形实体组合而成的人”。此外,“上帝的管理”固然也涉及天使和物体(有形实体),但其主要管理的无疑还是人。因为离开了人或“由精神和有形实体组合而成的人”,上帝的管理便近乎无的放矢。因此,《论人》与第 7 卷《论上帝的管理》也密不可分。更进一步说,离开了“人”,便既无所谓“伦理学”也无所谓“救赎论”,《神学大全》第二集和第三集的全部内容也就因此而丧失了

其固有的价值。所以，我们只有从《神学大全》第一集乃至从整个《神学大全》的宏观视野来尝试把握《论人》的思想内容，方能对其有一种全面和深刻的了解和理解。

现在，我们就来看看《论人》一书围绕着“由精神和有形实体组合而成的人”这个中心话题究竟谈论了些什么？从总体上看，《论人》一书主要讲了两个大问题：一个是“人的本性”(问题 75—89)，另一个是“人的起源”(问题 90—102)。

在讨论人的本性时，托马斯着重从“本质”“能力”和“活动”三个层面讨论了灵魂问题。

在讨论灵魂的本质时，他先是以问题 75 考察了“灵魂本身”，接着以问题 76 考察了“身体与灵魂的结合”。在考察“灵魂本身”时，托马斯主要提出和论证了下述几个观点：(1)“灵魂，并不是一种形体，而是一种形体的现实”(第 1 条)；(2)“灵魂的理智运作的原则，作为一项原则，既是无形的，又是独立存在的”(第 2 条)；(3)“人是由灵魂和身体组合而成的”(第 4 条)；(4)“灵魂不具有任何质料”(第 5 条)；(5)“理智灵魂是不可能朽坏的”(第 6 条)；(6)“灵魂与天使并不属于同一个种相”(第 7 条)。在考察“身体与灵魂的结合”时，托马斯主要提出和论证了下述几个观点：(1)“理智是人的身体的形式”(第 1 条)；(2)“理智存在有其个体性”(第 2 条)；(3)“在人身上，感觉灵魂、理智灵魂和营养灵魂从数值方面看是一个灵魂”(第 3 条)；(4)“在人身上，除理智灵魂外并不存在有任何别的实体形式”(第 4 条)；(5)“理智灵魂不仅具有理解能力，而且也具有感觉能力”(第 5 条)；(6)“理智灵魂并不是藉偶性配置的中介而同身体结合在一起的”(第 6 条)；(7)“灵魂并不是借助形体同动物身体结合在一起的”(第 7 条);(8)“整个灵魂都是存在于整个身体之中的”(第 8 条)。

托马斯在考察过“灵魂的本质”之后,紧接着在问题 77—83 中考察了“灵魂的能力”。他先是在问题 77 中对灵魂的能力问题作了一般的探讨,然而在问题 78—83 中又对之作了具体的探讨。

在“概论灵魂能力问题”时,托马斯着重强调了下述几点:(1)“灵魂有各种不同的能力”(第 2 条);(2)“能力是就它们的活动和对象而区别的”(第 3 条);(3)“灵魂的诸能力之间是具有次序的”(第 4 条);(4)“灵魂单独并不是所有能力的主体”(第 5 条);(5)“灵魂的能力是由作为它们的原因的本质产生出来的”(第 6 条);(6)“灵魂的一种能力是由另一种能力产生出来的”(第 7 条);(7)“当灵魂离开身体时,灵魂的感觉能力就不复存在了”(第 8 条)。

在具体考察灵魂的能力时,托马斯将灵魂的能力区分为三种,他称之为“作为理智‘前奏’的能力”(问题 78)、“理智能力”(问题 79)和“欲望能力”(问题 80—83)。在考察“作为理智‘前奏’的能力”时,托马斯虽然也论及“营养能力”和“运动能力”,但他特别注重的则是“感觉能力”,从而比较详尽地论述了五种“外感觉”(视觉、听觉、嗅觉、味觉和触觉)和五种“内感觉”(通感、幻想、想象、估计能力和记忆能力)。在谈到理智能力时,托马斯主要强调了下述几点:(1)“从一个意义上讲,理智是一种被动的能力”(第 2 条);(2)“我们必须承认有一种能动理智”(第 3 条);(3)“有多少个灵魂也就有多少个能动理智”(第 5 条);(4)“高级理性和低级理性是同一种能力”(第 9 条);(5)“思辨理智和实践理智并不是不同的能力”(第 11 条);(6)“良知并不是一种能力,而是一种活动”(第 13 条)。托马斯从“概论欲望能力”(问题 80)、“论感觉欲望能力”(问题 81)、“论意志”(问题 82)和“论自由意志”(问题 83)四个方面特别详尽地考察了“欲望能力”。在“概论欲望能力”时,托马斯区分了欲望能力的两种基本形态,这就是“感觉欲望”和“理智欲望”,断言:“理智欲望是一种不同于感觉欲望的能力”(第 2 条)。在考察“感觉欲望”时,托马斯特别强调了下述两点:(1)“它被区分成两种能力,这就是愤怒和情欲”(第 2 条);(2)“愤怒欲望和情欲欲望也服从理性”(第 3 条)。在考察“意志”时,托马斯着重强调了下述几点:(1)“意志是必然地意欲一些事物的”(第 1 条);(2)“理智是灵魂的最高能力”(第 3 条);(3)“意志推动理智”(第 4 条)。在考察“自由意志”时,托马斯着重强调了下述几点:(1)“人是具有自由意志的”(第 1 条);(2)“自由意志是一种能力”(第 2 条);(3)“自由意志是一种欲望能力”(第 3 条);(4)“意志和自由意志不是两种能力,而是一种能力”(第 4 条)。

在考察过“灵魂的本质”和“灵魂的能力”之后,托马斯以问题 84—89 考察了“灵魂的活动”。鉴于灵魂的活动区分为“灵魂欲望部分的活动”和“灵魂理智部分的活动”,鉴于“灵魂欲望部分的活动属于道德科学的考察范围”,将在《神学大全》第二集里予以讨论,在本书里托马斯着重考察的则是“灵魂理智部分的活动”(问题 84—89)。但在考察灵魂理智部分的理解活动时,托马斯区分了两种情况:一是“灵魂当其同身体结合在一起的时候是如何理解的”(问题 84—88),一是“灵魂当其离开身体时又是如何理解的”(问题 89)。

在考察“灵魂当其同身体结合在一起的时候是如何理解的”这个问题时,托马斯断言,这个问题包含三个层面:(1)灵魂是如何理解“比它低级的形体”的(问题 84—86);(2)灵魂是如何理解“它自身”以及“包含在它自身之中的事物”的(问题 87);(3)灵魂是如何理解“高于它的非物质的实体”的(问题 88)。

托马斯在考察灵魂是如何理解“比它低级的形体”这个问题时,又将这个问题细分为三个小问题:(1)灵魂是藉什么认识它们的?(问题 84)(2)它是如何认识它们的?(问题 85)(3)它在它们中认识到了什么?(问题 86)在具体考察“灵魂是藉什么认识它们的”这个问题(即问题 84)时,托马斯主要提出和论证了下述观点:(1)“灵魂是藉理智,借助一种非物质的、普遍的和必然的知识来认识形体的”(第 1 条);(2)“灵魂并不是藉天赋种相来认识有形事物的”(第 3 条);(3)“理智藉一种抽象过程,使从感觉接受过来的心像成为现实可理解的”(第 6 条);(4)“理智判断会因感觉的中止而受到障碍”(第 8 条)。在具体考察“灵魂是如何认识它们的”这个问题(即问题 85)时,托马斯主要提出和论证了下述两个看似矛盾的观点:(1)“我们的理智是藉心像的抽象来理解物质事物的”(第 1 条);(2)“我们必定是由普遍事物进展到单个事物的”(第 3 条)。在考察我们的灵魂在物质事物中“所认识到的东西”这个问题(即问题 86)时,托马斯着重探究了我们的理智是否认识“个别事物”“无限的事物”“偶然的事物”和“未来的事物”这样四个具体问题。

在考察灵魂是如何理解“它自身”以及“包含在它自身之中的

事物”这个问题(即问题 87)时,托马斯提出和论证了下述四个观点:(1)“理智不是藉它的本质,而是藉它的活动,认识它自身的”(第 1 条);(2)“习性,和能力一样,也是藉它们的活动而被认识的”(第 2 条);(3)“我理解我在理解”(第 3 条);(4)“我理解我在意欲”(第 4 条)。

在考察灵魂是如何理解“高于它的非物质的实体”的这个问题(即问题 88)时,托马斯提出和论证了下述三个观点:(1)“在生命的现存状态下,我们不可能理解独立的非物质的实体本身”(第 1 条);(2)“我们是不能够通过物质实体完全理解非物质实体的”(第 2 条);(3)“上帝并非我们知识的第一对象”(第 3 条)。

托马斯对“灵魂当其同身体结合在一起的时候是如何理解的”这个问题的考察如上所述,那么他又是如何考察“灵魂当其离开身体时是如何理解的”这样一个问题的呢?在问题 89 中,托马斯主要提出和论证了下述几个观点:(1)“脱离了身体的灵魂是能够认识其他脱离了身体的灵魂的”(第 2 条);(2)“脱离了身体的灵魂认识所有的自然事物,但却是以一种一般的和模糊的方式认识到的”(第 3 条);(3)“脱离了身体的灵魂认识一些个别事物,但并不认识所有的个别事物”(第 4 条);(4)“脱离了身体的灵魂中的认识并不会受到空间距离的障碍”(第 7 条);(5)“借助我们现在所讨论的自然知识,死人的灵魂并不能够认识尘世上所发生的事情”(第 8 条)。

如上所述,《论人》讨论的第二个大问题是“人的起源”问题,也就是“人的最初产生”问题。在这个大题目下,托马斯讨论了四个问题:(1)人本身的产生(问题 90—92);(2)这种产生的目的(问题

93);(3)首生的人的状况(问题 94—101);(4)他所居住的场所(问题 102)。

关于人本身的产生,托马斯考察了三项内容:(1)人的灵魂的产生(问题 90);(2)人的身体的产生(问题 91);(3)女人的产生(问题 92)。在谈到人的灵魂的产生时,托马斯主要强调了下述两点:(1)“灵魂是藉创造产生出来的”(第 2 条);(2)“灵魂不是独立地,而是在身体中创造出来的”(第 4 条)。在谈到人的身体的产生时,托马斯一方面将第一个人身体的产生与其他人身体的产生区别开来,宣称:“第一个人的身体是由上帝直接造出来的”(第 2 条);另一方面,他又强调了人的身体配置的合适性,宣称:“上帝是以最佳的安排制造人的身体的”(第 3 条)。在谈到女人的产生时,托马斯着重重申和论证了《圣经》上关于女人是由男人身上的肋骨造成的说法(第 2、3 条)。

关于人的产生的目的,托马斯主要强调了下述三点:(1)“在人身上显然也存在有上帝的一些类似物,但这种类似并非一种等同性”(第 1 条)。(2)“上帝的肖像,就其主要的意义即理智的本性而言,是既能够在男人身上,也能够在女人身上找到的”(第 4 条)。(3)“在人身上所存在的上帝的肖像,既相关于上帝的本性,又相关于位格的三位一体”(第 5 条)。

托马斯从灵魂和身体两个方面考察了首生的人或第一个人的状况(问题 94—101)。在从灵魂方面考察时,托马斯先是着眼于他的理智,然后着眼于他的意志。在从他的理智的维度考察他的状况时(问题 94),托马斯主要提出和论证了下述两点:(1)“亚当不是藉上帝的本质而是藉上帝的可理解的结果认识上帝的”(第 1

条);(2)“人在原始状态下是不会受骗的”(第4条)。在从他的意志维度考察他的状况时(问题95—96),托马斯先是考察了“恩典和正义”(问题95),接着考察了他在“无罪状态下的主人地位”(问题96)。在考察“恩典和正义”时,托马斯一方面论述和强调了“人是在恩典中造成的”(第1条),另一方面又将功德的等级区别为“绝对的”和“比例的”两种,强调:若从“绝对的”等级看问题,“在无罪的状态下的人的工作比起犯罪之后来要更值得称道些”,若从比例的”等级看问题,“功绩的更大的理由便存在于犯罪之后”(第4条)。在考察他在“无罪状态下的主人地位”时,托马斯着重讨论了人在无罪状态下是否是动物乃至所有受造物的主人以及所有的人是否平等等问题。在从身体方面考察时,托马斯先是考察了“个体保存”(问题97),接着考察了“族类保存”(问题98—101)。在个体保存项目下,托马斯主要讨论了人在无罪状态下是否不朽、是否曾有感受性、是否需要食物以及是否曾藉生命之树获得不朽等问题。在族类保存项目下,托马斯先后讨论了生育和子女问题,还比较具体地探讨了“人是否是在正义状态下生出来的”以及“在无罪状态下,儿童是否一生下来就具有完满的知识”等问题。

人的起源问题的最后一个子问题是“人的住所”即“伊甸园”(问题102)。在这个项目下,托马斯主要考察了下述四个问题:(1)伊甸园是否是一个有形的场所?(2)它是否是一个适合于人居住的场所?(3)人是为了什么样的目的而被安顿在伊甸园中的?(4)他是否是在伊甸园中造出来的?

这些就是《论人》一书的基本内容。为了帮助读者把握全书的逻辑结构,我们将其图示如下:

- 人
  - 1. 人的本性
    - 1. 灵魂的本质
      - 1. 灵魂本身
      - 2. 灵魂与身体的结合
    - 2. 灵魂的能力
      - 1. 概论
      - 2. 分论
        - 1. 理智的“前奏”
        - 2. 理智能力
        - 3. 欲望能力
    - 3. 灵魂的活动
      - 1. 理智活动
        - 1. 与身体结合之灵魂
        - 2. 与身体分离之灵魂
      - 2. 意欲活动(第二集)
  - 2. 人的起源
    - 1. 人的最初的产生
      - 1. 人的灵魂的产生
      - 2. 人的身体的产生
      - 3. 女人的产生
    - 2. 人的目标:肖像论
    - 3. 人的状况
      - 1. 灵魂
        - 1. 理智
        - 2. 意志
      - 2. 身体
        - 1. 个体保存
        - 2 族类保存
          - 生育
          - 子女
    - 4. 人的住所:伊甸园

《论人》的学术价值

《论人》具有重大的学术价值。这一点,即使从前面的分析中,从它与《神学大全》第一集各卷乃至其他两集的关联中也可以看出一些端倪。下面,我们将着重从西方哲学史的角度对《论人》的学术价值做出扼要的进一步的说明。

前面,我们依据文本结合《论人》的语境对《论人》的基本内容作出了说明,但若从西方哲学史的角度看,其中最值得注意的当是它所强调和系统论证的身体哲学。限于篇幅,本序在解说《论人》的学术价值时,将集中围绕着该著所阐释的身体哲学在西方哲学史上的地位展开。

如所周知,虽然人的问题一向受到西方哲学家们的关注,虽然早在公元前5世纪苏格拉底就提出了“认识你自己”的哲学口号,但是,在很长的时间里,至少在古希腊罗马时期,人们所理解的人都只是一种“单向度”的人,一种剥离了“身体”的人。泰勒斯作为西方哲学的第一人,其基本的哲学命题为“水是万物的始基”。然而,水何以能够成为万物的始基呢?乃是因为水具有一种被称作“湿气”的特殊的力量。而这种被称作“湿气”的特殊力量,在泰勒斯看来,不是别的,正是“灵魂”。因此,泰勒斯的“水论”说到底是一种“魂论”。至古典时期,虽然普罗塔哥拉提出了“人是万物的尺度”的口号,苏格拉底提出了“认识你自己”的口号,但是,对人的单向度的理解的状况却没有因此而发生任何实质性的改观。就普罗塔哥拉而言,他所说的作为万物尺度的人,归根到底,是一种感觉的人或人的感觉,是作为人的灵魂的低级能力的感觉或感觉活动。苏格拉底的认识你自己,并不是要人们认识自己的身体,而是要人们认识自己的灵魂,以便“照顾好自己的灵魂”,使之“由此界迁居彼界”。① 因此,尽管西塞罗曾经称赞苏格拉底,说“他把哲学从天

① 柏拉图:《游叙弗伦 苏格拉底的申辩 克力同》,严群译,商务印书馆1983年版,第78页。

上带到了地上”，[①]但是，我们还是有充分的理由说，苏格拉底之所以将哲学从天上带到地上，只不过是为了更好地使人的灵魂从地上升到天上。苏格拉底的学生柏拉图更是明确地将人定义为“使用身体的灵魂”(anima utens corpore)。[②] 人的灵魂的神圣性质及其要素(理性、意志和欲望)在理性基础上的统一不仅构成了柏拉图理念论和回忆说的基础和前提，而且也构成了柏拉图的道德伦理学说、社会学说、政治学说、宇宙论或宇宙和谐说的基础和前提。“拟灵魂(人的灵魂)化，是柏拉图哲学的真正秘密”。[③] 由此看来，古希腊时代的所谓人学其实不过是一种“魂学”而已。但是，这种状况在托马斯的《论人》中却得到了比较全面和比较系统的纠正。按照托马斯的观点，古希腊哲学家所讲的并不是实存的或现实的“人”(homo)，只不过是一种抽象的逻辑意义上的“人性”(humanitas)。针对古希腊哲学家的“灵魂是人”(anima est homo)的“魂学”，托马斯把人的身体理解成现实的具体的人的一项基本的不可或缺的成分或要素。《论人》的第一个短语“论由精神和有形实体组合而成的人”可以说是对该著内容的最为精炼的概括。关于这一点，托马斯本人也讲得很清楚。他紧接着写道：“在考察了精神受造物和有形受造物之后，我们现在进而考察人，因为人是由精神和有形实体组合而成的”(问题 75)。至于他之所以要如此特别强调人的肉体性或合成性，他自己也交代得非常明白：“神学家考察

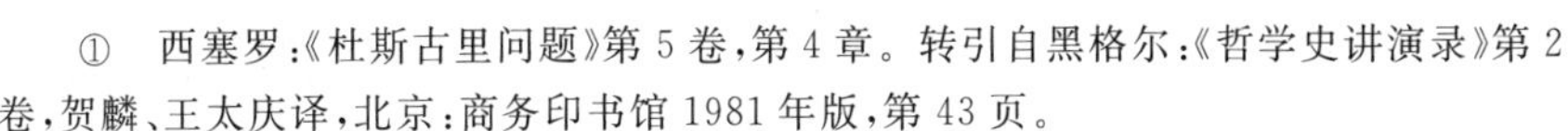

① 西塞罗：《杜斯古里问题》第 5 卷，第 4 章。转引自黑格尔：《哲学史讲演录》第 2 卷，贺麟、王太庆译，北京：商务印书馆 1981 年版，第 43 页。

② 参阅柏拉图：《斐多篇》，79C。

③ 段德智：“《希腊思想》中文修订版序”，载罗斑：《希腊思想》，陈修斋译，段德智修订，广西师范大学出版社 2003 年版，“序”第 31 页。

人的本性时，虽然注意到了灵魂方面，但是却忽略掉了身体方面”（问题 75）。其拨乱反正、纠偏补弊的写作动机跃然纸上。在《论人》里，针对西方哲学史上的“灵魂即人”的魂说，托马斯援引奥古斯丁的观点强调说：“人既不是一个纯粹的灵魂，也不是一个纯粹的身体，而是灵魂和身体两者。”[①]他从质型论的高度论证说：并非只有形式才属于种相，质料不仅是个体事物的一部分，而且还是“种相的一部分”。他解释说：“定义所表示的是属于这个种相的，而在自然的事物中，定义所表示的并不止是形式，而是形式和质料。因此，在自然事物中，质料乃种相的一部分。而这种质料并不是构成个体性原则的特指质料（materia signata），而是公共质料（materia communis）。因为正如由这个灵魂、这个肉体以及这些骨头组合而成属于这个个体的人的概念一样，由灵魂、肉体和骨头组合而成的也同样属于人的概念。因为凡是公共属于包含一个既定种相中所有个体实体的东西也必定属于这个种相的实体”（问题 75 第 4 条）。他的结论是：无论是作为个体的人，还是作为种相的人都“并不止是灵魂，而是某种由灵魂和身体组合而成的事物”（homo non est anima tantum, sed aliquid compositum ex anima et corpore）（问题 75 第 4 条）。在托马斯看来，如果说人之区别于其他物质实体的地方在于他之具有理性灵魂，而人之区别于天使的地方却正在于人之具有身体。因此，人之为人的特殊规定性正在于他不仅具有灵魂而且还具有身体，正在于他是一种由灵魂（理性灵魂）和身体组合而成的东西；那种没有身体的受造物是断然不

① 参阅奥古斯丁：《上帝之城》第 19 卷，第 3 章；转引自托马斯·阿奎那：《论人》，问题 75，第 4 条。

可以被称作人的。托马斯不仅批判了柏拉图的“魂论”，而且还进而系统深入地批判了德谟克利特和恩培多克勒的“灵魂形体”说、奥利金和奥古斯丁的“灵魂实体”说以及波那文都的“灵魂具有精神质料”说，比较令人信服地表明人的灵魂与人的身体的结合是一种本质性或实体性的结合，从而对人的合成性和全整性作出了相当充分的解说和论证。强调人的合成性和全整性是托马斯人学思想中最为根本也最为重要的思想，他的全部人学思想可以说都是以此为基础和前提的。①

托马斯对人的身体在人的实存结构或本质结构中的地位的突出或强调不仅构成了他的人的全整性或合成性思想的关键性内容，而且还构成了他的人的个体性思想的决定性前提。古希腊哲学家既然恪守理性主义或逻各斯中心主义的立场，既然恪守他们的“人即灵魂”的“魂论”，既然恪守他们的“人是理性的动物”这样一个人学公式，则他们所说的人也就势必因此而是一种抽象的逻辑学意义上的“类”概念，从而个体的人如果有什么实存性的话，充其量也不过是那种具有“副现象”意义的东西。然而，在托马斯看来，古希腊哲学家所说的作为“理性动物”的人与其说是一种人，毋宁说是一个由“理性”概念和“动物性”概念组合而成的“第三个概念”。不仅“人是理性的动物”这个定义不足以表达实存的或现实的人，而且即使“人是由灵魂和身体组合而成”这样的说法也不足

① 我国哲学讲“安身”“守身”“返身”和“修身”，似乎有“贵身”的传统。例如，《尚书》中有“慎厥身”和“修厥身”的说法，《周易》中有“近取诸身”的说法，《中庸》中有“君子之道本诸身”的说法，孟子有“天下之本在国，国之本在家，家之本在身”的说法。毋庸讳言，中国古代哲学的这些说法似乎也内蕴有模糊、轻视乃至无视“身体”与“心灵”和“自我”界限的片面倾向，也需要警惕。尽管如此，就其“贵身”而言，确实难能可贵。

以充分表达人的实存性或现实性。因为实存的或现实的人既不是由作为“类”概念的人的灵魂构成的，也不是由作为“类”概念的人的身体构成的，甚至也不是由作为“类”概念的人的灵魂和作为“类”概念的人的身体组合而成的，而是由被个体化了的人的灵魂与被个体化了的人的身体构成的。也就是说，在托马斯这里，人的灵魂不再是古希腊哲学家的那种作为“公共形式”的“统一”的“不可区分”的一般灵魂，[①]而是那种作为“个体化形式”(formae individuantur)的灵魂；而人的身体也不是由“绝对的骨和肉”(os et caro absolute)组合而成的一般形体，而是由“这根骨头和这块肌肉”(hoc os et haec caro)组合而成的这个形体。[②] 从而，实存的或现实的人也就是由“这个灵魂”(haec anima)和“这个身体”(hoc corpore)组合而成的“这个人”(hic homo)，而不是像古希腊哲学家所说的那种由“一般灵魂”和“一般身体”组合而成的作为人之为人的“人”(humannitas)。换言之，在托马斯的人学词典中，唯有具体的个体的“这个人”或“那个人”才是实存的或现实的人，才具有“本体”(hypostasis)和“位格”(persona)的意义。托马斯的人的个体性思想还有更为深邃的一面，这就是人的身体何以能够成为“这个身体”，人的灵魂何以能够成为“这个灵魂”，从而人何以能够成为“这个人”的问题。要理解这个问题或问题的这一层面，我们就必须对托马斯的质料学说作出深层次的考察。按照托马斯的质料类型学，质料可被区分为三种类型，这就是“原初质料”(materia pri-

① 参阅亚里士多德：《形而上学》，1033b20。

② 参阅托马斯·阿奎那：《论存在者与本质》，段德智译，商务印书馆2013年版，第17页。

ma)、“泛指质料”(materia non signata)和“特指质料”(materia signata)。其中,原初质料和泛指质料只不过是一种逻辑概念,唯独特指质料才是一种实存概念,一种构成“个体化原则”(principium individuationis)的东西。[①] 这就是说,人的身体之所以能够成为“这个身体”,人的灵魂之所以能够成为“这个灵魂”,以及人之所以能够成为“这个人”都是由特指质料构成的“这个人”的“这个身体”决定的和促成的。[②] 只有当我们对作为个体化原则的“特指质料”或由“特指质料”构成的这个人的“这个身体”的构成功能或生成功能有了真切的理解和把握,我们才有望对托马斯的身体哲学以及以之为基础的人学有一种具体而深入的理解和把握。《论人》一书的一项重大价值就在于它将托马斯的上述“个体化原则”引进了他的人学体系,成功地论证了他的“人的个体性原则”:一方面将“人”(homo)和“一个个体的人”或“这个那个人”(hic homo)区别开来,断言:作为一个种相,“人是一个灵魂”,但“作为一个个体”,他却“不是一个灵魂,而是由灵魂和身体组合而成的”(问题 75 第 4 条);另一方面,它又宣布:正如存在有“构成个体性原则的特指质料”,相应地也存在有构成个体性原则的“特指形式”。托马斯强调说:“理智原则将随着身体的数目而增加”,“一个个体的理智灵魂属于不同的个体是不可能的”。他解释说:如果一个个体的理智灵魂属于不同的个体,如果按照柏拉图“人即是理智本身”

① 参阅段德智、赵敦华:“试论阿奎那特指质料学说的变革性质及其神学意义——兼论 materia signata 的中文翻译”,《世界宗教研究》2006 年第 4 期,第 94—97 页。

② 参阅托马斯·阿奎那:《论存在者与本质》,段德智译,商务印书馆 2013 年版,第 17—18 页。

的主张，我们由此便可以得出结论说："苏格拉底和柏拉图是同一个人，除某些外在于他们每一个的本质的事物外，他们相互之间是没有任何区别的。苏格拉底和柏拉图的区别无非是一个人穿着短袖束腰外衣，而另一个则穿着大氅。然而，这是完全荒谬的"(问题76第2条)。托马斯不仅论证和强调了可能理智的复多性和个体性，而且还论证和强调了能动理智的复多性和个体性，指出："有多少个灵魂也就有多少个能动理智，至于它们的数目，是随着人的数目的增加而增加的"(问题79第5条)。这就从质型论的高度对人的个体性原则做出了全面的和深刻的说明。我们知道，人类古代是一个推崇人的群体性和漠视人的个体性的时代，[①]托马斯能够在这样一个时代提出并论证人的个体性原则不仅难能可贵，无疑也是西方人学史上一个破天荒的历史事件。

托马斯的人学思想不仅在人的实体性构成或本质构成方面极具创意，而且在人的存在性构成或生成性构成方面也极具创意，这一点无论在托马斯的认识论还是在托马斯的欲望论中都有鲜明的体现。例如，在对人的认识活动和认识能力的理解和阐释方面，相对于此前的古希腊哲学家和教父哲学家以及早期经院哲学家，托马斯的理解和阐释可谓别具一格。如所周知，在大多数古希腊哲学家那里，感觉和感性认识或者是一种完全负面的东西(例如在巴门尼德那里)，或者是一种仅仅具有外在的或提示性功能的东西(例如在柏拉图那里)，或者是一种仅仅具有局部意义的东西(例如在亚里士多德那里)。教父哲学家和早期经院哲学家虽然较为重

① 参阅段德智:《主体生成论》，人民出版社2009年版，第64页。

视感觉和感性认识,但是,既然他们普遍受到柏拉图主义的影响,感觉和感性认识也就不可能得到应有的重视。例如,奥古斯丁虽然把“知识”(cogitare)理解为“集合”(cogere),理解为心灵对感觉材料的“抽象”或“综合”,但是,既然他主张“光照论”,把“知识”理解为“理智所擅有的,专指内心的集合工作”,①则感觉或感性认识的地位也就可想而知了。早期经院哲学最重要的代表人物安瑟尔谟虽然在“上帝存在的本体论证明”之外另提出过“上帝存在的后天证明”,虽然在他的“后天证明”中也论及感觉,但是,构成其“后天证明”理论基础的却是柏拉图的理念论。② 但是,与先前哲学家和神学家们片面地强调理智的能动作用不同,托马斯在《论人》里鲜明地强调了理智的被动性,强调理智首先是一种“被动能力”(potentia passiva),一种须藉感觉或感性认识活动方可以由潜在转化为现实的能力(问题 79 第 2 条)。既然如此,则感觉或感性认识活动在人的认识活动中也就永远是一种不可或缺的东西了。然而,倘若离开了人的肉体器官(感觉器官),离开了人的身体,也就从根本上无所谓感觉或认识活动了,这样,人的身体问题自然也就成了托马斯认识论的一项必须预设的先行存在的东西。正是在这个意义上,托马斯强调说:既然“感觉活动如果离开了有形工具是不可能实现出来的”,则“理智灵魂就不能不同一个胜任成为便利感觉器官的形体(身体)结合在一起”(问题 76 第 5 条)。他甚至还因此而强调说:“在人当中,那些具有最好触觉的人所具有的理智

---

① 奥古斯丁:《忏悔录》第 10 卷,第 11 章,第 18 节。参阅奥古斯丁:《忏悔录》,周士良译,商务印书馆,1981 年版,第 196 页。

② 参阅赵敦华:《基督教哲学 1500 年》,人民出版社 1994 年版,第 237—238 页。

也是最好的”(问题 76 第 5 条)。

人的身体问题不仅构成了托马斯认识论的理论基础和理论前提,而且也同样构成了托马斯欲望论的理论基础和理论前提。在托马斯看来,人的灵魂不仅具有认识能力,而且还具有欲望能力(问题 80 第 1 条)。诚然,在托马斯的著作里,欲望(appetitus)被区分成了两种,这就是感觉欲望(低级欲望)和理性欲望(高级欲望,即意志)。然而,无论是低级欲望还是高级欲望也都是与人的感觉活动和身体密切相关的。首先,就人的感觉欲望而言,感觉欲望既然为“感觉”欲望,它就不可能与人的身体毫无关联。托马斯曾将感觉欲望称作一种“被动能力”,称作“受到推动的推动者”(movens motum)(问题 80 第 2 条),并将感觉欲望区分为“愤怒”(irascibilem)和“情欲”(concupiscibilem)(问题 81 第 2 条),所有这一切都有意无意地强调了感觉欲望与人的感觉活动和人的身体的关联性。而理性欲望虽然有别于感觉欲望,但是,它之与人的身体的感觉、感觉活动和实践活动的关联也是存在的。因为按照托马斯的说法,理性欲望或意志“必然地坚持最后的目的(ultimo fini),即幸福”(问题 82 第 1 条),既然“幸福是人类的至善,是其他目的都要服从的目的”,[①]既然人类的至善和幸福不仅包含“灵魂的快乐”,而且还包含“身体的快乐”(delectationibus carnalibus),则我们就不能说理性欲望即意志与人类的感觉活动和人的身体的实践活动没有关系。更何况,在许多情况下,理性欲望无非是理性化了的感觉欲望;而欲望的实现,无论是感觉欲望的实现,还是理

① 托马斯·阿奎那:《〈伦理学〉注》第 1 卷,第 14 讲。Cf. *Saint Thomas Aquinas: Philosophical Texts*, ed. by T. Gilby, Oxford, 1960, p. 264.

性欲望(意志)的实现,也都是离不开人的身体的实践活动的。

总之,只要我们耐着性子下功夫对托马斯的人学思想作一番考古学性质的研究,我们就不难发现托马斯人学思想的丰富性、深刻性和创新性,不难发现托马斯人学思想对西方传统人学的多方面的超越,不难发现构成托马斯人学思想硬核的东西不是别的,正是他的身体哲学,不难发现托马斯主要地就是藉着他的身体哲学实现其对西方传统人学的超越的(尽管这些东西由于历史的原因长期"被掩埋在地下"受到遮蔽而不为世人所认知)。从这个意义上,我们不妨将托马斯的身体哲学视作我们进入托马斯人学幽深之处的秘密通道。

托马斯的身体哲学不仅是我们进入托马斯人学幽深之处的秘密通道,而且还是我们审视托马斯人学思想深广影响和现时代意义的理论制高点。因为西方近代哲学,一如古希腊哲学,从根本上讲,都是一种意识哲学或"思"的哲学,都是一种"肉身缺失"的哲学。这在笛卡尔的"我思故我在"的哲学公式中得到了范式性的体现。费尔巴哈曾经深刻地指出:"旧哲学的出发点是这样一个命题,'我是一个抽象的实体,一个仅仅思维的实体,肉体是不属于我的本质的';新哲学则以另一个命题为出发点:'我是一个实在的感觉的本质,肉体总体就是我的自我,我的实体本身。'"[①]显然,费尔巴哈在这里所批评的"旧哲学"并不限于黑格尔的思辨哲学,也不限于笛卡尔所代表的西方近代哲学,而是将古希腊哲学也包括在内的。既然如此,我们在费尔巴哈的人学思想中,便不难发现托马

① 费尔巴哈:《费尔巴哈哲学著作选集》上卷,荣振华、李金山等译,商务印书馆1984年版,第169页。

斯的身体哲学及其人学思想的投影的。然而,托马斯身体哲学对现代西方哲学的影响是深广的。我们在尼采的“我完完全全是身体”和“哲学就是医学或者生理学”的格言中,[①]在梅洛一庞蒂的“我是走向世界的身体”的宣言中,[②]在海德格尔的“此在”和“在世”的概念中,在萨特的“作为自为的存在的身体”的宣称中,[③]我们都可以隐隐约约地看到托马斯身体哲学及其人学的投影。长期以来,在我们对后意识哲学或后反思哲学的解释中,比较多地关注的是它们所强调的人的存在的个体性、实存性和在世性,这是完全正确的,但却是不够深刻的,殊不知它们所强调的人的存在的个体性、实存性和在世性在不同程度上都是需要由其内蕴的身体哲学予以阐明的。

除身体哲学外,《论人》还讨论了其他一些比较重大的问题,例如,托马斯关于人类应当“修理看守”我们自己的家园、应当注重环境保护的论述就值得我们注意。托马斯在讨论“人的住所”即伊甸园时,曾认真强调了人类应当“修理看守”伊甸园问题。毋庸讳言,托马斯在谈到上帝之所以将人安顿在伊甸园中的目的时,确实强调过上帝为自己考虑的意图,也就是“为了他自己可以管理人并且可以看守人”(问题 102 第 3 条),但托马斯同时也强调上帝是“为了人的好处”才做出这样的安排的,具体地说,就是“为了使人圣洁(因为如果这项工作停止了,人就会立刻堕入黑暗,正如当光不再照耀的时候,天空也就变暗了),并且使人免除所有的腐朽和恶”

① 参阅尼采:《查拉图斯特拉如是说》,余鸿荣译,北方文艺出版社 1988 年版,第 31 页。尼采写道:“我完完全全是身体,此外无有,灵魂不过是身体上某物的称呼。”

② 参阅梅洛一庞蒂:《知觉现象学》,商务印书馆 2001 年版,第 109 页。

③ 参阅萨特:《存在与虚无》,陈宣良等译,三联书店 1987 年版,第 400—440 页。

（问题102第3条）。这一方面是因为人在“修理”伊甸园的过程中会“因此而对自然力量具有实践知识而令人愉快”，另一方面是因为人在“为自己看守伊甸园”的过程中可以因此而避免他“由于犯罪而失去它”（问题102第3条）。在谈到人类“修理看守”伊甸园的具体职责时，托马斯特别提到了大气污染和环境保护问题。在谈到伊甸园之所以“最适合于成为人的住所”时，托马斯特别强调了两点，这就是大气的“纯洁”和环境的“优美”。他援引大马士革的约翰在《论正统信仰》第2卷第11章中的话说：“伊甸园充满了一种弥漫一切的适度的纯净的赏心悦目的大气的光明，并且装饰有永远开放着鲜花的植物。”[①]他强调说，我们“人的身体会由于内部或外部的原因而朽坏”：“从内部原因看，身体会由于体液的消耗以及年老而朽坏，但也能够由于食物而避免这样的朽坏。在那些从外部朽坏身体的事物中，首要的似乎是气温不平和的大气，然而在一种本性平和的大气中也能够找到对这样一种朽坏的补救”（问题102第2条）。这就把预防大气污染和环境破坏提升到了人类生死存亡的高度。他的这些论述对于当今时代的人类无疑具有显而易见的警示作用。

早在2400多年前，苏格拉底曾将德尔斐神庙上镌刻的一句格言——认识你自己——奉为自己哲学的旗帜和圭臬。他的这一哲学壮举不仅从根本上扭转了西方哲学的方向，使哲学的中心或重心开始由自然哲学转向道德哲学或人学，而且还因此而提出了一个影响久远的元哲学公式：人学不仅是哲学的阿尔法，而且也是哲

① 转引自托马斯·阿奎那：《论人》，问题102，第2条。

学的欧米伽。[①] 尽管人类在自己的发展过程中，也需要不时地提防人类中心主义，但即使提防人类中心主义这类事情事实上也不过是人学研究中的一个重要话题罢了。在这个意义上，我们不妨说，人学不仅是人类自我认识的一门基本学问，而且也是我们研究自然和社会时永远绕不开的一个重大话题。托马斯虽然早在700多年前就写出了《论人》这本书，但他的这本书至今依然不仅对于我们了解和理解他的人学思想乃至他的整个神学—哲学思想具有重大意义，而且对于我们了解和理解整个西方哲学史和整个西方基督宗教神学史也具有重大意义，其奥妙或密码也许就在于此。

2019年9月1日

于武昌珞珈山南麓

① 诚然，在苏格拉底本人那里，人学与自然哲学尚处于相互排拒的状态，这种状况只是到了柏拉图那里才发生变化，成为相互统一的东西，换言之，自然哲学才成了一种隶属于人学的东西。

目　录

论人

问题 75 438b

论由精神和有形实体组合而成的人；首先讨论有关灵魂本质的问题

（共 7 条）

在考察了精神受造物和有形受造物之后，我们现在进而考察人，因为人是由精神和有形实体组合而成的。我们将首先讨论人的本性，接着讨论他的起源（问题 90）。神学家考察人的本性时，虽然注意到了灵魂方面，但是却忽略掉了身体方面，除非在身体与灵魂相关的层面才考虑到身体。因此，我们考察的第一个对象就将是灵魂。而且，既然狄奥尼修斯在《天国等级论》第 11 章第 2 节中说过：在精神实体中，能够找到三样东西，这就是：本质、能力和运作（operatio），我们就将首先讨论属于灵魂本质的东西；接着讨论属于它的能力的东西（问题 77）；第三，也就是最后，我们将讨论它的运作（问题 84）。

关于第一个层面，必须考察两个问题：首先是就灵魂本身来考察灵魂的本性；其次是考察灵魂与身体的结合（问题 76）。

关于第一个问题，有 7 个要点需要探究：

（1）灵魂是否是一种形体？

(2)人的灵魂是否是一种独立存在?

(3)禽兽的灵魂是否独立存在?

(4)人只是灵魂呢,还是人是由灵魂和身体组合而成的?

(5)灵魂是否是由质料和形式组合而成的?

(6)灵魂是否不朽?

439a (7)灵魂与天使是否属于同一个种相?

第1条 灵魂是否是一个形体?

现在我们着手讨论第1条。

异议:灵魂(anima)似乎是一个形体(corpus)。

理据1:因为灵魂是形体的运动原则。但它却并非不被推动的推动者。首先,这是因为既然任何事物都不可能赋予它所没有的东西,则任何事物似乎除非它自身被推动,便不可能运动。例如,本身不热的东西是不可能提供什么热量的。其次,是因为如果存在有任何其自身运动且又不被推动的事物,它就必定如我们在《物理学》第8卷中所发现的,是那永恒的、经久不变的运动的原因。[①] 在由灵魂引起的动物的运动中,是不可能出现这样一种情况的。所以,灵魂是一个被推动的推动者(movens motum)。但是,每一个被推动的推动者都是一个形体。所以,灵魂是一个形体。

理据2:再者,所有的知识都是由某种类似性引起的。但是,形体与无形体是不可能有任何类似性的。所以,如果灵魂不是一

① 亚里士多德:《物理学》,Ⅷ,10,267b3。

个形体,它就不可能具有关于有形事物的知识。

理据 3:还有,在推动者和被推动者之间,必定存在有接触。但是,接触只存在于形体之间。所以,既然灵魂推动形体,那灵魂似乎就必定是一个形体。

但是,从另一个方面看,奥古斯丁在《论三位一体》第 6 卷第 6 章中却说过:灵魂“同形体相比是单纯的,因为它是不可能藉它的体积(loci)而占据任何空间的”。

我的回答是:为了探求灵魂的本性,我们首先就必须设定,灵魂被界定为生存事物中的生命的第一原则(primum principium vitae)。因为我们把有生命的事物称作“被赋予灵魂的”(animata),而把那些没有生命的事物称作“未被赋予灵魂的”(inanimatas)。而生命则主要是藉两项活动,即认识和运动,显示出来的。古代的哲学家们,由于超不出他们的想象,便假设这些活动的原则是一些有形的事物。[①] 因为他们断言:只有形体才是实在 439b

3

的事物,那些不是形体的东西便是无(问题 50 第 1 条)。因此,他们就主张:灵魂是一种形体。虽然这种意见能够以许多方式证明是荒谬的,但是,我们将只利用一种证明,以一种普遍的和确定的方式清楚说明灵魂并非一种形体。

显然,并非生命活动的每一项原则都是一个灵魂,因为,这样一来,眼睛既然是视觉活动的一项原则,则它也就因此而成了一个灵魂了。这同样也适用于灵魂的其他工具。但是,我们称之为灵魂的东西乃生命的“第一”原则。这样,虽说一个形体也可以称作

① 这里指的是德谟克利特和恩培多克勒,见亚里士多德:《论灵魂》,Ⅰ,2,404a1;Ⅰ,2,404b11。

生命的原则，例如心在动物身上即为一项生命原则，但是，却没有什么形体能够成为生命第一原则的。因为很清楚，成为一项生命原则，或者成为一个有生命的事物，是不适合于形体本身的。如果果真如此的话，则每一个形体就都会成为一个有生命的事物或一项生命原则了。所以，一个形体之所以适合于成为一个有生命的事物，甚至一项生命原则，乃是因为它本来就是这样一种形体。既然它之所以能够现实地是这样一种形体，这就要归因于被称作其现实(actus)的某项原则了。所以，作为生命第一原则的灵魂，并不是一种形体，而是一种形体的现实(actus)；正如作为生热原则的热，便不是一种形体，而是一种形体的现实(actus)一样。

答异议理据1：既然处于运动中的每一件事物都必定为某个别的事物所推动，这个过程是不可能无限进展下去的，我们也就必须允许：并不是每一个推动者都是被推动的。因为，既然被推动就是从潜在达到现实，则推动者把它所具有的东西给予被推动的事物，便是就它使之处于现实状态而言的。但是，正如《物理学》第8卷中所表明的：存在着一种全然不动的推动者，它既不能本身被推动，也不能偶然被推动。而这样一个推动者是能够产生一种恒定不变的运动的。[①] 然而，也存在有另外一种推动者，这种推动者虽然不是本身被推动的，却是偶然地被推动的；而且正是由于这个原因，它也就不能够产生那种恒定不变的运动。这样的推动者便是
440a 灵魂。还有一种推动者，它是本身被推动的，这就是形体。而且，由于古代哲学家们相信：除形体外没有什么事物存在，他们也就主

① 亚里士多德：《物理学》，Ⅷ，5，258b4；6，258b15；10，267b3。

张:每一个推动者都是被推动的,而灵魂既然是直接被推动的,从而也就是一种形体。[①]

答异议理据2:所认识的事物的类似性并不必然现实地存在于认知者的本性之中。但是,倘若一件事物先是潜在地被认知而后又被现实地认知,则所认识的事物的类似性也就必定不是现实地而仅仅是潜在地存在于认知者的本性之中。例如,颜色就不是现实地而只是潜在地存在于眼睛的瞳孔之中。因此,有形事物的类似性也就必定不是现实地存在于灵魂的本性中,在灵魂中只是潜在地具有这样一种类似性。但是,古代哲学家们忽视了潜在与现实的区别,[②]所以,他们坚持认为灵魂必定是一个形体,以为唯其如此灵魂才能够具有形体的知识;而且为了认知所有形体,它也必定是由所有形体得以形成的原则组合而成的。

答异议理据3:存在着两种接触:一种是量的,一种是能力的。通过前者,一个形体就只能够为一个形体所接触。而通过后者,一个形体就能够为推动这个形体的无形事物所接触。

第2条　人的灵魂是否是一种独立存在的事物?

现在我们着手讨论第3条。

异议:人的灵魂似乎并不是一种独立存在的事物(subsistens)。

① 参阅亚里士多德:《论灵魂》,Ⅰ,2,403b29。

② 参阅亚里士多德:《论产生和消灭》,Ⅰ,10,327b23。

理据1:因为凡独立存在的事物都被说成是“这个什么”(hoc aliquid)。而“这个什么”却不被用来言说灵魂,而是用来言说那种由灵魂和身体组合而成的东西。所以,灵魂并不是一种独立存在的事物。

理据2:再者,每一件独立存在的事物都运作着。但是,灵魂却并不运作。因为,一如哲学家在《论灵魂》第1卷中所说,“说灵魂在感觉或在理解就同说灵魂在织布或在建筑是一样的。”[1]所以,灵魂并不是独立存在的。

理据3:还有,如果灵魂是独立存在的,它就必定有一些运作
440b 是离开身体的。但是,离开了身体,它是没有任何运作的,甚至也没有理解的运作。因为理解活动如果没有心像是不会发生的,而这种心像离开了身体则是不可能存在的。所以,人的灵魂并不是一种独立存在的事物。

但是,从另一个方面看,奥古斯丁在《论三位一体》第10卷第7章中却说过:“凡懂得灵魂的本性乃实体而非形体的人,都会看到:那些主张灵魂为形体的人之所以误入歧途,乃是由于他们把那些舍之他们便不能够思考任何本性的东西”,即关于有形事物的心像(phantasias),“同灵魂联系在一起所致。”所以,人的理智的本性不仅是无形的,而且它也是一种实体,也就是说,是一种独立存在的事物。

我的回答是:我们必须承认,我们称之为灵魂的理智运作的原则,作为一项原则,既是无形的,又是独立存在的。因为很显

① 亚里士多德:《论灵魂》,Ⅰ,4,408b11。

然，人是借助理智才能够认识所有有形事物的本性的。这样，凡认识一些事物的东西，在其本性之中，都是不可能具有所认识的事物中的任何一种的，因为它所自然包含的东西将会妨碍它认识任何别的事物的。例如，我们会看到：一个病人的舌头，由于发烧和苦的体液而失灵，知觉不到任何甜的事物，而每一件事物对于它来说似乎就都是苦的了。所以，如果理智的原则包含了任何形体的本性，它就会不可能认识所有的形体。而每一个形体也总是具有某个确定的本性的。所以，理智的原则是不可能是一个形体的。它借助肉体器官去理解也同样是不可能的，因为那种肉体器官的确定的本性将会妨碍它认识所有的形体。这就好像说当一种确定的颜色不仅存在于眼睛的瞳孔中，而且也存在于一个玻璃瓶中的时候，瓶中的这种液体才可以说是具有了那种颜色一样。

所以，我们称之为心灵(mens)或理智(intellectus)的理智的原则(intellectuale principium)离开了身体也是能够自行运作的。而只有那种独立存在的东西才能够自行运作。因为除现实存在的东西外，是没有什么东西能够运作的。因此，一件事物的运作是取决于它之现实存在的。由于这个理由，我们便不能够说热给予热，而只能说热的事物给予热。所以，我们可以作出结论说：人的灵魂，也被称作理智或心灵，是一种无形的和独立存在的 441a
事物。

答异议理据 1："这个什么"能够在两种意义上加以理解。首先，是把它理解为任何独立存在的事物；其次，是把它理解为独立存在的并且在一种特殊本性方面是完成的(completo)事物。第一种意义排除了对一种偶性或一种物质形式的内在具有；而后一种意义则排除了作为部分的不完满性，以至于一只手能够在第一种意义上，而不是在第二种意义上被称作“这个什么”。所以，既然人的灵魂是人的本性的一部分，它也就能够在第一种意义上被称作“这个什么”，因为它是某种独立存在的事物；而不是在第二种意义上被称作“这个什么”的，因为在这种意义上，只有由灵魂和身体组合而成的才能够被说成是“这个什么”。

答异议理据2：亚里士多德说的这些话，所表达的并不是他自己的意见，而是那些说理解活动即是受到推动的人们的意见。这一点从上下文是可以清楚地看出来的。[①]

或者，我们也可以答复说：自身运作适合于自身存在的事物。但是，对一件自身存在的事物来说，有时它即使不是内在固有的，不是偶性的或一种质料的形式，也依然足以成为自身存在的东西；即使它是某些事物的一部分，亦复如此。但是，真正能够恰当地被说成是自行独立存在的，便既非那些在上述意义上内在固有的东西，也非任何别的事物的一个部分。在这个意义上，那个眼睛或那只手并不能够被说成是自行独立存在的；由于这个理由，它也不能被说成是自行运作的。因此，各个部分的运作是藉每一个部分而归因于整体的。因为我们说，人是用眼睛看的，用手感觉的，这同我们说热的事物藉它的热提供热的意思是不一样的。因为热，严格讲来，并不能够提供热。所以，我们可以说灵魂理解，就像说眼睛看一样，但是，如果说人是通过灵魂来理解的，要更加恰当一些。

① 亚里士多德：《论灵魂》，Ⅰ，Ⅳ，408a34。

答异议理据 3：身体对于理智活动的必要性，并不在于它是活动的肉体器官，而是由于对象所致。因为心像之对于理智，就如颜色对于视力。对身体的这样一种依赖性并不能够证明理智是非独立存在的。否则，人们就会得出结论说：一个动物是非独立存在的，因为它为了实施知觉活动而需要外在的感觉对象。

第 3 条 禽兽的灵魂是否独立存在？ 441b

现在我们着手讨论第 3 条。

异议：禽兽（animae brutorum）的灵魂似乎是独立存在的（subsistentes）。

理据 1：因为人和别的动物属于同一个属相。但是，正如我们刚才已经指出的那样（问题 75 第 2 条），人的灵魂是独立存在的。所以，别的动物的灵魂也是独立存在的。

理据 2：再者，感觉能力同感觉事物的关系，与理智能力与可理解的事物的关系是一样的。但是，理智，在没有身体的情况下，也能够理解可理解的事物。因此，感官知觉感性事物是无需身体的。所以，既然禽兽的灵魂是感觉的，那就可以得出结论说：它们是独立存在的，正如人的理性灵魂是独立存在的一样。

理据 3：还有，禽兽的灵魂推动着身体。但是，这身体并不是一个推动者，而是被推动的。所以，禽兽的灵魂没有身体也是能够具有运作的。

但是，从另一个方面看，《论教会信条》（*De Eccl. Dogm.*）第 16 章却写道："我们相信只有人才有独立存在的灵魂；而动物的灵魂并不是独立存在的。”

我的回答是：古代哲学家们在感觉和理智之间并没有作出区别，[①]这两者，如上所述（问题 75 第 1 条；问题 50 第 1 条），都关涉到一项形体原则。然而，柏拉图虽然在理智和感觉之间作出了区别，但他却将感觉和理智两者都归诸非形体原则，主张感觉活动，一如理解活动一样，属于灵魂本身。由此便可以得出结论说：即使禽兽的灵魂也是独立存在的。但是，亚里士多德却坚持认为：在灵魂的运作中，唯有理解活动的实施是在没有肉体器官的情况下进行的。[②] 另一方面，感觉以及感觉灵魂随之发生的运作显然是伴有身体的变化的。例如，在视觉活动中，眼睛的瞳孔就为颜色的映

442a 象所改变，其他的感官也同样如此。因此，很显然，感觉灵魂并没有属于它自己的自身运作，从而感觉灵魂的每一个运作都是属于这个组合物的。所以，我们能够得出结论说：既然禽兽的灵魂没有任何自身运作，它们也就不是独立存在的。因为任何事物的运作都是它的存在样式的必然结果。

答异议理据 1：虽然人与别的动物属于同一个属相，但他却属于不同的种相。特定的种差源自形式的差异。而形式的每一个差异却不一定蕴涵有属相的多样性。

答异议理据 2：感觉能力同感觉事物的关系从一个方面看，就每一个都处于它的对象的潜在状态中而言，与理智能力同可理解的事物的关系是一样的。但是，从另一个方面看，就所感觉的事物对感官的印象伴有身体的变化而言，它们的关系是不同的，感性事

① 参阅亚里士多德：《论灵魂》，Ⅲ，3，427a21。

② 同上书，Ⅲ，4，429a24。

物的强度过大便会伤害感官，但这种事情在理智的活动中是绝不会发生的。因为一个理解最高等级的可理解事物的理智此后反而更有能力理解那些较低等级的事物。然而，如果在理智运作过程中，身体疲惫了，则产生这样的结果就是一件偶然的事情了，因为理智在心像产生方面是需要感觉能力的运作的。

答异议理据 3：运动能力也有两种。一种是欲望能力，它命令运动。感觉灵魂中这种能力的运作如果没有身体是不可能存在的。因为愤怒、欢悦以及诸如此类的情感，总伴随有身体的一种变化。而另一种运动能力则是那种藉调整器官服从欲望来实施运动的能力。这种能力的活动并不在于运动，而在于被推动。所以，很显然，运动并不是感觉灵魂在没有身体的情况下实施的一种活动。

第 4 条　灵魂是否就是人？

现在我们着手讨论第 4 条。

异议：灵魂似乎就是人(homo)。

理据 1：因为《哥林多后书》第 4 章第 16 节中写道："纵使我们 442b
外在的人日渐损坏，但我们内在的人却日日更新。"但是，存在于人里面的东西却是灵魂。所以，灵魂即是内在的人。

理据 2：还有，人的灵魂是一种实体。但是，它不是一种普遍实体。所以，它是一种特殊实体。因此，它是一种本体(hypostasis)或位格(persona)，而且它只能是一种人的位格。由此可见，灵魂是人，因为人的位格便是人。

但是，从另一个方面看，奥古斯丁在《上帝之城》第 19 卷第 3

章中在评论瓦罗(Varro)时断言:“人既不是一个纯粹的灵魂,也不是一个纯粹的身体,而是灵魂和身体两者。”

我的回答是:“灵魂是人”这个论断能够在两种意义上加以理解。首先,人是一个灵魂,虽然一个个体的人,如苏格拉底,并不是一个灵魂,而是由灵魂和身体组合而成的。我这样说,乃是因为一些人坚持认为:只有形式属于种相,而质料则只是个体事物的一部分,而不是种相的一部分。[①] 事情不可能如此。因为定义所表示的是属于这个种相的,而在自然的事物中,定义所表示的并不止是形式,而是形式和质料。因此,在自然事物中,质料乃种相的一部分。而这种质料并不是构成个体性原则的特指质料(materia signata),而是公共质料(materia communis)。因为正如由这个灵魂、这个肉体以及这些骨头组合而成属于这个个体的人的概念一样,由灵魂、肉体和骨头组合而成的也同样属于人的概念。因为凡是公共属于包含一个既定种相中所有个体实体的东西也必定属于这个种相的实体。

“灵魂是人”这句话在这个意义上也可以被理解为“这个灵魂即是这个人”。而且,如果我们假定感觉灵魂的运作在没有身体的情况下对它也是合适的话,则这一理解也就能够站得住脚。因为在这种情况下,归因于人的所有的运作就将仅仅属于灵魂。而凡是实施对一件事物所特有的运作的东西也就因此而是那件事物了。所以,实施一个人的运作的东西也就是人了。但是,如上所述
443a (问题 75 第 3 条),感觉并不仅仅是灵魂的运作。因此,既然感觉,

① 阿维洛伊:《〈形而上学〉注》,Ⅶ,注 21、34。

虽说不是人所特有的，但也是人的一种运作，那就很显然，人并不止是灵魂，而是某种由灵魂和身体组合而成的事物。柏拉图，通过设定感觉是灵魂所特有的，便能够主张人是“一个利用身体的灵魂”（问题 76 第 1 条）。[①]

答异议理据 1：按照哲学家在《伦理学》第 9 卷中的观点：“一件事物似乎首先是它所包含的主要东西。这样，一个国家的治理者所做的事情，也就被说成这个国家所做的事情”；[②]同样，有时，构成人身上原则的东西也被说成是人；有时，与真理相一致的理智部分也确实被称作“内在”的人；从而，有时同身体结合在一起的感觉部分，按照那些其观察始终没有超出感性事物的人们的意见，也就被称作人了。而这也就是所谓“外在”的人。

答异议理据 2：并不是每个个体的实体都是一个本体或一个位格，但是，那些具有其种相完全本性的东西却是。因此，一只手，或一只脚，是不能被称作一个本体或一个位格的；同样，灵魂也不能被这样称呼，因为它只是人的种相的一部分。

第 5 条　灵魂是否是由质料和形式组合而成的？

现在我们着手讨论第 5 条。

异议：灵魂似乎是由质料（materia）和形式（forma）组合而成的。

---

① 尼梅希：《论人的本性》，1。

② 亚里士多德：《伦理学》，Ⅸ，8，1168b31。

理据 1:因为潜在是同现实相对立的。处于现实中的无论什么事物都分有第一现实,即上帝,所有的事物都是由于分有他而成为善、成为存在、成为有生命的事物的,这一点从狄奥尼修斯在《论神的名称》第 5 章第 5 节中的教导中是可以清楚地看出来的。所以,处于潜在之中的无论什么事物也都分有了第一潜在。但是,第
443b 一潜在是原初质料(materia prima)。所以,既然人的灵魂,按照一定的方式,处于潜在之中,这从有时一个人是潜在地在理解这个事实便可以看出来,则人的灵魂似乎就必定分有原初物质作为它自身的一个部分。

理据 2:再者,凡是在质料的特性被发现的地方,就存在有质料。但是,质料的特性是在灵魂之中被发现的,也就是说,灵魂能够成为一个主体,并且灵魂是可以变化的。因为灵魂不仅是知识以及德行的主体,而且它还可以从无知转化成有知、从恶习转化成美德。所以,质料存在于灵魂之中。[①]

理据 3:再者,没有任何质料的事物,其存在是没有任何原因的,《形而上学》第 8 卷中就是这么说的。[②] 但是,灵魂的存在是有其原因的,因为它是为上帝所创造的。所以,灵魂是具有质料的。

理据 4:还有,没有质料而只有形式的事物,便是一种纯粹的现实,并且是无限的。但是,这只适合于上帝。所以,灵魂是具有质料的(问题 50 第 2 条论证 3)。[③]

但是,从另一个方面看,奥古斯丁在《〈创世记〉文字注》第 7 卷

① 参阅波那文都:《〈箴言四书〉注》,Ⅱ,d. Ⅲ,pt. 1,a. 1,qu. 1,arg. 1、2。

② 亚里士多德:《形而上学》,Ⅷ,6,1054b4。

③ 波那文都:《〈箴言四书〉注》,Ⅰ,d. Ⅷ,pt. I1,a. 1,qu. 2,arg. 1。

中却证明了灵魂既不是由有形质料构成的，也不是由精神质料构成的。

我的回答是：灵魂不具有任何质料。我们可以从两个方面来考察这个问题。首先，从一般灵魂概念来考察。因为成为一个身体的形式是适合于灵魂概念的。这样，无论是藉它自身的整体，还是由于它自身的某个部分，它都是一个形式。如果是藉它自身的整体，如果通过质料我们只能理解处于潜在状态的一些存在，则它的任何一个部分之为质料都是不可能的，因为形式本身是一种现实。而仅仅处于潜在状态的事物是不可能构成现实的一个部分的，因为潜在作为现实的对立面是同现实相对立的。然而，如果它是由于它自身的一个部分而成为形式的，那么我们就把这一部分称作灵魂，而它首先使其现实化的那种质料，我们则称之为“原初生命”(primum animatum)。

其次，我们可以从人的灵魂的特殊概念出发加以考察。因为 444a
人的灵魂是理智灵魂。很显然，凡是领受某件事物之中的东西都是依据领受者的条件予以领受的。这样，一件事物之被认识便是就它的形式存在于认知者之中而言的。但是，理智灵魂认识一件事物是绝对地就它的本性而言的。例如，它认识一块石头是绝对地作为一块石头予以认识的；所以，一块石头的形式，以至于它自己的形式的概念，也绝对地存在于这个理智灵魂之中。因此，这个理智灵魂本身即是一个绝对的形式，而不是由质料和形式组合而成的东西。因为如果理智灵魂由质料和形式组合而成，则事物的形式就会把它作为个体加以领受，从而它就只能够认识个体事物了。这就好像运用感觉能力把形式领受进肉体器官之中一样，因

为质料乃形式得以个体化的原则。所以，我们可以得出结论说：理智灵魂，以及每一种绝对具有形式知识的理智实体，都不是由质料和形式组合而成的。

答异议理据1：第一现实（primus actus）是所有现实的普遍原则；因为如狄奥尼修斯在《论神的名称》第5章第9节中所说，它是无限的，实际上"是事先包含着所有事物的"。所以，事物之分有它，并不是作为它们的一个部分而分有它的，而是按照第一现实分发东西的方式（diffusionem processionis）分有的。然而，既然潜在是领受现实的，它就必定同现实相称。但是，所领受的由第一无限现实发出并分有第一无限现实的现实却是各不相同的，从而不可能由一种潜在领受所有的现实，仿佛存在着一种现实，所有分有的现实都是起源于它似的。因为如果这样的话，领受的能力同"第一现实"的能动的能力在就完全等同了。然而，存在于理智灵魂中的领受的潜在却并非第一质料的领受的潜在，这一点从每个领受者所领受的东西的多样性中就可以看出来。因为原初质料（materiae prima）领受的是个体的形式（formas individuales），而理智所领受的则是绝对的形式（formas absolutas）。因此，理智灵魂中这样一种潜在的存在并不能够证明灵魂是由质料与形式组合而成的。

答异议理据2：成为一个主体，并且被改变，之所以属于质料，乃是由于质料处于潜在状态的缘故。所以，正如理智的潜在是一
444b 回事，原初物质的潜在是另一回事一样，它们成为主体和变化的理由（alia ratio subiiciendi et transmutandi）也不同。因为理智之为认识的主体，以及它之从无知到有知的变化，乃是因为相对于可理

解的种相来说，它处于潜在状态的缘故。

答异议理据 3：形式引起质料存在，活动主体也是如此。所以，活动主体是藉把质料变化成一种形式的现实而使质料存在的。然而，独立存在的形式却不把它的存在归于某一形式的原则，它也没有把它从潜在变化为现实的原因。所以，在上述引文之后，哲学家得出结论说：在由质料和形式组合而成的事物中，“除却从潜在到现实的运动的事物，不存在任何别的原因；而凡没有质料的事物则自身即是存在者(omnia simpliciter sunt quasi vere entia aliquid)。”①

答异议理据 4：凡被分有的东西(participatum)，对于作为分有者的个体事物(participans)来说，即是它的现实。但是，凡被设定为自身独立存在的受造的形式却必定分有存在。因为一如狄奥尼修斯在《论神的名称》第 5 章第 5 节中所说，甚至生命，或诸如此类的任何事物，“都是存在的一个分有者”。这样，被分有的存在就受到分有者能力的限制；以至于唯独上帝，由于其本身只是他自己的存在，才是纯粹的现实，并且是无限的。但是，在理智的实体中，存在着现实性与潜在性的组合，这其实不是质料与形式的组合，而是形式与被分有的存在的组合。所以，一些人说(问题 50 第 2 条答异议理据 2)：它们是由“它们藉以存在的事物”与“它们所是的事物”组合而成的。因为存在本身正是一件事物藉以存在的东西。

① 亚里士多德：《形而上学》，Ⅷ，6，1045b21。

第6条 人的灵魂是否是不可朽坏的?

现在我们着手讨论第6条。

异议:人的灵魂(anima humana)似乎是可以朽坏的(corruptibilis)。

理据1:因为那些具有类似开端和过程的事物似乎具有类似的结局。但是,人的藉生育而出现的开端同动物的开端相似,因为它们都是由土制造出来的。他们的生命的过程也是类似的。因为
445a 一如《传道书》第3章第19节所说:"世人遭遇的,兽也遭遇。所遭遇的都是一样。"所以,《传道书》紧接着得出结论说:"这个怎样死,那个也怎样死。气息都是一样。"但是,禽兽的灵魂是可以朽坏的。所以,人的灵魂也是可以朽坏的。

理据2:再者,凡是由无产生的东西也都回归于无。因为结果同开端是相对应的。但是,正如《智慧篇》第2章第2节中所说:"我们是从无中生出来的";这不仅对身体来说是真的,而且对灵魂来说也是真的。所以,《智慧篇》在同一节中得出下述结论:"过后我们又好像未曾生存过",甚至我们的灵魂也是如此。

理据3:还有,没有什么东西是没有它自己的特定的运作的。但是,灵魂所特有的运作,也就是借助于心像去理解,既然如此它也就不可能没有身体。因为,灵魂若没有心像便什么也理解不了,而且,一如《论灵魂》一书中所说,"如果没有身体便没有任何心像。"[①]所以,如果身体消解了,灵魂便不可能继续存在下去。

---

① 亚里士多德:《论灵魂》,Ⅰ,1,403a9。

但是，从另一个方面看，狄奥尼修斯在《论神的名称》第 4 章第 2 节中却说过：人的灵魂，是由于上帝的善，它们才成为“理智的，从而它们是不可朽坏的、独立存在的生命”。

我的回答是：我们必须肯定，我们称之为理智原则的人的灵魂是不可朽坏的。因为一件事物之朽坏要藉两种方式：一种是自身的，一种是偶然的。任何一件独立存在的事物被偶然地产生出来或朽坏掉是不可能的，也就是说，藉某种别的事物的产生或朽坏而产生或朽坏是不可能的。因为产生和朽坏属于一件事物，正如存在属于它一样，只是由产生所获得，由朽坏而丧失的。所以，凡是自身具有存在的东西除自身外是不可能被产生出来或朽坏掉的；而那些并非独立存在的事物，诸如偶性和物质形式都是通过复合物的产生或朽坏而获得其存在或丧失其存在的。这样，事情就如上所述（问题 75 第 2、3 条）：禽兽的灵魂就不是自身独立存在的，而人的灵魂则是自身独立存在的。所以，禽兽的灵魂当它们的身体朽坏时也就跟着朽坏了，而人的灵魂却不可能被朽坏，除非它自身朽坏掉。然而，这实际上是不可能的，不仅就人的灵魂来说是如此，而且那些仅仅为形式的任何独立存在的事物也是如此。因为，445b
很显然，凡是由于自身而属于一件事物的东西，都是同它不可分离的。而存在则是由于它自身而属于形式的，因为形式即是现实。所以，质料当其获得形式时，也就获得了现实的存在，而就形式与之相分离而言，它也就朽坏了。但是，一个形式同它自身分离开来是不可能的，所以，一个独立存在的形式不再存在是不可能的。

即使像一些人所假定的那样，承认灵魂是由质料和形式组合而成的（问题 75 第 5 条；问题 50 第 2 条），我们也还是不能不坚持

认为它是不可朽坏的。因为朽坏这种现象是只能够在存在有对立面的地方才能发现的。而产生和朽坏是来自对立面又进入对立面的。所以,天体,既然根本不存在具有对立面的问题,也就不可朽坏了。而在理智灵魂中,也不可能存在有任何对立面,因为它是依照它的存在的方式领受的,而它所领受的那些事物是没有任何对立面的。因为即使对立的概念,其本身也不是对立的,因为对立的东西属于同一种知识。所以,理智灵魂是不可能朽坏的。

再者,我们从每一件事物都自然地按照它自己的方式欲求存在这样一个事实也可以看到一定的迹象。在那些具有知识的实存中,欲望是随着知识而滋生出来的。其实感觉并不能够认识存在,除非处于此时此地这样的环境下,而理智却能够绝对地领悟存在,并且任何时候都可以领悟存在。从而,凡具有理智的实存也就都自然地始终欲求存在。但是,自然的欲望是不可能徒劳无益地存在的。所以,每一个理智实体都是不可朽坏的。

答异议理据1:所罗门在这个蠢人面前,是像《智慧篇》第2章中所表达的那样,进行推理的。所以,人和动物在产生中具有一样的开端这个说法对于身体的确是真理,因为所有的动物都一样是由土制造出来的。但是,这种说法对于灵魂却不是真理。因为禽兽的灵魂是由身体的某种能力产生出来的,而人的灵魂则是由上帝产生出来的。为了表明这一点,《创世记》第1章第24节中在谈到别的动物时说道:“地要生出活物来”,而第2章第7节在谈到人
446a 时又写道:“将生气吹在他鼻孔里。”所以,在《传道书》的最后一章里得出结论说:“尘土仍归于地,灵仍归于赐灵的上帝。”再者,生命的过程对于身体也是一样的,对此,《传道书》第3章第19节中写

道:“所有的事物气息都是一样”;《智慧篇》第 2 章第 2 节中还写道:“我们鼻中的气息只是一阵烟雾。”但是,生命的过程同灵魂不一样。因为人是有理智的,而动物却没有。因此,说“人和动物两者的气息都一样”是荒谬的。因此,死亡降到这两者身上,对于形体是一样的,但是,对于灵魂却并非如此。

答异议理据 2:正如一件事物能够被创造并不是由于一种被动的能力,而只是由于造物主的能动的能力,造物主是能够从无中产生一些事物的一样,当我们说一件事物能够还原到无的时候,我们的意思并不是指,受造物中有一种达到非存在的能力,而是说,在造物主身上有一种不再维持存在的能力。但是,一件事物之所以被说成是可朽坏的,乃是因为其中存在有一种达到非存在的能力。

答异议理据 3:通过心像理解是灵魂凭借它同身体的结合而实现的特殊的运作。在同身体分开以后,它将具有理解的另一种样式,类似于其他同形体相分离的实体,这一点后面将会加以说明(问题 89 第 1 条)。

第 7 条 灵魂是否与天使属于同一个种相?

现在我们着手讨论第 7 条。

异议:灵魂似乎与天使属于同一个种相(speciei)。

理据 1:因为每一件事物都是藉它的种相的本性安排达到特定的目的,而它的达到其目的倾向就是由这种本性派生出来的。但是,灵魂的目的与天使的目的是一样的,也就是说,都是以永恒的幸福为目的。所以，它们属于同一个种相。

理据 2：再者，终极的特有的差异是最高贵的，因为它完成了该种相的本性。但是，无论在一个天使身上，还是在灵魂中，都没有什么东西比它们具有理智本性更为高贵的了。因此，灵魂和天
446b 使在终极的特有的差异方面是一致的。所以，它们属于同一个种相。

理据 3：还有，灵魂与天使，除其同身体联合外似乎并没有什么不同。但是，既然身体处于灵魂的本质之外，则它似乎就不属于灵魂的种相。所以，灵魂和天使属于同一个种相。

但是，从另一个方面看，具有不同本性的运作的事物属于不同的种相。但是，灵魂与天使的自然的运作是不同的，因为如狄奥尼修斯在《论神的名称》第 7 章第 2 节中所说："天使的心灵具有单纯的和神圣的理智，并不是从可见的事物得到他们的关于上帝事物的知识的。"紧接着关于灵魂他却说了一些与此相反的话。由此可见，灵魂与天使并不属于同一个种相。

我的回答是：奥利金在《第一原则》第 3 卷第 5 章中却认为：人的灵魂和天使完全属于同一个种相。这是因为他假定：在这些实体中，等级的差异是偶然的，是由它们的自由选择产生出来的。这一点我们在前面(问题 47 第 2 条)就已经谈到了。但是，事情不可能如此。因为，在精神的实体中，如果没有种相的多样性和本性的不等同性就不可能有数的多样性。因为既然它们不是由质料和形式组合而成的，而是独立存在的形式，那就很显然，在它们之间就必定存在有种相的多样性。因为一个独立的形式是不能不被理解为一个单一的种相的。这样，如果假定一个独立的白存在，它也就

只能够是一个，因为一个白同另一个白不可能有什么区别，除非存在于这个或那个主体之中。但是，种相的多样性始终是伴有本性的多样性的。这样，在颜色的种相中，一个就比另一个更为完满些。而这也同样适用于其他的种相。因为区分一个属相的种差是相互对立的。然而，对立的东西之相互关联有如完满的东西同不完满的东西之相互关联一样，因为“对立的原则是习性和匮乏”，《形而上学》第 10 卷中就是这么写的。[①]

即使上述实体是由质料和形式组合而成的，那也能得出同样的结论。因为如果一个实体的质料区别于另一个实体的质料，那就能得出结论说：或者形式是质料区别的原则，也就是说，质料是 447a
由于它同各种不同的形式的关系而区别的（甚至因此而产生出种差和本性的不等同性），或者质料是形式区别的原则。但是，一种质料是不可能区别于另一种的，除非通过量的区别，而这在诸如天使和灵魂一类的精神实体中是没有存在余地的。所以，天使和灵魂属于同一个种相是不可能的。至于一个种相中何以能够存在有许多灵魂，这个问题将留待后面予以解释（问题 76 第 2 条答异议理据 1）。

答异议理据 1：这个证明是从最近的和自然的目的出发的。但是，永恒的幸福则是终极的和超自然的目的。

答异议理据 2：终极的特定的差异之所以是最高贵的，乃是因为它是最确定的，就像现实比潜在更高贵些一样。然而，这样一来，理智能力就不是最高贵的了，因为它是不确定的，对于智性

① 亚里士多德：《形而上学》，Ⅹ，4，1055a33。

(intellectualitatis)的许多等级都是共同的;正如感觉能力对于感性存在(esse sensibili)的许多等级是共同的一样。因此,正如所有感性事物并非属于一个种相一样,所有理智的事物也就同样不属于一个种相。

答异议理据 3:身体并不是灵魂的本质,但是,灵魂藉它的本质的本性是能够同身体结合在一起的。所以,严格讲来,不是单独灵魂,而是这个复合物是那个种相。灵魂为了运作就以一定的方式需要身体,这个事实表明:灵魂所具有的理智性的等级是低于天使的,因为天使是不同身体结合在一起的。

问题 76
论身体与灵魂的结合

（共 8 条）

现在我们来考察身体与灵魂的结合。

关于这个问题，有 8 个要点需要探究：

(1)理智原则是否是作为身体的形式同身体结合在一起的？

(2)理智原则是视身体的数量而在数量上增加的，还是所有的 447b
人都只有一个理智？

(3)在其形式为理智原则的身体中，是否还存在有某个别的灵魂？

(4)在身体中是否还存在有任何别的实体形式？

(5)以理智原则为其形式的身体究竟需要具备什么样的性质？

(6)灵魂是否是藉另外一种形体同这样的身体结合在一起的？

(7)灵魂是否是需要藉一种偶性同这样的身体结合在一起的？

(8)灵魂是否是整个地存在于身体的每个部分？

第 1 条 理智原则是否是作为身体的形式同身体结合在一起的？

现在我们着手讨论第 1 条。

异议：理智原则(intellectivum principium)似乎并不是作为身体的形式(forma)同身体结合在一起的。

理据1：因为哲学家在《论灵魂》第3卷中说过："理智是独立的"，它并不是任何一个身体的活动。[①] 由此可见，它并不是作为身体的形式同身体结合在一起的。

理据2：再者，每一种形式，就其相应于以其为形式的质料的本性而言(secundum naturam materiae cuius est forma)，都是确定的。否则，在质料和形式之间就不会要求任何相称性。所以，如果理智是作为身体的形式而同身体结合在一起的，则既然每一个形体都有一个确定的本性，那就会得出结论说：这理智也具有一种确定的本性。这样，它也就因此而不能够认识所有的事物了，这一点从前面所说的是可以清楚地看出来的(问题75第2条)，然而，这是同理智概念相抵触的。所以，理智并不是作为身体的形式同身体结合在一起的。

理据3：再者，任何一种接受能力若要成为物体的现实；它就必须依据质料和个体性来接受形式。因为所接受的东西都必定是根据领受者的尺度(secundum modum recipientis)得到的。但是，所理解的事物的形式并不能被质料地和个体地接受到理智中来，而毋宁是非质料地和普遍地接受进来的。否则，理智就会像感觉
448a 一样，不能够具有关于非质料的和普遍的对象的知识，而只具有关于个体事物的知识了。所以，理智并不是作为身体的形式同身体结合在一起的。

---

① 亚里士多德：《论灵魂》，Ⅲ，4，429b5。

理据 4:再者,能力和活动具有同样的主体。这同一个主体即是那能够活动并且确实活动的东西。但是,理智的活动并不是身体的活动,这一点从前面所说的就可以看出来(问题 75 第 2 条)。所以,理智能力也不是身体的一种能力。但是,官能(virtus)或能力是不可能比官能或能力从出的本质更为抽象或更其单纯。所以,理智实体并不是身体的形式。

理据 5:再者,凡是自身具有存在的事物都不是作为身体的形式同身体结合在一起的,因为一个形式就是一件事物得以存在的东西,从而,一个形式的存在并不是单独属于这个形式的。但是,理智原则自身便具有存在,并且是独立存在的,这一点已如上述(问题 75 第 2 条)。所以,它并不是作为身体的形式同身体结合在一起的。

理据 6:再者,凡是由于一件事物的本性而存在于一件事物之中的东西都是始终存在于其中的。但是,同质料结合在一起是由于其本性而属于这形式的。因为,形式之为质料的现实并不是由于任何偶性的性质,而是由于它自己的本质。否则,质料和形式就不会使一件事物实体性地成为一个了,而只能是偶然地成为一个了。所以,一个形式是不可能没有它自己特有的质料的。但是,理智原则,既然如上所述(问题 75 第 6 条),它是不可朽坏的,在这个身体解体以后,就与身体分开而继续存在。所以,理智原则并不是作为身体的形式同身体结合在一起的。

但是,从另一个方面看,按照哲学家在《形而上学》第 8 卷中的观点,种差是起源于形式的。[①] 但是,构成人的种差的是理性(rati-

① 亚里士多德:《形而上学》,Ⅷ,2,1043a19。

onale)，而理性则是由于人的理智原则而用到人身上的。所以，理智原则是人的形式。

我的回答是：我们必须肯定，作为理性活动原则的理智是人的身体的形式。因为任何事物藉以活动的首要的东西，都是这项活动归因的那件事物的一种形式。例如，一个身体藉以康复的首要的东西便是健康状况，而灵魂藉以认识的首要的东西便是知识。因此，健康是身体的一个形式，而知识则是灵魂的一个形式。其理由在于：没有什么事物能够活动，除非是就它处于现实状态而言。因此，一件事物是由于它藉以处于现实状态的东西而活动的。这样，很显然，身体藉以生存的第一件事物便是灵魂。而且，既然生命是藉有生命事物的不同等级的各种运作显示出来的，则我们藉以实施所有这些生命活动首要的东西也就是灵魂了。因为灵魂是我们营养、感觉和位置移动的第一原则，并且，同样也是我们理解的第一原则。所以，我们藉以理解的这项原则，不管它被称作理智，还是被称作理智灵魂，都是身体的形式。这也正是亚里士多德在《论灵魂》第 2 卷中曾经运用过的推证。[①]

448b

但是，如果任何一个人说理智灵魂并非身体的形式，[②]那他就必须首先解释理解活动何以能够成为一个个体的人的活动。因为每一个人都意识到进行理解的正是他自己。而一个活动是可以以三种方式归因于任何一个人的，这一点从哲学家在《物理学》第 5 卷中所说的便可以清楚地看出来。[③]“因为一件事物被说成是运

① 亚里士多德：《论灵魂》，Ⅱ，2，414a12。

② 参阅大阿尔伯特：《受造物大全》，Ⅱ，4，1。也请参阅阿维森纳：《论灵魂》，Ⅰ，1；Ⅴ，4。

③ 亚里士多德：《物理学》，Ⅴ，1，224a31。

动或活动，或者是由于它的整个自身，例如一个医生给人治病的情况；或者是由于一个部分，例如，一个人用他的眼睛看东西；或者是通过一种偶性的性质，例如，当我们说一件白的事物在建筑的时候，情况就是如此，因为这位建筑师之为白的是一件偶性的事情。”所以，当我们说苏格拉底或柏拉图在理解时，这显然不是依据偶性归因于他的，因为这是在归因于作为人的他的，是就其本身说到他的。所以，我们必须或者说苏格拉底是藉他的整个自我来理解的，如柏拉图所主张的，认为人是一个理智灵魂，或者说理智是苏格拉底的一个部分。第一种说法是站不住脚的，这一点已如上述（问题 75 第 4 条），由于这个理由，那意识到他在理解和意识到他在感觉的就是同一个人。但是，一个人没有身体是不可能感觉的，从而，整个身体就是人的一个部分。所以，苏格拉底藉以理解的理智就应当是苏格拉底的一个部分，从而，它也就以某种方式同苏格拉底的身体结合在一起了。

评注家在《〈论灵魂〉注》第 3 卷中认为：这种结合须通过可理解的种相，这是因为可理解的种相具有两重主体（duplex subiectum）的缘故：一方面可理解的种相存在于可能的理智之中，另一方面可理解的种相又存在于心像之中，而心像则是存在于肉 449a
体器官之中的。这样，通过可理解的种相，这个可能的理智便同这个或那个个体的人的身体联系在一起了。但是，这种联系或结合并不足以解释理智的活动就是苏格拉底的活动这样一个事实。这一点从同感觉能力的比较中就可以清楚地看出来，亚里士多德就是从这里出发来考察同理智相关的事物的。因为心像同理智的关系同颜色同视觉的关系是一样的，《论灵魂》第 3 卷

中就是这么说的。[①] 所以，正如颜色的种相存在于视觉之中一样，心像的种相也同样存在于可能的理智之中。而这显然是由于虽然其印象存在于视觉之中的颜色存在于墙上，但是，这种视觉活动却不能够归因于这堵墙。因为我们不能够说这堵墙看见了，而毋宁说它是被看见的。所以，从心像的种相存在于可能的理智中这个事实，我们不能够得出结论说，身体中有心像的苏格拉底在理解，而是应当说他或他的心像得到了理解。

然而，一些人却极力主张：理智是作为身体的推动者而同身体结合的，因此，理智和身体形成了一个事物，以至于理智的活动能够归因于这个整体。然而，由于许多理由，这种说法是没有根据的。首先，是因为理智，除非通过欲望，是不可能推动身体的，而欲望的运动确实是预设了理智的运作的。所以，苏格拉底之所以能够理解的原因并不在于他为他的理智所推动，而毋宁，相反，是由于他理解了它他才为他的理智所推动的。其次，是因为既然苏格拉底实际上是一个具有由质料和形式组合而成的本质的个体，则如果这个理智不是这个形式，那就会得出结论说：它必定是处于这个本质之外的，从而，这个理智对于整个苏格拉底就和一个推动者对于所推动的事物一样了。然而，理智活动依然存在于这个活动主体之中，并不进入某个别的事物，像加热的活动那样。所以，理解活动不可能由于他为他的理智所推动而归因于苏格拉底。第三，是因为一个推动者的活动是绝不可能归因于被推动的事物的，除非它被用作一项工具；就像一个木匠的活动同一把锯子的关系

① 亚里士多德：《物理学》，Ⅲ，7，431a14。

那样。所以,如果理解活动之归因于苏格拉底,就像推动他的东西的活动一样,那就能够得出结论说:它是作为一项工具归因于他的。而这是同哲学家的教导相抵触的,因为哲学家认为理解活动是不可能凭借有形的工具进行的。[①] 第四,是因为一个部分的活 449b
动能够归因于整体,就如眼睛的活动可以归因于一个人一样,但是,这是绝不可能归因于另一个部分的,除非间接地讲兴许可以。因为我们不能够说这只手是由于眼睛看见了事物而看见事物了。所以,如果理智和苏格拉底以上述的方式结合在一起,那理智的活动就不可能归因于苏格拉底。然而,如果苏格拉底是由理智同属于苏格拉底的别的事物的结合组成的一个整体,而理智又是仅仅作为推动者而同那些那些别的事物结合在一起的,那就可以得出结论说:苏格拉底绝对地不是一个,从而也绝对地不是一个存在,因为一件事物就它是一件事物而言,才是一个存在。

所以,除了亚里士多德所提供的解释外,[②]依然没有任何别的解释;也就是说,这个个体的人之所以能够理解,乃是因为理智原则即是他的形式。因此,从理智的运作本身就可以清楚地看到:理智原则是作为身体的形式同身体结合在一起的。

这同样可以从人的种相的本性清楚地看出来。因为每一件事物的本性都是通过它的运作显示出来的。而人之为人的特有的运作就是去理解,因为他是因此而超越所有别的动物的。亚里士多德因此也就得出结论说:人的终极的幸福必定在于这种特别属于人的运作。所以,人必定是从作为这一运作的原则的

① 亚里士多德:《伦理学》,Ⅹ,7,1177a17。

② 同上书,Ⅱ,2,414a12。

事物获得他的种相的。但是，任何一件事物的种相都是来源于它的形式的。所以，我们能够得出结论说：理智原则乃人所固有的形式。

但是，我们必须注意到：一个形式越是高贵，它就越是超出有形质料；它越少地结合进质料中，它藉它的能力和运作就越多地超出质料。因此，我们发现：一个混合形体的形式之具有另一种运作，并不是由它的基本的性质所引起的。而且，我们在形式的高贵性方面提升得越高，我们也就越多地发现这种形式的能力超出初级质料（materiam elementarem）：例如，植物灵魂（anima vegetabilis）超出金属的形式，而感觉灵魂又超出植物灵魂。而人的灵魂就
450a 是形式中最高级的和最高贵的。所以，由于它具有一种有形质料无以分享的运作和能力，它便在能力方面超出有形质料。而这种能力便被称作理智。

应当充分地看到：如果任何一个人认为灵魂是由质料和形式组合而成的（问题 75 第 5 条；问题 50 第 2 条），那就会得出结论说：灵魂无论如何都不可能成为身体的形式。因为既然形式是一种现实，而质料只是一种潜在的存在，那由质料和形式组合而成的东西就不可能藉它自身作为一个整体而成为另一个的形式。但是，如果它是由于它自身的某个部分而成为一个形式的，那我们就把作为形式的这个部分称作灵魂，而把那个以其为形式的东西称作原初生命（primum animatum），这一点已如上述（问题 75 第 5 条）。

答异议理据 1：正如哲学家在《物理学》第 2 卷中所说：自然哲学家的考察所指向的终极自然形式，即人的灵魂，其实是独立的。

然而，它却存在于质料之中。[1] 他是从“人和太阳是从质料产生出人的”这个事实证明出这一点的。它之为独立的，其实是就它的理智能力而言的，因为理智能力并不属于有形的肉体器官，像视觉能力即是眼睛的活动那样。因为理解活动，与视觉活动不同，是不可能由有形的肉体器官实施出来的。但是，就这种能力所属的灵魂本身乃身体的形式，并且是人的生育的结局(terminus)而言，它是存在于质料之中的。所以，哲学家在《论灵魂》第 3 卷中说：“理智是独立的”，因为它并非肉体器官所具有的那种能力。[2]

由此也可以清楚地看到如何去回答第 2 个和第 3 个理据了。因为为了使人能够藉他的理智理解所有的事物，为了使他的理智能够理解所有的非物质的和普遍的事物，只要理智能力不是身体的现实也就足够了。

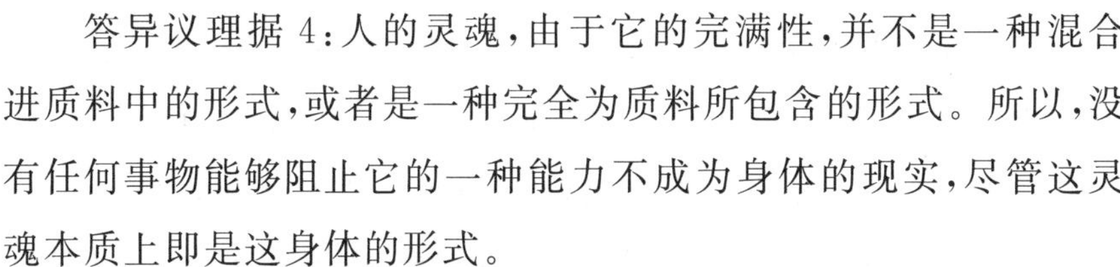

答异议理据 4：人的灵魂，由于它的完满性，并不是一种混合进质料中的形式，或者是一种完全为质料所包含的形式。所以，没有任何事物能够阻止它的一种能力不成为身体的现实，尽管这灵魂本质上即是这身体的形式。

答异议理据 5：灵魂把那种它藉以独立存在的存在(esse in quo subsistit)传达给了有形质料，从这种有形质料和理智的结合 450b
中产生了存在的统一性，以至于这整个复合物的存在也就是整个灵魂的存在。其他的非独立存在的形式的情况则与此不同。由于这个缘故，人的灵魂在身体解体之后依然保持着它自己的存在，虽然别的形式却并非如此。

---

① 亚里士多德：《物理学》，Ⅱ，2，194b12。

② 亚里士多德：《论灵魂》，Ⅲ，4，429b5。

答异议理据6：由于灵魂自身的缘故而同身体结合在一起是适合于灵魂的，正如由于它自身的缘故而升起来适合于轻的形体一样。而且，正如一个轻的形体当从它的特定的位置移开的时候，依然是轻的，同时还保持着追求它的特定位置的能力和倾向，同样，人的灵魂当离开身体的时候，也依然保持着它的特定的存在，依然具有一种同整个身体结合在一起的能力和自然倾向。

第2条　理智原则是否会随着身体的数目而增加？

现在我们着手讨论第2条。

异议：理智原则似乎不会随着身体的数目而增加，而是在所有的人身上都只存在有一个理智(unus intellectus)。

理据1：因为一个非物质的实体在数量上是不会在一个种相内有所增加的。但是，人的灵魂是一种非物质的实体，因为，如上所述(问题75第5条)，它不是由质料和形式组合而成的。所以，在一个种相中并不存在有多个人的灵魂。但是，所有的人都属于一个种相。所以，在所有的人中，只存在有一个理智。

理据2：再者，当原因被撤销的时候，结果也就被撤销了。所以，如果人的灵魂是随着身体的数量而增加的，那就会得出结论说：如果身体被撤销了，灵魂的数目就不会保持不变，而是从所有的灵魂中，只留下一个单一的灵魂存在。然而，这是一种异端观点，因为这样一来，就完全取消了奖惩的区别。

451a 理据3：再者，如果我的理智区别于你的理智，则我的理智是一个个体，你的理智也同样是一个个体。因为，所谓个体是那些在数值上(numero)不同但在种相上却相一致的事物。[①] 而凡是为任何事物所接受的东西都必定是依照受领者的尺度接受的。所以，事物的种相是个体地接受进我的理智中的，而且也是个体地接受进你的理智中的，但这同认识普遍事物(universalium)的理智的本性是相抵触的。

理据 4：再者，所理解的事物存在于进行理解的理智之中。所以，如果我的理智区别于你的理智，则为我所理解的东西就必定区别于为你所理解的东西；从而，它就会被看作是“某种个体的事物”，并且，仅仅“潜在地是某种被理解的事物”，[②]以至于公共概念(intentionem communem)就将不能不是从这两者之中抽象出来的；因为只有从不同事物当中，对它们是公共的可理解的事物才可以抽象出来。但是，这是同理智的本性相矛盾的，因为如是，则理智同想象似乎就没有什么分别了。所以，由此似乎就可以得出在所有的人身上只存在有一个理智的结论。

理据 5：当学生从老师(magistro)那里接受知识的时候，我们不能够说老师的知识产生了学生身上的知识，因为如是知识也就成了一种能动的形式，就像热一样，而这显然是荒谬的。所以，事情仿佛是老师心中的同样的个体知识传达给了这个学生，但是，这是不可能的，除非在他们师生两个身上存在有一个理智。[③] 所以，师生的理智只有一个；由此看来，这同样适用于所有的人。

① 参阅阿维洛伊：《〈论灵魂〉注》，Ⅲ，5。

② 同上。

③ 同上。

理据 6:还有,奥古斯丁在《论灵魂的量》第 32 章中说过:“如果我说存在着许多个灵魂,那我就是在嘲笑我自己。”但是,灵魂之为一个似乎主要在于理智。所以,所有的人中只有一个理智。

但是,从另一个方面看,哲学家在《物理学》第 2 卷中却说过:普遍原因同普遍事物的关系与特殊原因同个体事物的关系是一样的。[①] 但是,在种相上为一的灵魂要属于不同种相的动物是不可能的。所以,一个个体的理智灵魂属于不同的个体是不可能的。

我的回答是:一个理智属于所有的人是绝对不可能的。如果
451b 如柏拉图所主张的(问题 75 第 4 条),人即是理智本身,这一点就是很清楚的。因为由此就可以得出结论说:苏格拉底和柏拉图是一个人,除某些外在于他们每一个的本质的事物外,他们相互之间是没有任何区别的。苏格拉底和柏拉图的区别无非是一个人穿着短袖束腰外衣,而另一个则穿着大氅。然而,这是完全荒谬的。

同样清楚的是,如果按照亚里士多德的意见,[②]假定理智为作为人的形式的灵魂的一个部分或一种能力,这也是不可能的。因为许多不同的个体具有一个形式是不可能的,正如他们具有一种存在是不可能的一样,因为形式乃存在的原则。

还有,对理智同这个或那个人的结合方式,一个人无论持守什么样的立场,都显然是不可能的。因为,很显然,假如存在着一个主要的活动主体和两项工具的话,我们就能够说绝对地存在着一个活动主体,但是却有若干项活动。就好像当一个人用他的两只手触摸到若干个事物的时候,就会虽然只有一个在触摸的人,但是

① 亚里士多德:《物理学》,Ⅱ,3,195b26。

② 亚里士多德:《论灵魂》,Ⅱ,2,414a13。

却有两只手在触摸者。反之，如果我们假定有一项工具和若干个主要活动主体，我们就可以说存在着若干个活动主体，但是却只有一项活动。就好像如果由许多人通过一根绳来拉一条船的话，那就会由许多人在拉，但却只有一个拉的活动。然而，如果存在着一个主要活动主体和一项工具的话，我们就说存在着一个活动主体和一项活动，就好像一个铁匠用一个锤子打铁的时候，就存在着一个打铁的人和一项打击活动。这就很清楚，不管理智同这个或那个人是如何结合或如何连接的，理智都是先于属于人的所有的别的事物的。因为感觉能力是服从理智的，并且是听候理智使唤的。所以，如果我们假定两个人有若干个理智和一个感官，例如，两个人只有一只眼睛，则看见者虽然是两个，但他们却只有一项视觉活动。然而，如果只存在有一个理智，那就不管被理智用作工具的所有那些事物是如何的多，我们也不能够说苏格拉底和柏拉图不是一个在理解的人。而且，如果我们补充说：作为理智活动的理解，除理智本身外，不接受任何感觉器官的影响，我们就可以进一步得出结论说：只存在有一个活动主体和一项活动。也就是说，所有的 452a
人都只是一个“理解者”，并且，对于一个可理解对象只有一项理解活动。

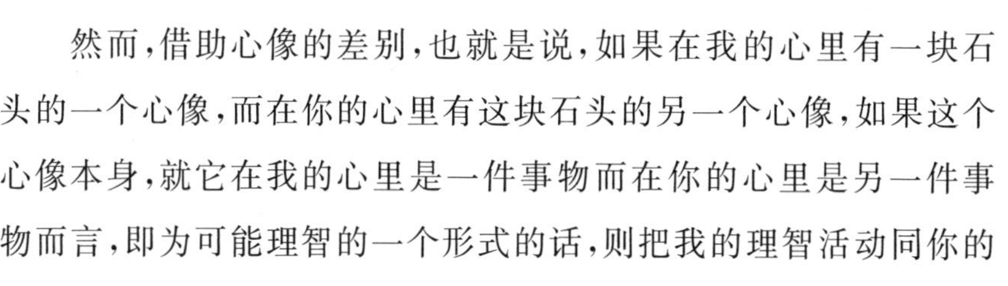

然而，借助心像的差别，也就是说，如果在我的心里有一块石头的一个心像，而在你的心里有这块石头的另一个心像，如果这个心像本身，就它在我的心里是一件事物而在你的心里是另一件事物而言，即为可能理智的一个形式的话，则把我的理智活动同你的理智活动区别开来就是一件可能的事情了。因为同一个活动主体能够依据不同的形式而产生不同的活动，正如由于对于同一只眼

睛事物呈现各种不同的形式,从而会存在不同的景观一样。但是,这心像本身却并非可能理智的一个形式;而毋宁说正是从这些心像抽象出来的可理解的种相才是这种形式。这样,在一个理智中,从同一个种相的各种不同的心像中,只能抽象出一种可理解的种相。就像在一个人身上,虽然可能存在有一块石头的不同心像,但是,从所有这些心像中却只能抽象出一个关于石头的可理解的种相;这一个人的理智就是藉此,通过一种运作,来理解一块石头的本性的,虽然这种心像是多种多样的。所以,如果所有的人只存在有一个理智,存在于这个或那个人身上的心像的多样性就不可能像评论家在《〈论灵魂〉注》第3卷中所教导的那样,在这个人或那个人身上引起各种各样的理智的运作。所以,主张所有的人只存在有一个理智,依旧是全然不可能的和不可理解的。

答异议理据1:虽然理智的灵魂,和天使一样,没有它得以产生出来的任何质料,然而,它却是一定质料的形式。在这后一个方面,它与天使是不同的。所以,由于质料的分类,一个种相中是存在有许多灵魂的,但许多天使之属于同一个种相则是完全不可能的。

答异议理据2:每一件事物具有统一性同它之具有存在的方式是一样的。因此,我们必须像判断一件事物的存在那样来判断一件事物的众多性。这样,事情就很清楚,理智灵魂,是由于它的存在,作为它的身体的形式而同那身体结合在一起的;然而,在身体解体之后,理智灵魂却依然保持着它的存在。同样,灵魂的众多性也是同身体的众多性相对应的;然而,在身体解体之后,灵魂在它们的存在方面依然是众多的。

452b 答异议理据3:理智存在的个体性,或者它藉以理解的种相的个体性，并不妨碍它对普遍事物（universalium）的理解活动。否则，既然独立理智（intellectus separati）是独立存在的实体，并且因此而是个体的，那他们就不可能理解普遍事物。但是，妨碍对普遍事物的认识的，乃是认知者的质料性以及他藉以认识的种相的质料性。因为正如每一个活动所依据的都是这个活动主体藉以活动的形式的尺度那样，例如加热所依据的就是热的尺度，认识所依据的同样也就是认知者藉以认识的那个种相的尺度。这样，公共本性显然就由于来自质料的个体化原则而变得有所区别并且也增加了。所以，如果形式，作为知识的工具，是物质的（materialis），也就是说，不是从物质条件中抽象出来的，则它同种相或属相的本性的类似所依据的也就会是那种本性由于个体化原则而产生的区别和众多性。这样，要获得关于一件事物的一般本性的知识就是一件不可能的事情了。但是，如果这种相是从个体质料的条件抽象出来的，那就会在没有那些使之得以区别和增加的事物的情况下，将存在有一种本性的类似物；从而也就会有关于普遍事物的知识了。这对于这个特殊问题，即究竟存在有一个理智还是多个理智，倒是无关紧要的。因为即使只存在有一个理智，那也将必定是一个个体的理智，而它藉以理解的这个种相也将是一个个体的种相。

答异议理据 4：无论理智是一个还是多个，被理解的东西则只有一个。因为凡是被理解的东西在理智中就不是就它自身的本性而言的，而是就它的类似物而言的。因为一如《论灵魂》第 3 卷中所说，“存在于这灵魂之中的并不是这石头，而是它的类似物。”[①]

① 亚里士多德：《论灵魂》，Ⅲ，8，431b29。

然而，被理解的正是这块石头，而不是这块石头的类似物，除非是藉理智对它自身的一种反思。否则，科学的对象就不会是事物，而是可理解的种相了。这样，就会出现各种不同的事物按照不同的形式类似于同一件事物。而且，既然知识是由于认知者同所认识的事物的类似产生出来的，那就可以得出结论说：同一件事物就会被若干个认知者所认识，这一点就感觉而言是很显然的。因为几个人能够按照各种不同的相似物而看到同一种颜色。同样，若干个理智也能够理解同一个所理解的对象。但是，按照亚里士多德
453a 的意见，在感觉和理智之间是存在着差异的，也就是说，一件事物是按照它所具有的处于灵魂之外的配置，亦即它的个体性，为感官所知觉的。然而，尽管所理解的事物的本性实际上处于灵魂之外，但是它据以外在于灵魂而存在的那种样式，却并非它据以得到理解的那种样式。[①] 因为，这种公共本性是被理解为离开了个体化原则的；但是，这却不是它的在灵魂之外的存在样式。但是，按照柏拉图的意见（问题 6 第 4 条），所理解的事物存在于灵魂之外，其方式与它藉以理解的方式是一样的。因为他假定：事物的本性是脱离质料而存在的。

答异议理据 5：一种知识存在学生身上，而另一种则存在于老师身上。至于它是如何被引起的，我们将在后面予以说明。

答异议理据 6：奥古斯丁否认灵魂的复多性，致使他不能用一个种相的理据来统一（uniantur in una ratione speciei）。

① 亚里士多德：《论灵魂》，Ⅲ，8，432a2。

第 3 条　除理智灵魂外，在人身上是否还存在有相互之间有本质差别的别的灵魂？

现在我们着手讨论第 3 条。

异议：除理智灵魂外，在人身上似乎还存在有相互之间有本质差别(essentiam differentes)的别的灵魂，如感觉灵魂(sensitiva)和营养灵魂(nutritiva)。

理据 1：因为可朽坏的东西与不可朽坏的东西不可能属于同一个实体。但是，理智灵魂是不可朽坏的，而感觉灵魂和营养灵魂却是可以朽坏的，这一点已如上述(问题 75 第 6 条)。所以，在人身上，理智灵魂、感觉灵魂和营养灵魂的本质不可能是一样的。

理据 2：再者，虽然有人说人身上的感觉灵魂是不可朽坏的，然而，相反，《形而上学》第 10 卷中却说道："可朽坏的和不可朽坏的在属相方面是不同的。"[①]但是，这匹马、这头狮子和其他别的禽 453b
兽身上的感觉灵魂是可朽坏的。所以，如果在人身上，它是不可朽坏的，那么，在人身上和在禽兽身上的感觉灵魂也就会不属于同一个属相。这样，一个动物就是由于它具有感觉灵魂而被这样称呼的，从而，动物也就不会成为对于人和别的动物所共有的一个属相了。然而，这显然是不合适的。

理据 3：再者，哲学家在《论动物的产生》第 2 卷第 3 章中说：胚

① 亚里士多德：《形而上学》，Ⅹ，10，1059a10。

胎在它成为一个人之前是一个动物。[1] 但是，如果感觉灵魂的本质同理智灵魂的本质是一回事的话，这就是不可能的事了。因为一个动物之成为一个动物，乃是由于它的感觉灵魂，而一个人之所以成为一个人则是由于理智灵魂。所以，在人身上，感觉灵魂的本质与理智灵魂的本质并不是一回事。

理据 4：还有，哲学家在《形而上学》第 8 卷中说：属相是来自质料的，从而与形式有所区别。[2] 但是，构成人的种差的理性却是来自理智灵魂的，而他之被称作动物，则是由于他之具有一个为感觉灵魂赋予生命的身体。所以，理智灵魂之相关于为感觉灵魂赋予生命的身体是一种形式对于质料的关系。从而，在人身上，理智灵魂虽然与感觉灵魂本质上并不是一回事，但是却预设了感觉灵魂为它的一种质料主体(materiale suppositum)。

但是，从另一个方面看，我们在《论教会信条》第 15 章中却读道："我们也不能够说，在一个人身上存在有两个灵魂，像詹姆斯和其他一些叙利亚人所写的，一个是动物灵魂，身体藉着它而获得生命，而它也是同血液混合在一起的，而另一个，则是精神灵魂，它是服从理性的。但是，我们却能够说：在人身上只有一个灵魂，它一方面藉着同身体结合在一起而赋予身体以生命，另一方面又藉着它自己的理性活动(ratione)来管理自己。"

我的回答是：柏拉图认为，在人的身体上存在有几个灵魂，甚至它们的肉体器官也是各不相同的。他把不同的生命活动归因于这些灵魂，说"营养能力存在于肝脏中，欲望能力存在于心脏中，认

① 亚里士多德：《论动物的产生》，Ⅱ，3，736a35。

② 亚里士多德：《形而上学》，Ⅷ，2，1043a5。

识能力存在于脑中”。[①] 这些意见中涉及使用肉体器官的灵魂的 454a
那些部分，遭到了亚里士多德《论灵魂》一书的反对；[②]因为在那些持续生活的动物身上，当它们被分开的时候，在每一个部分都可以看到灵魂的运作，如感觉和欲望。但是，如果灵魂运作的各种不同的原则有本质上的差别，并且被分散到身体的各个不同部分，则情况就不会是这样。不过，对于理智部分，他似乎有点吃不准：它同其他部分的区别仅仅是逻辑上的呢，还是同时又是场所（loco）方面的呢？

如果如柏拉图所认为的（问题 76 第 1 条），灵魂被假定为不是作为身体的形式，而是作为它的推动者而同身体结合在一起的，则柏拉图的意见就能站得住脚。因为，这样一来，同一个可推动的事物为若干个推动者所推动就没有包含什么不合理的东西。而且，如果它是就它的各种不同的部分而被推动的，事情就更其不包含什么不合理的东西了。然而，如果我们假定灵魂是作为身体的形式而同身体结合在一起的，则几个本质上不同的灵魂存在于一个身体之中就完全不可能了。这一点可以用下述三条理由加以澄明。

首先，倘若一个动物身上存在有若干个灵魂，它就不可能是绝对地统一的。因为一件事物之具有存在和具有统一性都来自同一个源泉。所以，那些藉不同的形式而获得其名称的东西就不是绝对统一的，例如，“一个白人”，即是如此。所以，如果人是藉一种形式即植物灵魂而有生命的，藉另一种形式即感觉灵魂而成为动物

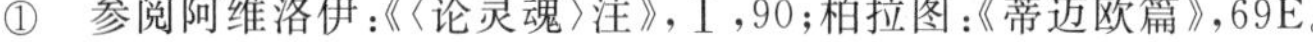

① 参阅阿维洛伊：《〈论灵魂〉注》，Ⅰ，90；柏拉图：《蒂迈欧篇》，69E。

② 亚里士多德：《论灵魂》，Ⅱ，2，413b13。

的，藉另一种形式即理智灵魂而成为人的，那就会得出结论说：人并不是绝对统一的。因此，亚里士多德在《形而上学》第8卷中针对柏拉图而证明说：如果动物的理念区别于两足动物的理念，则一个两足动物就不是绝对统一的。[①] 由于这个理由，针对那些认为在身体中存在有几个灵魂的人，他在《论灵魂》第1卷中诘问道：有什么东西能够统摄了它们呢？也就是说，有什么东西能够使它们统一呢？[②] 我们不能够说，它们是由于一个身体而统一的，而毋宁说是灵魂包容着身体，并且使身体统一的，而不是相反。

其次，用一件事物来称谓另一件事物的方式来证明这一点也是不可能的。那些起源于不同形式的事物之相互称谓，或者是就偶性方面(per accidens)相互称谓的：如果这些形式并不是一个规定另一个，例如，当我们说一些白的事物是甜的时候，事情就是如
454b 此；或者是按照本质称谓的第二种方式，就本质方面相互称谓的：如果这些形式用一个来规定另一个，主项属于谓项的定义，事情就是如此。例如，一个表面为颜色所预设，以至于如果我们说一个具有表面的形体是着了颜色的，我们就使用了本质称谓的第二种方式(secundus modus praedicationis per se)。所以，如果我们具有一件事物藉以成为一个动物的形式，并且具有它藉以成为一个人的另一种形式，那就或者可以得出结论说：这两件事物中的任何一个都是不能够用来称谓另一个的，除非假定这两种形式并不是相互规定的情况下，在偶性方面相互称谓；或者可以得出结论说：如果一个灵魂为另一个所预设的话，一个就能够按照本质称谓的第

① 亚里士多德：《形而上学》，Ⅷ，6，1045a14。

② 亚里士多德：《论灵魂》，Ⅰ，5，411b6。

二种方式被用来称谓另一个。但是,这两种结论显然都是荒谬的。因为动物之用来称谓人是就本质方面而言的而不是就偶性方面而言的,而人也不是动物定义的一个部分,而是相反。所以,一件事物藉着同一个形式必定既能成为动物也能成为人;否则的话,人就不会成为那种作为一个动物的东西了,以至于动物也能用来本质上称谓人了。

第三,当灵魂的一个运作强烈的时候,它就能够阻止另一个,这个事实就表明几个本质上不同的灵魂存在于一个身体之中是不可能的;除非这些活动的原则本质上是统一的,情况就绝不可能如此。

所以,我们必须得出结论说:在人身上,感觉灵魂、理智灵魂和营养灵魂从数值方面看是一个灵魂。如果我们考察一下种相和形式的差别的话,这一点是很容易得到解释的。因为我们看到事物的种相和形式是作为完满的事物与不完满的事物而相互区别的。例如,在事物的秩序中,有生命的事物比无生命的事物完满,动物比植物完满,人比禽兽完满,而且在这些属相中的每一个之中,都存在有各种不同的等级。由于这个理由,亚里士多德在《形而上学》第 8 卷中把事物的种相比作数字,而数字是随着个体(unitatis)的增减在种相上发生变化的。[①] 他还把各种不同的灵魂比作图形的种相(speciebus figurarum);就图形来说,一个是包含另一个的;例如,一个五边形是包含并超过一个四边形的。这样,理智灵魂实际上就包含着那些属于禽兽的感觉灵魂和植物的营养

① 亚里士多德:《形而上学》,Ⅷ,3,1043b34。

灵魂的所有东西。所以，就像属于一个五边形的一个面并不是由于一个形状是四边形，由于另一个形状是五边形，因为一个四边形当它被包含在那个五边形之内的时候，它就是多余的了；同样，苏格拉底也不是由于一个灵魂是一个人，由于另一个灵魂是一个动物，而是由于同一个灵魂，他才既是动物又是人的。

455a 答异议理据1：感觉灵魂之所以不可朽坏，并不是由于它是感觉的，而是由于它是理智的。所以，当一个灵魂仅仅是感觉的时候，它就是可以朽坏的；但是，当同感觉一起它还具有理智性的时候，它就是不可朽坏的了。因为虽然感觉不能够提供不可朽坏性，然而，它也不能剥夺理智的不可朽坏性。

答异议理据2：对属相和种相予以分类的并不是形式，而是复合物。这样，人就和别的动物一样，也是可以朽坏的。所以，在形式方面的可以朽坏的和不可朽坏的差异并不关涉人与别的动物之间的属相的差异。

答异议理据3：胚胎首先是一个仅仅具有感觉的灵魂，而当它离开了母体的时候，它就被一种更其完满的灵魂所取代，这种灵魂既是感觉的又是理智的。对于这一点，我们将作进一步的说明(问题118第2条答异议理据2)。

答异议理据4：我们绝对不能把自然事物的多样性看作是从各种不同的逻辑概念或意向产生出来的，这些是由我们的理解活动的方式流溢出来的，因为理性能够以各种不同的方式理解同一件事物。所以，既然如我们所说的，理智灵魂实际上包含着属于感觉灵魂的东西，甚至某些更多的东西，理性也就能够单独地把属于感觉灵魂能力的东西看作是不完满的和物质的。而且，由于它注意到这是一些对于人和其他动物所共同的东西，它就由此而形成了属相的概念；而在理智灵魂超出感觉灵魂的地方，它就变成了形式的和完满的；并且它由此而获得了人的“种差”。

第4条　在人身上，除理智灵魂外，是否还存在有另一种形式？

我们现在着手讨论第4条。

异议：在人身上，除理智灵魂外，似乎还存在有另一种形式(alia forma)。

理据1：因为哲学家在《论灵魂》第2卷中说过：“灵魂乃潜在地具有生命的物质身体的现实。”[①]所以，灵魂是作为质料的形式相关于身体的。但是，身体具有一种它藉以成为身体的实体形式。所以，身体中一些别的实体形式是先于灵魂的。 455b

理据2：再者，人像每一个动物一样，是自己推动他自己的。“这样，自己推动自己的每一件事物都分成了两个部分，其中一个部分在推动着，而另一个部分则被推动。”《物理学》第8卷中就是这么证明的。[②] 但是，实施推动的那个部分即是灵魂。所以，另一个部分必定是这样一种能够被推动的事物。但是，原初物质是不可能被推动的，[③]因为它只是潜在地为一种存在。而实际上，每一件被推动的事物都是一个形体。所以，在人身上和在每一个动物

① 亚里士多德：《论灵魂》，Ⅱ，1，412a27。

② 亚里士多德：《物理学》，Ⅷ，5，257b12。

③ 同上书，Ⅴ，1，225a25。

身上,都必定存在有另一种实体的形式,身体就是藉这种形式而构成的。

理据 3:再者,诸形式的秩序所依赖的是它们同原初物质的关系。因为前后是通过比较而适用于某个开端的。所以,如果在人身上除理智灵魂外,不存在有某个别的实体的形式,而且如果这直接地就存在于原初物质之中,那就会得出结论说:它属于那种直接存在于质料之中的最不完满的形式。

理据 4:还有,人的身体是一种混合的形体。而这种混合并不是单独地从质料中产生出来的,因为如是则我们就会完全毁灭。所以,诸元素的形式必定依然保留在混合的身体之中,而这些也就是实体形式。所以,在人的身体中,除理智灵魂外还存在有别的实体形式。

但是,从另一个方面看,在一件事物中,只有一种实体性形式存在。但是,这一实体形式却提供了实体性存在。从而,在一件事物中,就只有一种实体性形式存在。然而,灵魂是人的实体性形式。从而,在人身上除理智灵魂外还存在有另一种实体形式是不可能的。

我的回答是:如果我们假定理智灵魂并不是作为身体的形式同身体结合在一起的,而是像柏拉图派所主张的那样,仅仅是作为
456a 它的推动者同身体结合在一起的(问题 76 第 1 条),那就必定可以得出结论说:在人身上,还存在有另一种实体性形式,通过这种形式身体就在它的可以为灵魂推动的存在中确立起来了。然而,如果理智灵魂,如上所述(问题 76 第 1 条),是作为身体的实体性形式而同身体结合在一起的,那在人身上在理智灵魂之外发现另一

种实体形式，就是不可能的。

为了把这一点说明白，我们必须看到：实体性形式不同于偶性的形式，因为偶性的形式并不能使一件事物“绝对地”存在，而只能使它“如此这般的”，就好像热并不能使一件事物绝对地存在，而只能使它成为热的一样。而且，一件事物不能够因为偶性形式的降临而被说成是绝对地被制造了出来或产生了出来，而只能说是被造成“如此这般的”，或者说是存在于某种特殊的条件之下的。而且，以同样的方式，当一个偶性的形式撤走的时候，一件事物之被说成是被朽坏掉，就不是绝对地朽坏掉了，而只能说是相对地朽坏掉了。然而，实体的形式却绝对地提供了存在。所以，随着它的降临，一件事物就可以说是绝对地产生出来了，而由于它的撤销，一件事物也就可以说是绝对地朽坏掉了。由于这个理由，古代自然哲学家们，由于认为原初质料，如火、气或诸如此类的一些事物，是某种现实的存在，便主张：没有什么事物是绝对地产生的，也没有什么事物是绝对地毁灭的，从而说：“每一种生成都不是别的，而无非是一种变形”，一如我们在《物理学》第 1 卷中所读到的那样。[1] 所以，如果除理智灵魂外，在质料中还事先存在有另外一种实体形式，灵魂的主体就是凭借这种形式而变成现实存在的，那就可以得出结论说：灵魂并不是绝对提供存在的，从而它也就不是实体形式了。所以，当灵魂临在的时候，所出现的将不是绝对的而只是相对的产生，当它被撤销的时候，所出现的也不是绝对的毁灭。但是，所有这一切都显然是荒谬的。

① 亚里士多德：《物理学》，Ⅰ，4，187a30。

所以，我们必须得出结论说：在人身上，除理智灵魂外并不存在有任何别的实体形式。而且，这灵魂，正如它实际上包含着感觉灵魂和营养灵魂一样，它也实际上包含着所有低级的形式，而它本身也单独地做那些不完满的形式在别的事物之中所做的事情。这同样也可以用来言说禽兽身上的感觉灵魂，植物之中的营养灵魂，并且能够普遍地用来言说所有那些相对于不完满的形式而言的比较完满的形式。

答异议理据1：亚里士多德所说的并不是灵魂仅仅是身体的
456b 现实，而是“一个潜在地具有生命的有机物质身体的现实”；而且，这种潜在性也“不排除灵魂”。[①] 所以，很显然，当灵魂被称作现实的时候，灵魂本身也就包括进去了；就好像当我们说热是热的事物的现实的时候，光是明亮的东西的现实的时候那样；因为这并不是说好像明亮和光是两个独立的事物，而是因为一件事物是由于光而变得明亮了。同样，灵魂之所以被说成是“身体的现实”等等，乃是因为由于灵魂它才成为一个身体，并且是有机的，且潜在地具有生命。然而，第一现实相对于作为运作的第二现实而言，却被说成是处于潜在状态之中了。因为这样一种潜在性“并不排斥(abiiciens)”灵魂，也就是说并不拒绝领受灵魂。

答异议理据2：灵魂并不是藉它的作为身体形式的本质来推动身体的，而是藉动力(potentiam motivam)来推动身体的，而这种动力的现实即预设了这个身体已经由灵魂实现了出来，从而灵魂便通过它的动力而成为那个在推动的部分，而有生命的身体

① 亚里士多德：《论灵魂》，Ⅱ，2，412a27；412b25。

(corpus animatum)则成了那个被推动的部分。

答异议理据 3:在质料中,我们看到了各种不同等级的完满性,如存在、有生命、感觉和理解。这样,添加上去的东西便始终是更为完满的。所以,那种仅仅把第一等级的完满性赋予质料的形式是最不完满的,而那种把第一等级、第二等级、第三等级等等的完满性赋予质料的形式便是最完满的;然而,它却是本质上即直接地属于质料的。

答异议理据 4:阿维森纳认为诸元素的实体形式在混合的物体中依然是完全的,而且,这种混合是由可以还原成中性状态的诸元素的相反的性质造成的。但是,这是不可能的,因为诸元素的各种不同的形式必定必然地存在于质料的各种不同的部分之中;而且我们还必须假定各个维度来区别各个部分,因为倘若没有这些维度,物质就不可能予以划分。然而,具有维度的物质除身体外,在任何地方都是不可能找到的。但是,各种不同的形体是不可能存在于同一个位置的。所以,我们由此可以得出结论说,混合形体中的诸元素在位置方面是不同的。因此,从整体上看,也就不存在一种实在的混合,而只存在一种由于微粒的并置对感官显现的 457a
混合。

阿维洛伊在《〈论天〉第三卷注》67 中主张:元素的形式,由于它们的不完满性,便处于偶性形式和实体形式的中途,所以,既能够有所增加也能够有所减少;所以,在这种混合中,它们被改变和还原为一种中性状态,这样,一种形式就从它们之中产生了出来。但是,这甚至是更其不可能的。因为每一件事物的实体存在都在于某种不可分的事物,而且每一次增减都改变着种相,就像《形而上学》第 8 卷在谈到数字时所说的那样。① 因此，任何实体形式要接受多些或少些都是不可能的。任何一件事物之处于实体和偶性的中途也同样是不可能的。

所以，我们必须说，按照哲学家在《论产生和消灭》第 1 卷中的观点，诸元素的形式依然存在于混合的形体中，虽然不是现实地存在于而是在能力上存在于混合的形体之中。② 因为诸元素的特有的性质，虽然改变了，却依然存在着；而元素形式的能力也存在于这些性质之中。混合物的这种性质乃混合形体的实体形式的特定的倾向；例如，一块石头的形式，或任何种类的灵魂的形式，即是如此。

第 5 条　理智灵魂是否适合同这样一种身体结合在一起？

现在我们着手讨论第 5 条。

异议：理智灵魂似乎并不适合（inconvenienter）同这样的身体结合在一起。

理据 1：因为质料必定是同形式相匹配的。但是，理智灵魂是不可朽坏的。所以，它是并不适合同一个可朽坏的身体结合在一起的。

理据 2：再者，理智灵魂是一种完全非物质的形式，其证据在于它的运作，而有形的质料并不分享这种运作。但是，身体越是微

① 亚里士多德：《形而上学》，Ⅷ，3，1044a9。

② 亚里士多德：《论产生和消灭》，Ⅰ，10，327b22。

妙，它所具有的质料也就越少。所以，灵魂应当是同一个最为微妙的形体，如火，结合在一起的，而不是同一种混合的形体结合在一起的，更不用说同地球上(terrestri)的形体结合在一起了。

理据 3：再者，既然形式是种相的原则，一个形式就不可能产 457b
生出多个种相来。但是，理智灵魂是一种形式。所以，它是不应当同一个由属于诸多种相的各个部分组合而成的形体结合在一起的。

理据 4：还有，可能具有更其完满形式的东西其本身应当是更为完满的。但是，理智灵魂是灵魂中最完满的。所以，既然其他动物的形体是自然具有一种掩蔽物，例如，自然地具有头发而不是衣服，具有脚而不是鞋子，而且甚至还自然地装备有爪子、牙齿和触角这样一些武器，则理智的灵魂似乎就不应当同丧失了这样一些保护手段的不完满的形体结合在一起。

但是，从另一个方面看，哲学家在《论灵魂》第 2 卷中却说道："灵魂乃一种潜在地具有生命的物质机体的现实。"[①]

我的回答是：既然形式并不是为了质料的缘故，而毋宁是质料是为着形式，我们就必须从形式那里来寻求质料是其所是的理由，而不是相反。这样，理智灵魂，如上所述(问题 55 第 2 条)，在自然的秩序中，在所有的理智实体中，占有最低的位置。因此，它并不是像天使那样，自然地获得真理知识的赠品的，而不能不像狄奥尼修斯在《论神的名称》第 7 章第 2 节中所说的，凭借感觉从个体事物那里获得知识。但是，自然在必然的事物方面是绝不会失败的。

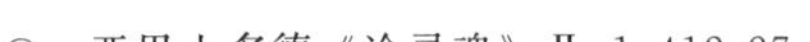

① 亚里士多德：《论灵魂》，Ⅱ，1，412a27。

所以,理智灵魂必定不仅具有理解能力,而且也具有感觉能力。而感觉活动如果离开了有形工具是不可能实现出来的。所以,理智灵魂就不能不同一个胜任成为一个便利的感觉器官的形体结合在一起。

所有别的感觉都是以触觉为基础的。但是,触觉器官必定是两个相反事物如热和冷、湿和干等等的中介,而触觉所具有的也就是关于它们的知觉。这样,它就潜在地相关于这些相反的事物,而且也能够知觉到它们。所以,触觉器官越是能够还原成一种平衡的性质(aequalitatem complexionis),触觉也就越是敏感。但是,理智灵魂在其所有的完全形态(completissime)中都是具有感觉能
458a 力的;因为一如狄奥尼修斯在《论神的名称》第 5 章第 3 节中所说,属于低级本性的事物都是事先更其完满地存在于高级的本性之中的。所以,理智灵魂的与之结合的身体应当是一种混合的身体,超出所有别的事物而臻于一种最平衡的性质。由于这个理由,在动物当中,人所具有的触觉是最好的。而在人当中,那些具有最好触觉的人所具有的理智也是最好的。我们看到,一如《论灵魂》第 2 卷所说:“那些在身体方面很优雅的人在心灵方面的气质也很高雅”,[①]就是一个明证。

答异议理据 1:或许有人会试图通过说在犯罪之前人的身体原本是不可朽坏的来回答这一反对意见。但是,这样的回答似乎并不充分,因为在犯罪之前人的身体之不可朽坏并不是由于本性,而是由于其为上帝恩典的赠品。否则,它的不可朽坏性就不会由

① 亚里士多德:《论灵魂》,Ⅱ,9,421a26。

于罪过而丧失，像撒旦的不可朽坏性之不会丧失一样。

所以，我的回答与此不同，因为我注意到，在质料之中可以发现两个条件：一个是为了使质料适合于形式进行选择的条件，另一个是由在先的倾向必然产生出来的条件。例如，工匠选择铁作为质料制造锯子，乃是因为它适合于切割坚硬的物质；但是，这锯齿之可能变得迟钝和生锈，也是由于这质料本身所具有的必然性而产生出来的。所以，理智灵魂要求身体具有一种平衡的性质，然而，这种倾向却由于物质的必然性而成为可朽坏的。然而，如果有人说上帝能够避免这一点，我们则回答说：在自然事物的形成中，我们是无法考察上帝可能做的事情，而只能像奥古斯丁在《〈创世记〉文字注》第2卷第1章中所说的，去考察那种适合于事物本性的东西。然而，在这种情况下，上帝是通过实施补救以恩典的赠品来抵御死亡的。

答异议理据2：一个身体对于理智灵魂的必要性并不是由于所考察的理智灵魂的理智运作本身，而是由于这种感觉能力要求一种平衡的性质。所以，理智灵魂不能不同这样一种身体结合在一起，而不是同一种单纯的元素，或一种附加有火的混合的形体结合在一起，因为否则就会由于火的过分能动的能力而达不到性质的平衡。这种具有平衡性质的形体其实正是由于它之远离矛盾的 458b
事物而获得其自己的尊严，从而，在一定程度上同一个天体相似。

答异议理据3：一个动物的各个部分，如眼睛、手，肌肉和骨骼等等，并不构成动物这个种相，而是由其整体构成这个种相的。所以，严格讲来，我们不能够说它们属于不同的种相，而只能够说它们具有各种不同的配置。这适合于理智灵魂。因为理智灵魂虽然从本质上看是一个,然而,由于它的完满性,在能力方面却能够是多重的。所以,为了进行各种不同的运作,它便要求与之结合的身体的各个部分中有各种不同的配置。由于这个理由,我们便看到:在完满的动物身上比不完满的动物身上存在着更加多种多样的部分,但即使在这些不完满的动物身上却也比在植物中存在着更多的多样性。

答异议理据 4:理智灵魂,由于它能够理解普遍事物,便具有一种达到无限的能力。所以,它不可能为自然局限于某种固定的自然判断,或某种固定的防御的或掩蔽的工具;而别的动物却是这样一种情况,这些动物的灵魂只是具有关于一些固定的特殊的事物的认识和能力。不是所有这些动物,而是只有人才能藉本性而具有他的理性和他的手。人的理性和人的手是“器官的器官”,因为人是藉着它们的工具,才为他自己制造了无限多样的工具,并设计出无限数量的目的。

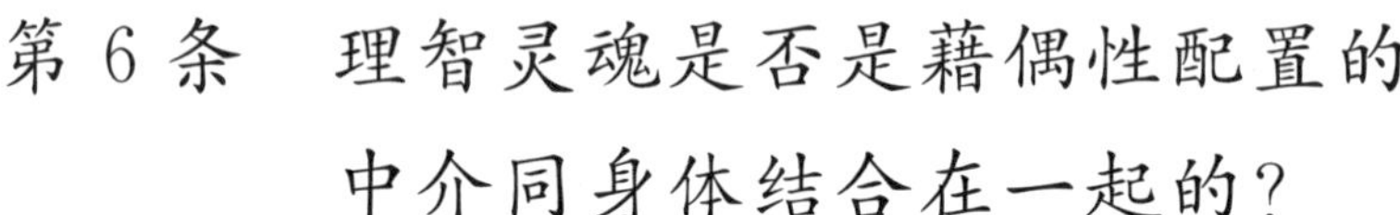

第 6 条　理智灵魂是否是藉偶性配置的中介同身体结合在一起的?

现在我们着手讨论第 6 条。

异议:理智灵魂似乎是藉偶性配置(dispositionibus accidentalibus)的中介而同身体结合在一起的。

理据 1:因为每一种形式都存在于它的特定的相应的质料之
459a 中。但是,相对于形式而言,所谓配置即是偶性。所以,我们必须预设偶性先于实体形式,从而也先于灵魂,存在于质料之中。因为灵魂乃实体的形式。

理据 2：再者，一个种相的各种不同的形式需要质料的各个不同的部分。但是，质料的各个不同的部分如果没有可测度的量的划分就是不可理解的。所以，我们必须假定质料中的维度是先于实体形式的，这些形式是属于一个种相的多。

理据 3：还有，精神的事物总是藉内在力量的接触（contactum virtutis）而同有形事物相关联的。但是，灵魂的内在力量却在于它的能力。所以，灵魂似乎是藉一种作为偶性的能力而同身体结合在一起的。

但是，从另一个方面看，一如《形而上学》第 7 卷中所说，“偶性是后于实体的，无论是从时间的秩序看，还是从理性的秩序看，都是如此。”[①]所以，如果任何一种偶性形式先于作为实体形式的灵魂而存在于质料之中，则这是不可理解的。

我的回答是：如果灵魂同仅仅作为推动者同身体结合在一起，那就会没有什么东西能够阻止存在于介乎灵魂和身体之间的一定配置的存在。相反，它们将会是必然的，因为就灵魂方面说，将会需要能力来推动身体，而就身体方面言，将会要求具有为灵魂所推动的一定的配置。

然而，如果理智灵魂，如上所述（问题 76 第 1 条），是作为实体形式同身体结合在一起的，则任何偶性的配置要进入身体和灵魂之间或任何实体的形式和它的质料之间就是不可能的。其理由乃在于，既然质料对于处于一定秩序之中的各种各样的现实来说总

---

① 亚里士多德：《形而上学》，Ⅶ，1，1028a32。

是处于潜在状态之中的，则现实性中绝对第一的东西就必定被理解为是首先存在于质料之中的。然而，所有现实中第一的东西便是存在。所以，质料，在其成为现实的之前，被理解为热的，或者具有量，就是不可能的。但是，质料是藉实体的形式而具有现实的存在的，因为如上所述(问题 76 第 4 条)，正是实体的形式使之达到绝对存在的。所以，任何偶性的配置先于实体形式，从而先于灵魂，而事先存在于质料之中，就是一件不可能的事情了。

答异议理据 1：如上所述(问题 76 第 4 条)，更完满的形式实际
459b 上包含着所有属于低级形式的东西。所以，在保持其为同一个的情况下，它也就按照完满性的各种不同的等级而使质料完满化了。因为使人成为现实的存在、一个形体、一个有生命的存在、一个动物和一个人的是同一个本质的形式。由此可见，很显然，每一个属相都会伴随有它自身所特有的诸多偶性。所以，正如质料在它被理解为有形的等等之前，是首先被理解为在它的存在方面被完满化的一样，那些为存在所特有的偶性便被理解为是先于形体存在的。这样，配置之被理解为先于形式存在于质料之中，就并非是就它的所有的结果而言的，而仅仅是就这一随后的结果而言的。

答异议理据 2：量的维度是伴随着形体性而来的偶性，而这种形体性是属于质料整体的。所以，质料，一旦被理解为有形的和可测度的，就能够被理解为是以其各个不同的部分而相区别的，并且依据完满性的进一步的等级而接受不同的形式。因为虽然，如上所述(问题 76 第 6 条答异议理据 1)，它本质上是赋予质料以各种不同的完满性等级的同一个形式，但是，当其受到理性审视时，它就被认为是不同的了。

答异议理据 3：一个仅仅作为身体的动力而同这身体结合在一起的精神实体，是藉能力或内在力量而同身体结合在一起的。但是，理智灵魂却是作为身体的形式藉它的存在本身而同这身体结合在一起的；并且终归是藉它的能力或内在力量来指导和推动身体的。

第 7 条　灵魂是否是借助形体同动物身体结合在一起的？

现在我们着手讨论第 7 条。

异议：灵魂似乎是借助形体（corpore）同动物身体（corpori animalis）结合在一起的。

理据 1：因为奥古斯丁在《〈创世记〉文字注》第 7 卷第 19 章中说过："灵魂是藉光"即火，以及"藉最类似于精神的气来管理身体的。"但是，火和气是形体。所以，灵魂是藉形体同人的身体结合在 460a
一起的。

理据 2：再者，两件事物之间的关联似乎在于，一件事物的撤出就破坏了它们的结合。但是，当呼吸停止的时候，灵魂就离开了身体。所以，气息（spiritus）作为一种微妙的形体，乃灵魂和身体结合的工具。

理据 3：还有，相互区别的事物除非藉某种存在于它们之间的事物是不可能结合在一起的。但是，理智灵魂是区别于身体的，这一方面是因为它是无形的，另一方面又是因为它是不可朽坏的。所以，它似乎是藉一种不可朽坏的形体而同身体结合在一起的，而这样的形体也就是“天光”；天光将调和各种元素，并且将它们结合在一起。

但是，从另一个方面看，哲学家在《论灵魂》第2卷中却说：“我们无需问灵魂和身体是否是一个，正如我们不能够问蜡像与它的形状是否是一个一样。”[①]但是，这形状同这蜡像结合在一起是无需一个中介形体的。所以，灵魂也是这样同身体结合在一起的。

我的回答是：如果灵魂，按照柏拉图派的观点（参阅第1条），仅仅是作为推动者而同身体结合在一起的，则说一些别的形体必定介入人的或任何一个无论什么样的动物的灵魂和身体之间，就是正确的了。因为推动者是藉某种更近的东西适当地推动与之有一定距离的事物的。

460b 然而，如果灵魂，如上所述（问题76第1条），是作为身体的形式而同这身体结合在一起的，则它们藉另一个形体结合起来就是一件不可能的事情了。其理由在于：一件事物是就它是一个存在而言才成为“一”的。这样，形式就是通过它自身而使一件事物成为现实的，因为它自身本质上即是一种现实。它是无需藉别的事物提供存在的。所以，一件由质料和形式组合而成的事物的统一性是要通过形式本身的，而形式是由于它的本性而同作为质料的现实而同其结合在一起的。除活动主体外，是没有任何别的结合的原因的；因为按照哲学家在《形而上学》第8卷中的说法，使质料进入现实之中的正是这活动主体。[②]

由此也就可以清楚地看到：说在人的灵魂和身体之间存在有

① 亚里士多德：《论灵魂》，Ⅱ，1，412b6。

② 亚里士多德：《形而上学》，Ⅷ，6，1045b21。

一些中介性的形体这样一种主张是何等的荒谬。对此，一些柏拉图派学者说道（问题 51 第 1 条答异议理据 1）：理智灵魂具有一个自然地同它结合在一起的不可朽坏的形体；它是永远都不会同后者相分离的，而且它也是藉着这种形体而同人的可以朽坏的身体结合在一起的。另外一些人则说，灵魂是藉着一种有形的精神而同身体结合在一起的。① 还有一些人说，它是藉着光而同身体结合在一起的。② 他们说，光是一种形体，并且具有第五本质的本性。③ 例如，植物灵魂是借助于恒星天体的光而同身体结合在一起，动物灵魂是借助于水晶天体的光而同身体结合在一起，而理智灵魂则是借助于最高天的光而同身体结合在一起的。然而，所有这一切都是虚构的和荒谬的。因为光并不是一种形体，而第五本质（quinta essentia），既然是不可改变的，也就不能够作为质料进入一个混合形体的组合之中来，而实际上只能够并且最终地是因为灵魂作为质料的形式而直接地同身体结合在一起的。

答异议理据 1：奥古斯丁在那儿把灵魂说成是推动着身体。因此，他使用了“管理”这个词。诚然，它是藉着更其精妙的部分来推动身体的较为粗糙的部分的。而动力的第一工具，按照哲学家在《论动物活动的原因》（*De Causa Mot. Anim.*）第 10 章中的观点，就是一种精神。④

---

① 伪奥古斯丁（克莱尔沃的阿尔切）：《论精神与灵魂》，XIV。参阅阿维斯布朗：《生命的源泉》，Ⅲ，2；Ⅴ，15；圣维克多的雨果：《论形体与精神的结合》；波那文都：《〈箴言四书〉注》，Ⅱ，dist. 1，p. Ⅱ，a. 1，qu. 2。

② 波那文都：《〈箴言四书〉注》，Ⅱ，d. XⅢ，a. 2，qu. 2—5；d. XⅫ，a. 2，qu. 2。也请参阅奥古斯丁：《〈创世记〉文字注》，Ⅶ，19；阿维森纳：《论灵魂》，Ⅳ，5。

③ 参阅波那文都：《〈箴言四书〉注》，Ⅱ，d. XⅦ，qu. 2，a. 2。

④ 亚里士多德：《论动物活动的原因》，10，703a9。

答异议理据2：灵魂同身体的结合，在呼吸停止的时候也就停止了，其所以如此，并不是因为气息是结合的工具，而是由于身体得以实现这样一种结合的配置的撤销。但是，这种气息作为运动的第一工具，却是运动的手段。

答异议理据3：如果我们分别地考虑到每一个的条件，灵魂同身体其实是有距离的，以至于如果每一个都有一个独立的存在，许
461a 多媒体就不能不介入。但是，既然灵魂是身体的形式，它就不能离开身体的存在而具有一种存在，而只能藉它自己的存在同身体结合在一起。在下面的语境中，情况才会如此：每一种形式，如果被看作一种现实的话，就确实同仅仅处于潜在状态中的质料存在着很大的距离。

第8条　整个灵魂是否存在于身体的每一部分？

现在我们着手讨论第8条。

异议：整个灵魂似乎并不是存在于身体的每一部分之中。

理据1：因为哲学家在《论动物活动的原因》第10章中说过："灵魂并不一定存在于身体的每一个部分。它存在于使身体的其他部分得以生存的某项原则之中就足够了，因为每一个部分都具有它自己的自然运动。"[①]

理据2：再者，灵魂存在于它作为其现实的身体之中，但是，它

① 亚里士多德：《论动物活动的原因》，X，703a34。

即是一个有机体的现实。所以,它只存在于一个有机体之中。但是,人的身体的每一个部分并不是一个有机体。所以,整个灵魂并不存在于每一部分之中。

理据 3:再者,哲学家在《论灵魂》第 2 卷中说过:灵魂的一个部分同身体的一个部分的关系,诸如视力同眼睛的瞳孔的关系,与灵魂同一个动物的整个身体的关系是一样的。[①] 所以,如果整个灵魂存在于身体的每一个部分之中,那就会得出结论说:身体的每一个部分都是一个动物。

理据 4:再者,灵魂的所有的能力都植根于灵魂的本质之中,所以,如果整个灵魂存在于身体的每一个部分,那就会得出结论说:灵魂的所有的能力都存在于身体的每一个部分之中。这样,视力就将存在于耳朵之中,听力就将存在于眼睛之中。而这显然是荒谬的。

理据 5:还有,如果整个灵魂存在于身体的每一个部分之中,则身体的每一个部分就将直接地依赖于灵魂。这样,每一个部分就将不依赖于另一个部分,一个部分也就将不会比另一个部分更为高贵,但这显然是不符合事实的。所以,灵魂并不存在于身体的每一个部分之中。

但是,从另一个方面看,奥古斯丁在《论三位一体》第 6 卷第 6 461b
章中却说过:"在每一个身体中,整个灵魂都是存在于整个身体之中的,它在每一个部分之中都是全整的。"

我的回答是:如上所述(问题 76 第 6、7 条),如果灵魂是仅仅

① 亚里士多德:《论灵魂》,Ⅱ,1,412b17。

作为身体的推动者而同身体结合在一起的,那我们就可以说:它并不是存在于身体的每一个部分之中,而仅仅存在于一个它藉以推动其他部分的部分之中。但是,既然灵魂是作为身体的形式而同身体结合在一起的,它就必定存在于整个身体之中,并且也存在于它的每一个部分之中。因为它并不是一种偶性形式,而是那个身体的实体形式。这样,实体形式就不仅使这个整体,而且也使这个整体的每一个部分完满化。因为既然一个整体是由其各个部分组合而成的,则这个整体的形式,既然不能够把存在赋予身体的每一个部分,也就是一种在于组合和秩序的形式,就像房子的形式一样。这样的形式也就只能是偶性的。但是,灵魂是一种实体形式,因此,它必定是那种不仅关乎整体而且也关乎每一个部分的形式和现实。所以,一如哲学家所说,当灵魂撤出之后,除非多义,我们便不能够再说某某是一个动物或一个人,而像我们在讲一个画出来的动物或一个石头动物那样;手、眼睛、肌肉和骨骼也同样如此。[①] 下述现象就是一个证明:在灵魂撤出之后,身体的任何一个部分都不再保存它的特有的活动,虽然保存着其种相的那些事物还保存着那一种相的活动。但是,现实总是存在于它使之现实的事物之中。所以,灵魂必定存在于整个身体之中,并且存在于它的每一个部分之中。

它在身体的每一个部分之中都是全整的,这个结论可以从下面一点得出来,这就是:既然整体是被划分成诸多部分的东西,则对应于三种划分,也就存在有三种整体(triplex totalitas)。有一种

① 亚里士多德:《论灵魂》,Ⅱ,1,412b10。

整体被划分成量的各个不同部分，如一整条线，或一整个形体。还有一种整体被划分成诸多逻辑的或本质的部分，如一个被界定的事物被划分成一个定义的诸多部分或一个组合物被划分成质料和形式。还存在有第三种整体，这种整体是能力方面的，被划分成能力的各个部分(partes virtutis)。

第一种整体并不适合于形式，除非就偶性而言是如此，因此，只适合于那些对一个量的整体及其部分具有一种中性(indifferentem)关系的形式。例如，白色，就与其本质相关的而言，是同等地存在于整个表面及其每一个部分的；所以，由于这个表面被划分，白色就偶性而言也就被划分了。但是，一个在其各个部分要求 462a
多样性的形式，如灵魂，尤其是完满动物的灵魂，并不是同等地相关于整体及其各个部分的。因此，当整体被划分时，就偶性而言它并没有被划分。所以，量的整体是不能够被认为是属于灵魂的，既不能够是本质上属于，也不能够是偶性上属于。但是，第二种整体，既然依赖于逻辑的和本质的完满性，也就专门地和本质上属于形式。能力的全体也同样如此，因为形式乃运作的原则。

所以，如果问到整个白色是否存在于整个表面及其各个部分，则区别就是必要的了。如果我们意指的是白色就偶性而言所具有的量的全体，那么，这整个白色就并不存在于整个表面的每一个部分之中。对于能力的全体，同样也可以这么说，因为存在于整个表面的白色对于视力的推动要大于存在于其中一个较小部分的白色。但是，如果我们意指的是种相和本质的全部，则整个白色就存在于一个表面的每一个部分之中。

然而，既然如上所述，灵魂不具有量的全体，不仅从本质上不具有，而且在偶性上也不具有，那我们就有充分的理由说：整个灵魂之存在于身体的每一个部分，所凭借的是完满性的和本质的全体，而非能力的全体。因为它之存在于身体的每一个部分之中，并不是就它的能力的每一个部分而言的，而是就视力而言，它存在于眼睛之中，就听力而言，它存在于耳朵之中，等等。然而，我们必须看到：既然灵魂要求部分的多样性，它同整体的关系与它同各个部分的关系便不是一回事。因为它之比作整体首要地和本质上是就它的特有的和相称的可完满性而言的，而它之比作部分则是第二位的，是就它们注定要达到整体而言的。

答异议理据1：哲学家在那儿讲的是灵魂的运动能力问题（potentia motiva）。

答异议理据2：灵魂是有机身体的现实，是它的首要的和相称的可完满的现实。

答异议理据3：一个动物是那种由一个灵魂和一整个身体组合而成的东西，而这整个身体才是灵魂的首要的和相称的可完满的东西。因此，灵魂并不存在于一个部分之中。从而也就不能得出结论说：一个动物的一个部分依然是一个动物。

答异议理据4：灵魂的一些能力，就它超出身体的整个能力即理智和意志而言，是存在于灵魂之中的。所以，这些能力并不能说
462b 成是存在于身体的任何一个部分之中。而其他的能力对于灵魂和身体则是共同的，它们中的每一种都无需存在于灵魂所在的地方，而仅仅需要存在于与这样一种能力的运作相称的身体的那个部分之中。

答异议理据5：身体的一个部分由于各种不同的能力而被我

们说成是比另一个部分更为高贵些，身体的这些部分即是这些能力的器官。因为作为具有一种高贵能力的器官的那个部分便是身体的一个比较高贵的部分，也是以一种比较高贵的方式服务于同一种能力的那个部分。

问题 77
概论灵魂能力问题

（共 8 条）

现在我们进而考察那些有关灵魂能力的问题。首先，是概论有关灵魂能力的问题，其次是分论有关灵魂能力的问题（问题 78）。

在“概论”项目下，有 8 个要点需要探究：

（1）灵魂的本质是否就是它的能力？

（2）灵魂的能力究竟是一个还是多个？

（3）灵魂的能力是如何相互区别的？

（4）论诸能力相互之间的次序。

（5）灵魂的能力存在于灵魂之中是否与存在于它们的主体之中是一样的？

（6）诸能力是否是从灵魂的本质流溢出来的？

（7）一个能力是否来自另一个能力？

（8）灵魂的所有能力在人死后是否依然存在于灵魂之中？

第 1 条　灵魂的本质是否即是它的能力？

现在我们着手讨论第 1 条。

异议：灵魂的本质（essentia）似乎即是它的能力（potentia）。

理据 1：因为奥古斯丁在《论三位一体》第 9 卷第 4 章中说过： 463a
“心灵、知识和爱是实体性地存在于灵魂之中的，或者说它们本质上是同一件事物。”他在第 10 卷第 11 章中还说过：“记忆、理智和意志是一个生命，一个心灵，一个本质。”

理据 2：再者，灵魂比原初质料更高贵。但是，原初质料即是它自己的潜能。所以，灵魂就更其是它自己的能力了。

理据 3：再者，实体形式比偶性形式要更为单纯些。实体形式不可能被加强或减弱，而是不可分的，即是一个标志。但是，偶性形式即是它自己的能力。所以，作为灵魂的实体形式就更其如此了。

理据 4：再者，我们是藉感觉能力进行感觉，是藉理智能力进行理解的。但是，按照哲学家在《论灵魂》第 2 卷中的观点，“我们首先藉以感觉和理解的便是灵魂。”[①] 所以，灵魂即是它自己的能力。

理据 5：再者，凡不属于本质的东西即是偶性。所以，如果灵魂的能力是其本质之外的某种别的事物的话，那它就是偶性，而这是同奥古斯丁的观点相抵触的。因为奥古斯丁在《论三位一体》第 9 卷第 4 章中说过：上述各项（见理据 1）“并不是像存在于主体之中那样存在于灵魂之中，就像颜色或形状，或任何别的性质或量存在于形体中那样。因为凡是如此这般的事物都不能超出它所在的主体，而心灵却能够爱和认识别的事物”。

① 亚里士多德：《论灵魂》，Ⅱ，2，414a12。

理据6:再者,一个单纯的形式并不能成为一个主体。[①] 但是,灵魂是一个单纯的形式,因为如上所述(问题75第5条),它并不是由质料和形式组合而成的。所以,灵魂的能力不可能像存在于一个主体之中那样存在于灵魂之中。

理据7:还有,偶性并不是实体性差异的原则。但是,存在于“感觉的”(sensibile)和“理性的”(rationale)之间的差异却是实体性的差异,它们分别来自感觉和理性,而感觉和理性则是灵魂的能力。所以,灵魂的能力并不是偶性。从而,灵魂的能力似乎即是它自己的本质。

但是,从另一个方面看,狄奥尼修斯在《天国等级论》第11章
463b 第2节中却说道:“天国的精神划分成本质、能力和运作。”因此,在灵魂中,本质就更其多地区别于内在力量或能力了。

我的回答是:要承认灵魂的能力即是它的本质是不可能的,虽然有人曾经这样主张过。[②] 就眼下的目的而言,这可以用两种方式加以证明。首先,是因为既然能力和活动区分了存在与每一种存在,我们也就必须把能力及其活动归于同一个属相。所以,如果这活动并不存在于实体的属相中,指向这一活动的能力就不可能存在于实体的属相中。这样,灵魂的运作也就不会存在于实体的属相中。因为这是单独属于上帝的,上帝的运作即是他自己的实体。所以,作为上帝运作原则的上帝的能力(力量)即是上帝的本质本身。无论是灵魂,还是任何受造物,都是不可能达到这一步的,就像我们在前面讲到天使时所说过的那样(问题54第3条)。

① 波爱修:《论三位一体》,2。

② 巴黎的威廉:《论灵魂》,3,4。参阅彼得·隆巴迪:《箴言四书》,Ⅰ,d.Ⅲ,2。

其次，是因为我们也可以表明这在灵魂中也是不可能的。因为灵魂就其本质看即是一种活动。所以，如果灵魂的本质是运作的直接的原则，则凡是具有灵魂的事物就会始终具有现实的生命活动了，就如凡是具有灵魂的事物始终是一个现实地具有生命的事物一样。因为，灵魂作为形式，并不是一种用来安排达到更进一步的现实的现实，而是产生的终极的结果。因此，它之潜在地达到另一种现实之适合于它，并不是就其作为一个形式的本质而言的，而是就其能力而言的。所以，灵魂本身，作为它的能力的主体，被称作第一现实(actus primus)，与第二现实(actum secundum)具有更进一步的关系。[①] 这样，我们就看到：具有灵魂的东西，就其生命的运作而言，并不始终是现实的。因此，在灵魂的定义中，便说道：它是“一个潜在地具有生命的身体的现实；然而，这种潜在性并不排除灵魂”。[②] 所以，我们可以得出结论说：灵魂的本质并不是它的能力。因为，没有什么东西会由于一种作为现实的现实而处于潜在状态之中的。

答异议理据 1：奥古斯丁讲到心灵时，说它认识和爱它自身。这样，知识和爱，当作为被认识和被爱的东西关涉到灵魂的时候，就实体性地或本质上存在于灵魂之中，因为灵魂的实体和本质即 464a
是被认识和被爱。我们也是以同样的方式来理解他在别的段落里所说的话的，这就是：那些事物是“一个生命，一个心灵，一个本质”。或者如一些人所说：他的这段话在一定的意义上也是真的，这就是：潜在的整体所言说的是它的各个部分，这些部分处于普遍

① 亚里士多德：《论灵魂》，Ⅱ，1，412a27。

② 同上书，Ⅱ，1，412b25。

性整体(totum universale)和合成性整体(totum integrale)的中途。[①] 因为普遍性整体是就它的全部本质和能力而言存在于每一个部分的,就如动物存在于一个人身上和一匹马身上一样,所以,它是专门地用来断言每一个部分的。但是,合成性整体却并不存在于每一个部分之中,不仅就它的整个本质而言不存在,而且就它的整个能力而言也不存在。所以,它无论如何也是不能够用来言说每一个部分的;然而,在一个意义上它也是可以用来言说所有诸多部分的,虽说这并不十分合适,就像我们说墙、房顶和地基是一栋房子一样。但是,潜在的整体之存在于每一个部分,是就它的整个本质而言的,而不是就它的整个能力而言的。所以,在这个意义上,它是能够用来言说每一个部分的,但却不是像普遍的整体那样。奥古斯丁也正是在这个意义上说,记忆、理智和意志是灵魂的一个本质。

答异议理据 2:就相对于具有潜能的原初质料而言,现实乃实体的形式。所以,质料的潜能不是别的,正是它的本质。

答异议理据 3:活动像存在一样,属于复合事物,因为活动属于存在的事物。这样,复合的事物就是由于实体的形式而具有实体的存在的,而且它也是藉着由实体形式产生出来的能力运作的。因此,一个能动的偶性形式,是像灵魂的能力对照于灵魂那样,对照于那个活动主体的实体形式的,就像热是对照于火的形式一样。

答异议理据 4:偶性形式之成为活动的原则乃是由于实体的形式。所以,实体的形式乃活动的第一原则,而不是其最近的原

① 大阿尔伯特:《〈箴言四书〉注》,Ⅰ,d.Ⅲ,a.34。

则。正是在这个意义上，哲学家说："灵魂是我们藉以理解和感觉的东西。"

答异议理据 5：如果我们用偶性来意指针对实体的东西，那在 464b
实体和偶性之间就不可能存在有任何中介。因为它们是根据肯定和否定，也就是根据一个主体中的存在和一个主体中的非存在而区分的。在这个意义上，既然灵魂的能力并不是它的本质，它就必定是一个偶性；而且，它属于偶性的第二种相，即质的种相。但是，如果我们把偶性理解为五个共相中的一种，则在这个意义上，实体和偶性之间便存在有中介。因为所有那些属于一件事物的本质的东西便都属于实体。但是，那些超出一件事物的本质的东西在这个意义上便不可能被称作偶性，而只是并非由那个种相的本质原则所引起的东西。因为一个特性并不属于一件事物的本质，而只是由那个种相的本质原则所引起的。因此，如上所述，它即是存在于本质和偶性之间的一个中介。在这个意义上，灵魂的能力，既然是灵魂的自然特性，就可以说是存在于实体和偶性之间的中介。当奥古斯丁说知识和爱并不是作为主体中的偶性存在于灵魂之中的时候，这就必定是在上述给定的意义上（问题 77 第 1 条答异议理据 1）予以理解的。因为它们并不是作为在爱和在认识，而是作为被爱和被认识，而相关于灵魂的。在这个意义上，他的证明是适用的。因为如果爱存在于作为主体的被爱的灵魂之中，那就可以得出结论说偶性是超出它的主体的，因为甚至别的事物都是通过灵魂而被爱的。

答异议理据 6：虽然灵魂并不是由质料和形式组合而成的，然而，如上所述（问题 75 第 5 条答异议理据 4），它却具有潜能的混合

物，而且，由于这个缘故，它就能够成为偶性的主体。所引证的这个说法在上帝身上得到了证实，上帝是纯粹的现实，波爱修正是在讨论这个问题时使用这一短语的。

答异议理据 7："理性的"与"感觉的"，作为种差，并不是来自感觉和理性的能力，而是来自具有感觉能力和理性能力的灵魂本身。然而，既然实体的形式，其本身虽然并不为我们所认识，但是藉它们的偶性却是可以为我们所认识的，那就没有什么事物能够阻止我们有时用偶性来代替实体的种差。

465a 第 2 条　是否存在有若干种灵魂的能力？

现在我们着手讨论第 2 条。

异议：似乎并不存在有若干种灵魂的能力。

理据 1：因为理智灵魂最接近于上帝的肖像(similitudinem)。但是，在上帝之中，只存在有一种单纯的能力。所以，在理智灵魂中也是如此。

理据 2：再者，能力的等级越高，它就越是统一。但是，理智灵魂在能力方面是超出所有别的形式的。所以，它之具有一种内在力量或能力是超出所有别的形式的。

理据 3：还有，运作属于处于现实状态的东西。但是，如上所述(问题 76 第 3、4 条)，凭借灵魂的一种本质，人具有不同等级完满性的现实存在。所以，他凭借灵魂的一种能力，就能实施各种不同等级的运作。

但是，从另一个方面看，哲学家在《论灵魂》第 2 卷中却把各种不同的能力放进了灵魂之中。[①]

我的回答是：我们必须把若干种能力放进灵魂之中。为了说明这一点，我们须看到：如哲学家在《论天》第 2 卷第 12 章中所说，最低等级的事物虽然不可能获得完满的善，但是它们却能通过一些运动获得一些不完满的善。那些属于较高等级的事物需要藉许多运动才能获得完满的善，那些更高等级的事物则藉很少的运动就能获得完满的善，而最高的完满性则是在那些无需任何运动而获得完满的善的事物中发现的。[②] 这样，在所有有意于健康的人当中，那种只有借助一些治疗才能够获得不完满健康的人是级别最低的。如果他能够通过许多治疗获得完满的健康那就是比较好的；如果他借助极少的治疗就能够获得完满的健康那就要更好一些。而如果他无需任何治疗便能够具有完满的健康，那他就是所有的人中最健康的。所以，我们可以得出结论说：那些比人低级的事物只能够获得某种有限的善，从而它们也就具有一些确定的运作和能力。但是，人由于他能够获得至福(beatitudinem)，从而也就能够获得普遍的和完满的善。然而，就他的本性而言，他在幸福 465b
对其是可能的主体之中，是处于最后一个等级的。所以，人的灵魂需要许多各种不同的运作和能力。但是，对于天使来说，只要很少几种能力就足够了。在上帝之中，则没有什么能力或活动是超出他自己的本质的。

人的灵魂之所以具有各种各样的能力，还有另一个理由，这就是它处于精神的和有形的受造物的交界，所以，这两者的能力就汇

① 亚里士多德：《论灵魂》，Ⅱ，3，414a31。

② 亚里士多德：《论天》，Ⅱ，12，292a22。

聚到灵魂这里来了。

答异议理据1:理智灵魂由于能够获得完满的善便比低级受造物更为接近上帝的肖像,虽然它也需要凭借许多不同的工具或手段。而且,也正因为如此,它便不足以成为更完满的受造物。

答异议理据2:一种统一的能力,如果它能扩展到同等的诸事物上去,它就是比较高级的,但是,一种具有多种形式的能力,如果它遍布许多事物,那就会比各种各样的能力还要高级些。

答异议理据3:一件事物虽然具有一种实体性存在,但是却可以具有若干种运作。所以,灵魂虽然只有一个本质,但是却能够具有若干种能力。

第3条 能力是否是藉它们的活动和对象而区别的?

现在我们着手讨论第3条。

异议:灵魂的能力似乎并不是藉活动(actus)和对象(obiecta)相区别的。

理据1:因为没有什么东西其种相是由后于它并且外在于它的东西决定的。但是,活动是后于能力的,而对象是外在于能力的。所以,灵魂的能力并不能藉活动和对象而区别为不同类型。

理据2:再者,矛盾的事物是相互之间区别最大的东西。所以,如果能力是藉它们的对象区别开来的,那就会得出结论说:同一种能力是不可能具有矛盾的对象的。这差不多对所有的能力都是荒谬的;因为视觉能力是可以扩展到白和黑,味觉能力是可以扩展到甜和苦的。

理据 3：再者，如果原因被撤销了，结果便也被撤销了。因此，如果能力的差异来自对象的差异，同一个对象就不可能归属于不 466a
同的能力了。但这显然是荒谬的。因为，同一件事物是藉着认识能力而被认识的，是藉着欲望能力而被欲望的。

理据 4：还有，凡是其自身是任何事物原因的东西在任何情况下都是它的原因。但是，属于各种不同能力的各种不同的对象也属于某一种能力。例如，声音和颜色分属于听力和视力，而听力和视力则是不同的能力，然而，它们却归属于一种公共感觉能力（unam potentiam sensus comminis）。所以，这些能力并不是根据它们对象的不同而予以区别的。

但是，从另一个方面看，后来的事物都是藉在先的事物区别开来的。但是，哲学家在《论灵魂》第 2 卷中却说："就理由而言，活动和运作是先于能力的，而活动和运作则又是以它们的对立物"即它们的对象"为先决条件的"。[①] 所以，能力是就它们的活动和对象而区别的。

我的回答是：能力本身是总是指向一定活动的。所以，我们须努力由能力所指向的活动来认识能力的本性；这样，既然这种活动的本性被多样化了，一种能力的本性也就跟着被多样化了。然而，一个活动的本性是随着对象本性的不同而多样化的。因为每一种活动如果不是一种能动的能力，就是一种被动的能力。从而，对象就是作为原则和运动原因而相关于一种被动能力的活动的。因为

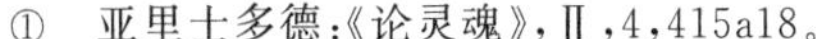

① 亚里士多德：《论灵魂》，Ⅱ，4，415a18。

颜色就其推动视力而言，乃视觉的原则。另一方面，对象是能动能力活动的终点和目的。例如，生长能力的对象为完满的量，此乃生长的目的。这样，一个活动就是从这样两件事物接受它的种相的，也就是说，是从它的原则或从它的目的或终点接受它的种相的。因为在这方面，加热的活动不同于冷冻活动：前者是由某种热的东西，即致热这种能动原则产生出来的；而后者则是由某种冷的东西，即制冷这种能动原则产生出来的。所以，这些能力必定是由于它们的活动和对象区别开来的。

但是，我们必须看到：偶然的事物并不改变种相。因为既然着色对于一个动物是偶然的，则它的种相就不会为颜色的差别所改变，而是由属于动物本性的种差所改变的，也就是说，是由感觉灵
466b 魂方面的差别所改变的，这种灵魂有时是理性的，有时又不是理性的。因此，“理性”与“非理性”是划分动物的种差，构成了它的各种不同的种相。所以，以同样的方式，不是任何一种对象的多样性，而是其本性的能力所指向的事物的差异，使灵魂的能力多样化的。这样，对它们本性的感觉就指向了那种其自身被划分成颜色、声音等等被动的性质，所以，就存在有一种感觉能力是关于颜色，即视觉的；另一种是关于声音，即听力的。但是，例如，某种着了色的事物，成为一个乐师或一个语法学家，大的还是小的，一个人或是一块石头，对于一种被动的性质来说，便都是偶然的。所以，灵魂的能力是不能凭借这样一种差别区别开来的。

答异议理据1：活动，虽然在存在方面后于能力，但是，在意向和逻辑上却是先于它的。这和目的同活动主体的关系是一样的。而对象，虽然是外在的，然而却是活动的原则和目的。而那些内在

于一件事物的东西同它的原则和目的也是相称的。

答异议理据 2：如果任何能力以两种对立事物中的一个为它的对象，另一个对立的事物就将属于另一种能力。但是，灵魂的能力同对立事物本身的本性并不相干，而毋宁是这两种对立事物的共同方面；例如，视力同白的方面并不相干，而毋宁同颜色相干。这是因为这两种对立的事物中的一种以一定的方式包括另一种的概念，因为它们相互之间是一种完满与不完满的关系。

答异议理据 3：没有什么能够阻止那些属于同一个主体的事物被认为属于不同的方面；所以，它们是能够属于灵魂的不同能力的。

答异议理据 4：同较低的能力相比，较高的能力自行地相关于对象的一个更为普遍的形式（universaliorem rationem obiecti）；因为一种能力越是高级，它就越是能够扩展到更多数量的事物。从而，许多事物便被结合进对象的一个形式中，较高等级的能力是将之视为属于自身的，但诸低级能力其自身相关的形式却是各不相同的。所以，各种不同的对象也就属于各种低级的能力；然而，这些对象却都服从于一种更为高级的能力。

第 4 条　在灵魂的诸能力之间是否存在有次序？ 467a

现在我们着手讨论第 4 条。

异议：在灵魂的诸能力之间似乎并不存在什么次序（ordo）。

理据 1：因为在那些属于一个类别的事物中，并没有什么前后之分，一切都是自然地同时的。但是，灵魂的能力却是通过对比而相互区别的。所以，在它们之间是不存在什么次序的。

理据 2：再者，灵魂的能力归诸于它们的对象和灵魂本身。就灵魂方面来说，在它们之间是不存在什么次序的，因为灵魂是“一”。对象同样也是多种多样和各不相同的，如颜色和声音。所以，在灵魂的诸能力之间是不存在什么次序的。

理据 3：还有，凡在能力之间存在有次序的地方，我们发现一种能力的运作依赖于另一种能力的运作。但是，灵魂一种能力的活动却并不依赖于另一种。因为视力能够独立于听力而活动，反之亦然。所以，在灵魂的能力之间是不存在什么次序的。

但是，从另一个方面看，哲学家在《论灵魂》第 2 卷中却把灵魂的各个部分或各种能力比作图形。[①] 但是，在诸图形之间是存在有次序的。所以，灵魂的诸能力之间是具有次序的。

我的回答是：既然灵魂是一个，而能力却有多种，而且，既然从一产生出来的许多事物都必定按照一定的方式运行，那在灵魂的能力之间也就必定存在有一定的次序。

因此，我们可以看到在它们之间存在有三种次序。其中两种对应于一种能力对于另一种能力的依赖，而第三种则来自对象的次序。一种能力对于另一种能力的依赖可以用两种方式看待：一种是按照本性的次序，因为完满的事物是藉它们的本性而先于不完满的事物的；另一种是按照产生和时间的次序，因为一件事物是从不完满的达到完满的。这样，就能力之间的第一种次序而言，理

① 亚里士多德：《论灵魂》，Ⅱ，3，414b20。

智能力是先于感觉能力的。从而,理智能力便指导并命令感觉能力。同样,感觉能力在这种次序中也是先于营养灵魂的能力的。 467b

在第二种次序中,情况与此不同。因为营养灵魂的能力是为了生育而先于感觉灵魂的能力的,所以,它们是为此而准备身体的。至于感觉能力同理智能力的次序,同样也可以这么说。但是,在第三种次序中,一些感觉能力是在它们之间安排的,也就是说,是在视力、听力和味觉能力之间安排的。因为视觉能力自然是首先来到的,因为它对于高级形体和低级形体是共同的。但是,声音在空气中是听得见的,而空气是自然地先于诸要素的混合的,而嗅觉则显然是它的一种结果。

答异议理据 1:一个给定的属相中的诸种相,如果从它们的本性方面予以考察的话,相互之间是有先有后的,就像数字和图形一样。虽然就它们接受这个公共属相的称谓而言,也可以说是同时的。

答异议理据 2:灵魂的诸能力之间的这种次序,既体现在灵魂方面(虽然灵魂就其本质而言是一,但是却具有按照一定次序达到各种不同活动的一定的性向),也体现在对象方面,而且,如上所述,还更进一步地体现在各项活动之中。

答异议理据 3:这个证明对于存在于第三种次序中的那些能力也是有效的。然而,存在于其他两种次序之间的那些能力则不然,因为在这两种次序中,一种能力的活动是依赖于另外一种能力的。

第5条 灵魂的所有的能力是否都存在于作为其主体的灵魂之中?

现在我们着手讨论第5条。

异议:灵魂的所有的能力(omnes potentiae)似乎都存在于作为其主体的灵魂之中。

理据1:因为正如身体的诸能力都相关于身体那样,灵魂的诸
468a 能力也就同样都相关于灵魂。但是,身体是诸多身体能力的主体。所以,灵魂也就是灵魂诸能力的主体。

理据2:再者,灵魂诸能力的运作是由于灵魂而归诸身体的,因为,如《论灵魂》第2卷中所说:"灵魂首先是我们藉以感觉和理解的东西。"[①]但是,灵魂运作的第一原则(prima principiia)即是能力。所以,这些能力是首先存在于灵魂之中的。

理据3:再者,奥古斯丁在《〈创世记〉文字注》第12卷第7章中说道:灵魂感觉有些事物,并不是通过身体的,其实,是无需身体的,如恐惧等等,但感觉另一些事物,则是需要身体的。但是,如果感觉能力并不是单独地存在于作为它们的主体的灵魂之中,灵魂就不可能在没有身体的情况下感觉任何事物。所以,灵魂是感觉能力的主体。而且由于同样的理由,灵魂也是所有别的能力的主体。

但是,从另一个方面看,哲学家在《论睡与醒》中却说过:"感觉

① 亚里士多德:《论灵魂》,Ⅱ,2,414a12。

既不专属于灵魂，也不专属于身体，而是属于它们的复合物。”[①]所以，感觉能力是存在于作为它的主体的这个复合物之中的。从而，灵魂单独并不是所有能力的主体。

我的回答是：运作能力的主体是那种能够运作的东西，因为每一种偶性都是给它的特定的主体命名的。这样，能够运作的东西和确实在运作的东西就是同一个东西。所以，一如哲学家在《论睡与醒》中开门见山地说到的那样，“能力的主体必定是运作的主体。”[②]这样，由我们在前面所说的(问题 75 第 2、3 条；问题 76 第 1 条答异议理据 1)就可以清楚地看到：灵魂的一些运作，如理解活动和意志，是在无需身体器官的情况下实施的。因此，这些运作的能力是存在于作为它们主体的灵魂之中的。但是，灵魂的另外一些运作却是藉身体器官进行的，例如视力是藉眼睛实施的，而听力则是藉耳朵实施的。营养和感觉部分的所有别的运作也同样如此。所以，那些作为这些运作的原则的能力，是以复合物为它们的主体的，而不是单独地存在于灵魂之中的。

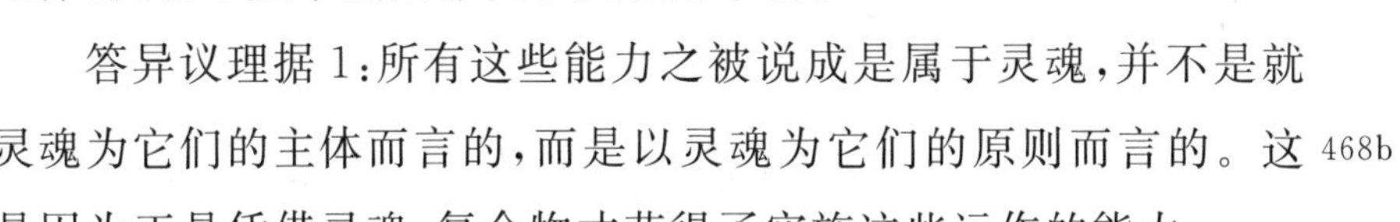

答异议理据 1：所有这些能力之被说成是属于灵魂，并不是就灵魂为它们的主体而言的，而是以灵魂为它们的原则而言的。这 468b
是因为正是凭借灵魂，复合物才获得了实施这些运作的能力。

答异议理据 2：所有这些能力都是首先存在于灵魂之中的，这是相对于复合物而言的；在这里，灵魂并不是它们的主体，而是它们的原则。

答异议理据 3：柏拉图的意见(问题 75 第 3 条)认为：感觉，同

① 亚里士多德：《论睡与醒》，Ⅰ，454a7。

② 同上书，Ⅰ，454a8。

理解活动一样，是灵魂的特有的运作。这样，在许多同哲学相关的事物中，奥古斯丁利用柏拉图的意见，不是把它们说成是真的，而只是说同它们相关。然而，就同讨论的问题相关的而言，对灵魂感觉某些事物是需要身体的，但它感觉另外一些事物则是无需身体的这样一种说法，是可以从两个方面加以理解的。首先，“利用身体或无需身体”这些短语所确定的可能只是感觉者以某种方式开展的感觉活动（actum sentiendi）。这样，灵魂离开了身体就不可能感觉任何事物，因为感觉活动除非通过身体器官，是不可能从灵魂产生出来的。其次，它们可以被理解为是感觉对象决定感觉活动的。这样一来，所谓灵魂是用身体感觉事物，也就是在说，灵魂所感觉的是一些存在于身体之中的事物；例如，当感觉到一个伤口或诸如此类的一些事物的时候，情况就是如此。而所谓它无需身体即可以感觉到一些事物，也就是在说，灵魂所感觉的事物并不存在于身体之中，而仅仅存在于灵魂的领悟之中；例如，当它听到一些事物而感到悲伤或欢悦的时候，情况就是如此。

第 6 条　灵魂的能力是否是从其本质中流溢出来的？

现在我们着手讨论第 6 条。

异议：灵魂的能力似乎并不是从其本质（essentia）之中流溢（fluant）出来的。

理据 1：因为不同的事物并不是从一个单纯的事物产生出来的。但是，灵魂的本质却是单一的和单纯的。所以，既然灵魂的能力有许多并且是各种各样的，它们也就不可能是从它的本质之中产生出来的。

理据 2：再者，一件事物从中产生出来的事物即为它的原因。但是，灵魂的本质是不能够被说成是诸多能力的原因的，如果一个人注意到有各种不同的原因的话，这一点就非常清楚了。所以，灵 469a
魂的各种能力并不是从它的本质之中流溢出来的。

理据 3：再者，流溢内蕴着一定种类的运动。但是，一如《物理学》第 7 卷所证明的，没有什么事物是为它自身所推动的，除非是通过它自身的一部分。[①] 例如，当一个动物由于它的诸多部分中的一部分在推动着，而它的诸多部分的另一部分受到推动的时候，我们就可以说它是自己推动自己的。然而，一如《论灵魂》第 1 卷所证明的，灵魂并不是被推动的。[②] 所以，灵魂并不能在它自身之内产生出它的能力。

但是，从另一个方面看，灵魂的能力即是它的自然特性。但是，该主体即是它所特有的偶性的原因。因此，一如《形而上学》第 7 卷中所说，“它也包含在偶性的定义之中。”[③]所以，灵魂的能力是由作为它们的原因的本质产生出来的。

我的回答是：实体的形式和偶性的形式是部分地一致又部分地不同。就它们中的每一个都是一种现实，并且一些事物藉着它们中的每一个都可以在一定程度上处于现实状态而言，它们是一致的。然而，它们在如下两个方面却又是有区别的。首先，是因为

① 亚里士多德：《物理学》，Ⅶ，1，241b24。

② 亚里士多德：《论灵魂》，Ⅰ，4，408a34。

③ 亚里士多德：《形而上学》，Ⅶ，4，1029b30。

实体的形式虽然能够使一件事物绝对地存在，但它的主体却仅仅是潜在地为一种存在。然而，偶性形式虽然不能使一件事物绝对地存在，但却能使一件事物如此这般的大小，或者处于某种特殊的状态之中；因为它的主体毕竟是一种处于现实状态的存在。因此，很清楚，现实性在其实体形式中之被看到是先于其在主体之中被看到的。而且，既然在一个属相中为第一的东西在那个属相中也就是原因，则它的主体的存在便是由实体的形式产生出来的。另一方面，现实性在偶性形式的主体中之被看到则是先于其在偶性形式中之被看到的。因为偶性形式的现实性是由主体的现实性产生出来的。所以，主体，就其处于潜在状态而言，是能够接受偶性形式的，但是，就其处于现实状态而言，它事实上产生了这种形式。对此，我称之为特有的自身的偶性(proprio et per se accidente)。因为对于那种外在的偶性，这种主体仅仅是接受，而这样一种偶性则是由一种外在活动主体产生的。其次，实体的形式与偶性的形式不同，因为既然较不重要的东西是为了那些更为重要的东西而
469b 存在的，质料也就因此而是为着实体的形式而存在的。相反，偶性形式却是由于主体的完成而存在的。

这样，从我们在前面说到的看来(问题 77 第 5 条)，事情很清楚：或者灵魂能力的主体仅仅是灵魂本身，而灵魂就它如上所述(问题 77 第 1 条答异议理据 6；问题 75 第 5 条答异议理据 4)具有某种潜在性的事物而言，是可以成为偶性的主体的，否则这个主体就是一个复合物。这个复合物因此也就是通过灵魂而处于现实状态的。所以，很清楚，灵魂的所有的能力，无论它们的主体仅仅是灵魂还是复合物，都是从作为它们原则的灵魂的本质中流溢出来

的。因为我们已经说过:偶性,就其处于现实状态而言,是由这个主体产生出来的,而就它处于潜在状态而言,则是被接受进它里面的。

答异议理据 1:许多事物是可以从一个单纯的事物自然地按照一定次序产生出来的;或许还需要假设存在有多个接受者(recipients)。因此,从灵魂的一个本质中,许多不同的能力都是能够产生出来的,这一方面是因为在这些能力之间存在有次序,而且也是由于身体器官多样性的缘故。

答异议理据 2:这个主体既是它的特有偶性的目的因,而且在一定程度上也是它的动力因。如果就它接受这个偶性而言,似乎也可以说是它的质料因。由此我们便可以得出结论说:灵魂的本质作为它们的目的和它们的活动原则,乃这一主体的所有能力的原因。而就接受它们而言,灵魂的本质则是它的一些能力的原因。

答异议理据 3:特有偶性并不是凭借演变从它们的主体中流溢出来的,而是通过某种自然的生成(naturalem resultationem)产生出来的。这样,一件事物就是自然地从另一件事物产生出来的,就像颜色是自然地从光明中产生出来的一样。

第 7 条　灵魂的一种能力是否是从另一种能力中产生出来的?

现在我们着手讨论第 7 条。

异议:灵魂的一种能力似乎并不是从另一种能力产生出来的。

理据 1:因为如果若干个事物是一起开始存在的,则它们中的一个就不可能是从另一个产生出来的。但是，灵魂的所有的能力都是与灵魂一起同时被创造出来的。所以，它们中的一个是不可能从另一个产生出来的。

理据2：再者，灵魂的能力是由灵魂产生出来的，正如偶性是由主体产生出来的一样。但是，灵魂的一种能力是不可能成为另
470a 一种能力的主体的，因为没有什么事物会是一个偶性的偶性。所以，一种能力是不可能从另一种能力产生出来的。

理据3：还有，一个对立物（oppositum）是不可能由另一个对立物产生出来的，但是，每一件事物都是由在种相上与之相似的事物产生出来的。这样，灵魂的能力就作为不同的种相而对立地分开。所以，它们中的一个是不可能从另一个产生出来的。

但是，从另一个方面看，能力是借助它们的活动而被认识的。但是，一种能力的活动是由另一种能力的活动产生出来的，例如，想象的活动就是由感觉活动产生出来的。所以，灵魂的一种能力是由另一种能力产生出来的。

我的回答是：在那些按照自然次序从"一"产生出来的事物中，正如第一个事物是所有事物的原因一样，比较接近（propinquius）第一个的事物，在一定意义上也就是那些较为遥远的事物的原因。这样，正如我们在前面已经表明了的（问题77第4条），在灵魂的诸能力之间，存在着若干种次序。所以，灵魂的一种能力便以另一种为中介从灵魂的本质产生出来。但是，既然灵魂的本质既同作为动力的和目的原则的能力相关，而且也同作为接受原则的能力相关，无论是单独地靠它自身还是同身体结合在一起，情况都是如此；而且，既然活动主体和目的更为完满些而接受原则本身则比较

地不完满，那就可以得出结论说：灵魂中那些按照完满和本性的次序先于其他能力的能力，便依据目的和动力的原则的方式，构成了其他能力的原则。因为，我们看到：感觉能力为的是理智能力，而不是相反。而且，感觉能力是理智能力的一种有缺陷的分有。因此，就它的自然起源论，它作为一种不完满的东西是由理智能力这种完满的东西产生出来的。但是，当被视为接受原则时，那些更其完满的能力则构成了其他能力的原则。这样，灵魂，就它具有感觉能力而言，是被视为主体，并且被视为某种相对于理智的质料的东西的。由于这个原因，按照产生的次序，那些更加不完满的能力总是先于其他一些能力，因为动物是先于人而产生出来的。

答异议理据 1：正如灵魂的能力，不是通过一种演变，而是通 470b
过某种自然的生成从本质流溢出来的，并且是与灵魂同时生成的，一种能力对于另一种能力的情况也是如此。

答异议理据 2：一个偶性是不可能自行地成为一个偶性的主体的，但是，一个偶性却可以先于另一个偶性被接受进实体之中，例如，量就可以先于质被接受进实体之中。在这个意义上，一个偶性就被说成是另一个偶性的主体。例如，表面，就实体以另一个偶性为工具接受一个偶性而言，便构成了颜色的主体。所以，同一件事物是可以被说成是属于灵魂的诸多能力的。

答异议理据 3：灵魂的诸多能力是作为完满的与不完满的而相互对立的，数目与图形的种相也是如此。但是，这种对立并不能够妨碍一种能力起源于另一种能力，因为不完满的事物是自然地从完满的事物中产生出来的。

第 8 条　当灵魂离开身体的时候，所有的能力是否依然存在于灵魂之中？

现在我们着手讨论第 8 条。

异议：当灵魂离开身体时，灵魂的所有的能力似乎依然存在于灵魂之中。

理据 1：因为我们在《论精神与灵魂》第 15 章中读道："灵魂当其从身体之中撤走时，也就同时一并撤走了感觉、想象、理性、理智、欲望和愤怒。"

理据 2：再者，灵魂的能力乃它的自然特性。但是，特性始终在于它们所属的东西之中，并且是绝不会离开它的。所以，灵魂的能力甚至在人死后也依然存在于灵魂之中。

理据 3：再者，甚至感觉灵魂的能力，当身体虚弱的时候，也不会变弱，因为，一如《论灵魂》第 1 卷中所说，"如果一个老人换上了年轻人的眼睛，他就甚至能够和年轻人看得一样清楚。"[①]但是，虚弱乃腐败之途。所以，灵魂的能力当身体腐败时，并不会因之而腐败，而是依然存在于脱离了身体的灵魂之中。

471a 理据 4：再者，记忆乃感觉灵魂的一种能力，哲学家曾经对此作出过证明。[②] 但是，记忆依然存在于脱离了身体的灵魂之中。因为《路加福音》第 16 章第 25 节在谈到其灵魂在地狱中的饕餮富翁时说过："你该回想你生前享过福。"所以，记忆依然存在于脱离

① 亚里士多德：《论灵魂》，Ⅰ，4，408b21。

② 亚里士多德：《论记忆与回忆》，1，450a12。

了身体的灵魂之中，从而，感觉部分的其他能力也是如此。

理据 5：再者，欢悦和悲伤存在于作为感觉灵魂一种能力的欲望部分之中。但是，独立的灵魂在它们痛苦或得到奖赏的时候，显然也悲伤和欢悦。所以，欲望能力依然存在于脱离了身体的灵魂之中。

理据 6：还有，奥古斯丁在《〈创世记〉文字注》第 12 章第 32 节中说过：正如灵魂当身体失去感觉然而并未全然死去的时候，还是能够藉某种想象的景象看到某些事物一样，当人死后灵魂完全脱离了身体的时候，事情也会同样如此。但是，想象是感觉部分的一种能力。所以，感觉部分的能力依然存在于脱离了身体的灵魂之中，从而所有别的能力也是如此。

但是，从另一个方面看，《论教会信条》中却说道："只有人是由两种实体构成的：具有理性的灵魂以及具有感觉的身体。"所以，当身体死亡了以后，感觉能力就不复存在了。

我的回答是：正如我们已经说过的一样（问题 77 第 5、6、7 条），灵魂的所有的能力都单独地属于作为它们原则的灵魂。但是，一些能力，如理智和意志，则单独地属于作为它们的主体的灵魂。这些能力在身体毁灭之后必定依然存在于灵魂之中。但是，其他的能力，则存在于复合物中；例如，所有感觉部分和营养部分的能力即是如此。然而，在主体毁灭后，偶性就不可能继续存在下去了。所以，当复合物遭到毁灭后，这样一些能力实际上就不复存在了：但是它们却实质地存在于作为它们的原则或根基（radice）的灵魂之中。

所以，一些人说那些能力即使在身体毁灭之后还依然存在于灵魂之中,这种意见是荒谬的。更其荒谬的还在于:他们还说,这些能力的活动依然存在于脱离了身体的灵魂里。因为这些能力离开了身体器官是不可能有任何活动的。

471b 答异议理据 1:《论精神与灵魂》这本书并不具有任何权威性。所以,其中所写的内容可以同样不屑一顾地地受到轻视;虽然我们也不妨说灵魂不是现实地而只是实质地随它自身一起撤走这些能力的。

答异议理据 2:这些我们所说的并非实际地存在于脱离了身体的灵魂里面的能力,并不止是灵魂的特性,而是由灵魂与身体组合而成的复合物的特性。

答异议理据 3:这些能力,当身体虚弱的时候,并不会因此而变弱,因为灵魂依然是不可改变的,而且依然是这些能力的实质性原则(virtuale principium)。

答异议理据 4:在《路加福音》那儿言说记忆,其方式同奥古斯丁在《论三位一体》第 10 卷第 11 章中言说记忆的方式是一样的,都是把记忆放到心灵中,而不是把它作为感觉灵魂的一部分。

答异议理据 5:在脱离了身体的灵魂中,悲伤和欢悦并不存在于感觉能力之中,而是像在天使中那样,存在于理智意欲(appetitum intellectivum)中。

答异议理据 6:在这段话中奥古斯丁是在询问,而不是在断言。所以,他在《更正篇》第 2 卷第 24 章中收回了他曾经说过的这些话。

问题 78
灵魂能力分论

（共 4 条）

我们接着分别地探讨灵魂的各种能力。神学家无论如何都不能不分别地考察各种美德所依的理智能力和欲望能力。而且，既然这些能力的知识在一定程度上依赖于其他的能力，我们对灵魂能力的分别考察就将被划分为三个部分：首先，我们将考察那些作为理智“前奏(praeambula)”的能力；其次，是理智能力(问题 79)；第三，是欲望能力(问题 80)。

就作为理智“前奏”的能力而言，有 4 个要点需要探究：

(1)概论灵魂的诸能力。

(2)植物灵魂的不同种类。 472a

(3)外感觉。

(4)内感觉。

第 1 条　在灵魂中是否应当区分出 5 种能力？

现在我们着手讨论第 1 条。

异议：在灵魂中似乎不应当区分 5 种能力(quinque genera potentiarum)，即营养能力(vegetativum)、感觉能力(sensitivum)、欲望能力(appetitivum)、运动能力(locum motivum)和理智能力(intellectivum)。

理据1：因为灵魂的各种能力被称作它的各个部分。但是，只有灵魂的三个部分被公共地指派给每一个人，这就是植物灵魂(anima vegetabilis)、感觉灵魂(anima sensibilis)和理性灵魂(anima rationalis)。所以，在灵魂中也就只存在有3类能力，而不是5种能力。

理据2：再者，灵魂的能力乃它的生命运作的原则。这样，一件事物就是以四种方式被说成是生存着的。因为，一如哲学家在《论灵魂》第2卷中所说："一件事物是以多种方式被说成生存着的；而且，即使只有其中一种是现存的，这件事物也就可以说是生物。例如，理智和感觉，在空间的运动和静止，最后是增加和减少的运动，都应归因于营养状况。"[①]所以，如果排除掉欲望能力的话，灵魂中便只有4种能力。

理据3：再者，特殊种类的灵魂不应当被认为是对所有能力为共同的东西。但欲望对于灵魂的每一种能力都是共同的。因为视力欲望一种相称的可见的对象；一如我们在《德训篇》第40章第22节中所读到的："优雅美丽，固然悦目，然而决比不上嫩绿的禾苗。"同样，每一种别的能力都欲求它的相应的对象。所以，欲望能力并不能构成灵魂能力的一个特殊种类。

理据4：还有，动物中的运动原则，按照哲学家在《论灵魂》第3卷中的说法，有感觉、理智和欲望。[②] 所以，运动能力不应当作为

① 亚里士多德：《论灵魂》，Ⅱ，2，413a22。

② 同上书，Ⅲ，10，433a9。

灵魂的一个特殊的种类附加到上述各种能力之上。

但是，从另一个方面看，哲学家在《论灵魂》第 2 卷中说过：“这 472b
些能力是营养的，感觉的，欲望的，运动的，以及理智的。”[①]

我的回答是：如我们在前面所列举的，存在有五种灵魂能力。其中三个被称作灵魂，其中四个则被称作生命的样式。

这样一种差别的理据在于：各种不同的灵魂是由于灵魂的运作胜过形体本性的各种不同方式的运作而被区别开来的。因为，整个形体本性是隶属于灵魂的，并且是作为它的质料和工具而相关于它的。所以，存在着一种灵魂的运作，它是如此远远地超出形体的本性，以至于它甚至并不是通过身体器官来实施的。而这样一种运作也就是“理性灵魂”(animae rationalis)的运作。在这种运作之下，存在有灵魂的另一种运作，它实际上是通过身体器官实施的，而不是通过形体性质实施的，而这也就是“感觉灵魂(animae sensibilis)”的运作。因为，虽然热和冷、湿和干，以及其他一些诸如此类的形体性质都是感觉工作所需要的，然而，感觉工作之所以需要这些性质并不是由于只有通过这样的性质感觉运作才能够发生，而只是由于形体器官的专门性向的缘故。灵魂的最低等级的运作是那些身体器官以及藉形体性质实施的运作。然而，这依然超出了形体本性的运作，因为形体的运动是由外在的原则引起的，而这些运作却是来自内在原则的。既然每一个生物在一定程度上都是自己推动它自身的，这对于灵魂的所有的运作便都是共同的。这也就是营养灵魂的运作。因为消化，以及随之而来的东西，按照

① 亚里士多德：《论灵魂》，Ⅱ，3，414a31。

哲学家在《论灵魂》第2卷中的说法，是由热的活动工具性地引起的。[①]

因此，灵魂的能力一般地便是由它们的对象区别开来的。因为，如上所述(问题77第3条答异议理据4)，一种能力的等级越高，它扩展到的对象也就越是普遍。但是，灵魂运作的对象却可以以三种方式加以考察。因为，在灵魂中，存在着一种能力，其对象仅仅是与那个灵魂结合在一起的形体。这一种类的各种能力之所以被称作营养的，乃是因为营养能力仅仅对灵魂与之结合在一起
473a 的形体发生作用。在灵魂的诸能力中，存在有另外一个种类，这个种类相关于一个比较普遍的对象，即与每一个感觉形体相关，而不仅仅与灵魂与之结合的形体相关。然而，在灵魂的诸能力之中，还有另外一个种类，这个种类的能力相关于更其普遍的对象，也就是说，不仅与感觉形体相关，而且也一般地同整个存在相关。由此看来，灵魂能力的后两个种类显然具有一种运作，不仅同与之结合在一起的事物相关，而且也同一些外在的事物相关。这样，既然凡运作的东西都必定以某种方式同与它的运作相关的对象结合在一起，那就必定可以得出结论说：这些外在的事物，作为灵魂运作的对象，必定以两种方式相关于灵魂。首先，是就这种外在的事物具有一种自然的欲望，同灵魂结合在一起，并且由于它的类似而存在于灵魂之中而言的。这样，就存在有两种能力，这就是“感觉能力”，相关于较少公共的对象即感觉形体，以及“理智能力”，相关于最公共的对象即普遍存在。其次，是就灵魂本身具有达到某种外

① 亚里士多德：《论灵魂》，Ⅱ，3，414a1。

在事物的倾向或趋势而言的。这样，灵魂中也就存在有两种能力：一种是“欲望能力”，就此而言，灵魂是以某种外在的事物为目的，它首先存在于意向性之中；另一种为“运动能力”，就此而言，灵魂是以某种外在的事物作为运作和运动的终点的。因为每一个动物都是为了实现它的欲望和意向的目的而受到推动的。

这些生命的样式是依照生物的等级而加以区别的。存在着一些生物，如植物，其中只存在有营养灵魂。还存在有另外一种生物，除营养能力外还另有感觉能力，但是，并不具有运动能力。这是一些不能运动的动物，如有贝壳的水生动物就是如此。除此而外，还有一些生物具有运动能力，如一些完满的动物，它们为了生存下来而需要许多事物，从而具有从远处获得生活必需品的运动能力。还存在一些生物，它们还进而具有理智能力，这也就是人。但是，欲望能力并不构成生物的一个等级；因为“凡是存在有感觉的地方也就存在有欲望”。[①]

这样，异议的头两个理据所提出的疑问在这里也就迎刃而 473b
解了。

答异议理据3：自然欲望(appetius naturalis)是那种每一件事物按照其自己的本性所具有的追求某些事物的倾向。因此，每一种能力都藉它自己的欲望欲求某些与其自身合适的事物。但是，动物的欲望是由所觉察的形式产生出来的。这类欲望要求灵魂具有一种特殊的能力，单靠觉察尚不充分。因为一件事物只有当它存在于它自己的本性之中的时候，它才能够成为被欲望的，而它之

① 亚里士多德：《论灵魂》，Ⅱ，3，414b1。

存在于觉察的能力之中，却并不是就它自己的本性而言的，而是就它的类似物而言的。因此，很清楚，视觉仅仅是为了它的活动的目的，也就是说，仅仅是为了看的目的，而自然地欲求可见对象的。但是，动物运用欲望能力欲求被看见的事物不仅是为了看见这件事物，而且也为了别的目的。然而，如果灵魂并不需要感官知觉到的事物，除非是为了感觉活动，也就是说，除非是为了感觉它们这一目的，那就没有必要存在有一种特殊种类的欲望能力，因为单靠诸多能力的自然欲望也就足够了。

答异议理据 4：虽然感觉和欲望在完满的动物中是运动的原则，然而，感觉和欲望本身则不足以引起运动，除非有另一种能力附加到它们身上。因为，静止不动的动物虽然具有感觉和欲望，但是它们却并没有运动的能力，从而，这种运动的能力就不仅存在于作为命令运动的欲望和感觉中，而且也存在于这个身体的各个部分之中，以便它们能够服从推动它们的灵魂的欲望。当各肢体丧失了它们的自然配置的时候，它们就无法运动来服从欲望，即是一个明显的征兆。

第 2 条　植物灵魂的各个部分是否适合于被说成是营养的、生长的和生殖的？

现在我们着手讨论第 2 条。

异议：植物（vegetativae）灵魂的各个部分似乎并不适合于被描述成营养的（nutritivum）、生长的（augmentativum）和生殖的

(generativum)。

理据 1:因为这些被统称为自然能力。但是,灵魂的能力是高于自然能力的。所以,我们不应当把上述能力归诸灵魂的能力。 474a

理据 2:再者,我们不应当把灵魂的一种特殊能力说成是有机物和无机物共同的东西。但是,生殖对于能够产生和消灭的事物,无论是生物还是非生物,都是共同的。所以,生殖能力不应当归属于灵魂的能力。

理据 3:再者,灵魂比形体更加有能力。但是,形体是藉同一种能力给予种类和量的;所以,灵魂就更其如此了。因此,灵魂的生长能力同生殖能力并没有什么区别。

理据 4:还有,每一件事物都是由于它藉以具有存在的那个事物而在存在方面得以保存的。但是,生殖能力却是生物藉以获得生命的东西。所以,生物也是由于同样的能力得以保存的。从而,营养能力,就如《论灵魂》第 2 卷中所说,由于其是"一种能够保存接受它的无论什么东西的能力",也是指向生物的保存的。[①] 所以,我们不应当把营养能力同生殖能力区别开来。

但是,从另一个方面看,哲学家在《论灵魂》第 2 卷中却说过:这种灵魂的运作是"生殖,利用食物,和生长"。[②]

我的回答是:植物部分具有三种能力。因为植物部分,如我们所说(问题 78 第 1 条),是以藉这种灵魂得以具有生命的身体本身为它的对象的,而这个身体则需要灵魂具有下述三种运作。其中一种是它藉以获得存在的那种运作,而生殖能力即是指向这种存

① 亚里士多德:《论灵魂》,Ⅱ,4,416b14。

② 同上书,Ⅱ,4,415a25;415b23。

在的。另一种是有生命的形体藉以获得它的适当的量的运作，生长能力即是指向这种量的。第三种是有生命事物的形体藉以保存其存在和它的适当的量的运作；营养能力即是指向这种保存的。

然而，我们必须注意到这些能力之间的差异。营养能力和生长能力对于它们的存在都是有其效果的，因为同灵魂联合在一起的形体本身都是由于存在于同一个灵魂之中的生长和营养能力而得以生长和保存的。但是，生殖能力的效果却并不存在于同一个形体之中，而是存在于另一个形体之中。因为一件事物是不可能
474b 产生它自己的。所以，生殖能力，从一个意义上说，是接近感觉灵魂的尊严的。因为感觉灵魂具有一种运作，可以扩展到外在事物上，尽管后者是以更加卓越也更为普遍的方式进行的。因为一如狄奥尼修斯在《论神的名称》第 7 章第 3 节中所说，低级本性中最高等级的能力是接近较高本性中最低等级的能力的。所以，按照哲学家在《论灵魂》第 2 卷中的说法，在这三种能力中，生殖能力具有更大的决定性、高贵性和完满性，因为“它属于那种本身已经完满并且因此而足以产生另一个与之相似的事物的事物”。[①] 而且，生长能力和营养能力是服务于生殖能力的；而营养能力又是服务于生长能力的。

答异议理据 1：这样一些能力之所以被称作自然的，一方面是因为它们产生了一种与自然结果相类似的结果，还提供了存在、量和保存（虽然上述能力是以一种更为完满的方式完成这些事情的），另一方面也是因为这些能力是通过作为自然活动原则的能动

① 亚里士多德：《论灵魂》，Ⅱ，4，416b24。

的和被动的性质来工具性地实施它们的活动的。

答异议理据 2:非生物的产生完全来自外部的源泉,但是,生物的产生却是以一种更高的方式,通过存在于生物自身之中的事物,即包含着形体形成原则的种子或精子进行的。所以,在生物中,必定存在有准备这种种子或精子的能力。而这也就是生殖能力。

答异议理据 3:既然生物的生殖来自种子或精子,一个动物刚刚生出来的时候,就会比较小。由于这个理由,在灵魂中就必定有一种它藉以形成一定合适大小的能力。但是,非生物的形体却是由一种外在的活动主体以确定的质料产生出来的。所以,它按照这种质料的状况而同时接受了它的本性和量。

答异议理据 4:如上所述(问题 78 第 1 条),植物原则的运作是借助于其特性在于消耗湿气的热来实施的。所以,为了恢复这样消耗掉的湿气,就需要一种营养能力,而食物就是藉着这种营养能力而变化成身体的实体的。这对于生长和生殖能力的活动也同样是必要的。

第 3 条　5 种外感觉是否能够确当地区分开来? 475a

现在我们着手讨论第 3 条。

异议:将外感觉区分为 5 种似乎是不确当的。

理据 1:因为感觉能够认识的是偶性(cognoscitivus accidentium)。但是,存在着许多种类的偶性。所以,既然能力是藉它们的对象区别开来的，则感觉似乎就是按照偶性种类的数量而增加的。

理据2：再者，大小、形状以及其他一些称作通感（sensibilia communia）的东西，并不是由于偶性而成为感性事物的，而是为哲学家通过对比将它们区别开来的。[①] 从而，是对象本身的多样性本身使得能力多样化的。所以，既然大小和形状更进一步是来自颜色，而声音则不是，则感知大小和形状比起感知颜色或声音来似乎就更其需要另一种感觉能力了。

理据3：再者，一种感觉相关于一组矛盾的事物，例如，视觉即相关于白和黑。但是，触觉却相关于多组矛盾的事物，诸如热和冷、湿和干等等。所以，它并不是一种而是若干种感觉。从而，也就存在有5种以上的感觉。

理据4：还有，一个种相是不可能与它的属相相抵触的。但是，味觉是一种触觉。所以，它不应当归属一种区别于触觉的感觉。

但是，从另一个方面看，哲学家在《论灵魂》第3卷中却说过：“除5种感觉（所谓五种感觉，我的意思是视觉、听觉、嗅觉、味觉与触觉）外没有任何别的感觉。”[②]

我的回答是：感觉的数目和区别的理据已经为一些人指派给了各个感官，在这些感官中，有这种那种元素，如水、气等等，占优势。另外一些人则将这种理据指派给了媒介，它或者是结合在一起的，或者是外在的，而且或者是水，或者是气等等（参阅前条脚
475b 注）。还有一些人则依照感觉性质属于一个单纯形体还是由复合

① 亚里士多德：《论灵魂》，Ⅱ，6，418a8。

② 同上书，Ⅲ，1，424b22。

物产生出来的情况而把它归于各种感觉性质的各种不同的本性。[①]

但是,这些解释中没有一个是合适的。因为,事实上并不是这些能力为了感官的缘故而存在的,而是这些感官服务于这些能力的。所以,之所以存在有各种不同的能力,并不是由于存在有各种不同的感官,而是,正相反,由于自然已经提供了各种不同的感官,以便它们适应于各种不同的能力。同样,自然也按照各种不同的感官同各种能力活动的适宜性为它们提供了各种不同的媒介。而认识感觉事物的本性其实并不适合于感觉,倒是适合于理智的。

所以,外感觉的数目和区别的理据必定归于那些本身完全地属于感觉的东西。这样,感觉就是一种被动的能力并且是自然地为外在感性事物所变化(immutativum)的。所以,这样一种变化的外在原因便是那种其自身为感觉所知觉到的事物,而且由于外在原因的多样性,感觉能力也就随着多样化了。

然而,变化(immutatio)有两种,其中一种是自然的,另一种是精神的。自然的变化是藉所接受的变化者的形式(forma immutantis recipitur)而发生的,而这种变化是按照它自身的自然存在被接受进所变化的事物之中的,就像热是被接受进被加热的事物之中的一样。而精神的变化虽然也是藉产生这种变化的事物的形式而发生的,但是,这种变化却是按照存在的精神样式被接受进所变化的事物之中的,就像颜色的形式被接受进瞳孔之中,而瞳孔却并不因此而着色一样。这样,为了感觉运作,就需要一种精神的变

① 参阅大阿尔伯特:《受造物大全》,Ⅱ,qu. 34,a. 4;哈勒斯的亚历山大:《神学大全》,Ⅰ—Ⅱ,a. 356;波那文都:《心向上帝的旅程》,第2章。

化，感觉形式的意念正是藉此在感觉器官中发挥作用的。否则，如果仅仅一种自然变化就足以引起感觉活动，则所有的自然形体当其经受变化时也就在感觉了。

但是，在一些感觉中，例如在视觉活动中，我们发现只有心理的变化，而在另一些感觉中，我们则不仅发现有心理的变化，而且也能发现有自然的变化，不仅在对象方面能够发现，而且在感觉器官方面也同样能够发现。就对象方面而言，我们能够发现作为听
476a 觉对象的声音的位置方面的自然变化；因为声音是由空气的振动和紊乱引起的。我们在作为嗅觉对象的气味中，还发现有一种变异性(alterationem)的自然变化；因为为了增强一种气味，一个形体就必须在一定程度上为热所改变。就感觉器官方面而言，自然的变化在触觉和味觉中也发生。因为一只触摸某种热的事物的手变热，而舌头则为美味佳肴的湿气弄得湿润起来。但是，嗅觉和听觉器官在它们各自的运作中除非是间接地便不可能为任何自然变化所改变。

这样，视觉，既然无论是它们的感觉器官还是它们的对象都没有任何自然变化，则在所有感觉中，便是最富于精神性、最完满，而且也是最普遍的。接着而来的是听觉，然后是嗅觉，它们需要的是对象方面的一种自然变化。但是，位置运动，一如哲学家在《物理学》第 8 卷中所证明的，比变异性运动(motus alterationis)更为完满，并且是在本性上先于后者。[①] 触觉和味觉在所有感觉中是最具物质性的，我们在后面还要进一步讲到它们的区别(答异议理据

① 亚里士多德：《物理学》，Ⅷ，7，260a28。

3、4)。另外三种感觉并不是像这两种感觉一样,是通过与之结合在一起的媒介来实施,来消除掉它们感觉器官方面的任何自然变化的。

答异议理据 1:并不是每一种偶性在其自身之中都具有变化能力的,而只有第三种(tertiae speciei)性质才具有这种能力,因为它们本身即是变化(alteratio)的原则。所以,只有这种性质才是感觉的对象。因为一如《物理学》第 7 卷中所说:"感觉所受到的影响与非生物所受到的影响都来自同样的事物。"[1]

答异议理据 2:大小、形状等等,被称作"通感",处于"偶性感觉事物"和作为感觉对象的"专门感觉事物"之间的中途。因为既然专门感觉对象,是一些产生变异的性质,它们也就首先改变着感觉,并且具有它们自己的本性。但是,通感却是完全可以还原为量的。至于大小和数,它们显然是量的种相。形状是一种关于量的性质,因为形状的概念就在于固定大小的边界。运动和静止之被感觉到,是就主体以一种或多种方式在它的大小或它的空间距离方面(例如,在生长和位置运动方面)受到影响而言的,或者是就它在某些感觉性质方面(例如,在变更运动方面)受到影响而言的。这样,感觉运动和静止,在一个意义上,也就是去感觉一件事物和许多事物。从而,量也就是那种产生变化的性质的最近的主体,例 476b
如,表面即是颜色的最近的主体。所以,通感并不是首先推动感觉,也不具有它们自己的本性,而是由于感觉事物的性质的缘故,例如,表面就是由于颜色的缘故。然而,它们却不是偶性的感觉事

① 亚里士多德:《物理学》,Ⅶ,2,244b12。

物，因为它们在感觉的变化中产生了多样性。因为感觉是随着表面的大小而发生各种不同的变化的，就像白本身被说成了大的或小的一样，从而也就依据它的特定的主体而被区分开了。

答异议理据3：哲学家在《论灵魂》第2卷中似乎说过，虽然触觉一般说来只有一种，但是，却被分成了若干种特殊的感觉，而且由于这个缘故，它便扩展到各种不同的矛盾着的事物。[①] 然而，这些感觉就它们的感觉器官而言，却不是相互分离的，而是扩展到整个身体的，致使它们的区别并不明显。但是，知觉到甜和苦的味觉，却伴有舌头上的触觉，而不是整个身体的触觉。所以，它同触觉是很容易区别的。我们也可以说：所有那些矛盾着的事物都是一致的，虽然它们中的每一个都存在于某个最接近的属相中，但是它们全体却都存在于一个公共属相中，而这一公共属相即是触觉的共同的和形式的对象。然而，这样的公共属相却是没有名称的，正如热和冷的最接近的属相没有名称一样。

答异议理据4：味觉，按照哲学家的说法，是一种只存在于舌头上的触觉。它同作为属相的触觉并没有什么区别，而仅仅同分散到身体上的触觉的种相有区别。[②] 但是，如果触觉由于它的对象的公共形式（rationem communem）而仅仅是一种感觉，那我们就必须说：味觉则由于变化的不同形式而区别于触觉。因为，触觉由于作为它的特定对象的性质的缘故，在它的器官中就包含了一种自然的变化，而不仅仅是一种精神上的变化。但是，味觉器官却未必会因为作为它的特定对象的性质的缘故而发生自然变化，致

① 亚里士多德：《论灵魂》，Ⅱ，11，422b17。

② 同上书，Ⅱ，9，421a18；Ⅱ，11，423a17。

使舌头本身变成苦的或甜的;它只是会因为构成味觉开端并且以之为基础的性质而发生变化,而这种性质即是作为触觉对象的湿气。

第 4 条　诸种内感觉是否适合于区别开来? 477a

现在我们着手讨论第 4 条。

异议:诸种内感觉(interiores sensus)似乎是不适合于区别开来的。

理据 1:因为通感是不能同专门(proprium)的感觉相抵触的。所以,通感不应当在特殊的外感觉之外又列入内感觉的能力之中。

理据 2:再者,当专门的和外在的感觉足以满足需要的时候,我们就无需指派一种内在的觉察能力。但是,专门的和外在的感觉是足以使我们判断感觉事物的,因为,每一种感觉都能对它的专门对象作出判断。同样,它们似乎也足以具有它们自己活动的知觉。因为既然感觉活动在一定意义上存在于能力与其对象之间,则视觉(visus)就必定更其能够知觉到它自己的视觉活动(visionem),因为视觉离开视觉活动要比颜色更近一些;其他的感觉也同样如此。所以,就无需为此指派一种称之为通感的内在能力。

理据 3:再者,按照哲学家的观点,想象和记忆是"第一感觉"(primi sensitivi)的受动性(passiones)。[①] 但是,受动性是不能够同它的主体相抵触而区分开的。所以,记忆和想象是不应当被认

① 亚里士多德:《论记忆与回忆》,1,450a10。

为是区别于感觉能力的。

理据4：再者，理智比感觉部分的任何能力都较少依赖于感官。但是，理智所认识的，无非是它从感官接受过来的东西。因此，一如《分析后篇》第1卷中所说："一个人缺乏一种感官，也就因此而缺乏一种知识。"[①]所以，我们更其不应当把他们称作估计（aestimativam）能力的那种能力归因于感觉部分，以认知那为感官所知觉不到的"意象"（intentiones）。

理据5：再者，思想能力的活动在于比较、联合、区分，以及回忆活动，在于为了探究而运用一种三段论，它同估计能力和记忆能力的活动的距离，一点也不小于估计能力活动与想象能力活动的
477b 距离。所以，我们或者必须把思想和记忆能力添加到估计和记忆能力上，或者根本就不应当在估计和记忆能力同想象能力之间作出区别。

理据6：还有，奥古斯丁在《〈创世记〉文字注》第12卷中曾经说到过"三种视觉活动（tria genera visionum）；这就是身体的，亦即感觉活动，精神的，亦即想象的或幻想（phantasiam）活动，以及理智的，亦即理智活动。"所以，除想象外，在感觉和理智之间并不存在什么内在能力。

但是，从另一个方面看，阿维森纳在《论灵魂》第1卷第5章中却指定了5种内感觉能力；这就是：通感，幻想，想象，以及估计能力和记忆能力。

我的回答是：既然自然不会在必然的事物方面失灵，那就必定

① 亚里士多德：《分析后篇》，Ⅰ，18，81a38。

存在有许多感觉能力的活动足以维系完满动物的生命。如果这些活动中的任何一个都不能够还原成同一项原则的话，它们就必定被指派给不同的能力，因为灵魂的能力不是别的，无非是灵魂运作的最近的原则。

这样，我们就必须看到：一个完满动物为要维系其生命，这个动物就不仅在感觉活动的现实时间里，而且在它阙如的情况下也能够领悟一些事物。否则，既然动物的运动和活动是随着领悟而来的，它就不可能为追求某种不在的东西而受到推动；然而，与此相反，我们在完满的动物身上却特别地看到，它们是连续不断地受到推动的，因为它们常常被推向了一些被领会的和不在的事物。所以，一个动物通过感觉灵魂，必定不仅当它实际地为感觉事物所影响时，能够接受这些事物的种相，而且它也必定能够留住和保存住它们。然而，接受和保存，在有形事物的情况下，就被还原成了种种不同的原则。因为潮湿的事物虽然容易接受，但却难以保存，在这一点上，干燥的事物则正好相反。所以，既然感觉能力是有形器官的现实，那就可以得出结论说：那种接受感觉事物种相的能力必定区别于保存它们的能力。

同时，我们还必须看到：如果一个动物为仅仅影响其感官的合意的和不合意的事物所推动的话，那就无需假定动物除了认识感 478a
官知觉到的那些形式外，还另具有任何一种能力，而动物对于这些东西是或者感到快乐，或者恐怖地躲开的。但是，动物之所以需要寻求或避免一定的事物，这不仅是因为它们令感官感到快乐或不快，而且也是由于别的好处、用处或不利之处。例如，羊在看到一只狼正在靠近它时，它之所以跑开，不仅是由于它的颜色和形状，

而且还由于狼是它的天敌。再者，一只小鸟之所以把干草采集到一处，不仅是因为这些干草使感官快乐，而且还因为它们对它用来构建它的小巢是有用的。所以，动物是需要知觉这样的意象的，然而，外感觉却知觉不到这样的意象。对此，一些不同的原则是必要的，因为对感性形式的知觉（perceptio formarum sensibilium）是通过感性事物所产生的变化获得的，但所讲到的意象的知觉（perceptio intentionum）的情况就不是这样了。

所以，为了接受感觉形式，就需要有“专门感觉”和“通感”，至于它们的区别，我们在后面将进一步谈到（答异议理据 1、2）。但是，为了接受和保存这些形式，就需要有“幻想”或“想象”；而“幻想”或“想象”其实是一回事，因为它们似乎都可以说是通过感觉所接受的那些形式的一个仓库。再者，为了领悟并非通过感觉接受过来的观念，就需要一种“估计”能力；而为了保存它们，则需要一种“记忆”能力，作为这样一些意象的仓库。既然动物的记忆原则能够在这样一种意象中发现，例如在一些事物是有害的或有益的意象中发现，那我们也就有了这方面的证据。而且，记忆所考察的过去的意象是应当列入这些概念范围之内的。

然而，我们必须看到：对于感觉形式来说，在人和其他动物之间是不存在什么差别的。因为它们虽然同样是由外感觉事物引起变化的，但是，就上述意象来说，则是存在有差别的。因为其他的动物仅仅是通过某种自然的本能知觉这些意象的，而人则是藉观念的联合或比较（collationem）知觉到它们的。所以，在其他动物身上被称作自然估计的那种能力，在人身上，则被称作慎思能力

(cogitativa),这种能力是通过某种搜集和比较来发现这些意象的。[①] 所以,它也可以被称作"特殊理性"(ratio particularis),医学 478b
家给它指派了一个特殊器官,即人脑的中间部分。[②] 因为它是比较个别意象的,正如理智理性是比较普遍意象的一样。至于记忆能力,人不仅可以像其他动物那样突如其来地搜索到过去的印记,具有记忆,而且也能够借助三段推论具有回忆,仿佛是过运用个别意象来寻求对过去的记忆似的。

然而,阿维森纳在估计能力和想象能力之间指派了第五种能力,这一能力结合并区分了想象的诸形式。[③] 例如,当由黄金的想象形式以及一座山的想象形式,我们组合成了一座金山的形式的时候,情况就是如此,虽然,我们是永远看不到这座金山的。但是,这一运作并不能够在除人之外的其他动物身上发现,而在人身上,为了这个目的,想象能力也就足够了。阿维洛伊在他的《论感觉与感觉对象》(*De sensu et sensibilibus*)第 6 卷中也把这种活动指派给人了。

所以,感觉部分只有四种内在能力,这就是通感,想象,估计能力和记忆能力,根本没有必要说它有更多种类的能力。

答异议理据 1:内感觉之被称作公共的,并不是由于称谓的缘故,仿佛它是一个属相似的,而是由于它是外感觉的公共根(communis radix)和原则的缘故。

答异议理据 2:专门的感觉是藉把专门的感觉事物同属于同

① 参阅哈勒斯的亚历山大:《神学大全》,Ⅱ,1,n. 357;大阿尔伯特:《〈论灵魂〉注》,Ⅲ,2,19。

② 阿维森纳:《论灵魂》Ⅰ,5;哈勒斯的亚历山大:《神学大全》,Ⅱ,1,n. 359。

③ 阿维森纳:《论灵魂》,Ⅳ,1。

一个感觉的其他事物辨别开来，例如，把白的同黑的或绿的辨别开来，来判断专门的感觉事物的。但是，无论是视觉还是味觉都不可能把把白的同甜的辨别开来，因为识别两件事物的东西必须同时认识这两样事物。所以，识别判断必须委派给通感，感觉的所有领会都必定关涉到这种通感，就像关涉到一个公共项一样；而且，感觉的所有内涵也都是通过它们而被知觉到的；例如当有人看见他看见的时候，情况就是如此。因为这样的事情是不可能通过专门的感觉进行的，专门的感觉只能够认识它藉以变化的感觉事物的形式，而视觉活动便是在这种变化中完成的，并且由于这种变化在那种知觉到视觉活动的通感中也就产生了另一种变化。

479a 答异议理据 3：正如，一种能力，如上所述(问题 77 第 7 条)，是通过另一种能力从灵魂之中产生出来一样，灵魂也是通过另外一种能力而成为一种能力的主体的。这样，想象和记忆也就被称作“第一感觉”的受动性了。

答异议理据 4：虽然理智的运作在感觉中有它的根源，但在通过感觉理解的事物中，理智认识许多感觉知觉不到的东西。同样，估计能力虽然不那么完满，但是却也同样如此。

答异议理据 5：人身上的思想能力和记忆能力的卓越，并不是由于感觉部分所专门有的东西，而是由于同普遍理性的相像和接近，而普遍理性也可以说是充实了它们。所以，它们并不是不同的能力，而是同一种能力，然而，却比其他动物身上的这些能力更其完满些。

答异议理据 6：奥古斯丁之所以把这种视觉称作“精神的看见”，是因为这种视觉是在形体不在的情况下由形体的影像产生出来的。因此，它显然对所有内在的觉知都是共同的。

问题 79
论理智能力

（共 13 条）

接着考察的是有关理智能力的问题。

在这个项目下，有 13 个要点需要探究：

(1)理智究竟是灵魂的一种能力，抑或它的本质？

(2)如果它是一种能力的话，它是否是一种被动的能力？

(3)如果它是一种被动能力的话，是否存在有一种能动理智？

(4)它是否是灵魂中的某种东西？

(5)能动理智是否总共只有一个？

(6)记忆是否存在于理智之中？

(7)记忆是否区别于理智？

(8)理性是否是一种区别于理智的能力？

(9)高级理性和低级理性是否是不同的能力？ 479b

(10)灵智是否是一种区别于理智的能力？

(11)思辨理智和实践理智是否是不同的能力？

(12)智慧是否是理智部分的一种能力？

(13)良知是否是理智部分的一种能力？

第1条 理智是否是灵魂的一种能力？

现在我们着手讨论第1条。

异议：理智似乎并不是灵魂的一种能力（potentia），而是灵魂的本质（essentia）。

理据1：理智与心灵（mens）似乎是一回事。但是，心灵并不是灵魂的一种能力，而是它的本质。因为奥古斯丁在《论三位一体》第9卷第2章中说过："心灵和精神并不是相对的事物，而是给本质命名的东西。"所以，理智乃灵魂的本质。

理据2：再者，灵魂能力的不同的属相，并不是在某一种能力上结合在一起的，而仅仅在灵魂的本质上结合在一起的。这样，欲望和理智，虽然一如哲学家在《论灵魂》第2卷中所说，乃灵魂能力的不同的属相，[①]但是它们却是在心灵中结合在一起的。因为奥古斯丁在《论三位一体》第10卷第11章中是把理智和意志放置进心灵之中的。所以，人的心灵和理智是灵魂的本质，而不是它的一种能力。

理据3：再者，按照格列高利在《〈福音书〉注》第2卷中关于耶稣升天的一篇布道辞中的说法，"人是藉天使来理解的。"但是，天使是被称作心灵和理智的。所以，人的心灵和理智并不是灵魂的一种能力，而是灵魂本身。

理据4：还有，一个实体由于其为非物质的而是理智的。但

① 亚里士多德：《论灵魂》，Ⅱ，3，414a31。

是，灵魂是藉它的本质而成为非物质的。所以，灵魂必定是藉它的本质而成为理智的。

但是，从另一个方面看，哲学家在《论灵魂》第 2 卷中却认定理智官能(intellectivum)乃灵魂的一种能力。[①]

我的回答是：按照已经证明出来的东西看(问题 54 第 3 条；问 480a
题 77 第 1 条)，说理智是灵魂的一种能力，而不是它的本质是非常必要的。因为唯有当运作本身即是它的存在的时候，运作的事物的本质才构成其运作的直接原则。因为正如能力之相对于作为它的现实的运作那样，本质也同样相对于作为它的现实的存在。但是，理解活动只有在上帝之中才是他的存在本身。所以，只有在上帝之中，理智才成为他的本质，而在其他的理智受造物中理智则只是一种能力。

答异议理据 1：感觉有时被视为能力，有时又被视为感觉灵魂。因为感觉灵魂是从它的主要能力，即感觉，获得它的名称的。同样，理智灵魂有时被称作理智，也是由于它的主要能力的缘故。于是，一如我们在《论灵魂》第 1 卷中所读到的："理智是一种实体。"[②]而奥古斯丁也正是在这个意义上在《论三位一体》第 9 卷和第 14 卷中说道：心灵是一种精神(spiritus)和本质。

答异议理据 2：欲望和理智能力由于它们的对象的理据(rationes obiectorum)不同而构成灵魂能力的不同的属相。但是，欲望能力在其运作的样式方面无论是否通过身体器官都是部分地同理智能力一致，部分地同感觉能力一致；因为欲望总是随着认知产

① 亚里士多德：《论灵魂》，Ⅱ，3，414a32。

② 同上书，Ⅰ，4，408b18。

生出来的。正因为如此,奥古斯丁把意志放进了心灵中,而哲学家则把它放进了理性中。[①]

答异议理据3:在天使中除理智外不存在任何别的能力,而意志是随着理智而产生出来的。由于这个理由,天使就被称作心灵(Mens)或理智(Intellectus)。因为他的全部能力就在于此。但是,灵魂却具有许多别的能力,诸如感觉能力和营养能力,所以,这种比较是不恰当的。

答异议理据4:受造理智实体的非物质性并不在于它的理智;而是通过它的非物质性,它才具有理智能力的。我们由此便不应当得出结论说:理智是灵魂的实体,而是应当得出结论说:理智是灵魂的内在力量(virtus)和能力。

480b

第2条 理智是否是一种被动能力?

现在我们着手讨论第2条。

异议:理智似乎并不是一种被动能力(potentia passiva)。

理据1:因为每一件事物都是由于它的质料而成为被动的,由于它的形式而活动。但是,理智能力却是由理智实体的非物质性产生出来的。所以,理智似乎并不是一种被动能力。

理据2:再者,理智能力,如上所述(问题75第6条),是不可朽坏的。但是,一如《论灵魂》第3卷中所说,“如果理智是被动的,它也就因此而成为可朽坏的了。”[②]所以,理智的能力并不是被动的。

---

① 亚里士多德:《论灵魂》,Ⅲ,9,432b5。

② 同上书,Ⅲ,5,430a24。

理据 3:还有,按照奥古斯丁在《〈创世记〉文字注》第 12 卷以及亚里士多德在《论灵魂》第 3 卷中的说法,“能动主体比受动对象要尊贵些。”[①]植物部分的所有的能力虽然都是能动的,但是,它们在灵魂的能力中间却是最低等级的。所以,在灵魂能力中属于最高等级的所有的理智能力,就更其是能动的了。

但是,从另一个方面看,哲学家在《论灵魂》第 3 卷中却说过:“从一个意义上讲,理智活动(intelligere)是被动的。”[②]

我的回答是:“被动的”可以以三种方式加以理解。首先,就“被动的”最严格的意义讲,当从一件事物中取走一些无论是在本性上还是在固定的倾向上属于它的东西时,这件事物即被说成是被动的。例如,当水由于加热而失掉了冷的时候,以及当一个人生病或悲伤的时候,情况就是如此。其次,在较不严格的意义上讲,一件事物,当某种东西从中取走的时候,这件事物即被说成是被动的,不管取走的东西对这件事物是否合适,都是如此。例如,一个人不仅在其生病的时候,他可以被说成是被动的,而且即使在他被治愈之后,他也依然是被动的;不仅在其悲伤的时候他是被动的,而且在其欢悦的时候以及他以无论什么样的方式被改变或被推动的时候,他都永远是被动的。第三,在宽泛的意义上,一件事物被 481a
说成是被动的,乃是基于这样一种事实,这就是:一件对于某个东西来说是潜在的事物,接受了对它而言是潜在的东西,即便它没有丧失掉任何东西,亦复如此。因此,凡从潜在过渡到现实的东西都可以说成是被动的,甚至当它被完满化的时候也是如此。这样,就

① 奥古斯丁:《〈创世记〉文字注》,Ⅻ,16;亚里士多德:《论灵魂》,Ⅲ,5,430a18。

② 亚里士多德:《论灵魂》,Ⅲ,4,429b24。

我们来说，理解事物就是被动的。这显然是由于下述理由：因为，理智，如上所述（问题 78 第 1 条），具有一种运作，可以扩展到普遍的存在。所以，我们可以通过首先注意到理智同普遍存在的关系的全部本性而看到理智或者处于现实状态或者处于潜在状态。因为我们发现有一种理智，它同普遍存在的关系即是所有存在的现实的关系，这也就是上帝的理智，亦即上帝的本质，所有的存在都原初地和实质地事先存在于作为第一因的上帝之中。所以，上帝的理智并不是处于潜在状态中，而是纯粹的现实。但是，没有什么受造的理智能够成为一种相关于整个普遍存在的现实；否则，它就需要成为一种无限存在了。所以，没有什么受造的理智能够由于它的存在而成为所有可理解的事物的现实，而是相对于这些可理解的事物来说是一种潜在和现实的关系。

这样，潜在同现实就有两种关系。有一种潜在，始终为它的现实完满化；天体的质料就是如此（问题 58 第 1 条）。但是，还存在有另一种潜在，它并不是始终处于现实中，而是从潜在出发达到现实；例如，在那些消灭和产生的事物中我们就看到了这种潜在。所以，天使的理智，就它能够理解的那些事物而言，是始终处于现实之中的，如上所述，这是由于它接近作为纯粹现实的第一理智的缘故。但是，人的理智，由于其在理智的等级中是最低的，离开上帝理智的完满性又是最远的，便潜在地相关于可理解的事物，而且最初一如哲学家在《论灵魂》第 3 卷中所说，“就像一块上面什么都没有写的空白的板子。”[1]这一点从下面这个事实就可以清楚地看出

① 亚里士多德：《论灵魂》，Ⅲ，4，430a1。

来，这就是：最初，我们只能潜在地理解，尔后我们才能够现实地理解。所以，很显然，就我们而言，理解在一定程度上是被动的。诚然，这里所谓的被动是就它的第三种意义而言的。由此看来，理智是一种被动的能力。 481b

答异议理据 1：这种反对意见证实了第一种意义和第二种意义上的属于原初质料（materiae primae）的被动性。但是，在第三种意义上，被动性存在于从潜在转变为现实的任何一件事物之中。

答异议理据 2：被动理智（intellectus passivus）是一些人拿来给感觉欲望命名的，灵魂的被动性就存在于这里。这种欲望，按照《伦理学》第 1 卷中的说法，“由于分有也被称作理性”，因为它“服从理性”。[①] 另外一些人则用被动理智这个名称来称呼思想能力（virtus cogitativa），思想能力也被称作“特殊理性（ratio particularis）”。在每一种情况下，被动都可以在头两种意义上，就这种所谓的理智乃身体器官的活动而言，加以理解。但是，那种潜在地是可理解的事物的，并且由于这个理由亚里士多德称之为“可能理智”的理智，[②]并不是被动的，除非在第三种意义上才是如此。因为它并不是身体器官的一种活动。因此，它是不可朽坏的。

答异议理据 3：如果主动和被动相关于同一件事物，活动主体就比活动对象高贵，但是，如果它们相关于不同的事物，那就不会始终如此了。因此，理智对于整个普遍存在来说就是一种被动能力，而植物能力对于某件特殊的事物，即作为同灵魂联合在一起的身体来说，则是能动的。所以，没有什么事物能够阻止这样一种被

① 亚里士多德：《伦理学》，Ⅰ，13，1102b25。

② 亚里士多德：《论灵魂》，Ⅲ，4，429a22。

动能力比这样一种能动能力更为高贵些。

第 3 条 是否存在有能动理智?

现在我们着手讨论第 3 条。

异议:似乎不存在什么能动理智(intellectum agentem)。

482a 理据 1:因为正如感觉相关于可感觉的事物一样,我们的理智也同样相关于可理解的事物。但是,由于感觉相对于可感觉的事物来说是处于潜在状态的,感觉就不能够被说成是能动的,而只能说是被动的。所以,既然我们的理智相对于可理解的事物来说是处于潜在状态的,那我们似乎也就不能够说理智是能动的,而只能够说理智是被动的。

理据 2:再者,如果我们说,在感觉中存在有一些如光一类的能动的事物,但事情却正好相反,因为视觉是需要光的,因为正是光使得媒体成为现实的发光体,因为颜色是按照它自己的本性来推动发光的媒体的。但是,在理智的运作中,根本不存在什么必须达到现实的媒体。所以,根本没有能动理智存在的任何必要性。

理据 3:还有,能动理智的类似物是按照活动对象的样式进入活动对象之中的。但是,可能理智是一种非物质的能力。所以,它的非物质性就足以使形式非物质地进入它里面。这样,一个形式就由于它是非物质的而成为现实地可理解的。所以,根本无需设定一个能动理智来使这一种相成为现实地可理解的。

但是,从另一个方面看,哲学家在《论灵魂》第 3 卷中却说过:"正如在每一种本性中一样,在灵魂中也存在有某种它藉以变成一切事物的东西，以及某种它藉以制造一切事物的东西。”[①]所以，我们必须承认有一种能动理智。

我的回答是：虽然按照柏拉图的意见，为了使事物成为现实地可理解的，根本没有必要存在一种能动理智，但是，为了把理智之光提供给理智，能动理智或许是必要的，对此我们将作出进一步的解释（问题 79 第 4 条；问题 84 第 6 条）。因为柏拉图设定（问题 6 第 4 条），自然事物的形式没有质料也可以独立存在，从而它们也就是可理解的。因为一件事物既然是非质料的也就是现实地可理解的。他把这样的形式称作“种相”(species)或“理念”(ideas)。他说，甚至有形物质也是由于分有这些“种相”或“理念”才得以形成，从而个体事物也就可以按照它们的属相或种相而自然地制造出来，[②]而我们的理智也可以通过这样的分有而形成，从而具有关于这些事物的属相和种相的知识（问题 84 第 1、4 条）。但是，既然亚 482b
里士多德并不允许自然事物的形式离开质料而独立存在，[③]而且既然寓于质料之中的形式并不是现实地可理解的，那就可以得出结论说：我们所理解的感性事物的本性或形式并不是现实地可理解的。然而，除非藉某种现实的东西，就没有什么东西能够从潜在转化成现实；正如感觉须藉现实可感觉的东西而成为现实的一样。所以，我们必须在理智方面指派某种能力，通过从物质条件抽象出种相来使事物成为现实地可理解的。由此也就产生了设定能动理智的必要性。

① 亚里士多德：《论灵魂》，Ⅲ，5，430a10。

② 参阅亚里士多德：《形而上学》，Ⅰ，9，991b3；柏拉图：《斐多篇》，100D。也请参阅本集问题 15 第 3 条。

③ 参阅亚里士多德：《形而上学》，Ⅲ，4，999b18；Ⅷ，3，1043b19。

答异议理据1:感性事物是在灵魂之外现实地被发现的,因此,能动感觉根本没有存在的必要。这样,事情就很清楚,在营养部分,所有的能力都是能动的,而在感觉部分,所有的能力都是被动的。但是,在理智部分,则一些能力是能动的,一些能力是被动的。

答异议理据2:关于光的效用,存在着两种意见。一些人说:为了使颜色能够现实地被看到,光便为视觉所需要。而且,由于这一点,能动理智,便以与光为视觉所需要的同样的方式和同样的理由,为理解活动所需要。但是,另外一些人则认为:光之所以为视觉所需要,"并不是为了使颜色能够被现实地看到,而是为了使媒体能够现实地发光",评注家在《〈论灵魂〉注》第2卷中就是这么说的。根据这种意见,亚里士多德关于能动理智同光的比较在这里就得到了证实:正如能动理智为理解活动所需要一样,光也为视觉所需要;但是,其理由却是不一样的。[①]

答异议理据3:如果能动理智事先存在,它的类似物也就会由于各种不同事物的性向而完全有理由以各种不同的方式接受进这些事物之中。但是,如果能动理智并不是事先存在的,接受者的性向同这个问题就毫无关系。然而,在现实中可理解的事物并不就是在自然中存在的事物,除非我们考察的是感觉事物的本性,因为
483a 这种本性离开质料是不可能独立存在的。所以,为了理解它们,可能理智的非物质的本性就足以保证能动理智的存在,因为正是能动理智藉着抽象使事物成为现实地可理解的。

① 亚里士多德:《论灵魂》,Ⅲ,5,430a15。

第4条　能动理智是否是灵魂中的某种东西?

现在我们着手讨论第4条。

异议:能动理智似乎并不是灵魂中的某种东西。

理据1:因为能动理智的效用就在于为了达到理解的目的而提供光照(illuminare)。但是,这种事情就是由某种比灵魂更高等级的事物实施的;因为按照《约翰福音》第1章第9节中的说法:"那光是真光,照亮一切生在世上的人。"所以,能动理智并不是灵魂中的某种东西。

理据2:再者,哲学家在《论灵魂》第3卷中说到能动理智时曾经指出:"它并不是有时理解有时又不理解的。"[①]但是,我们的灵魂却并不总是在理解的:它有时理解,有时又不理解。所以,能动理智并不是我们灵魂中的某种东西。

理据3:再者,能动主体(agens)与受动对象(patiens)便足以保证活动了。所以,如果作为被动能力的可能理智是某种属于灵魂的东西,而作为能动能力的能动理智也是如此,那就可以得出结论说:人,只要他愿意,就始终能够理解,但这显然是荒谬的。所以,能动理智并不是我们灵魂中的某种东西。

理据4:再者,哲学家在《论灵魂》第3卷中说过:"能动理智是一种现实存在的实体。"[②]但是,没有什么东西能够既潜在又现实地相关于同一件事物。所以,如果潜在地相关于所有可理解事物

① 亚里士多德:《论灵魂》,Ⅲ,5,430a22。

② 同上书,Ⅲ,5,430a18。

483b 的可能理智是灵魂中的某种东西的话，则能动理智也是我们灵魂中的某种东西似乎就不可能了。

理据5：还有，如果能动理智是某种灵魂中的东西的话，它就必定是一种能力。它既不是一种情感(passio)，也不是一种习性，因为习性和情感作为灵魂的受动性是不可能存在于能动主体的本性之中的；而毋宁说情感是被动能力的活动本身，而习性则是某种由活动产生出来的东西。但是，每一种能力都是从灵魂的本质中流溢出来的。所以，我们由此可以得出结论说：能动理智是从灵魂的本质流溢出来的。因此，它不可能通过分有某种更高级的理智而存在于灵魂之中，因为这是不合适的。所以，能动理智并不是灵魂中的某种东西。

但是，从另一个方面看，哲学家在《论灵魂》第3卷中却说过：这些差异，即可能理智和能动理智，存在于灵魂之中是必要的。[①]

我的回答是：哲学家所讲的能动理智是某种存在于灵魂中的东西。为了把这一点讲清楚，我们必须看到：在人的理智灵魂之上，我们必须设定一个更为高级的理智，灵魂就是从这种理智那里获得理解能力的。因为凡是这样被分有的东西，凡是变化的东西，凡是不完满的东西，都始终需要某种本质上如此这般的不可推动的和完满的东西的事先存在。然而，人的灵魂乃是由于分有了理智能力而被称作理智的，有关的一个重要征兆便在于它非整个是理智的，而仅仅部分是理智的。再者，它是借助证明，运用一种推理和运动，来达到对真理的理解的。而且，它的理解活动是不完满

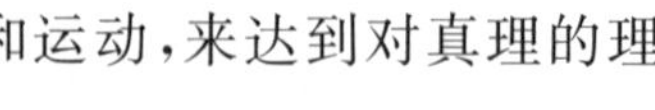

① 亚里士多德：《论灵魂》，Ⅲ，5，430a13。

的，这一方面是因为它并不能理解每一件事物，另一方面还因为在那些它所理解的事物中，它是从潜在达到现实的。所以，必定存在有一种更为高级的理智，借助于这种理智，灵魂才得以理解。

所以，一些人认为：这种实质上独立的理智，其实也就是能动理 484a
智，这种能动理智似乎可以说是藉照亮心像而使它们成为现实地可理解的。但是，即使设定了这样一种独立的能动理智存在，那也依然有必要把某种分有那种高级理智的能力指派给人的灵魂，因为人的灵魂就是凭借这种能力使事物成为现实地可理解的。正如在别的完满的自然事物中，除了这种普遍的能动原因外，每一种都获得它的源自普遍原因的专门的能力。因为单靠太阳并不能生育出人，生育人的能力就存在于人的身上，其他完满的动物也同样如此。然而，在那些比较低级的事物中间，是没有什么东西比人的灵魂更完满的了。所以，我们必须说：在灵魂中，一些能力是来自一种更为高级的理智的，而灵魂也正是凭借这种能力才得以照亮这些心像的。

我们是通过经验认识到这一点的，因为我们知觉到我们是从一些特殊的条件中抽象出普遍的形式的，而且正是这一点才使得它们成为可理解的。然而，除非通过形式地内在于其中的某种原则，便没有任何活动能够属于任何一件事物；这一点我们在前面在讨论被动理智的时候便已经说过了（问题 76 第 1 条）。所以，作为这种活动的原则的能力必定是灵魂中的某种东西。由于这个理由，亚里士多德便把能动理智比作光，光是某种进入空气中的东西；[①]而柏拉图，按照特米斯提在他的《〈论灵魂〉卷三注》中所说，

① 亚里士多德：《论灵魂》，Ⅲ，5，430a15。

则把这种独立的铭刻在灵魂上的理智比作太阳。[①]

但是，这种独立的理智，按照我们的信仰学说(fidei documenta)，即是上帝本身，他是灵魂的造主，并且是唯一的幸福(solo beatificatur)，这一点将在后面予以说明(问题 90 第 3 条；I—II，问题 3 第 7 条)。《诗篇》第 4 篇第 6 节在谈到这种理智时曾经说道："上帝啊！，求你仰起脸来光照我们。"按照这一说法，人的灵魂也是从上帝那里获得它的理智之光的。

答异议理据 1：真正的光是作为普遍的原因照亮的。而人的灵魂，如我们曾经解释过的，就是由此获得其特殊能力的。

484b 答异议理据 2：哲学家所说的那些话并不是关于能动理智的，而是关于处于现实状态的理智的，对此，他曾经说过："现实的知识与事物是一回事。"[②]否则，如果用这些话来谈论能动理智，那么，它们之所以被说到，乃是因为我们有时理解有时又不理解这种情况并不是由于能动理智的缘故，而是因为处于潜在状态的理智的缘故。

答异议理据 3：如果能动理智同可能理智(intellectum possibilem)的关系是活动对象同能力的关系，就像现实的可见对象同视力的关系一样，那就会得出结论说：我们在瞬间就能理解所有的事物，因为能动理智正是使所有事物处于现实状态的东西。但是，能动理智同对象并不一样，而毋宁说它是那种对象藉以处于现实状态的东西，为此，除能动理智存在外，我们还需要心像(phantasmatum)的存在，感觉能力的适当的性向，以及这类运作的实

① 柏拉图：《理想国》，508A—509A。

② 亚里士多德：《论灵魂》，Ⅲ，5，430a19。

施，因为通过一件被理解了的事物，别的事物也就能够得到理解，就像由诸多词项形成诸多命题，由第一原则得出诸多结论一样。从这种观点看问题，它就同能动理智究竟是某种属于灵魂的东西还是某种独立于灵魂的东西没有什么关系了。

答异议理据4：理智灵魂虽然实际上是非物质的，但是，它却处于达到确定种相的潜在状态之中。另一方面，却正好相反，心像虽然是一定种相的现实的类似物，但却潜在地是非物质的。所以，没有什么东西能够阻止同一个灵魂，就它实际上是非物质的而言，具有一种能力，它凭借着这种能力通过对个体物质条件的抽象使事物成为现实地非物质的，这种能力即被称作能动理智。而另一种能力，接受这样的种相，由于它处于达到这样的种相的潜在状态之中而被称作可能理智。

答异议理据5：既然灵魂的本质是非物质的，是由至上的理智创造的，那就没有什么东西能够阻止这种来自至上理智的能力，并且藉此从质料中抽象出来，像灵魂的其他能力一样，从灵魂的本质中流溢出来。

第5条 能动理智是否在所有的人身上都是一个？ 485a

现在我们着手讨论第5条。

异议：在所有的人身上(in omnibus)，似乎只存在有一个能动理智(intellectus agens)。

理据1：因为凡是独立于形体的东西都不会随着形体的数目

而增加。但是，按照哲学家在《论灵魂》第3卷中的说法，“能动理智是独立的。”[①]所以，它并不会因为存在于许多人的身体之中而有所增加，从而在所有的人身上都是一个。

理据2：再者，能动理智乃作为多中之一的普遍事物的原因。但是，作为统一性原因的东西其自身就更其是一了。所以，能动理智在所有的人身上都是同一个。

理据3：还有，所有的人在第一理智概念（primis conceptionibus intellectus）方面都是一致的。但是，他们是藉着能动理智而一致的。所以，所有的人在一个能动理智方面是一致的。

但是，从另一个方面看，哲学家在《论灵魂》第3卷中却说过：“能动理智和光是一样的。”[②]但是，光在被照亮的各种不同的事物中并不是同一个。所以，存在于各种不同的人身上的并不是同一个能动理智。

我的回答是：关于这个问题的真理依赖于我们已经说过的道理（问题79第4条）。因为如果能动理智不是某种属于灵魂的东西，而是某种独立的实体，那所有的人也就会有一个能动理智了。这也就是那些认为所有的人只有一个能动理智的人们所意指的观点（问题79第4条）。但是，如果能动理智是某种属于灵魂的东西，是它的一种能力，那我们就必须说：有多少个灵魂也就有多少个能动理智，至于它们的数目，则如上所述（问题76第2条），是随着人的数目的增加而增加的。因为同一个能力属于各种不同的实体是不可能的。

① 亚里士多德：《论灵魂》，Ⅲ，5，430a17。

② 同上书，Ⅲ，430a15。

答异议理据 1：哲学家证明说，既然可能理智是独立的，能动理智也就是独立的；因为，如他所说，“能动的东西比受动的东西高 485b
贵。”[①]然而，可能的理智是由于它不是任何身体器官的现实而被说成是独立的。能动理智是在同样的意义上被称作独立的，而不是作为一种独立的实体独立的。

答异议理据 2：能动理智通过对质料的抽象而成为普遍事物的原因。然而，为了达成这一目的，它在所有理智存在者中是无需成为同一个理智的；但是，在它同所有那些它从中抽象出普遍事物的事物的关系中，它却必定是一个，因为关于这些事物的普遍事物只有一个。而且，既然它是非物质的，这也就适合于能动理智。

答异议理据 3：所有属于一个种相的事物都共同享有伴随着该种相的本性的活动，从而也分享作为这种活动的原则的能力，但是却不是以那种能力在所有的事物中都是同一个的方式分享的。然而，认识第一可理解的原则是一种属于整个人类的活动。所以，所有的人都必定共同分享那种作为这种活动的原则的能力，而这种能力便正是能动理智。但是，它却没有必要在所有的人身上都是同一个。尽管，对于所有的人来说，它必定是起源于同一项原则。因此，所有的人公共具有第一原则虽然证实了柏拉图比作太阳的独立理智的单一性，但是，却没有证实亚里士多德比作光的能动理智的单一性(unitatem intellectus agentis)。

① 亚里士多德：《论灵魂》，Ⅲ，5，430a18。

第 6 条　记忆是否存在于灵魂的理智部分?

现在我们着手讨论第 6 条。

异议:记忆(memoria)似乎并不存在于灵魂的理智部分。

理据 1:因为奥古斯丁在《论三位一体》第 12 卷中说过:那些
486a “对于人和对于禽兽并非共同的”事物属于灵魂的更为高级的部分。但是,记忆对于人和对于禽兽却是共同的,因为奥古斯丁在同一部著作中说过:“禽兽也能够通过身体的感官感觉到有形的事物,并使它们得以记忆。”所以,记忆并不属于灵魂的理智部分。

理据 2:再者,记忆相关的是过去的事情(praeteritorum)。但“过去的”则被说成是某种关乎一个固定时间的事物。所以,记忆是在一个固定时间的条件下认识事物的,而这也就包括了“此时此地”条件下的知识。但是,这并不属于理智的领域,而是属于感觉的领域。所以,记忆不是存在于理智部分之中,而是仅仅存在于感觉部分之中的。

理据 3:还有,我们现在并不在现实地思考的那些事物的种相被保存在记忆之中。但是,这种情况是不可能发生在理智之中的,因为理智是通过获悉可理解的种相而转化为现实的。然而,现实的理智即蕴涵有现实的理解活动,并且理智因此就现实地理解着它对之具有种相的所有的事物。所以,记忆并不存在于理智部分之中。

但是,从另一个方面看,奥古斯丁在《论三位一体》第 10 卷中却说过:“记忆、理解和意志是一个心灵。”

我的回答是:既然保存关于那些现在并不现实领悟的事物的

种相，乃记忆的本性，我们首先就必须考察这种可理解的种相是否能够因此而被保存在理智之中，因为阿维森纳在《论灵魂》第 5 卷第 6 章中认为这是不可能的。他承认：这在感觉部分，就某些能力而言，是能够发生的，因为它们是身体器官的活动，一些种相离开了现实的领悟也是可以保存在它们之中的。但是，在理智之中，由于没有身体器官，除了可理解的东西外，便没有什么事物能够存在。从而，其类似物存在于理智之中的每一件事物都必定是现实地得到理解的。所以，按照他的观点，一旦我们不再现实地理解某件事物，这件事物的种相也就不再存在于我们的理智之中；而且，如果我们希望重新理解那件事物，则为了使可理解的种相再次流进我们的可能理智中，我们就必须回到能动理智上来，而这种能动理智在他看来是一种独立实体。而且，按照他的观点，由这种回到能动理智的实践和习性，在可能理智中就形成了一定的回归能动 486b
理智的倾向；他将这种倾向称作知识习性（habitum scientiae）。因此，按照这种假设，就没有什么不被现实理解的东西被保存在理智部分之中，故而，承认记忆存在于理智部分之中是不可能的。

但是，这种意见显然是同亚里士多德的意见相对立的。因为亚里士多德在《论灵魂》第 3 卷中说过："当可能理智（intellectus possibilis）等同于每一件它在认识的事物的时候，它就被说成是处于现实状态，而这是在它能够自行运作的情况下发生的。而且，即使在这种情况下，它虽然处于潜在状态，但是其存在方式却与先前学习活动与发现活动的方式不同。"[①]而可能理智，则是就它接受

① 亚里士多德：《论灵魂》，Ⅲ，4，429b5。

每一件事物的可理解的种相而言，被说成是每一件事物的。所以，可能理智，虽然当其意愿时它就能够运作，但是它却不能够始终这样运作，这种情况当归因于它接受可理解事物的种相这样一个事实。因为甚至在这个时候它在一定意义上也处于潜在状态，虽然其存在方式与理解活动实现之前不同，也就是说，就凡是具有习性知识的人都处于达到现实考察的潜在状态之中这个意义而言，它也是处于潜在状态之下的。

上述意见也是反乎理性的。因为凡是进入某种事物之中的东西都是按照领受者的样式被接受的。但是，理智比有形物质具有更其稳定的本性，更其不可变动。所以，如果有形物质，不仅当它通过它们成就某种事物的时候，而且在不再通过它们而活动之后，都能够持守它所接受的形式的话，那理智就更其能够持久不变地接受这一种相了，无论它是从感觉事物接受它们的，还是从某种高级理智获得它们的，都是一样。所以，如果我们把记忆仅仅看作是保存种相的能力，我们就必须说它是存在于理智部分的。

但是，如果在记忆的概念中，我们把它的对象作为某种过去了的事物包括了进来，那么，这种记忆也就不是存在于理智部分之中，而仅仅存在于感觉部分之中，因为感觉部分是领悟个体事物的。因为过去，作为过去，既然它所表示的是处于一个固定时间条件下的存在，那也就是某种个体事物了。

答异议理据1：记忆，如果被视为保存种相的话，则它对于我们和其他动物就不是共同的了。种相并不仅仅存留在灵魂的感觉部分，而毋宁说存留在身体以及与之结合在一起的灵魂之中，因为
487a 记忆能力是某种器官的活动。但是，理智本身却是种相的持存者，

无需同任何身体器官相结合。所以，哲学家在《论灵魂》第 3 卷中说："灵魂，不是整个灵魂，而是理智，乃种相的所在。"①

答异议理据 2：过去的条件可能关涉到两件事物，这就是被认识对象与认识活动。这两样东西都可以在感觉部分找到，感觉部分能够从它之为一个当下的感觉事物所改变这个事实领悟一些事物。所以，一个动物同时记得他在过去之前就曾经感觉过，并且记得他曾经感觉到一些过去了的感性事物。但是，就理智部分而言，过去的东西是偶然的，其本身并不构成理智对象的一个部分。因为理智所理解的是作为人的人。而对于作为人的人来说，他之在现在、过去或将来的存在则是一件偶然的事情。就活动方面而言，过去的条件，甚至其本身，都可以理解为不仅存在于感觉中，而且也存在于理智中。因为，我们灵魂的理解活动是一种个体活动，就一个人被说成是现在理解、昨天理解，或明天理解而言，是存在于这个或那个时间之中的。而这同理智的本性也并非不兼容，因为这样一种理解活动，虽然涉及到个体事物，但却是一种非物质的活动，这一点我们在前面讨论理智时就已经说到了（问题 76 第 1 条）。所以，正如理智虽然其本身是一种个体理智，但却理解其本身一样，它也理解它的理解活动，而这种活动也是一种个体活动，存在于过去、现在或将来之中。这样，记忆概念，就它关涉到过去的事件以及就它理解它先前曾经理解过而言，是被保留在理智之中的；但这并不是在它把过去的事物理解为一些存在于此时此地的事物这个意义上讲的。

① 亚里士多德：《论灵魂》，Ⅲ，4，429a27。

答异议理据 3:可理解的种相有时仅仅潜在地存在于理智之中,这种理智因此便被说成是处于潜在状态。有时可理解的种相是作为活动的终极完成而存在于理智之中的,这时它就在现实地理解着。而有时可理解的种相处于潜在与现实的中间状态,这时,我们就获得了习性的知识。这样,理智即使在它并不现实地理解的时候,也保留着种相。

487b 第 7 条　理智的记忆是否是一种区别于理智的能力?

现在我们着手讨论第 7 条。

异议:理智的记忆(memoria intellectiva)似乎区别于理智。

理据 1:因为奥古斯丁在《论三位一体》第 10 卷第 11 章中是把记忆、理解和意志指派给灵魂的。但是,记忆显然是一种区别于意志的能力。所以,它也区别于理智。

理据 2:再者,感觉部分诸能力之间藉以区别的理由与理智部分是一样的。但是,感觉部分的记忆是区别于感觉的,这一点我们已经说过(问题 78 第 4 条)。所以,理智部分之中的记忆也是不同于理智的。

理据 3:还有,按照奥古斯丁在《论三位一体》第 10 卷第 11 章中的观点,记忆、理解和意志是相等的,而且一个是从另一个产生出来的。但是,如果记忆和理智是同一种能力的话,事情就不可能如此了。所以,它们并不是同一种能力。

但是,从另一个方面看,记忆,就其本性而言,无非是种相的仓库或宝库。但是，如上所述（第 6 条答异议理据 1），哲学家在《论灵魂》第 3 卷中却把这种功能归于理智。[①] 所以，记忆并不是区别于理智的另一种能力。

我的回答是：如上所述（问题 77 第 3 条），灵魂的各种能力是由于它们对象形式方面的不同而相互区别的，因为每一种能力都是根据它所指向的并且作为它的对象的事物加以界定的。如上所述（问题 59 第 4 条），如果任何能力是凭借它的本性按照对象的公共本性（communem rationem obiecti）指向一个对象的，则这一能力就不会由于这个对象的个体差异而不同。正如视觉能力，既然它是在颜色的共同本性方面关乎它的对象的，便不会因为黑白的差异而不同。这样，理智也就是在存在的共同本性方面关乎它的对象的，因为所谓可能理智就是那种一切在其中都处于潜在状态 488a
的东西。所以，可能理智就不会因为存在的任何差异而有所不同。但是，在能动理智和可能理智之间也有一种区别，因为虽然它们都关乎同样的对象，但是使对象现实存在的能动的能力必定区别于那种由现实存在的对象推动的被动的能力的。这样，能动的能力同它的对象的关系，就如一种现实存在同一种潜在存在的关系一样，反之，被动的能力同它的对象的关系则同一种潜在的存在同一种现实的存在的关系一样。

所以，在理智的诸多能力之间是不可能存在任何别的差异的，而只能是那种存在于“可能的”与“能动的”之间的差异。从而，记忆显然不是一种区别于理智的能力，因为它属于那种不仅接受而

① 亚里士多德：《论灵魂》，Ⅲ，4，429a27。

且还持存的被动能力的本性。

答异议理据1:虽然彼得·隆巴迪在《箴言四书》第1部第3卷中说过:记忆、理智和意志是三种能力,但是,这不符合奥古斯丁的思想;因为奥古斯丁在《论三位一体》第14卷第7章中明确说过:“如果我们认为记忆、理智和意志始终存在于灵魂中,无论我们是否现实地反思它们都是如此,那它们就似乎仅仅属于记忆。所谓理智,我的意思是指我们当现实地思想的时候就是在凭借它来进行理解的;所谓意志,我所意指的是把孩子和他的父母联系在一起的那种爱或情感。”由此看来,奥古斯丁并不是把上述三种东西视为三种能力,而是认为他是凭借记忆来理解灵魂的保存习性,凭借理智来理解理智活动,凭借意志来理解意志活动的。

答异议理据2:过去和现在,由于上述理由,可能会使感觉能力有所不同,但是却不能够使理智能力有所不同。

答异议理据3:理智是由记忆产生出来的,正如活动是由习性产生出来的一样。这样一来,理智和记忆也就等同了,但是却不是一种能力同一种能力的那种等同。

488b 第8条　理性是否是一种区别于理智的能力?

现在我们着手讨论第8条。

异议:理性(ratio)似乎是一种区别于理智的能力。

理据1:因为《论精神与灵魂》第11章中曾经说过:“当我们希望从低级事物达到高级事物的时候,首先是感觉来帮助我们,接着是想象,然后是理性,再后是理智。”所以,理性是区别于理智的,正如想象区别于感觉一样。

理据 2：再者，波爱修在《哲学的慰藉》第 4 卷第 6 章中说过：理智同理性的关系，一如永恒同时间的关系。但是，既存在于永恒中，又存在于时间之中，这一点是不适合于同一种能力的。所以，理性和理智并不是同一种能力。

理据 3：还有，人在具有理智方面与天使是共同的，在具有感觉方面与禽兽是共同的。但是，既然理性为人所特有，人就因此而被称作理性动物，而理性也就是一种区别于感觉的能力。所以，既然理智是特别地属于天使的，则说理性区别于理智，也就是同样真实的了，而且，他们也正因为如此而被称作理智的。

但是，从另一个方面看，奥古斯丁在《〈创世记〉文字注》第 3 卷第 20 章中却说过："人超越禽兽的地方在于理性，或心灵、理解或无论什么样的我们喜欢称呼的名称。"所以，理性、理智或心灵乃一种能力。

我的回答是：理性和理智，在人身上，不可能是不同的能力。如果我们考察了它们各自的活动，我们对此就能有一个非常清楚的理解。因为理解简单说来就是去领悟可理解的真理。而所谓推理(ratiocinari)就是从一件所理解的事物进展到另一件所理解的事物，直至认识一条可理解的真理。所以，按照其本性，对可理解的真理具有完满知识的天使，是无需从一件事物进展到另一件事 489a
物的，而是如狄奥尼修斯在《论神的名称》第 7 章第 2 节中所说的，根本无需任何思想上的推理而直接领悟真理。但是，人是需要从一件事物进展到另一件事物而达到对可理解真理的知识的，所以，他被称作理性的。所以，推理之对照于理解，恰如运动之对照于静止，或者获得之对照于具有一样，其中一件属于完满的事物，另一件则属于不完满的事物。而且，既然运动总是从某种不可变动的东西出发，并且终止于某种处于静止状态的东西，因此，人的推理活动，为了探究和发现，便须从一些完全理解了的事物，即第一原则出发；而为了判断，也需要通过分析回到第一原则上来，因为它是依据第一原则来考察它所发现的东西的。静止和运动所关涉的并不是不同的能力，而是同一种能力，甚至在自然事物中也是如此；因为一件事物是藉着同一种本性被推向一定位置，并且在那个地方静止不动的。从而，我们便更其是藉着同一种能力来理解和推理的。所以，在人身上，理性和理智显然是同一种能力。

答异议理据 1：这种列举是按照活动的次序，而不是按照能力的区别来进行的。再说，《论精神与灵魂》这本书也没有什么权威。

答异议理据 2：从我们已经说过的东西来看，这个理据的答案是显而易见的。因为永恒之对照于时间，恰如不可变动的对照于可以变动的。因此，波爱修把理智比作永恒，而把理性比作时间。

答异议理据 3：别的动物是如此的低于人，以致它们不可能达到理性寻求的真理知识。但是，人却是可以达到天使认识的那种可理解的真理的，尽管人的认识不够完满。所以，知识的能力在天使中和人的理性中并不分属不同的属相，前者同后者的关系是一种完满事物同不完满事物的关系。

489b

第 9 条　高级理性和低级理性是否是不同的能力？

现在我们着手讨论第 9 条。

异议：高级理性（ratio superior）和低级理性（ratio inferior）似乎是不同的能力。

理据 1：因为奥古斯丁在《论三位一体》第 12 卷第 4 章中说过：三位一体的肖像存在于理性的高级部分，而不是存在于其低级部分。但是，灵魂的各个部分即是它的能力。所以，高级理性和低级理性是两种能力。

理据 2：再者，没有什么事物是从它自身产生出来的。这样，低级理性就是从高级理性产生出来的，并且是受制于高级理性且受其指导的。所以，高级理性是区别于低级理性的另一种能力。

理据 3：再者，哲学家在《伦理学》第 6 卷中说过：灵魂的“科学部分”是区别于它的“意见部分”和“推理部分”的，前者是灵魂借以认识必然事物的原则和部分，而后者则是它藉以认识偶然事物的原则和部分。而且他还由下面一项原则证明了这一点，这就是：“为了认识那些在属相上不同的事物，便指派了灵魂的在属相上不同的部分（altera genere particula animae）。”[①]因为，“偶然的”和“必然的”在属相上是不同的，就像“可朽坏的”与“不可朽坏的”在属相上是不同的一样。所以，既然必然的与永恒的是一回事，存在于时间中的与偶然的是一回事，则哲学家称之为“科学”部分的东西也就必定与高级理性是一回事，而高级理性，按照奥古斯丁在《论三位一体》第 12 卷第 7 章中的说法，则是旨在“默思和揣摩永恒事物”的。而哲学家称作“推理”和“意见”部分的东西则与低级理性是一回事，而低级理性，按照奥古斯丁的说法，则是旨在处理

① 亚里士多德：《伦理学》，Ⅵ，1，1139a6。

暂时事物的。所以,高级理性是不同于低级理性的另一种理性。

理据 4:还有,大马士革的约翰在《论正统信仰》第 2 卷第 22 章中说过:“意见是由想象产生出来的,而心灵则是通过判断意见的
490a 真理或谬误来识别真理的;因此,心灵(mens)是来源于测度(metiendo)的。从而,理智关涉的是那些已经经过判断和真正决断的东西。”所以,这种作为低级理性的意见能力是区别于心灵和理智的,而我们则可以把心灵和理智理解为高级理性。

但是,从另一个方面看,奥古斯丁在《论三位一体》第 12 卷第 4 章中却说过:高级理性和低级理性仅仅在它们的职责(officia)方面才有所区别。所以,它们并不是两种能力。

我的回答是:高级理性和低级理性,当它们如奥古斯丁所理解的那样的时候,是绝不可能成为灵魂的两种能力的。奥古斯丁说过:高级理性是那种“旨在默思和揣摩永恒事物的”,因为高级理性在默思中是在它们自身之中看到它们的,在揣摩中它是从它们那里获得它的活动规则的。但是,他把那种“旨在处理暂时事物的东西”称作低级理性。因此,这样两种东西,即永恒的和暂时的就以这样的方式相关于我们的知识的:它们中的一个构成认识另一个的工具。因为借助于发现,按照使徒在《罗马书》第 1 章第 20 节中的说法:“天主的事物,虽然眼不能见,但却可凭他所造的万物,辨认洞察出来”,我们就能够通过对暂时事物的知识而达到对永恒事物的知识。而借助于判断,我们就能够从已经认识的永恒事物来识别暂时的事物,而且,我们也是依据永恒事物的规则来处理暂时事物的。

但是,媒介以及藉以达到的东西是很可能属于不同的习性的,

因为不可推证的第一原则属于理智习性，而我们从中得出的结论则属于科学习性。所以，我们从几何学原则也可以得出另一门科学（例如透视学）的结论。但是，理性的能力是媒介和所达到的结果都从属于它的一种能力。因为理性活动似乎可以说是一种从一件事物达到另一件事物的运动。但是，这同一个运动的事物是通过媒介达到目的。因此，高级理性和低级理性就是同一种能力。但是，按照奥古斯丁的说法，它们是按照它们活动的各种功能并且是依据它们的各种不同的习性而区别开来的，因为智慧(sapientia)被归因于高级理性，而科学(scientia)则被归因于低级 490b
理性。

答异议理据 1：在一件以无论什么样的方式被分割的事物中，我们是可以讲到部分的。就理性根据它的各种不同的活动被分割而言，高级理性和低级理性是可以被称作部分的。但是，这却不是因为它们是不同的能力。

答异议理据 2：低级理性被说成是从高级理性中流溢出来的，或者说是受它支配的，这是就低级理性所利用的原则是从高级理性的原则得出来，并且为后者所指导而言的。

答异议理据 3：哲学家讲到的科学部分与高级理性并不是一回事，因为必然真理甚至在暂时的事物之间也能够找到，自然科学和数学也就是处理它们的。而“意见”的和“推理”的部分比低级理性受到更多的限制，因为它们只同偶然的事物相关。我们绝对不能够毫无限制地说：理智藉以认识必然事物的能力区别于它藉以认识偶然事物的能力，因为它是在同样的对象方面，即都是在存在和真理方面认识两者的。这样，它就完满地认识必然的事物，而必然的事物在真理方面是具有完满的存在的，因为它能洞察它们的本质，而它也正是由此本质而演绎出它们特有的偶性的。另一方面，它虽然认识偶然事物，但却是不完满的，正如它们只具有不完满的存在和真理一样。这样，在活动中完满的和不完满的便都不会改变能力，它们只是从活动样式方面改变着活动，从而也改变着活动和习性的原则本身。所以，哲学家就设定了灵魂的两个更小的部分，这就是科学的部分和推理的部分，这不是因为它们是两种能力，而是因为它们接受各种不同习性的倾向的不同而相区别，而他对这种变化或多样性是做了探究的。因为偶然的和必然的，虽然就它们的特有的属相而言是不同的，但在存在的共同本性方面(communi ratione entis)却是一致的，存在的共同本性正是理智的对象，而它们也正是在与存在的共同本性方面的对照中被说成是完满的与不完满的。

491a 答异议理据4:大马士革的约翰所提供的区别是就活动的多样性而言的，而不是就能力的多样性而言的。因为意见所表示的是理智的一种倾向于矛盾着的事物的一个方面的活动，虽然也担心另一个方面的活动。但是，判断或测度(mensurare)却是理智运用确定的原则来考察命题的一种活动。心灵(mentis)这个词也就是由此获得它的意义的。最后，理解也就是持守所认可的业已形成的判断。

第10条　灵智是否是一种区别于理智的能力?

现在我们着手讨论第10条。

异议：灵智(intelligentia)似乎是区别于理智的另一种能力。

理据 1：因为我们在《论精神和灵魂》第 11 章中读道："当我们从低级事物出发达到高级事物的时候，首先是感觉来帮助我们，接着是想象，然后是理性，尔后是理智，再后是灵智。"但是，想象和感觉是不同的能力。所以，理智和灵智也是不同的能力。

理据 2：再者，波爱修在《哲学的慰藉》第 5 卷第 4 章中说过："感觉以一种方式考察人，想象以另一种方式考察人，理性以另一种方式考察人，灵智也以另一种方式考察人。"但是，理性与理智是同一种能力。所以，灵智似乎就是一种区别于理智的能力，正如理性是一种区别于想象或感觉的能力一样。

理据 3：还有，一如哲学家在《论灵魂》第 2 卷中所说，"活动是先于能力而到来的。"[①]但是，灵智是一种独立于别的那些归因于理智的活动的活动。因为大马士革的约翰在《论正统信仰》第 2 卷第 22 章中说过："第一运动被称作灵智；但是，关于一定事物的灵智则被称作意念(intentio)；那些持续存在的并且使灵魂同所理解的事物相一致的东西则被称作发明或思虑(excogitatio)，而发明 491b
或思虑当它留存于同一个人身上，自行进行考察活动和判断活动的时候，便被称作智慧(phronesis)，而智慧，如果予以扩张的话，便制造了思想，也就是说，制造了有条理的内在的语言：他们说，由此也就产生了口头话语。"所以，灵智似乎是某种特殊的能力。

但是，从另一个方面看，哲学家在《论灵魂》第 3 卷中说过："灵智属于那种其中不存在任何错误的不可分割的事物。"[②]但是，关

① 亚里士多德：《论灵魂》，Ⅱ，4，415a18。

② 同上书，Ⅲ，6，430a26。

于这些事物的知识却属于理智。所以,灵智并不是一种区别于理智的能力。

我的回答是:“灵智”这个词特别表示的是理智的作为理解的活动本身。然而,在阿拉伯人的一些译著中,我们称作天使的独立的实体也被称作灵智;[①]或许由于这个原因,这样的实体便始终在现实地理解着。但是,在希腊人的译著中(参阅问题 54 第 3 条答异议理据 1),它们则被称作理智或心灵。这样,灵智之区别于理智,就不是作为能力区别于能力,而是作为活动区别于能力的。而这样一种划分甚至也为哲学家们所承认。[②] 因为有时他们指定了四种理智,即能动理智,可能理智,习性理智和现实理智。在这四种理智中,能动理智与可能理智是不同的能力,正如在所有的事物中,能动的能力不同于被动的能力一样。但是,在这四种中有三种是作为可能理智的三种状态相区别的:可能理智有时仅仅是潜在的,因此被称作可能的;有时它又存在于作为知识的第一现实中,因此它被称作习性理智;有时它又存在于作为考察的第二现实之中,因此,它又被称作现实理智或实际理智。

答异议理据 1:如果我们承认这种权威的话,灵智在那里所意指的就是理智活动。因此,它之同理智相对立,就如活动同能力相对立一样。

492a 答异议理据 2:波爱修用“灵智”意指那种超越理性活动的理

① 参阅阿维森纳:《形而上学》,Ⅹ,1;阿维洛伊:《毁灭的毁灭》,disp. 16。也请参阅迈蒙尼德:《迷途指津》,Ⅱ,6。

② 大阿尔伯特:《受造物大全》,Ⅱ,qu. 54,他把这种分类归于阿尔加扎和阿维森纳。参阅阿尔法拉比:《论理智与理智对象》(*De intellectu et intellecto*);阿维森纳:《论灵魂》,Ⅰ,5。

智活动。所以，他也说道：只有理性属于人类，就如只有灵智属于上帝一样，因为无需任何探究就能理解所有的事物这一点只有上帝才能够做到。

答异议理据 3：大马士革的约翰所枚举的所有那些活动都属于一种能力，这就是理智能力。因为首先，这种能力只能够领悟一些事物；而且这种活动也就被称作灵智。其次，它使它所领悟的东西指向关于其他一些事物的知识，或者指向某种运作；而这便被称作意向。而且，当它继续探究它所意指的东西时，它便被称作发明或默思。当它在关涉到某种确定的所认识的事物的情况下，考察它所发明或默思的东西的时候，它就被说成是在认识，或者被说成是聪慧的，而这是属于智慧的；因为，一如哲学家在《形而上学》第1卷中所说："判断是有智慧的人才适合干的事情。"[①]而一旦它由于充分考察而获得了一些确定的东西的时候，它就思索着使被认识的东西也为别人所认识的工具；而这也就是对内在语言的安排，并由此出发进而产生出外在的语言。因为并不是活动的每一种差别都能使能力多样化的，而是如我们已经说过的（问题 78 第 4 条），只有那些不能够还原成同一种原则的东西才行。

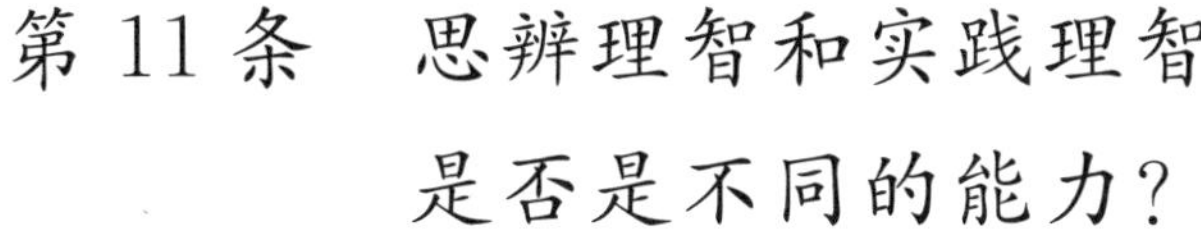

第 11 条　思辨理智和实践理智是否是不同的能力？

现在我们着手讨论第 11 条。

① 亚里士多德：《形而上学》，Ⅰ，2，982a18。

异议:思辨理智(intellectus speculativus)和实践理智(intellectus practicus)似乎是不同的能力。

理据1:因为理解能力和运动能力是不同种类的能力,这一点从《论灵魂》第2卷中看是很清楚的。[①] 但是,思辨理智只是一种理解能力,而实践理智却是一种运动能力。所以,它们是不同的能力。

理据2:再者,对象的不同的本性使能力也有所区别。但是,
492b 思辨理智的对象是真理,而实践理智的对象却是善。它们在本性上是不同的。所以,思辨理智和实践理智是不同的能力。

理据3:还有,在理智部分,实践理智对照于思辨理智,正如在感觉的部分,估计(aestimativa)能力对照于想象能力一样。但是,如上所述(问题78第4条),估计能力与想象能力的差别,是能力与能力之间的差别。所以,思辨理智也不同于实践理智。

但是,从另一个方面看,思辨理智通过扩展就变成了实践理智。[②] 但是,一种能力是不能变成另一种能力的。所以,思辨理智和实践理智并非不同的能力。

我的回答是:思辨理智和实践理智并不是不同的能力。其理由在于:如上所述(问题77第3条),对于一种能力的对象的本性为偶然的东西并不能使这种能力有所区别。因为一件着了色的事物对于成为人,或者对于变得大些或小些是偶然的;因此,所有这样的事物便为同一种视觉能力所领悟。而对于一件为理智所领悟的事物来说,它之是否指向运作就是偶然的,而思辨理智和实践理

① 亚里士多德:《论灵魂》,Ⅱ,3,414a31。

② 同上书,Ⅲ,10,433a14。

智也正是因此而不同的。因为，使它所领悟的东西不是指向运作，而是指向真理的考察的是思辨理智，而使它所领悟的东西指向运作的则是实践理智。而这也就是哲学家在《论灵魂》第 3 卷所说“思辨理智与实践理智的目的不同”的意思。因此，每一个都是由它的目的命名的：其中一个的目的在于思辨，故而被称作思辨理智，另一个的目的在于实践，亦即在于运作，故而被称作实践理智。

答异议理据 1：实践理智之为一种运动的能力，不是作为实施运动的能力，而是作为指向运动的能力；而就它的领悟的样式而言，这也是属于它的。

答异议理据 2：真理和善是相互包含的。因为真理是某种善的东西，否则它就不会成为可欲求的东西了；而善也是某种真的东西，否则它就不会成为可理解的了。所以，正如欲望的对象，既然 493a
具有善的方面，便可以是某种真的东西，例如，当某人想要认识真理的时候，事情就是如此，同样，实践理智的对象由于指向运作便是善的，并且也隶属真理的方面。因为实践理智，虽然如思辨理智一样，认识真理，但是它却使所认识的真理指向运作。

答异议理据 3：如上所述（问题 79 第 7 条答异议理据 2；问题 77 第 3 条答异议理据 3），许多并不能使理智能力有所区别的差异却能够使感觉能力有所区别。

第 12 条　智慧是否是灵魂的一种区别于其他能力的特殊能力？

现在我们着手讨论第 12 条。

异议：智慧（synderesis）似乎是一种区别于其他能力的特殊能力（specialis potentia）。

理据 1：因为那些属于一个种类的事物必定属于同一个属相。但是，在哲罗姆的《〈以西结书〉注》的一个评注中，智慧所针对的是性情暴躁、欲望和理性这样一些能力。所以，智慧是一种能力。

理据 2：再者，对立的事物往往属于同一个属相。但是，智慧与感觉欲望（sensualitas）似乎是相互对立的，因为智慧似乎始终倾向于善，而感觉欲望则始终倾向于恶；因此它是用蛇表示出来的，这一点从奥古斯丁的《论三位一体》第 12 卷第 12 章中所说的看是很清楚的。所以，智慧，正如感觉欲望一样，是一种能力。

理据 3：还有，奥古斯丁在《论自由意志》第 2 卷第 10 章中说过：在判断的自然能力中，存在着一些“美德的规则和种子，它们既是真的，又是不可改变的。”而这也就是我们称作智慧的东西。所

493b 以，既然，如奥古斯丁在《论三位一体》第 12 卷第 2 章中所说，指导我们判断的不可改变的规则属于作为它的高级部分的理性，则智慧似乎同理性也就是一回事。因此，它就也是一种能力。

但是，从另一个方面看，按照哲学家在《形而上学》第 8 卷中的观点，“理性能力是关乎对立事物的。”[①]但是，智慧却并不是关乎对立事物的，而是仅仅倾向于善。所以，智慧并不是一种能力。因为如果它是一种能力的话，它就是一种理性能力，因为它在没有理性的动物中是找不到的。

我的回答是：智慧不是一种能力而是一种习性，虽然一些人认

---

① 亚里士多德：《形而上学》，Ⅷ，2，1046b5。

为它是“一种高于理性的能力”,但是,另一些人却说智慧就是“理性本身,不是作为理性,而是作为一种本性”。为了澄清这一点,我们必须注意到:如上所述(问题 79 第 8 条),人的推理活动,既然是一种运动,就必定是从对一些事物的理解出发的,也就是说,是从对那些自然地无需理性方面的任何研究即可以认识到的事物的理解出发的,就像从不变的原则出发一样,而且,这种活动也是以这样一种理解活动为终点的,因为我们是通过那些被自然地认识到的原则,来判断那些我们藉推理发现的事物的。这样,事情就很清楚,像思辨理性推断思辨的事物一样,实践理性也推断实践的事物。所以,我们不仅天赋了思辨原则,而且也天赋了实践原则。然而,天赋给我们的第一思辨原则并不属于一种特殊的能力,而是属于一种特殊的习性,这种习性,按照《伦理学》第 6 卷的解释,被称作“原则的理解活动”(intellectus principiorum)。[①] 因此,天赋给我们的第一实践原则,也同样不属于一种特殊的能力,而是属于一种特殊的为我们称作智慧的自然习性。所以,智慧被说成是为扬善抑恶的,因为通过第一原则,我们能够进而发现并且判断我们业已发现的东西。所以,智慧显然不是一种能力,而是一种自然习性。

答异议理据 1:哲罗姆的这种分类是从活动的多样性出发的,而不是从能力的多样性出发的。而且,各种不同的活动是可以属 494a
于一种能力的。

答异议理据 2:同样,感觉欲望同智慧的对立是活动之间的对

① 亚里士多德:《伦理学》,Ⅵ,6,1141a7。

立，而不是一个属相之中不同种相之间的对立。

答异议理据3：那些不可改变的概念是第一实践原则，对于这些原则，没有什么人会弄错的。它们之归因于理性是归因于一种能力，而它们之归因于智慧则是归因于一种习性。因此，我们是自然地既藉我们的理性也藉智慧来进行判断的。

第13条　良知是否是一种能力？

现在我们着手讨论第13条。

异议：良知(conscientia)似乎是一种能力。

理据1：因为奥利金在《〈罗马书〉注》第2卷第2章中说过：良知是"一种矫正性的和向导性的伴随着灵魂的精神，凭借着这种精神，灵魂得以远离恶而倾向于善"。但是，在灵魂中，精神表示一种能力，或者是心灵本身，或者是想象。按照《以弗所书》第4章第23节中的说法，"要将你们的心志改换一新"，精神所表示的便是心灵本身；而按照奥古斯丁在《〈创世记〉文字注》第12卷第7章中的说法，想象的景象是由于想象而被称作"精神的"，从而精神所表示的则是想象。所以，良知是一种能力。

理据2：再者，除非灵魂的能力，没有什么能够成为罪的主体。但是，良知是罪的主体；因为《提多书》第1章第15节中在谈到一些人时讲到"他们连心地和天良也都污秽了"。所以，良知似乎是一种能力。

理据3：还有，良知必定或者是一种活动，一种习性，或者是一种能力。但是，它并不是一种活动，因为如是，它就不会始终存在于人身上了。它也不是一种习性。因为既然在我们的活动中，我们是受到许多知识习性指导的，则良知便不是一件事物而是多个事物。所以，良知是一种能力。

但是，从另一个方面看，良知是能够搁置起来的。但是，一种 494b
能力是不能搁置起来的。所以，良知并不是一种能力。

我的回答是：严格讲来，良知并不是一种能力，而是一种活动。无论从良知这个名称看，还是从在讲话的日常方式中归于良知的那些事物看，这一点都是显而易见的。"良知"，就这个词的本性讲，是蕴涵着知识同一些事物的关系的。因为，良知是可以转化成为应用于个体情况的知识的（cum alio scientia）。但是，知识向一些事物的应用是需要藉一定的活动来实施的。因此，从对"良知"这个词的这样一种解释看，良知显然是一种活动。

从归于良知的那些事物看，这一点也是同样明显的。因为良知被说成是见证、约束、唤醒，也被说成是指责、折磨或训斥。而且所有这些都是随着知识或科学向我们所做的事情上面的应用而来的，而这种应用是以三种方式实施出来的。一种方式是就我们承认我们已经做过的或不曾做过的某件事情而言的，一如《训道篇》第 7 章第 23 节中所言："你的良知知道，你许多次也诅咒过别人。"而根据这一点，良知就被说成是见证。另一种方式，是就通过良知我们判断某件事情应当去做或不应当去做而言的，而在这个意义上，良知就被说成是唤醒或约束。第三种方式，是就我们藉良知来判断一些事情做得妥当还是不妥当而言的，而在这个意义上，良知就被说成是指责、训斥或折磨了。这样，很显然，所有的事情都是由知识向我们所做的事情的实际应用产生出来的。所以，严格讲来，良知所表示的是一种活动。但是，既然习性是活动的一项原则，有时良知这个词也就赋予了第一自然习性，即智慧：哲罗姆在《〈以西结书〉注》中因此也就把智慧称作良知；而巴西尔也曾把智慧称作“判断的自然能力”；而大马士革的约翰则说良知是“我们理
495a 智的法律”。因为原因和结果相互指称（per invicem nominentur）是合乎习惯的。

答异议理据1：良知之被称作一种精神，是就精神与心灵是一回事而言的，因为良知是心灵的一种宣判。

答异议理据2：良知被说成是污秽的，并不是把它作为一个主体而言的，而是就被认识的事物存在于知识之中而言的；也就是说，是就某个人知道他是污秽的而言的。

答异议理据3：虽然一个活动并不始终存在于它自身之中，但是，它却始终存在于它的原因之中，这种原因即为能力和习性。然而，良知藉以形成的所有的习性，虽然有许多，但却都具有来自第一习性，即第一原则的习性的效用，而这种习性亦即所谓的智慧。由于这一特殊的理由，这种习性，如上所述，有时便被称作良知。

问题 80
概论欲望能力

(共 2 条)

我们接着考察欲望能力。

对于欲望能力,有 4 个项目需要考察:首先,概论欲望能力;其次,论感官享受(问题 81);第三,论意志(问题 82);第四,论自由意志(问题 83)。

关于第一项,有两个要点需要探究:

(1)欲望是否应当视为灵魂的一种特殊能力?

(2)欲望是否应当区分为理智欲望和感觉欲望两种不同的能力?

第 1 条 欲望能力是否是灵魂的一种特殊能力?

现在我们着手讨论第 1 条。

异议:欲望(appetitus)似乎并不是灵魂的一种特殊能力(specialis animae potentia)。

理据 1:因为没有什么灵魂的能力能够被指认为对有生命的 495b
事物和无生命的事物是共同的东西。但是,欲望对有生命事物和无生命事物是共同的东西,因为按照哲学家在《伦理学》第 1 卷中的说法,“善是所有事物欲望的东西。”[①]所以,欲望并不是灵魂的一种特殊能力。

理据 2:再者,能力是由于它们的对象而区别开来的。但是,我们所欲望的东西与我们所认识的东西是一回事。所以,欲望并不是一种区别于认识能力(apprehensivam)的东西。

理据 3:还有,共同的东西并不是同特殊的东西区分开来的。但是,灵魂的每一种能力都欲望某种特殊的值得欲望的事物,亦即它自己的合适的对象。所以,对于欲望的这样一种普遍对象,我们不应当指定一种区别于其他能力的特殊能力,并把这种能力称作欲望能力。

但是,从另一个方面看,哲学家在《论灵魂》第 2 卷中却把欲望能力同其他能力区别开来了。[②] 大马士革的约翰在《论正统信仰》第 2 卷第 3 章中也对欲望能力和认识能力(cognitivis)做了区别。

我的回答是:把欲望能力指派给灵魂是必要的。为了使这一点更为清楚,我们必须看到一些倾向是伴随着每一种形式产生出来的。例如,火,是由于它的形式,而倾向于上升,并产生出它的类似物的。从而,这种形式便被发现在那些分有知识的事物中比在那些缺乏知识的事物中更其完满些。因为,在那些缺乏知识的事物中,这种形式之被发现决定每一件事物仅仅是就它自己的存在而言的,也就是说,仅仅是就它的本性而言的。所以,这种自然形式是由自然倾向产生出来的,而这种自然倾向便被称作自然欲望。

① 亚里士多德:《伦理学》,Ⅰ,1,1094a3。

② 亚里士多德:《论灵魂》,Ⅱ,3,414a31。

但是，在那些具有知识的事物中，每一件事物虽然都是由它的自然形式来决定它自己的自然存在的，但是却能够以这样的方式接受其他事物的种相。例如，感觉能够接受所有感性事物的种相，而理智则能够接受所有可理解事物的种相，从而，人的灵魂，在一定程度上，通过感觉和理智而能够接受所有的事物。这样，那些具有知识的事物，在一定程度上便接近上帝的类似物；因为按照狄奥尼修
斯在《论神的名称》第 5 章第 5 节中的说法，“在上帝身上，所有的 496a
事物都是事先存在的。”

所以，正如形式是以一种高级的超越自然形式的方式存在于那些具有知识的事物中一样，在它们里面也必定存在有一种超出自然倾向的被称作自然欲望的倾向。这种高级的倾向属于灵魂的欲望能力，凭借这种能力动物就能够欲望它所觉知(apprehendit)的东西，而不仅仅是那些藉它的自然形式所倾向的东西。所以，指派给灵魂一种欲望能力是必要的。

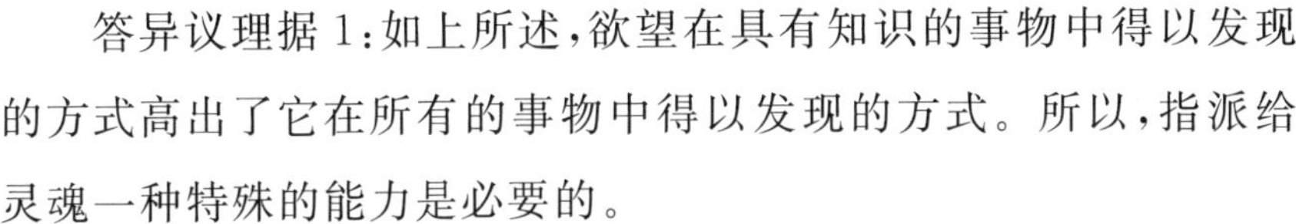

答异议理据 1：如上所述，欲望在具有知识的事物中得以发现的方式高出了它在所有的事物中得以发现的方式。所以，指派给灵魂一种特殊的能力是必要的。

答异议理据 2：被觉知的东西与被欲望的东西虽然在实在性方面是一致的，但是就涉及的方面看则是不同的。因为一件事物是作为一种可感觉的或可理解的事物被领会的，然而它却是作为合适的或善的事物被欲望的。这里所涉及的是存在于对象之中的方面的多样性，而不是质料的多样性，而这就要求灵魂具有多种能力。

答异议理据 3：灵魂的每一种能力都是一种形式或本性，并且对一些事物有一种自然的倾向。所以，每一种能力都藉这种自然

欲望而欲求那种对它本身合适的对象。超出这种自然欲望的是动物的欲望，这种欲望是由觉知产生出来的，而且，凭借这种领会，一些事物并不是由于适合于这种那种能力而被欲望的，就像景象对于看，声响对于听那样，而是只是由于适合于这个动物而被欲望的。

第 2 条　感觉欲望和理智欲望是否是不同的能力？

现在我们着手讨论第 2 条。

异议：感觉欲望和理智欲望(appectitus intellectivus)似乎并不是不同的能力。

理据 1：因为如上所述(问题 77 第 3 条)，能力并不是由于偶然

496b 的差别而相区别的。但是，它之是否为感觉或理智所领会对于可欲望的对象来说却是偶然的，所以，感觉欲望和理智欲望并不是不同的能力。

理据 2：再者，理智知识是关于普遍事物的，故而区别于感觉知识，因为感觉知识是关于个体事物的。但是，在欲望部分中，是没有这种区别的存在的余地的，因为既然欲望是灵魂向个体事物的一种运动，而欲望的每一个活动似乎就是相关于个体事物的。所以，我们不应当把理智欲望同感觉欲望区别开来。

理据 3：还有，像欲望能力作为一种低级能力隶属认识能力一样，运动能力也是如此。但是，在人身上理智产生出来的运动能力与在动物身上由感觉产生出来的运动能力没有什么分别。所以，

由于同样的理由,在欲望部分也就没有什么分别。

但是,从另一个方面看,哲学家在《论灵魂》第 3 卷中却区别了两种欲望,[①]他说:高级欲望推动着低级欲望。[②]

我的回答是:我们必须说理智欲望是一种不同于感觉欲望的能力。因为欲望能力是一种被动能力,它自然地是为所领会的事物推动的,因此,可欲望的所领会的事物乃一种不受推动的推动者;而欲望,则一如《论灵魂》第 3 卷和《形而上学》第 12 卷中所说,是一种受到推动的推动者。[③] 然而,受动的事物(passiva)和可动的事物(mobilia)是由于对应于能动(activorum)原则和目的(motivorum)原则的差别而相互区别的。因为目的原则必定对应于可动的事物,而能动原则则必定对应于受动的事物;实际上,受动能力本身是由于它与其能动原则的关系而具有其本性的。所以,既然为理智所认识的东西与为感觉所认识的东西在属相上是不同的,则理智欲望也就因此而不同于感觉欲望了。

答异议理据 1:为感觉或理智所认识对于所欲求的事物来说并不是偶然的。相反,这是由于其本性而属于的。因为所欲望的事物除非它被认识便决然不能推动欲望。因此,所认识的事物中的差异自行地即是所欲望的事物的差异。所以,欲望能力也是由于所认识的事物的区别而不同的,就像它们是由于其固有对象的区别而不同一样。

答异议理据 2:理智欲望,虽然它趋向于外在于灵魂的单个事

① 亚里士多德:《论灵魂》,Ⅲ,9,432b5;Ⅲ,10,433a23。

② 同上书,Ⅲ,11,434a12。

③ 同上书,Ⅲ,10,433b16;《形而上学》,Ⅻ,7,1072a26。

497a 物,然而,却是按照它们的某种普遍方面趋向它们的,例如当它欲望某件事物时乃是因为它是善的缘故。因此,哲学家在《修辞学》第2卷中说:恨是能够属于一种普遍事物的,例如当"我们恨所有窃贼"的时候,即是如此。[①] 同样,凭借理智欲望,我们可以欲望非物质的善,诸如知识、美德等等,但它们却不是由感觉所认识的。

答异议理据3:一如哲学家在《论灵魂》第3卷中所说:一种普遍的意见除非通过一种特殊的意见便不能够施展其作用;[②]同样,高级欲望也是藉低级欲望而施展其作用的。所以,并不存在由理智欲望和感觉欲望产生出来两种不同的施动(motiva)能力这样一个问题。

① 亚里士多德:《修辞学》,Ⅱ,4,1382a5。

② 亚里士多德:《论灵魂》,Ⅲ,11,434a16。

问题 81
论感觉欲望能力

（共 3 条）

下面，我们必须考察感觉欲望能力。

关于这个问题，有 3 个要点需要探究：

(1)感觉欲望是否仅仅是一种欲望能力？

(2)它是否是作为不同的能力而区分为愤怒与情欲的？

(3)愤怒能力和情欲能力是否服从理性？

第 1 条　感觉欲望是否仅仅是欲望的？

现在我们着手讨论第 1 条。

异议：感觉欲望(sensualitas)似乎不仅是欲望(appetitiva)的，而且还是认识(cognitiva)的。

理据 1：因为奥古斯丁在《论三位一体》第 12 卷第 12 章中说过："指向身体感觉的灵魂的感觉运动对于我们和禽兽是共同的。"但是，身体感觉属于认识能力。所以，感觉欲望是一种认识能力。 497b

理据 2：再者，属于一个类别的事物似乎也属于一个属相。但是，奥古斯丁在《论三位一体》第 12 卷中却把感觉欲望与高级理性和低级理性放到一起加以分类的，但高级理性和低级理性却是属于认识的。所以，感觉欲望也是一种认识能力。

理据3：还有，在对人的诱惑中，感觉欲望扮演了蛇的角色。但是，在对我们第一双亲(primorum parentum)的诱惑中，蛇一方面扮演了提供信息的角色，另一方面又扮演了建议犯罪的角色，而这些都属于认识能力。所以，感觉欲望也是一种认识能力。

但是，从另一个方面看，感觉欲望却被界定为“对同身体相关的事物的欲望”。[1]

我的回答是：一如奥古斯丁在《论三位一体》第12卷第12章中在讲到“感觉欲望”这个词时所说到的，感觉欲望似乎是来自感觉运动的，正如一种能力的名称是来自它的活动一样。例如，视力的名称就是来自视觉活动的。这样，感觉运动就是由感觉认识产生的一种欲望。这种认识能力的活动并不是像欲望活动那样严格地被称作运动的，因为这种认识能力的运作是在被认识的事物存在于进行认识的主体中的情况下完成的，而欲望能力的运作则是在欲望的人与生俱来地趋向所欲望的事物的情况下完成的。所以，认识能力的运作类似于静止，而欲望能力的运作则毋宁类似于运动。这样，我们便是通过感觉运动来理解欲望能力的运作的，从而，感觉欲望便是伴有感觉的欲望(appetitus sensitivi)的名称。

答异议理据1：奥古斯丁说灵魂的感觉运动指向身体感觉，其用意并不是要我们把身体感觉理解成包括在感觉欲望之中，而毋宁是要我们把感觉欲望运动理解成一种趋向身体感官的倾向，因为我们所欲望的正是那些通过身体感官所认识的事物。这样，身

① 参阅彼得·隆巴迪：《箴言四书》，Ⅱ，d. XXⅣ，4。

体感官就作为一种入口(praeambuli)属于感觉欲望了。

答异议理据 2:感觉欲望是对照着高级理性和低级理性加以
分类的,因为感觉欲望与它们一并具有运动的现实。既然高级理 498a
性和低级理性所从属的认识能力是一种运动(motiva)能力,就像
感觉欲望所从属的欲望是一种运动能力一样。

答异议理据 3:蛇不仅引导和建议犯罪,而且还煽动犯罪。在这里,感觉欲望是通过蛇表达出来的。

第 2 条　感觉欲望是否是作为不同的能力区分为愤怒和情欲的?

现在我们着手讨论第 2 条。

异议:感觉欲望似乎并不是作为不同的能力被区分为愤怒(irascibilem)和情欲(concupiscibilem)的。

理据 1:因为灵魂的同一种能力,按照哲学家在《论灵魂》第 2 卷中的观点,关涉到的是“矛盾事物的两个方面,就像视觉关涉到的是黑白两个方面一样”。[①] 但是,适合的和有害的是矛盾着的事物。因此,既然欲望能力相关于适合的事物,愤怒的能力相关于有害的事物,那愤怒的和情欲的就是灵魂的同一种能力了。

理据 2:再者,感觉欲望仅仅相关于对感觉来说是合适的事物。但是,这样的事物即是欲望能力的对象。所以,根本不存在什么不同于欲望能力的感觉欲望。

---

① 亚里士多德:《论灵魂》,Ⅱ,11,422b23。

理据 3:还有,恨存在于愤怒的部分之中。因为哲罗姆在谈到《马太福音》第 13 章第 33 节时说道:“我们应当以愤怒能力来憎恨恶行。”但是,恨是同爱相反的,并且是存在于欲望部分的。所以,欲望和愤怒是同一种能力。

但是,从另一个方面看,尼斯的格列高利和大马士革的约翰都把愤怒和情欲说成是感觉欲望的两个部分。

我的回答是:感觉的欲望乃一种属相的能力,被称作感觉欲
498b 望。但是,它被区分成两种能力,它们都是感觉欲望的种相,这就是愤怒和情欲。为了澄清这一点,我们必须看到:在自然的可朽坏的事物中,需要一种倾向,不仅倾向于获得合适的事物并避免有害的事物,而且也倾向于抵制那些障碍其获得与之适合的事物并产生伤害的腐坏的和矛盾的活动主体。例如,火具有一种自然的倾向,不仅倾向于从低处升起,处于低处是不适合于它的,而达到高处则是适合于它的,而且还抵制破坏或障碍其活动的东西。所以,既然感觉欲望是一种由感觉认识产生出来的倾向,就像自然欲望是一种由自然形式产生出来的倾向一样,那在感觉部分中也就必定存在有两种欲望能力:一种是灵魂藉以完全倾向于追求对感觉适合的东西,并逃离对它们有害的东西的欲望能力,这种能力被称作情欲;而另一种则是动物藉以抵制那些障碍合适的事物和施加伤害的事物的欲望能力,这种能力则被称作愤怒。所以,我们说:它的对象是一些难以克服的东西(arduum),因为它的意向就在于克服和超越障碍。

这样看来,这两种欲望能力并不应当还原成一项原则,因为有时灵魂自身忙于应付违背情欲欲望倾向的不愉快的事情,以便在

愤怒欲望驱使下，得以超越障碍。因此，愤怒欲望的情感似乎是针对情欲欲望的情感的，因为情欲，当被激发起来的时候，就减弱了愤怒情绪，而当愤怒情绪被激发起来的时候，在许多情况下，也同样能够减弱情欲。这显然是由于愤怒似乎可以说是情欲的得胜者和捍卫者使然：当愤怒被激发起来反对那些障碍获得情欲所欲望的合适东西的事物的时候，或者反对那些使人遭受伤害的事物（情欲就是逃避这些事物的）的时候，情况就是如此。由于这个理由，愤怒欲望的所有情感便都是从情欲欲望的情感中产生出来并且终止于它们的。例如，愤怒是从悲伤产生出来的，但在实施了报复之后，却终止于欢悦。由于这个理由，动物之间的争斗（pugnae），按 499a
照哲学家在《论动物》第 8 卷中的说法，也是关于情欲事物如食物和性的。[①]

答异议理据 1：情欲能力既相关于合适的事物也相关于不合适的事物。但是，愤怒能力的目标则在于抵制不合适事物的攻击。

答异议理据 2：正如在感觉部分的认识能力中，存在着一种估计能力，它能够，如上所述（问题 78 第 2 条），知觉到那些并不给感觉留下任何印记的事物那样，在感觉欲望中，也同样存在着一种欲望能力，它把一些事物视为合适的，并不是因为它能够使感觉快乐，而是因为它对动物的自我保卫是有用的。而这也就是愤怒能力。

答异议理据 3：恨虽然仅仅属于情欲欲望，但是，既然恨往往产生争斗，它因此便也可以归于愤怒欲望。

① 亚里士多德：《论动物》，Ⅷ，1，589a2。

第3条　愤怒欲望和情欲欲望是否服从理性?

现在我们着手讨论第3条。

异议:愤怒欲望和情欲欲望似乎并不服从理性。

理据1:因为愤怒和情欲都是感觉欲望的一部分。但是,感觉欲望并不服从理性。因此,如奥古斯丁在《论三位一体》第12卷第12章中所说,感觉欲望是藉蛇表示出来的。所以,愤怒欲望和情欲欲望并不服从理性。

理据2:再者,服从一定事物的东西都不会抵制它。但是,愤怒欲望和情欲欲望却抵制理性,因为使徒在《罗马书》第7章第23节中说过:"我觉得肢体中另有个律,和我心中的律交战。"所以,愤怒欲望和情欲欲望并不服从理性。

理据3:还有,正如欲望能力低于灵魂的理性部分一样,感觉能力也同样如此。但是,灵魂的感觉部分却并不服从理性,因为当我们祝愿的时候,是既听不到也看不到公正的。所以,同样,感觉
499b 欲望的能力,即愤怒能力和情欲能力,也是不服从理性的。

但是,从另一个方面看,大马士革的约翰在《论正统信仰》第2卷第12章中却说(问题78第4条):"灵魂的顺从和服从理性的部分被划分为情欲和愤怒两个部分。"

我的回答是:愤怒能力和情欲能力以两种方式服从理智或理性存在于其中的高级部分和意志:首先是就理性而言的,其次是就意志而言的。它们在它们自己的活动中服从理性,因为在其他动物中,感觉欲望自然地为估计能力所推动。例如,一只羊,在把狼看作

敌人时,就害怕。在人的身上,估计能力,如上所述(问题 78 第 4 条),为认识能力所取代,这种认识能力为一些人称作特殊理性,因为它是被说成是与个体的意向相比较而言的(参阅问题 78 第 4 条)。这样,在人身上,感觉欲望就自然地受到这种特殊理性的推动。但是,这同一个特殊理性按照普遍理性也就自然地得到了指导和推动;而且这也正是在三段论中特殊的结论总是从普遍的命题得出来的缘由。所以,普遍理性显然在指导着感觉欲望,而感觉欲望则是被区分成情欲和愤怒的,而且这种欲望也是服从普遍理性的。但是,由于从普遍原则得出特殊结论,并不是理智本身的工作,而是理性的工作,因此,愤怒和情欲也就被说成是服从理性,而不是服从理智。任何一个人都能够在自己身上体验到这一点,因为通过运用一定的普遍意见,愤怒或恐惧等等也就可望得到抑制或激发。

感觉欲望在实施中也服从意志,它总是伴有一种运动能力。因为,在别的动物中,运动是同时伴随着情欲和愤怒的欲望产生出来的。例如,一只羊,在惧怕狼的同时便逃跑了,因为它没有任何高级的对抗的欲望。相反,人却不会由于愤怒欲望和情欲欲望而当下便被推动,而是等待着属于高级欲望的意志的命令下达方行动的。因为在一定数量的运动能力之间存在有秩序的地方,只有第二个才是为第一个所推动的。所以,低级欲望并不足以产生运 500a
动,除非得到了高级欲望的认可。一如哲学家在《论灵魂》第 3 卷中所说:高级欲望推动低级欲望,就像高层天体推动低层天体一样,[①]即是谓此。所以,愤怒和情欲也就因此而服从理性。

① 亚里士多德:《论灵魂》,Ⅲ,11,434a12。

答异议理据1:感觉欲望之由蛇来表示是就感觉欲望作为一种感觉能力特有的方面而言的。但是,愤怒和情欲能力所表示的感觉欲望,毋宁是就活动方面而言的,然而,这种活动,如我们前面所说,却是受理性所引导的。

答异议理据2:一如哲学家在《政治学》第1卷中所说:“我们在动物身上看到了一种专制(despoticum)的原则和政治(politicum)的原则,因为灵魂是藉一种专制的能力统治身体的;但是,理智却是藉一种政治的和王道的能力统治欲望的。”[①]一个人藉以统治他的奴隶的那种能力被称作专制的,这是因为奴隶既然没有任何属于他们自己的东西,无论如何也就没有权利来抵制给他们下达命令的人的命令。但是,一个人藉以统治自由臣民的那种能力却是被称作政治的和王道的,这是因为自由臣民虽然服从统治者的管理,但是却总有些属于他们自己的东西,而凭借着这些东西,他们便能够抵制下令者的命令。所以,灵魂便被说成是藉一种专制的能力来统治身体的,因为身体四肢无论如何都是不能抵制灵魂的支配的,而是无论手和足以及自然地由自愿运动推动着的无论什么样的肢体,也都是在灵魂的命令下,同时被推动的。但是,理智或理性却被说成是藉一种政治的能力来统治愤怒和情欲的,因为感觉欲望总具有一些属于它自己的东西,凭借着这种东西它就能够抵制理性的命令。感觉欲望自然地受到推动,不仅受到其他动物身上的估计能力的推动,受到人身上的为普遍理性所指导的认识能力的推动,而且也受到想象和感觉的推动。所以,我们

① 亚里士多德:《政治学》,Ⅰ,5,1254b2。

能够体验到愤怒能力和情欲能力确实能够抵制理性，因为我们能够感觉或想象一些理性予以禁止的令人快乐的事物，也能够感觉或想象一些为理性所命令的一些令人不快的事物。所以，我们绝对不能够从愤怒和情欲在一些事情上抵制理性这种情况出发得出 500b
结论说：它们并不服从理性。

答异议理据 3：外感觉为了活动就需要一些外部感性事物，它们是为这些外在事物所打动的，而且，这些事物的存在也是不受理性统治的。但是，内在的能力，无论是欲望的还是认识的，都不需要外在的事物。所以，它们服从理性的命令，理性不仅能够激发和修正欲望能力的情绪(affectus)，而且也能够形成想象能力的心像(imaginativae virtutis phantasma)。

问题 82
论 意 志
（共 5 条）

现在，我们接着考察意志。

关于这个问题，有 5 个要点需要探究：

(1)意志是否必然地欲望一些事物？

(2)它是否必然地欲望每一件事物？

(3)它是否是一种高于理智的能力？

(4)意志是否推动理智？

(5)意志是否被区分为愤怒意志和情欲意志？

第 1 条 意志是否必然地欲望一些事物？

现在我们着手讨论第 1 条。

异议：意志（voluntas）似乎并不必然地（necessitate）欲望任何事物。

理据 1：因为奥古斯丁在《上帝之城》第 5 卷第 10 章中说过：如
501a 果任何事物都是必然的，那它就不是自愿的。但是，凡意志意欲的东西便都是自愿的。所以，意志意欲的东西中没有什么是必然意欲的。

理据 2:再者,“理性能力”,按照哲学家的说法,是能够“扩展到对立的事物上的。”[①]但是,意志是理性能力,因为,一如哲学家在《论灵魂》第 3 卷中所说,“意志是存在于理智之中的。”[②]所以,意志能够扩展到对立的事物上面,并且因此,它对任何事物也就都不是必然的。

理据 3:还有,藉着意志我们成了我们自己活动的主人。但是,我们却并不是必然存在的东西的主人。所以,意志活动不可能是势所必至(necessitate)的。

但是,从另一个方面看,奥古斯丁在《论三位一体》第 12 卷第 4 章中却说过:“所有的人都是以一个意志来欲望幸福的。”但是,如果这不是必然的,而是偶然的,那至少就会有一些例外。所以,意志是必然地意欲一些事物的。

我的回答是:“必然性”(necessitas)这个词是可以以多种方式予以使用的。因为,凡必定存在的东西都是必然的。这样,一件事物之必然存在就可以藉一项内在原则而属于它:它可以藉质料的原则,例如,当我们说每一件由矛盾事物组合而成的东西都是可朽坏的时候,情况就是如此;它也可以藉形式的原则,例如,当我们说一个三角形的三个角等于两个直角是必然的时候,情况就是如此。这是一种“自然”的和“绝对”的必然性。另一种方式在于:一件事物之必然存在之所以属于它,乃是由于某种外在的事物,这种事物或者是目的或者是活动主体。就目的方面而言,譬如当如果没有它这个目的就将不可能达到,或者如果有了它这个目的就能完全

① 亚里士多德:《形而上学》,Ⅸ,2,1046b5。

② 亚里士多德:《论灵魂》,Ⅲ,9,432b5。

达到的时候，事情就是如此。例如，食物被说成是对于生命是必要的，一匹马对于旅行是必要的。这被称作“目的必然性”(necessitas finis)，有时也被称作“功用”(utilitas)。就活动主体方面而言，一件事物之必然存在，当有人为某个活动主体所迫，致使他不可能做相反的事情的时候，情况就是如此。此乃所谓“强制的必然性”(necessitas coactionis)。

由此看来，这种强制的必然性同意志是全然相反的。因为我们把那种同一件事物的倾向相抵触的东西称作强暴的(violentum)。但是，意志的运动本身则是一种达到某种事物的倾向。所以，正如一件事物之被称作自然的，乃是因为它符合这种自然倾向一样，一件事物之被称作自愿的，同样也是由于它符合意志
501b 的这种倾向。所以，正如一件事物同时既是强暴的又是自然的是不可能的一样，一件事物之为绝对强制的或强暴的和自愿的，也同样是不可能的。

但是，目的必然性，除非在藉任何一种方式目的都不可能达到的情况下，同意志是不相抵触的。例如，由渡海的意志便在意志中产生了希望获得一艘船的必然性了。

同样，自然的必然性也不是同意志相对立的。实际上，还远不止这些。因为既然理智必然地坚持第一原则，意志也就必然地坚持最后的目的(ultimo fini)，即至福(beatitudo)。因为一如《物理学》第2卷中所说，目的在实践问题中正是原则在思辨问题中所是的东西。[1] 因为既然一件事物的本性在每一件事物中都是第一位

① 亚里士多德:《物理学》，Ⅱ，9，200a21。

的，并且每一项运动也都是由某种不动的事物产生出来的，则自然地和不变地适合于一件事物的东西便必定是别的属于它的东西的根或原则。

答异议理据 1：奥古斯丁的话应当被理解为是关于强制的必然性的。但是，自然的必然性并不取消意志的自由，奥古斯丁本人在同一本书作中也就是这么说的。

答异议理据 2：意志，就它自然地意欲一件事物而言，所对应的毋宁是关于自然原则的理智，而不是理性，理性是能够扩展到对立的事物上面的。所以，就这方面而言，它毋宁是一种理智能力而不是一种理性能力。

答异议理据 3：我们由于能够选择这样做或那样做而是我们自己活动的主人。但是，一如哲学家在《伦理学》第 3 卷中所说，选择所关涉的不是目的，而是“达到目的的手段”。[①] 因此，同终极目的欲望相关的并不是那些我们为其主人身份的活动。

第 2 条　意志无论欲望什么东西，它是否都是必然地欲望的？

我们现在着手讨论第 2 条。

异议：意志似乎必然地欲望所有的事物（voluntas ex necessitate omnia），不管它意欲的是什么东西。

理据 1：因为狄奥尼修斯在《论神的名称》第 4 章第 32 节中说 502a

① 亚里士多德：《伦理学》，Ⅲ，2，1111b27。

过:“恶是处于意志范围之外的。”所以,意志必然地趋向于向它建议的善的事物。

理据2:再者,意志的对象之对照于意志,恰如推动者对照于可动的事物。但是,可动事物的运动必然地是由推动者产生出来的。所以,意志的对象似乎在必然地推动着它。

理据3:再者,正如感觉所觉知的事物是感觉欲望的对象一样,理智所觉知的事物也就是理智欲望亦即所谓意志的对象。但是,为感觉所领悟的东西必然地推动着感觉欲望。因为一如奥古斯丁在《〈创世记〉文字注》第9卷第14章中所说:“动物是受所见的事物推动的。”所以,似乎凡是为理智觉知的事物都必然地推动着意志。

但是,从另一个方面看,奥古斯丁在《更正篇》第1卷第9章中却说过:“我们过罪恶的生活和过好的生活所凭借的都是意志”,因此,意志是可以扩展到对立的事物上面的。所以,它并不是必然地欲望它所欲望的无论什么样的事物的。

我的回答是:意志并不必然地欲望它所欲望的无论什么样的事物。为了把这一点讲清楚,我们必须注意到:正如理智自然地且必然地持守第一原则一样,意志也同样持守最后的目的,这一点我们在前面就已经说过了(问题82第1条)。然而,就存在着一些同第一原则没有必然关联的可理解的事物,诸如偶然的命题,对它们的否定并不蕴涵着对第一原则的否定。对于这样一些事物,理智并不是必然要认同的。但是,还存在着一些命题,它们同第一原则具有必然的联系,诸如可推证的结论,对它们的否定便蕴涵着对第一原则的否定。对于这些命题,理智一旦通过推证意识到了这些结论同这些原则的必然联系，也就必然地会予以认同。但是，除非通过推证它看到了这种联系的必然性，它便不会必然地认同。意志的情况也同样如此。存在着一些特殊的善，它们同幸福并没有必然的联系，因为倘若没有它们，一个人也还是可以幸福的，而对 502b
于这样的事物，意志是并非必然地要持守的。但是，还存在着一些事物，它们同幸福具有一种必然的联系，凭借着这些事物，人们忠于上帝，而真正的幸福也仅仅在于上帝。但是，除非确实看到上帝(divinae visionis)，这样一种联系的必然性得以展现出来，意志就不可能必然地忠于上帝，也不会忠于属于上帝的那些事物。但是，那种看到上帝本质的人的意志就必然会忠于上帝，就如我们现在必然地欲望幸福一样。所以，很清楚，意志是不会必然地意欲它所意欲的无论什么事物的。

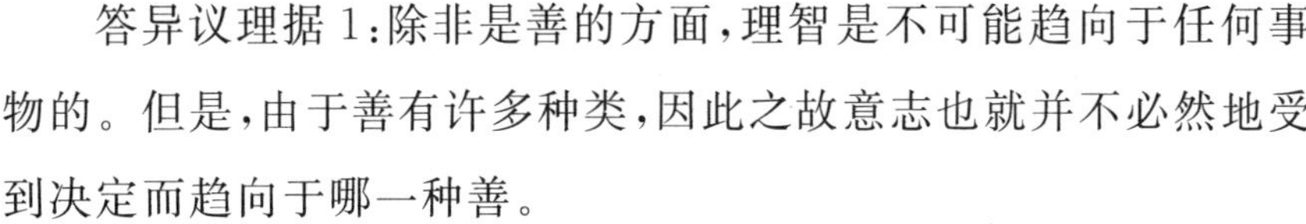

答异议理据 1：除非是善的方面，理智是不可能趋向于任何事物的。但是，由于善有许多种类，因此之故意志也就并不必然地受到决定而趋向于哪一种善。

答异议理据 2：当推动者的能力超出可动的事物时，推动者也就必然在可动的事物中产生出运动来，以至于它的全部能力都服从于推动者。但是，尽管意志的能力相关于普遍的和完满的善，但是，它的能力却并不隶属于特殊的善(particulari bono)。所以，意志并不必然地受到特殊的善的推动。

答异议理据 3：感觉能力并不是像理性那样，去比较相互不同的事物的，它只是去单纯地领悟某一件事物。所以，它是依据这一件事物而按照一种确定的方式去推动感觉欲望的。但是，理性却是那种同时比较若干件事物的能力，所以，理智欲望，即意志，可能受到若干件事物的推动,而不必然地受到某一件事物的推动。

第3条 意志同理智相比,是否是一种高级能力?

现在我们着手讨论第3条。

异议:意志同理智相比,似乎是一种高级能力(altior potentia)。

理据1:因为意志的对象是善和目的。但是,目的是第一因和
503a 最高的原因。所以,意志是第一能力和最高的能力。

理据2:再者,在自然事物的秩序中,我们能够看到一种从不完满的事物向完满事物的进步。这也表现在灵魂能力方面:因为感觉是先于理智的,从而理智也就更高贵些。既然如此,意志活动,在自然秩序中,也就是随着理智活动而来的。所以,意志同理智相比,就是一种更高贵和更完满的能力。

理据3:再者,习性与它们的能力是成比例的,一如完满的事物与它们使之完满的事物是成比例的一样。但是,使意志即爱(caritas)完满的习性比起那些使理智完满的习性来更其完满,因为一如《哥林多前书》第13章第2节中所说:"我若明白各样的,各样的知识,而且有全备的信,但我却没有爱,我就算不得甚么。"所以,意志同理智相比,是一种更其高级的能力。

但是,从另一个方面看,哲学家在《伦理学》第10卷中却坚持认为,理智是灵魂的最高的能力(altissimam potentiam)。[①]

---

① 亚里士多德:《伦理学》,Ⅹ,7,1177a20。

我的回答是:一件事物对于另一件事物的优越性是可以用两种方式予以考察的:一种是绝对的,另一种是相对的。一件事物当就其自身看是如此这般的时候,它就是被绝对地看作是如此这般,当它相对于某件别的事物而如此这般的时候,它就是相对地如此这般的。所以,如果理智和意志就其自身予以考察的话,理智就是一种更高的能力。只要我们把它们各自的对象相互比较一下,事情就一目了然了。因为理智的对象比意志的对象更其单纯,也更其绝对。因为理智的对象即是可欲望的善的观念本身;而可欲望的善正是意志的对象,而其观念即存在于理智之中。一件事物越是单纯,越是抽象,它自身也就越是高贵,越是高级。所以,理智的对象就高于意志的对象。既然一种能力的固有本性存在于它的达到其对象的秩序之中,那就可以得出结论说,理智本身就绝对地比意志高级些和高贵些。但是,若相对地看和与其他事物比较而言,我们就会发现意志有时也高于理智,这一点可以从下面这个事实看出来,这就是:意志对象往往存在于那样一些事物之中,它们高于其中有理智对象的事物。例如,我可以说,听觉活动相对地高于视觉活动,因为有声音的事物比有颜色的事物要高贵些,虽然颜色比声音要高贵和单纯。因为一如我们在前面(问题 16 第 1 条;问题 27 第 4 条)所说,理智活动在于所理解的事物的观念存在于进行理解的人身上,而意志活动却在于意志倾向于作为自身存在的 503b
事物本身。所以,哲学家在《形而上学》第 6 卷中说,“善与恶”,作为意志的对象,“是存在于事物之中的”;而“真理与谬误”,作为理

智的对象，“却是存在于心灵之中的”。[1] 因此，当其中存在有善的事物比灵魂本身还要高贵的时候，所理解的观念便存在于其中；在同这样的事物相比较的情况下，意志便高于理智。但是，在善的事物不如灵魂高贵的情况下，即使同这种事物相比较，理智也高于意志。因此，爱上帝虽然比具有关于上帝的知识要更好一些，但是，关于有形事物的知识却比对有形事物的爱要更好一些。然而，绝对地讲，理智比意志高贵。

答异议理据1：因果性是在把一件事物同另一件事物进行比较的活动中发现的，而在这样的比较活动中，善的概念被发现比较高贵些。但是，真理所表示的一些事物却更其绝对，而且能扩展到善的概念本身。这样，即使善也是某种真的东西。但是，从另一个方面看，就理智是一件事物而真理为它的目的而言，真理也是某种善的东西。而且，在其他的目的中，这是一种最为卓越的目的，正如在别的能力中，理智是最为卓越的能力一样。

答异议理据2：在产生和时间的秩序中，在先的事物总是较少完满的，因为在同一件事物中，潜在是先于现实的，不完满性是先于完满性的。但是，绝对在先的并且存在于自然秩序中的东西将更其完满，因为现实总是先于潜在的。而理智也就是这样先于意志的，正如活动能力先于可以运动的事物以及能动的先于被动的一样。因为推动意志的是被理解的善。

答异议理据3：这一理由为同高于灵魂的东西进行比较的意志所证实。因为爱(caritatis)乃我们藉以爱上帝的美德。

---

① 亚里士多德：《形而上学》，Ⅵ，6，1027b25。

第 4 条　意志是否推动理智？

现在我们着手讨论第 4 条。

异议：意志似乎并不能够推动理智。

理据 1：凡运动的事物都胜过和先于被推动的事物。因为一 504a
如奥古斯丁在《〈创世记〉文字注》第 12 卷第 16 章以及哲学家在《论灵魂》第 3 卷中所说，运动的事物乃一个活动主体，而“活动主体要比受动的客体高贵些。”①但是，如上所述（第 3 条），理智是胜过和先于意志的。所以，意志是不能够推动理智的。

理据 2：再者，运动的事物并不为被推动的事物所推动，除非偶尔如此。但是，理智是能够推动意志的，因为为理智所认识的善是能够在不被推动的情况下运动的，而欲望则既运动又受到推动。所以，理智并不是为意志所推动的。

理据 3：还有，除了我们所理解的事物外，我们是不可能意欲任何事物的。所以，如果为了理解，意志就须藉意欲理解活动来运动的话，那意志活动就必定先于理智的另一种活动；而理智的这种活动却又必定以具有这种意志的另一种活动为先导，如此下去，循环无穷。但是，这是不可能的。所以，意志是不可能推动理智的。

但是，从另一个方面看，大马士革的约翰在《论正统信仰》第 2 卷第 26 章中却说过：“一如我们所说过的，对决定是否学习一门技艺这样的事情是存在于我们的能力之中的。”但是，一件事物是藉

① 亚里士多德：《论灵魂》，Ⅲ，5，430a18。

意志存在于我们的能力之中的,然后,我们是藉理智来学习技艺的。所以,是意志推动理智。

我的回答是:一件事物是以两种方式被说成是运动的。首先,是作为目的,例如,当我们说一个目的推动着一个活动主体的时候,情况就是如此。理智就是这样推动意志的,因为所理解的善的事物即是意志的对象,并且是作为目的来推动意志的。其次,一件事物是作为一个活动主体被说成是运动的,就像改变的事物推动被改变的事物,驱动的事物推动被驱动的事物一样。意志就是这样推动着理智以及灵魂的所有的能力的。安瑟尔谟就曾经这么说过。其理由在于:凡是我们在诸多能动能力之间具有秩序的地方,那种关于普遍目的能力都在推动着关于特殊目的能力。我们既可以在自然中,也可以在政治事物中看到这一点。因为天体,其目标在于普遍保存那些经受产生和朽坏的事物,推动着所有低级的形体,而这些形体中的每一个,其目标都在于保存它自己的种相或个体。一个国王,其目标在于整个王国的公共的善,藉着他的统治来
504b 推动各个城市的所有的管理者,而这些管理者中的每一个又都统治着他自己的特定的城市。这样,意志的这种对象就是善,其目的是普遍的,而且,每一种能力都指向它所特有的合适的善,正像视力指向颜色知觉,理智指向真理知识一样。所以,意志作为一个活动主体推动着灵魂的所有的能力实现它们各自的活动,只是植物部分的自然能力要另当别论,因为它们并不隶属于我们的意志。

答异议理据1:对理智可以用两种方式加以考察:或是作为对普遍存在和真理的认识,或是作为具有一种确定活动的一件事物和一种特殊能力。同样,对意志也可以用两种方式加以考察:或者

是按照它的对象的公共本性(communitatem),也就是说,作为对普遍的善的一种欲望来考察,或者是作为灵魂的一种具有确定活动的确定的能力来考察。所以,如果要对理智和意志在它们各自对象的普遍性方面相互进行比较的话,那就如上所述(第 3 条),理智就会绝对地高于意志,并且比意志更高贵些。然而,即使我们就它的对象的公共本性来审视理智,并且把意志看作是一种确定的能力,理智也同样高于意志,并且比意志更高贵些。因为理智认识的存在和真理的概念不仅包含了意志本身,而且还包含了它的活动以及它的对象。因此,理智能够理解意志及其活动和对象,正如它理解别的事物的种相,如石头或木头一样,因为它们是包含在存在和真理的公共理据(communi ratione)之中的。但是,如果我们就意志对象的公共本性即善来考察意志,把理智看作是一件事物和一种特殊的能力,那么,理智本身及其活动和对象,即真理,由于它们中的每一个都是一种特殊的善,便都包含在善的公共概念范
围之中。这样,意志就高于理智,并且能够推动它。由此我们便能 505a
够容易地理解这些能力在它们的活动中何以能够相互包含,因为理智能够理解意志所意欲的东西,而意志也意欲理智去理解。同样,就善是一种被理解了的真理而言,善就包含在真理之中,然而,就真理乃一种所意欲的善而言,真理也就包含在善之中。

答异议理据 2:如上所述,在一个意义上理智推动着意志,而在另一个意义上意志又推动着理智。

答异议理据 3:根本无需这样无限地继续下去,我们必须在理智先于所有其他事物这一点止步。因为意志的每一项运动都必须以认识为先在的条件,而每一种认识却并不以意志的活动为先在

条件。但是,判断活动(consiliandi)和理解活动的原则却是一项高于我们理智的理智原则,亦即上帝。亚里士多德也是这么说的,而且,他也是以此来解释根本无需进展到无限的问题的。①

第5条　我们是否应当在高级欲望中区分出愤怒部分和情欲部分?

现在我们着手讨论第5条。

异议:我们似乎应当在作为意志的高级欲望中区分出愤怒部分(irascibilis)和情欲部分(concupiscibilis)。

理据1:因为情欲部分(concupiscibilis)之所以被称作情欲能力,乃是由于它来自贪恋(concupiscendo)这个词,而愤怒部分之所以被称作愤怒能力,乃是由于它来自发怒(irascendo)。但是,存在着一种情欲,它不可能归属于感觉欲望,而只能够归属于理智欲望,这就是作为智慧情欲的意志。《智慧篇》第6章第21节在谈到这种智慧情欲时说道:"智慧的情欲引领进入永恒王国。"也存在有一种愤怒,它不可能归属于感觉欲望,而只能够归属于理智欲望,例如,当我们的恼怒针对恶的时候,情况就是如此。因此,哲罗姆在评论《玛窦福音》第13章第33节时告诫我们愤怒部分中有对恶行的憎根。所以,我们不仅应当在感觉灵魂中区分愤怒部分和情欲部分,而且还应当在理智灵魂中也区分愤怒和情欲部分。

505b 理据2:再者,如通常所说,上帝之爱存在于情欲部分之中,而

① 亚里士多德:《欧德谟伦理学(Eth. Eudem.)》,Ⅶ,14,1248a26。

希望则存在于愤怒部分之中。但是，它们却不可能存在于感觉欲望之中，因为它们的对象并不是感觉的事物，而是理智的事物。所以，我们必须给理智部分指派愤怒的和情欲的能力。

理据 3：还有，奥古斯丁在《论精神和灵魂》第 16 章中说过：在灵魂同身体结合在一起之前，"灵魂具有这些能力"，即愤怒的，情欲的和理性的。但是，感觉部分没有什么能力是单独属于灵魂的，而是属于灵魂以及与之结合在一起的身体的，我们在前面就已经说到过这一点（问题 58 第 5、8 条）。所以，愤怒的和情欲的能力也都存在于作为理智欲望的意志之中。

但是，从另一个方面看，尼斯的格列高利却说过：灵魂的非理性的部分被划分为欲望部分和愤怒部分；[①]大马士革的约翰在《论正统信仰》第 2 卷第 12 章中也说过同样的话。哲学家在《论灵魂》第 3 卷中也说过："意志存在于理性之中，而存在于灵魂的非理性部分之中的则是情欲和愤怒，或者欲望和愤慨。"[②]

我的回答是：愤怒与情欲并不构成被称作意志的理智欲望的组成部分。因为，如上所述（问题 59 第 4 条；问题 79 第 7 条），指向一个对象的能力，就某个公共概念而言，并不会由于包含在这个公共概念中的一些特殊的差异而有所不同。例如，因为视力既然相关的是隶属于有色事物的公共概念的可见的事物，视力也就不会由于颜色的种类不同而增加。但是，如果存在着一种能力，它相关的是一种白色之为白色的能力，而不是某种有色的事物，它就会区别于那种关于黑色之为黑色的能力。

① 参阅尼梅希：《论人的本性》，第 16、17 章。

② 亚里士多德：《论灵魂》，Ⅲ，9，432b5。

然而，感觉欲望是不会关涉到善的公共概念的，因为感觉是不会认识普遍事物的。所以，感觉欲望的各个部分是由于特殊的善的不同概念而相区别的。因为情欲是同它的善的特定概念相关联的，而这些概念是令感官感到快乐的并且是适合于其本性的，而愤怒则是作为那种避开或拒斥有害东西的事物而相关于善的概念
506a 的。但是，意志是就善的公共概念相关于善的，所以，在作为理智欲望的意志之中，是根本不存在欲望能力的差别的，从而，在理智欲望之中，也不会存在一种不同于情欲能力的愤怒的能力；正如认识能力就理智部分而言是不会有所增加的一样，虽然这些认识能力是属于诸感觉部分的。

答异议理据1：爱、情欲等等，都能够以两种方式加以理解。有时它们被视为伴随着灵魂的激动而出现的诸情感。如是，它们就被普通地(communiter)理解着，而且，在这个意义上，它们就仅仅存在于感觉的欲望中。然而，它们也可以以另一种方式加以理解，把它们理解成一些单纯的属性而没有灵魂的情感或激动，这样，它们即是意志活动。在这个意义上，它们也被归于天使和上帝。但是，如果在这个意义上理解的话，它们就不属于不同的能力，而仅仅属于一种能力，而这种能力即被称作意志。

答异议理据2：这种意志本身可以说是愤怒的，这是就它之意欲去拒斥恶不是由于任何一种突然的情感运动，而是来自理性判断。这样，意志就由于它对善的欲望而可以被说成是情欲的。从而，上帝之爱和希望就可以说是存在于愤怒和情欲之中的，也就是说，存在于安排这样一些活动的意志之中。这样，我们就可以把所引证的《论精神和灵魂》中的这些话理解为：愤怒

和情欲的能力是在灵魂同身体结合在一起之前就存在于灵魂之中的(只要我们理解的是本性的先在性,而不是时间的先在性),虽然无需相信这本书所讲的任何内容。这里,我们也就同时清楚地答复了“异议理据 3”。

问题 83
论自由意志

(共 4 条)

现在我们考察自由意志。

在这个问题上,有 4 个要点需要探究:

(1)人是否具有自由意志?

506b (2)何谓自由意志? 是一种能力、一个活动,抑或一种习性?

(3)如果它是一种能力,它是欲望的,还是认识的?

(4)如果它是欲望的,它同意志是同一种能力,还是不同的能力?

第 1 条 人是否具有自由意志?

我们现在着手讨论第 1 条。

异议:人似乎并不具有自由意志(liberi arbitrii)。

理据 1:因为凡是具有自由意志的主体都能够做他意欲做的事情。但是,人并不能够做他所意欲的事情,因为《罗马书》第 7 章第 19 节中写道:"我所愿意的善,我反不作;我所不愿意的恶,我倒去作。"所以,人是没有自由意志的。

理据 2:再者,凡是具有自由意志的主体都具有意欲或不意欲,做或不做的能力。但是,人的能力却不能这样。因为《罗马书》第 9 章第 16 节中写道:“蒙召并不在乎人愿意,也不在乎人努力。”所以,人并不具有自由意志。

理据 3:再者,按照哲学家在《形而上学》第 1 卷中的说法,“凡是自由的事物都是它自身的原因。”[1]所以,凡是为另一件事物所推动的东西都不是自由的。但是,上帝却推动意志,因为《箴言》第 21 章第 1 节中写道:“君王的心在上主的手里,可随意转移。”《斐理伯书》第 2 章第 13 节中还说:“你们立志行事,都是上帝在你们心里运行。”所以,人并不具有自由意志。

理据 4:再者,凡是具有自由意志的主体都是他自己活动的主人。但是,人并不是他自己活动的主人,因为《耶利米书》第 10 章第 23 节中写道:“人的道路不由自己行。行路的人,也不能定自己的脚步。”所以,人是不具有自由意志的。

理据 5:还有,哲学家在《伦理学》第 3 卷中说过:“一个人这样那样做的目的对于他来说,似乎取决于他之所是的情况。”[2]但是,成为我们所是的这样一种情况,却是我们的能力所不及的。因为,这是由自然赋予我们的。所以,追逐某个特殊的目的对于我们是自然的。由此可见,当我们这样做时并不是自由的。

但是,从另一个方面看,《德训篇》第 15 章第 14 节中却写道: 507a
“上主在起初就造了人,并赋给他自决的能力。”而有关评注还补充说:这里所讲的也就是“他的自由意志”。

我的回答是:人是具有自由意志的。否则,忠告、劝诫、命令、

① 亚里士多德:《形而上学》,Ⅰ,2,982b26。

② 亚里士多德:《伦理学》,Ⅲ,5,1114a32。

禁律、奖惩就成了徒劳无益的东西了。为了清楚地认识这一点，我们必须看到：一些事物活动是无需判断的，例如当一块石头掉下来的时候，情况就是如此；所有缺乏知识的事物都同样如此。有一些活动虽然来自判断，但却不是来自自由判断；例如，没有理性的动物就是如此。因为一只羊由于看到了狼而把它判定为一件需要回避的事物，这是出于一种自然的判断而非自由的判断；因为它作出这样的判断，不是出于理性中的某种比较活动，而是出于自然本能。而且，对没有理性的动物的任何判断都可以这么说。但是，人是经由判断而活动的，因为他是藉他的认识能力来判断一些事物是应当避免的还是应当追求的。但是，由于这种判断，在一些特殊活动的情况下，并不是来自自然的本能，而是来自理性中的比较活动，所以，他是经由自由判断来活动，并且保持着倾向于各种不同事物的能力。因为，在偶然的问题上，理性是可以遵循相反的理路的，例如我们在辩证演绎推理中和在修辞论证中就可以看到这种情况。特殊的运作是偶然的，从而，在这样的问题上理性判断就可以遵循对立的理路，而不是固定在一个理路上。而既然人是理性的，人也就必定具有自由意志。

答异议理据1：如上所述(问题81第3条答异议理据2)，感觉欲望，虽然服从理性，然而，在一种既定的情况下，它却可以藉意欲理性所禁止的东西而对它加以抵制。所以，按照奥古斯丁的说法，这也就是那种人在其希望时，他“为抵御理性而不欲求的那样一种善”。

答异议理据2：使徒的那些话并不应当被理解为好像人并不希望，或者说，并不是由于他的自由意志而行事的，而是应当被理解为是由于这种自由意志并不足以达到这一点，除非它得到了上帝的推动和帮助。

答异议理据 3：自由意志是它自己的运动的原因，因为人是藉着他的自由意志而推动他自己去活动的。但是，自由的东西之成为它自己的第一因并不必然地适合于自由，因为一件事物成为另 507b
一件事物的原因就不需要它成为第一因。所以，上帝是第一因，他既推动着自然的原因，又推动着自愿的原因。而且，正如他虽然推动自然的原因，他却不妨碍它们的活动成为自然的一样，他虽然推动自愿的原因，但他也同样不妨碍它们的活动依然是自愿的，而毋宁说他是存在于这些事物之中的这些事物的原因。因为上帝在每一件事物中都是按照事物自己的本性运作的。

答异议理据 4：在实施人的选择中，"人的道路"被说成是"不由自己"，不管他意欲与否，他都可能受到阻碍。然而，这种选择本身，虽然出于我们，但是却预设了上帝的帮助。

答异议理据 5：人身上的性质有两种：自然的和外来的。因此，自然性质便可能存在于理智部分，也可能存在于身体及其能力之中。所以，从人之所以如此这般乃是由于存在于理智部分的自然性质的缘故这样的事实出发，他就自然地意欲他的最后的目的，即至福(beatitudinem)。其实，这是一种自然欲望，而且也不服从自由意志，这一点从我们前面所说的看来是很清楚的(问题 82 第 1、2 条)。但是，就身体及其能力而言，人凭借一种自然的性质，就可以如此这般，这是就他由于有形原因所产生的任何一种无论什么样的印象而具有这样的性向或意向而言的，而这些原因是不可能影响理智部分的，因为它并不是有形器官的活动。像人是由于一种有形的性质才如此这般的那样，他的目的对于他来说似乎也同样如此，因为由于这样一种意向，一个人便倾向于选择和拒绝一些事物。但是，这些倾向是服从于理性判断的，因为低级欲望是服从理性的，关于这一点我们在前面就已经说过了（问题 81 第 3 条）。所以，这无论如何都是不会损害自由意志的。

那些外来的性质是一些习性或受动性，由于这样一种习性和受动性，一个人便倾向于一件事物而不是另一件事物，然而，甚至这些倾向也是服从理性判断的。这样的性质也服从于理性，因为它是我们力所能及的，无论我们是获得它们（无论是藉产生它们，还是安排我们自己达到它们都是一样），还是我们拒绝它们，事情都是如此。所以，在这方面，是根本不存在与自由意志相抵触的东西的。

508a 第 2 条　自由意志是否是一种能力？

现在我们着手讨论第 2 条。

异议：自由意志似乎并不是一种能力（potentia）。

理据 1：因为自由意志不是别的无非是一种自由判断（liberum iudicium）。但是，判断所表示的是一种活动，而不是一种能力。所以，自由意志并不是一种能力。

理据 2：再者，自由意志被界定为“意志和理性的官能”。[①] 但是，官能所表示的是一种能力的熟练，而这种熟练则是归因于习性

---

① 彼得·隆巴迪：《箴言四书》，Ⅱ，d. 24，3。

的。所以，自由意志是一种习性。再者，伯纳德在《论恩典与自由》第1、2章中也说过：自由意志是"灵魂安排它自身的一种习性。"所以，它不是一种能力。

理据3：还有，没有什么自然能力会由于犯罪而丧失的。但是，自由意志是由于犯罪而丧失的，因为奥古斯丁在《教义手册》第30章中说过："人，由于滥用自由意志，不仅丧失了自由意志，而且也丧失了他自己。"所以，自由意志并不是一种能力。

但是，从另一个方面看，除能力外似乎没有什么东西能够成为习性的主体。但是，自由意志乃恩典的主体，它借助于恩典而选择了善的事物。所以，自由意志是一种能力。

我的回答是：虽然自由意志在严格的意义上表示的是一种活动，但是，在普通的讲话中，我们往往把人藉以自由决断的活动原则称作自由意志。这样，在我们身上，一项活动的原则便既是能力又是习性。因为我们说过，我们是既通过知识也通过理智能力来认识一些事物的。所以，自由意志就必定或者是一种能力，或者是一种习性，或者是一种具有习性的能力。[①] 它之既不是一种习性，也不是一种具有习性的能力，是可以用两种方式予以清楚地证明的。这首先是因为，如果它是一种习性，它就必须是一种自然习 508b
性。因为人之具有自由意志是自然的。但是，在我们身上，就那些属于自由意志的事物来说，是根本没有什么自然习性的。因为我们是自然地倾向于那些我们对之具有自然习性的事物的，例如，我们会自然地倾向于认同第一原则，而那些我们自然倾向的那些事

① 大阿尔伯特：《受造物大全》，Ⅱ，qu. 70，a. 2；波那文都：《〈箴言四书〉注》，Ⅱ，d. 25，p. 1，a. 1，qu. 4；哈勒斯的亚历山大：《神学大全》，IaIIi，n. 390。

物却并不属于自由意志；我们前面在讲幸福的欲望时曾经谈到过这一点（问题 82 第 1、2 条）。所以，它之为一种自然习性是同自由意志的概念相抵触的。而它之为一种非自然习性却也同样是同它的本性相抵触的。所以，在任何一种意义上，它都不是一种习性。

其次，按照《伦理学》第 2 卷的观点，"习性被界定为那种我们藉以在活动和情感方面受到妥当或不当安排的事物"，这一点也是很清楚的。[①] 因为我们借助节制在情欲方面便可以得到妥当的安排，而由于放纵便会得到不当的安排；而借助知识，当我们认识真理的时候，我们就能够被妥当安排实现理智的活动，而由于相反的习性，我们就会受到不妥当的安排。但是，自由意志在选择善或选择恶的方面是无所区别的；因此，自由意志成为一种习性是不可能的。所以，它是一种能力。

答异议理据 1：一种能力由它的活动来命名并非什么奇怪的事情。所以，这种作为一种自由决断的活动也同样能够对作为这种活动原则的能力加以命名。否则，如果自由意志是称呼一种活动的话，那它就不可能始终存在于人的身上。

答异议理据 2："官能"（facultas）有时用来称呼一种随时可以投入运作的能力，而且在这个意义上，"官能"这个词恰恰是按照自由意志的定义予以使用的。但是，伯纳德却认为习性并不是针对能力而区分的，而是用来表示一种性向，人就是借着这种性向而与一种活动具有某类关系的。而这是既可以通过一种能力也可以通过一种习性成为如此的。因为人凭借一种能力，似乎就可以实施

① 亚里士多德：《伦理学》，Ⅱ，5，1105b25。

这种活动,而凭借一种习性他就倾向于妥当或不妥当地活动。

答异议理据 3:人被说成是由于堕落犯罪而丧失的自由意志, 509a
相关的不是自然的自由,这是一种来自强制的自由,而是那种来自过失和不幸的自由。关于这一点,我们将在本书第二部分论道德部分予以讨论(第二集上部问题 85;问题 109)。

第 3 条　自由意志是否是一种欲望能力?

现在我们着手讨论第 3 条。

异议:自由意志似乎并不是一种欲望能力(potentia appetitiva),而是一种认识能力(potentia cognitiva)。

理据 1:因为大马士革的约翰在《论正统信仰》第 2 卷第 27 章中说过:"自由意志直接地伴随着理性本性。"但是,理性是一种认识能力。所以,自由意志是一种认识能力。

理据 2:再者,自由意志之所以被称作自由意志,似乎在于它是一种自由判断。但是,判断是认识能力的一种活动。由此可见,自由意志是一种认识能力。

理据 3:还有,自由意志的主要功能在于选择。但是,选择似乎属于知识,因为它内蕴着一件事物同另一件事物的比较,而比较是属于认识能力的。由此可见,自由意志是一种认识能力。

但是,从另一个方面看,哲学家在《伦理学》第 3 卷中却说过:选择是"对那些存在于我们身上的东西的欲望"。[①] 但是,欲望是欲望

① 亚里士多德:《伦理学》,Ⅲ,3,1113a11。

能力的一种活动。所以,选择也是如此。但是,自由意志却是那种我们藉以进行选择的东西。由此可见,自由意志是一种欲望能力。

我的回答是:自由意志的固有活动在于选择。因为我们说:我们之所以具有自由意志,乃是因为我们能够在拒绝另一件事物的
509b 同时而接受一件事物,而这也就是去选择。所以,我们必须通过选择的本性来考察自由意志的本性。而这样两个东西在选择这个问题上汇聚到一起来了:其中一个是就认识能力方面而言的,另一个则是就欲望能力而言的。就认识能力方面来说,判断(consilium)是必要的,因为我们是凭借判断来确定更为喜欢的是这一件事物而非另一件事物的;就欲望能力方面而言,它要求欲望去接受决策的判定。所以,亚里士多德在《伦理学》第 6 卷中将选择主要属于欲望能力还是属于认识能力这个问题悬置起来;他说:选择"或者是一种欲望的理智,或者是一种理智的欲望"。[①] 但是,当他把选择说成是"一种由决策产生出来的欲望"时,他是倾向于认为选择是一种理智欲望的。[②] 其理由在于选择的合适对象本身乃是达到目的工具,而这种工具本身也就是那种被称作有用的善的本性。所以,既然善本身乃欲望的对象,那就可以得出结论说:选择主要是欲望能力的一种活动。由此可见,自由意志是一种欲望能力。

答异议理据 1:欲望能力是伴随着认识能力的。而大马士革的约翰也正是在这个意义上说自由意志直接地伴随着理性能力。

答异议理据 2:判断可以说是包括了和决定着决策。决策首先就是由理性判断所决定的,其次是由欲望的接受所决定的。因

① 亚里士多德:《伦理学》,Ⅵ,2,1139b4。

② 同上书,Ⅲ,3,1113a11。

此，哲学家在《伦理学》第 3 卷中说："在通过决策形成一个判断之后，我们就根据这种决策来欲望。"而在这个意义上，选择本身就是一种自由意志由以得名的判断。

答异议理据 3：内蕴在"选择"这个名词之中的这种比较属于先在的决策，而这种决策则为一种理性活动。因为虽然欲望并不造成比较，但是，既然它为进行比较的认识能力所推动，则它也就由于优先选择这一个而不是另一个而与比较相类似了。

第 4 条　自由意志是否是一种区别于意志的能力？ 510a

现在我们着手讨论第 4 条。

异议：自由意志似乎是一种区别于意志（voluntate）的能力。

理据 1：因为大马士革的约翰在《论正统信仰》第 2 卷第 22 章中说过："θελησις"是一件事物，而"βουλησις"则是另一件事物。但是，θελησις 是意志，而 βουλησις 则似乎是自由意志。因为按照他的观点，βουλησις 当以在两件事物之间进行比较的方式相关于一个对象时，便是意志。所以，自由意志似乎是一种不同于意志的能力。

理据 2：再者，能力是通过它们的活动得到认识的。但是，选择，作为自由意志的活动，却是区别于意志的。这是因为一如《伦理学》第 3 卷中所说，"意志所关涉的是目的，而选择所关涉的则是达到目的手段。"[①]所以，自由意志是一种与意志有别的能力。

① 亚里士多德：《伦理学》，Ⅲ，2，1111b26。

理据 3:还有,意志是理智的欲望。但是,就理智方面而言,有两种能力:一种是能动的,一种是被动的。所以,就理制欲望而言,在意志之外,必定存在有另外一种能力。而这似乎只能够是自由意志。所以,自由意志是一种区别于意志的能力。

但是,从另一个方面看,大马士革的约翰在《论正统信仰》第 3 卷第 14 章中说过:自由意志不是别的,无非是意志。

我的回答是:欲望能力,如上所述(问题 64 第 2 条;问题 80 第 2 条),必定是同认识能力相称的。这样,正如在理智认识方面我们具有理智和理性一样,在理智欲望方面,我们也同样具有意志和自由意志,而自由意志无非是那种选择能力。这一点从它们同它们各自的对象和活动的关系就可以清楚地看出来。因为理解活动蕴涵着对某种东西的单纯接受;因此,我们说:我们理解第一原则,
510b 因为我们是无需比较就可以认识它们本身的。但是,推理,严格说来,则是从一件事物达到另一件事物的知识的。所以,严格说来,我们的推理是关于结论的,而这些结论是由原则得到认识的。同样,就欲望方面而言,意欲活动也蕴涵着对某种东西的单纯接受;因此,意志被说成是关于目的,意志是为了它自身才去意欲这目的。但是,选择却是为了获得某种别的事物才去欲望某件事物的,所以,严格说来,它是关于达到目的手段的。这样,正如在知识问题上,同原则相关的是那些我们由于原则而予以认同的结论一样,所以,在欲望问题上,同目的相关的则是手段,而这些手段是由于目的方被欲望的。因此,很显然,正如理智相关的是推理一样,意志相关的则是选择能力,亦即自由意志。但是,如上所述(问题 79 第 8 条),理解和推理属于同一种能力,正如处于静止状态和处于

运动状态属于同一种能力一样。所以，意欲活动(velle)和选择活动(eligere)也就属于同一种能力，而且，正因为如此，意志和自由意志就不是两种能力，而是一种能力。

答异议理据1："θελησις"与"βουλησις"之间虽然不同，但不是由于能力的不同，而是由于活动的不同。

答异议理据2：选择和意志亦即意志活动，是两种不同的活动；然而，它们却属于同一种能力，就如理解和推理属于同一种能力一样，这一点我们在前面就已经说过了。

答异议理据3：理智是在推动意志的情况下对照于意志的。所以，在意志中是无需区别能动意志(agens)和可能意志(possibile)的。

问题 84
论灵魂,当其同身体结合在一起的时候,是如何理解比它低级的有形事物的

(共 8 条)

现在我们必须进而从理智和欲望能力的角度来考察灵魂的活
511a 动(actibus)和习性(habitibus),因为灵魂的其他能力都是不可能直接地进入神学家的考察范围的。再者,灵魂欲望部分的活动属于道德科学的考察范围;所以,我们将在本书的第二集里讨论它们,对道德问题的考察是属于这一部分的。但是,对于理智部分的活动,我们现在就将着手考察。首先,我们将考察灵魂的活动;尔后,我们接着考察灵魂的习性。

在讨论这些活动时,我们将依照下述顺序进展下去。首先,我们将探究灵魂当其同身体结合在一起的时候是如何理解的;其次是探究,灵魂当其离开身体时又是如何理解的(问题 89)。

这些探究中的前一个方面有三个层面:(1)灵魂是如何理解比它低级的形体的;(2)灵魂是如何理解它自身以及包含在它自身之中的事物的(问题 87);(3)灵魂是如何理解高于它的非物质的实体的(问题 88)。

在讨论有形事物的知识时，有 3 个问题需要考察：(1)灵魂是藉什么认识它们的？(2)它是如何认识它们的？它是以什么样的次序认识它们的？(问题 85)(3)它在它们中认识到了什么？(问题 86)

对于第一个问题，有 8 个要点需要探究：

(1)灵魂是否是藉理智认识形体的？

(2)它是藉它的本质还是藉任何种相理解它们的？

(3)如果是藉某些种相来理解的，则所有可理解事物的种相是否是自然地天赋于灵魂之中的？

(4)这些种相是否是由灵魂从一些独立的非物质的形式中得到的？

(5)我们的灵魂是否是在永恒的观念中看到它所理解的一切的？

(6)它是否是从感觉获得理智知识的？

(7)理智是否能够藉它所拥有的种相现实地理解而无需返归心像？

(8)理智判断是否为感觉能力的障碍所阻挠？

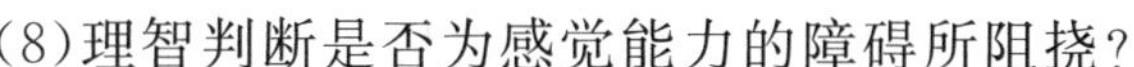

第 1 条　灵魂是否是藉理智认识形体的？ 511b

现在我们着手讨论第 1 条。

异议：灵魂似乎并不是藉理智(intellectum)认识形体(corpora)的。

理据 1：因为奥古斯丁在《独白篇》第 2 卷第 4 章中说过："形体是不可能藉理智得到理解的，其实，任何有形的事物，倘若它不能够为感官知觉到，便都是不可能藉理智认识得到的。"他在《〈创世记〉文字注》第 12 卷第 24 章中还说过：理智所看到的是那些其本质存在于灵魂之中的事物。但是，这样的事物并不是形体。所以，灵魂是不可能藉理智认识形体的。

理据2:再者，正如感觉相关于可理解的事物一样，理智也同样相关于可感觉的事物。但是，灵魂是绝不可能藉感觉来理解那些可理解的精神事物的。所以，它也绝不可能藉理智认识到那些可感觉的形体。

理据3:还有，理智相关的是必然的和无可改变的事物。但是，所有的形体都是可以流动的和可以变化的。所以，灵魂是不可能藉理智认识形体的。

但是，从另一个方面看，科学(scientia)是存在于理智之中的。所以，如果理智不能够认识形体的话，那就可以得出结论说:根本不存在什么关于形体的科学。这样，论述可以变化的形体的自然科学就遭到了破坏。

我的回答是:为了澄清这个问题，早期的哲学家们，探究事物的本性，认为在世界上除形体外根本不存在任何别的事物(参阅问题44第2条)。而且，由于他们看到所有的形体都是可以流动变化的，认为它们处于持续流变的状态中，他们便持守这样一种意见，这就是:我们对事物的真实本性不可能具有任何确定的知识。凡是处于流变状态中的东西都是不可能被确定地把握住的，因为按照赫拉克利特“在消逝的急流中，我们是不可能两次触摸到一滴水”的说法，在我们的心灵能够对它们形成判断之前它们就已经消逝了，哲学家在《形而上学》第4卷中也认同这一点。①

① 亚里士多德:《形而上学》，Ⅳ，5，1010a14。

此后，柏拉图则希望藉理智来拯救我们真理知识的确定性，主张：除这些有形事物外，还有另一类存在物，它们是同物质和运动相分离的，他称之为种相(species)或理念(ideas)，而单个感觉事物中的每一个都是由于分有这些种相或理念而被说成是一个人或者被说成是一匹马等等的。[①] 所以，他说：科学和定义，以及属于理智活动的无论什么样的东西，相关涉的都不是这些可感觉的形体，而是那些非物质的和独立的事物(参阅本问题第 3 条答异议理据 3)。因此，依据这种观点，灵魂所理解的便不是这些有形事物，而是那些同这些有形事物相关的独立的种相。 512a

然而，这种意见就由于下述两个理由而被表明是虚假的。首先是因为，既然那些种相是非物质的和不可变动的，运动和物质的知识就被从科学(这种知识特别地属于自然科学)中排除了出去，而且，所有那些借助动力因和质料因的推证也就同样被排除了出去。其次是因为，当我们寻求于我们是清楚明白的事物的知识的时候，引进其他一些不可能构成那些事物的实体的存在物是荒谬的，因为它们在存在方面是不同的。所以，即使我们具有关于那些独立实体的知识，我们也不可能由于这个理由而声言我们对这些感觉事物形成了一个判断。

这样，柏拉图似乎就偏离了真理。因为在考察了所有的知识都是藉某种类似而发生的之后，他认为所认识的事物的形式必定像存在于所认识的事物之中那样存在于认知者之中。[②] 因此，他

① 参阅亚里士多德：《形而上学》，Ⅰ，6，987b6；9，992b7；柏拉图：《泰阿泰德篇》，156A。

② 参阅亚里士多德：《论灵魂》，Ⅰ，2，404b17。

认为所理解的事物的形式是以普遍性、非物质性和无可变动性的状态存在于理智之中的，这显然是由理智的运作本身产生出来的，而理智的理解活动具有一种普遍的范围，并且服从于一定的必然性。因为，这种活动样式同活动主体的形式的样式是相对应的。所以，他认为：我们所理解的事物必定是在非物质性和无可变动性的相同条件下其本身即具有存在的。

但是，这里是没有任何必然性的。因为即使在可感觉的事物中，我们也会看到：形式在一个可感觉的事物中是不同于在另一个可感觉的事物之中的。例如，白在一件事物中的强度可能比较大，而在另一件事物中的强度就可能比较小些，在一件事物中我们发现白色同甜味结合在一起，而在另一件事物中我们则发现白色没有同甜味结合在一起。同样，感觉形式的条件是各不相同的：不仅外在于灵魂之外的事物中的感觉形式是如此，而且，接受感觉事物

512b 而不接受质料的感觉中的感觉形式，例如，没有黄金的金黄的颜色，也是如此。所以，理智，也按照它自己的样式，在非物质性和无可变动性的条件下，接受物质的和可以变化的形体的种相。因为所接受的东西是依照接受者的样式存在于接受者之中的。所以，我们必须得出结论说：灵魂是藉理智，借助一种非物质的、普遍的和必然的知识来认识形体的。

答异议理据1：奥古斯丁的这些话相关的应当被理解为是理智知识的中介物的，而不是相关于它的对象的。因为，理智之藉理解形体来认识形体，其实并不是藉形体，也不是藉物质的和有形体的种相来认识它们的，而是藉非物质的和可理解的种相来认识它们的，而种相则是能够藉它们自己的本质存在于灵魂之中的。

答异议理据 2：按照奥古斯丁在《上帝之城》第 22 卷第 29 章中的观点，说像感觉只认识形体那样，理智只认识精神的事物，这是不恰当的。因为，如是，则可以得出结论说：上帝和天使将会因此而认识不了有形事物。它们之间的区别的理由在于：低级能力不可能扩展到那些适合于高级能力的事物上，而高级能力则能够以更为卓越的方式做那些适合于低级能力的事情。

答异议理据 3：每一项运动都预设了某种不可运动的东西。因为，当性质的变化发生时，实体却依然没有变化；而当实体形式有了变化时，质料却依然没有变化。再者，可变事物的各种不同的条件是固定不变的。例如，虽然苏格拉底并非始终坐着，但是只要他坐着，他之总是存留在一个地方之为真则是无可更易的。由于这个理由，就没有什么东西能够障碍我们对可以改变的事物具有无可更易的科学。

第 2 条　灵魂是否是藉其本质来理解有形事物的？

现在我们着手讨论第 2 条。

异议：灵魂似乎是藉其本质（essentiam）来理解（intelligat）有 513a
形事物的。

理据 1：因为奥古斯丁在《论三位一体》第 10 卷第 5 章中说过：灵魂"收集和把握在灵魂中形成的并且属于灵魂的形体的形象（imagines），因为它在形成它们的过程中给了它们某种属于它自己的实体的东西"。但是，灵魂却是藉形体的形象（similitudinem）

来理解形体的。所以,灵魂是藉它的本质来认识形体的,它为了形成这样的形象而运用它的本质,并且也是由此构成它们的。

理据2:再者,哲学家在《论灵魂》第3卷中说过:“灵魂差不多就是一切事物。”[1]所以,既然同类是藉同类认识的,灵魂就似乎是藉它自身来认识有形事物的。

理据3:还有,灵魂似乎高于有形的受造物。这样,低级事物,一如狄奥尼修斯在《天国等级论》第12章第2节中所说,就以比在它们自身之中更为卓越的方式存在于高级事物之中。所以,所有有形的受造物都是以一种比存在于它们自身之中的更为卓越的方式存在于灵魂之中的。由此可见,灵魂是能够藉它的本质认识有形的受造物的。

但是,从另一个方面看,奥古斯丁在《论三位一体》第9卷第3章中却说过:“心灵是藉身体的感觉来获得有形事物的知识的。”但是,灵魂本身却是不可能经由身体器官被认识的。所以,它是不可能藉它自身来认识有形事物的。

我的回答是:古代哲学家们认为,灵魂是藉它的本质来认识形体的。因为,“同类认识同类”这项原则灌输到了所有人的心灵里。[2] 但是,他们认为:所认识的事物的形式存在于认知者之中就像存在于所认识的事物中一样。然而,柏拉图主义者却持相反的意见。因为,柏拉图由于注意到了理智灵魂是非物质的,具有一种非物质的知识样式,[3]从而认为:所认识的事物的形式也是非物质

① 亚里士多德:《论灵魂》,Ⅲ,8,431b21。

② 参阅亚里士多德:《论灵魂》,Ⅰ,5,409 b24。

③ 参阅亚里士多德:《形而上学》,Ⅰ,6,987b6。

地独立存在着的(参阅前面第 1 条)。而早期的自然哲学家们，由于看到所认识的事物是有形的和物质的，便认为：所认识的事物必定也是物质地存在于认识它们的灵魂之中。所以，为了把关于所 513b
有事物的知识归因于灵魂，他们就坚持认为：它同所有事物具有一样的本性。[①] 而且，由于一个结果的本性是由它的原则决定的，他们也就因此而把原则的本性归因于灵魂，这样，那些认为火乃万物原则的人们便主张灵魂具有火的本性，至于空气和水也同样如此。[②] 最后，是恩培多克勒，他假定了四种物质要素和两种运动原则，并且认为灵魂就是由它们组合而成的。[③] 因此，既然他们认为事物是物质地存在于灵魂之中的，他们也就主张所有灵魂的知识都是物质的，从而无从分辨理智和感觉。[④]

但是，这种意见是站不住脚的。这首先是因为，在他们所讲到的物质原则中，各种不同的结果除非以潜在的形态便不可能存在。但是，一如《形而上学》第 8 卷第 9 章中所说，一件事物并不是从它处于潜在状态而被认识到的，而仅仅是就它处于现实状态而被认识到的。[⑤] 因此，一种能力除非藉它的现实性是不可能被认识的。所以，为了解释灵魂能够认识所有的事物这个事实，把事物的原则的本性归因于灵魂是不充分的，除非我们进一步承认：在灵魂中有每个个体结果，诸如骨头、肉等等的本性和形式。因此，亚里士多

① 参阅亚里士多德：《论灵魂》，Ⅰ，5，409b24。

② 同上书，Ⅰ，2，405a5。

③ 参阅亚里士多德：《论产生和消灭》，Ⅰ，1，314a16；《论灵魂》，Ⅰ，5，410a3。

④ 参阅亚里士多德：《论灵魂》，Ⅲ，3，427a21。

⑤ 亚里士多德：《形而上学》，Ⅸ，9，1051a29。

德也就针对恩培多克勒进行了论证。[①] 其次是因为，如果所认识的事物必然物质地存在于认知者之中，那物质地存在于灵魂之外的事物也就没有任何理由缺乏知识了。例如，如果灵魂是藉火认识火的，那为什么处于灵魂之外的火却不具有火的知识呢？

所以，我们必须得出结论说：所认识的物质事物必定不是物质地而是非物质地存在于认知者之中的。其理由在于：知识活动是能够扩展到认知者之外的事物上的，因为我们也认识那些存在于我们之外的事物。然而，一件事物的形式是由于质料而被确定到
514a 某一件事物上的。所以，很清楚，知识反过来也就相关于物质性了。因此，那些除物质性外不能接受形式的事物，一如《论灵魂》第2卷所说，是不具有无论什么样的知识的能力的，例如植物即是如此。[②] 但是，一件事物越是非物质地具有所认识的事物的形式，它的知识也就越是完满。所以，不仅从物质，而且也从个体物质条件抽象种相的理智，便比感觉具有更为完满的知识，因为感觉接受所认识的事物的形式，虽然无需事实上的物质，但是却是服从物质条件的。再者，在感觉之间，视力具有更为完满的知识，因为如我们在前面业已注意到的（问题78第3条），它是最少物质性的，而在诸理智之间，越是完满的便越是非物质的。

所以，如前所述，如果存在有藉它的本质认识所有事物的理智的话，那它的本质显然必定在其自身之中非物质性地具有所有的事物。早期哲学家们因此就认为：可以认识所有事物的灵魂的本质，就必定是由所有物质事物的诸多原则现实地组合而成的。然

① 亚里士多德：《论灵魂》，Ⅰ，5，409b23。

② 同上书，Ⅱ，12，424a32。

而，其本质非物质地包含所有的事物只适合于上帝，因为结果实际上是事先存在于它们的原因之中的。所以，只有上帝能够藉他的本质理解所有的事物，而无论是人的灵魂还是天使都是不可能做到这一步的。

答异议理据 1：奥古斯丁在这段话中讲到的是一种想象的视觉，这是藉形体的形象发生的。为了形成这样一些形象，灵魂就需要提供属于其实体的东西以为这些形象的主体，正如为了形成某种形式就需要给出一个主体一样。这样，灵魂就从它自身制造了这样一些形象。不是因为灵魂或灵魂的某个部分转变成了这个或那个形象，而是正如我们所说：一个形体之被造成某种有颜色的事物乃是由于它由颜色所构建。这感觉显然是来自随后产生的东西。因为他说：灵魂"保持某种东西"，也就是说，灵魂不是由这样的形象构建起来的，而是"这些东西能够自由地判断这些形象的种相"；而"这也正是心灵或理智"。他还说：这个部分是由这些形象，即想象构建起来的，是我们和无理性的动物所共有的。

答异议理据 2：亚里士多德并不认为灵魂实际上是由所有事 514b
物组合而成的，只有那些早期哲学家们才是这样主张的。他说"灵魂差不多是所有的事物"，是就它潜在地相关于所有的事物而言的，是就它藉感觉潜在地相关于所有可感觉的事物，藉理智潜在地相关于所有可理解的事物而言的。

答异议理据 3：每一个受造物都具有一种有限的和确定的存在。所以，高级受造物的本质同低级受造物，虽然就它们在属相方面具有某种共同事物而言，具有某种类似性，但是，它在相关方面却并非完全一样。因为在低级受造物种相之外，它还被确定为属于某个别的种相。但是,上帝的本质乃一切事物的完满的类似性,这里所谓一切事物所意指的是受造事物中可能找到的无论什么样的东西,因为上帝的本质是万物的普遍原则。

第3条 灵魂是否是藉天赋的种相来理解所有事物的?

现在我们着手讨论第3条。

异议:灵魂似乎是藉天赋的种相(species sibi naturaliter inditas)来理解所有事物的。

理据1:因为格列高利在一次关于耶稣升天的布道中说过:"人与天使一样具有理解活动。"但是,天使是藉天赋的形式理解所有事物的。因此,《论原因》第9节中说道:"每一种灵智都充满了形式。"所以,灵魂也具有关于事物的天赋的种相,而它也就是凭借这些种相来理解有形事物的。

理据2:再者,理智的灵魂比形体的原初质料(materia prima)更为卓越。但是,原初质料是由上帝在它对其具有潜在状态的形式下创造出来的。因此,理智灵魂更其是上帝在可理解的种相的名义下创造出来的。所以,灵魂是藉天赋的种相来理解有形事物的。

理据3:还有,一个人如果不是他所认识的事物,他给出的答
515a 案便不可能是真理。但是,甚至一个没有受过教育的和没有获得过任何知识的人,如果我们以一种有序的方式,就像我们发现的在柏拉图的《美诺篇》中所讲述的那样,向他提出关于某个个体的问

题，他也是能够回答出每个问题的真理的。所以，我们即使在获得科学之前，就已经具有了关于事物的某种知识了，而除非我们具有天赋的种相，我们是不可能成为这样的。所以，灵魂是藉天赋的种相来理解有形事物的。

但是，从另一个方面看，哲学家在《论灵魂》第 3 卷中，在讲到理智时却说过：它就像“一块上面什么也没有写的板子”。[①]

我的回答是：既然形式是活动的原则，一件事物就必定像它相关于一个活动那样相关于作为该活动原则的形式。例如，如果向上的运动是由于轻的缘故，那么，仅仅潜在地向上运动的事物就必定潜在地是轻的，而那些现实地向上运动的事物就必定现实地是轻的。这样，我们就会看到：人有时仅仅是一个潜在的认知者，无论就感觉而言还是就理智而言，都是如此。而且，他是由这样一种潜在达到现实的：藉感觉事物对感官的作用而达到感觉活动；藉教育或发现而达到理解活动。因此，我们必须说：认知的灵魂不仅潜在地相关于作为感觉原则的类似物，而且也潜在地相关于那些作为理解原则的东西。由于这个理由，亚里士多德便坚持认为：灵魂藉以理解的理智虽然没有任何天赋的种相，但最初却潜在地是所有这些种相。

但是，既然现实地具有形式的事物有时由于某种障碍而不能够按照那种形式活动，例如，一件轻的事物很可能由于受到阻挠而不能向上运动；由于这个理由，柏拉图便坚持认为：人的理智虽然自然地充满所有可理解的种相，但是，由于同身体结合在一起的缘

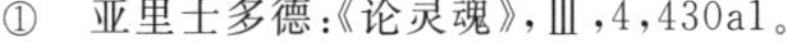

① 亚里士多德：《论灵魂》，Ⅲ，4，430a1。

故，它便受到阻挠而不能实现它的活动。[①] 但是，这似乎是错误的。这首先是因为，如果灵魂具有关于万物的自然知识，那灵魂忘却自然知识以至于不知道它具有这些知识就似乎是不可能的。因为没有什么人能够忘掉他自然知道的事物，如每一个整体都大于
515b 部分等等。而且，如果我们假定灵魂同身体结合在一起是自然的，如我们在前面业已确认的那样(问题76第1条)，这一点就似乎尤其不合理了。因为一件事物的自然运作完全为自然地属于它的事物所阻挠显然是不合理的。其次，这种意见的荒谬性从如果缺乏某种感觉，藉那种感觉所认识的知识也因此而缺乏这样一个事实就可以清楚地看出来。例如，一个生来即盲的人是不可能具有关于颜色的知识的。如果灵魂具有关于所有可理解事物的天赋的种相的话，事情就不会如此这般了。所以，我们必须得出结论说：灵魂并不是藉天赋种相来认识有形事物的。

答异议理据1：其实，人和天使虽然同样具有理解能力(intelligendo)，但是，却不属于同一个完满性的等级；就像仅仅存在的低级的形体，按照格列高利的说法，与高级形体不属于完满性的同一个等级一样。因为低级形体的质料并不完全是由它的形式完成的，而是潜在地相关于它并不具有的形式。但是，天体的质料却是完全由它的形式完成的，这样，它就并不是潜在地相关于任何别的形式，这一点我们前面就已经说过了(问题66第2条)。同样，天使的理智也是由可理解的种相依照它的本性完善的，而人的理智则是潜在地相关于这样的种相的。

① 参阅亚里士多德：《形而上学》，Ⅰ，9，993a1；也请参阅本集问题89第1条。

答异议理据 2：原初质料是经由它的形式而具有实体性存在的，从而它就必定是在某种形式下被创造出来的。否则，它就不会处于现实状态。但是，一旦它在一定形式下存在，它就潜在地相关于其他形式。另一方面，理智并不能藉可理解的种相接受实体性存在。由此可见，它们之间是没有什么可以比较的。

答异议理据 3：如果问题以一种有序的方式提出来，它们就会从一种普遍自明的原则达到特殊的事物。这样，藉这样一个过程，知识就能够在学习者的心灵中产生出来。所以，当他回答随后问题的真理的时候，这并不是由于他先前就具有了知识，而是因为他是这样第一次学会的。教师是藉询问还是藉断言从普遍原则达到结论是无关紧要的，因为在任何情况下，倾听者的心灵都是藉在先 516a
的事物来确信随后的事物的。

第 4 条　可理解的种相是否是从某些独立的形式流入灵魂的？

现在我们着手讨论第 4 条。

异议：可理解的种相似乎是从某些独立的形式（formis separatis）流入灵魂的。

理据 1：凡藉分有（participationem）而如此这般的事物都是由本质上如此这般的事物造成的。例如，凡是着火的事物都可以追溯到火为它的原因。但是，理智灵魂，就它在现实地进行理解活动而言，却分有着可理解的事物本身，因为，在一定意义上，现实的理智即是被现实理解的事物本身。所以，被现实理解的事物本身并且就它的本质而言，即是理智的灵魂得以现实理解的原因。然而，现实理解的东西，就其本质而言，即是存在于质料之外的形式。所以，灵魂藉以理解的可理解的种相，便是由某种独立的形式产生出来的。

理据 2：再者，可理解的事物相关于理智，就像可感觉的事物相关于感觉一样。但是，存在于我们的感觉之中我们藉以感觉的可感觉的种相是由现实地存在于灵魂之外的可理解的事物产生出来的。所以，我们的理智藉以理解的可理解的种相也是由一些存在于灵魂之外的现实地可理解的事物产生出来的。但是，这些事物不可能是别的，无非是独立于质料的形式。所以，我们理智的可理解的形式是从某些独立的实体流溢出来的。

理据 3：还有，凡是潜在地存在的东西都是能够藉某种现实的事物转变成现实的。所以，如果我们的理智起先是潜在地，尔后是
516b 现实地理解的话，这就必定是由某个始终现实存在的理智所引起的。所以，我们藉以现实理解的可理解的种相是由某些独立的实体产生出来的。

但是，从另一个方面看，如果事情确实如此的话，那我们为了理解就无需感觉了。特别是如果一个人缺乏一种感觉，那他就不可能具有对应于这种感觉的任何知识；由此看来，这是相当荒谬的。

我的回答是：一些人曾经认为，我们理智的可理解的种相出自一些独立的形式或实体。而这是以两种方式发生的。因为，柏拉图，如上所述（第 1 条），认为：可感觉事物的形式是在没有质料的情况下自行独立存在的。例如，一个他称之为人本身的人的形式，以及一匹他称之为马本身的马的形式或理念等，即是如此。所以，他说，这些形式是既为我们的灵魂又为形体的质料分有的：为我们的灵魂所分有，方有认识；为形体质料所分有，方有存在；[①]正如形体质料藉分有石头的理念而成了一块石头一样，我们的理智也由于分有石头的理念而得以理解石头。这样，对理念的分有在分有者当中就是藉这一理念的某种形象(similitudines)而发生的，正如一个原型为一个摹本所分有一样。[②] 所以，正如他认为存在于形体质料之中的可感觉的形式是由作为某些相关形象的理念产生出来的一样，他也同样认为我们理智的可理解的种相也是它们所从出的理念的形象。而且，由于这个原因，如上所述(第 1 条)，他就认为科学和定义起源于那些理念。

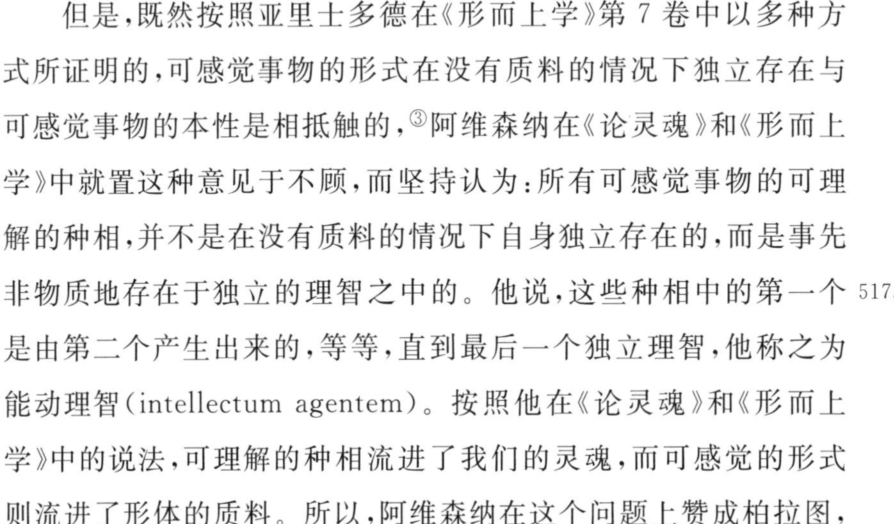

但是，既然按照亚里士多德在《形而上学》第 7 卷中以多种方式所证明的，可感觉事物的形式在没有质料的情况下独立存在与可感觉事物的本性是相抵触的，[③]阿维森纳在《论灵魂》和《形而上学》中就置这种意见于不顾，而坚持认为：所有可感觉事物的可理解的种相，并不是在没有质料的情况下自身独立存在的，而是事先
非物质地存在于独立的理智之中的。他说，这些种相中的第一个 517a
是由第二个产生出来的，等等，直到最后一个独立理智，他称之为能动理智(intellectum agentem)。按照他在《论灵魂》和《形而上学》中的说法，可理解的种相流进了我们的灵魂，而可感觉的形式则流进了形体的质料。所以，阿维森纳在这个问题上赞成柏拉图，

① 参阅亚里士多德：《形而上学》，Ⅰ，9，991b3；柏拉图：《斐多篇》，100D。

② 参阅亚里士多德：《形而上学》，Ⅰ，9，991a21；柏拉图：《蒂迈欧篇》，28A、30C。

③ 亚里士多德：《形而上学》，Ⅶ，14，1039a24。

也认为:我们理智的可理解的种相是从一些独立的形式流出来的。但是,柏拉图却认为这些种相是自行存在的,而阿维森纳则把它们放到了能动理智之中。因此,他们的区别在于:阿维森纳认为,可理解的种相在其不再现实地理解之后,便不再留存于我们的理智之中,而为了重新得到它们,就需要回归到能动理智。因此,他并不是像柏拉图那样,主张灵魂具有天赋的知识,而柏拉图则是主张被分有的理念无可改变地存留在灵魂之中。[①]

但是,这种意见并没有对灵魂何以同身体结合在一起提供充足的理由。因为我们不能够说理智灵魂之所以同身体结合在一起乃是由于身体的缘故;因为形式并不是由于质料的缘故而存在的,而运动者也不是由于被推动者而存在的,而毋宁说相反。特别是,既然理解活动乃理智灵魂的固有的运作,则身体对于理智灵魂似乎就是必不可少的。因为虽然就其存在而言,灵魂并不依赖于身体;但是,如果灵魂由于它的本性藉一些独立原则的影响而具有接受可理解种相的天生的倾向而不是藉感觉接受它们的,那为了理解也就根本无需身体了。这样一来,灵魂之同身体结合在一起也就无的放矢了。

但是,如果说我们的灵魂为了理解而需要感觉,需要藉以某种方式为它们所唤醒而达到对那些它是从一些独立的原理得到其可理解的种相的事物的考察,甚至这样一种解释看来也是不充分的。因为这种唤醒对于灵魂似乎是不必要的,除非如柏拉图主义者所说的那样,它为"昏睡"(consipita)所抑制,由于同身体的结合而

① 参阅亚里士多德:《形而上学》,Ⅰ,7,988b3;《论题篇》,Ⅱ,7,113a27。

“遗忘”。这样，感觉除了清除灵魂由于同身体的结合而遭遇到的障碍外，对于理智灵魂就没有一点用处(问题 89 第 1 条)。这样看来，灵魂同身体结合的理据就依然需要探究。

如果像阿维森纳那样说：感觉对于灵魂之所以必要，乃是由于 517b
惟有藉感觉它才能够被唤醒，从而转向它从中获得种相的能动理智，这种解释也是不充分的。因为如果灵魂藉从能动理智流溢出来的种相来理解事物是自然的话，那就可以得出结论说：缺乏一种感觉的个体的灵魂有时也能够回到能动理智上来，或者是经由属于其本性本身的倾向返回，或者是藉另外一种感觉的唤醒返回，从而达到接受那些为相应的感觉种相所缺乏的可理解的种相。然而，这样一来，一个生就的盲人就能够具有颜色的知识，而这显然是不真实的。所以，我们必须得出结论说：我们的灵魂藉以理解的可理解的种相是不可能由独立的形式流溢出来的。

答异议理据 1：为我们的理智所分有的可理解的种相能够还原到藉其本质成为可理解的作为它们第一原因的第一原则，即上帝。但是，它们是藉感觉形式和物质事物从那项原则产生出来的，一如狄奥尼修斯在《论神的名称》第 7 章第 2 节中所说，我们就是藉此获得知识的。

答异议理据 2：物质事物，就它们所具有的处于灵魂之外的那种存在而言，虽然可以成为现实地可感觉的，但是却不可能成为现实地可理解的。由此可见，在感觉和理智之间是没有什么可以比较的。

答异议理据 3：我们的可能理智(intellectus noster possibilis)是藉某种现实的存在由潜能转变成现实的，换言之，是藉能动理智，即一种如上所述的灵魂能力（问题 79 第 4 条），而不是藉作为近因（尽管也可能为远因）的独立的灵智转变成现实的。

第 5 条　理智灵魂是否是在永恒的原型中认识物质事物的？

现在我们着手讨论第 5 条。

518a 异议：理智灵魂似乎并不是在永恒的原型（rationibus aeternis）中认识物质事物的。

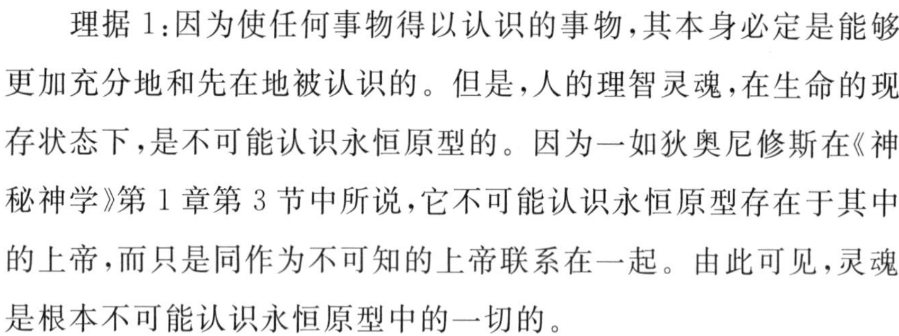

理据 1：因为使任何事物得以认识的事物，其本身必定是能够更加充分地和先在地被认识的。但是，人的理智灵魂，在生命的现存状态下，是不可能认识永恒原型的。因为一如狄奥尼修斯在《神秘神学》第 1 章第 3 节中所说，它不可能认识永恒原型存在于其中的上帝，而只是同作为不可知的上帝联系在一起。由此可见，灵魂是根本不可能认识永恒原型中的一切的。

理据 2：再者，《罗马书》第 1 章第 20 节中说道："上帝的事情，……虽然眼不能见，但藉着所造之物，就可以晓得。"但是，永恒的原型却属于上帝的不可见的事物。由此可见，永恒的原型是可以藉物质的受造物而被认识的，而不是相反。

理据 3：还有，永恒的原型不是别的东西，无非是理念。因为奥古斯丁在《83 问题集》问题 46 中说过："理念乃存在于上帝心灵之中的事物的永恒不变的原型。"所以，如果我们说理智的灵魂是在永恒的原型中认识万物的，我们就回到了柏拉图的意见上面，因为柏拉图说过，所有的知识都是来源于这些永恒原型的（参阅第 1

条和第 4 条)。

但是，从另一个方面看，奥古斯丁在《忏悔录》第 12 卷第 35 章中却说过：“如果我们两个都看到你所说的是真的，并且如果我们两个都看到我所说的是真的，那么，请问我们究竟是在什么地方看到的？既不是我在你身上看到的，也不是你在我身上看到的，而是我们两个在超乎我们心灵的永恒不变的真理中看到的。”然而，这种无以改变的真理是包含在永恒的原型之中的。由此可见，理智灵魂是在永恒的原型中认识所有的真实事物的。

我的回答是：奥古斯丁在《基督宗教学说》第 2 卷第 40 章中说过：“如果那些被称作哲学家们的人偶尔说到过任何真实的同我们的信仰相一致的事物，我们就必须声明这些东西之来自他们就像来自不正当的拥有者一样。因为这些异教徒的学说中，有些是以假乱真的仿造或迷信的虚构，当我们宣布同异教徒社会脱离关系时，我们是必须小心避免这些学说的。”因此，只要深受柏拉图派学说影响的奥古斯丁在他们的学说中发现了什么同信仰相一致的东西，他便都采纳了；而那些他觉得同信仰相抵触的东西，他便都修
订了。柏拉图，如上所述(第 4 条)，坚持认为事物的形式是离开质 518b
料而自行存在的。他把这些形式称作理念，他还说：我们的理智就是由于分有这些理念而认识万物的；这样，正如形体质料由于分有石头的理念而成了一块石头一样，我们的理智也是由于分有同样的理念而具有石头的知识的。但是，像柏拉图派那样断言事物的形式离开质料即自行存在于事物本身之外那样，断言生命本身和智慧本身都是一些受造的实体，同信仰似乎也是相抵触的。狄奥尼修斯在《论神的名称》第 11 章第 6 节中曾经说到过这一点。所

以，针对柏拉图所辩护的理念，奥古斯丁在《83 问题集》问题 46 中说道：所有受造物的原型都存在于上帝的心灵中。万物都是根据这些原型而形成的，同样，人的灵魂也是根据这些原型而认识万物的。

所以，当“人的灵魂确实是在永恒的原型中认识万物的吗”这样的问题提出来的时候，我们就必须答复说：一件事物是以两种方式被说成是在另一件事物中被认识的。第一种是以存在于被认识的对象本身的方式被认识的。就像一个人在一面镜子中看到了其中反射出来的事物的影像一样。灵魂在生命的现存状态下是不可能以这种方式在永恒的原型中看到万物的；只有那些在上帝中看到上帝和万物的有福的人才能在永恒的原型中看到万物。第二种是一件事物被说成是在作为知识原则的另一件事物中被认识的。这样，我们就可以说我们是在太阳之中看到了我们藉太阳看到的事物。从而我们就必须说：人的灵魂是在永恒的原型中认识万物的，因为我们毕竟是藉分有这些原型认识万物的。因为我们身上的理智之光本身，不是别的什么，无非是对自存之光的一种分有的类似，而永恒的原型即包含在这种自存之光中的。因此，《诗篇》第 4 篇第 6 节中写道：“有许多人说：‘谁能指示我们甚么好处？’”《诗篇》作者在回答这个问题时说：“上帝啊！求你仰起脸来，光照我们。”这似乎是在说：万物是藉上帝之光在我们身上的印记而为我们所认识的。

但是，既然为了我们能够具有物质事物的知识，除存在于我们身上的理智之光外，来自事物的可理解的种相也是需要的，所以，
519a 这种知识就不能像柏拉图派所认为的那样，仅仅归因于对永恒原

型的分有，主张单靠对理念的分有对于知识就足够了（参阅本问题第 1、4 条；也请参阅问题 87 第 1 条）。所以，奥古斯丁在《论三位一体》第 4 卷第 16 章中说："虽然哲学家们藉使人信服的论证而证明说，万物都是按照永恒原型在时间中发生的，但是他们能够在永恒原型中看到，或者说由它们而发现了多少种类的动物以及每一种动物的起源吗？他们不是也从时间和地点的描述中来寻找这样的信息吗？"

奥古斯丁并不理解万物是在它们的永恒原型中或在永恒不变的真理中被认识的，仿佛永恒的原型本身是被看到似的。这一点从他在《83 问题集》问题 46 中说过的话便可以看出来，这就是："并不是每一个理性灵魂都能够洞见这种实存"，即永恒原型的，"只有那些圣洁的人"，如那些有福的灵魂，才行。

根据我们已经谈到的内容，对有关反对意见也就容易回答了。

第 6 条　理智知识是否来自感性事物？

现在我们着手讨论第 6 条。

异议：理智知识（intellectiva cognitio）似乎并不是来自感性事物（rebus sensibilibus）的。

理据 1：因为奥古斯丁在《83 问题集》问题 9 中说过："我们是不能期望从身体感官获得充分的真理的。"他是以两种方式对此作出证明的。首先是因为："凡是身体感官所达到的事物都是连续不断地变化着的；而凡是从来不相同的事物都是不可能被知觉到的。"其次是因为："凡是我们藉身体知觉到的事物，即使在其不呈

519b 现给感官的情况下,也可以以它们的影像呈现出来,例如,当我们睡眠或愤怒的时候,情况就往往如此。然而,我们不可能藉感官来分辨我们所知觉的东西究竟是感性事物本身呢还是它们的骗人的影像。然而,凡是无法区别于其仿制品的东西都是不可能被知觉得到的。”于是,他得出结论说:我们是不可能从感官获得真理的。但是,理智知识却认识真理。由此可见,理智知识是不可能由感官传达出来的。

理据 2:再者,奥古斯丁在《〈创世记〉文字注》第 12 卷第 16 章中说道:“我们绝对不能认为身体能够给心灵留下任何印象,仿佛心灵之对于主体本身一如物质之对于身体活动似的。因为活动的事物在任何一个方面都比它所作用的事物更其卓越些。”因此,他得出结论说:身体虽然不可能在心灵中产生出它的影像,但是,心灵自身却能够将它产生出来。由此可见,理智知识并不是来源于感性事物的。

理据 3:再者,结果是不可能超出其原因的能力的。但是,理智知识却能够超出感性事物。因为我们是能够理解某些由感官知觉不到的事物的。由此可见,理智知识并不来源于感性事物。

但是,从另一个方面看,哲学家在《形而上学》第 1 卷中却证明说:知识的原则存在于感觉之中。[①]

我的回答是:在这个问题上哲学家们持有三种意见。因为一如奥古斯丁在他的一封致狄奥斯科(Dioscorus)的信中所说,德谟克利特认为,“所有的知识都是由影像产生出来的,而这些影响则

① 亚里士多德:《形而上学》,Ⅰ,1,981a2。

都是由我们所思考的物体流射出来，然后进入我们的灵魂的。”而亚里士多德在《论睡与醒》中也说过：德谟克利特主张知识是由“影像的流射”产生出来的。[①] 而这种意见的原因在于：德谟克利特与别的早期哲学家们，像亚里士多德所说的那样，并没有在理智和感觉之间作出区别。[②] 因此，既然感觉是随着感性事物而改变的，他们也就认为我们所有的知识都会为这种仅仅由感性事物所造成的变化所影响。而德谟克利特则认为这种变化是由影像的一种流射产生出来的。

另一方面，柏拉图主张理智区别于感觉（问题 75 第 3 条），理 520a
智是一种非物质的能力，它的活动并不利用身体器官。而且，既然无形的事物不可能为有形的事物所改变，则他就坚持认为：理智知识并不是由影响理智的感性事物产生出来的，而是由为理智所分有的独立的可理解的形式产生出来的。这一点，我们在前面就已经说过（第 4、5 条）。再者，他还坚持认为感觉是一种自行运作的能力。因此，既然感觉是一种精神能力，则甚至感觉本身也是不受感性事物的影响的；而是感觉器官为感性事物所影响，结果便是灵魂以某种方式被唤醒，从而在自身之内形成感性事物的种相。奥古斯丁曾经谈到过这种意见。他在《〈创世记〉文字注》第 12 卷第 24 章中曾经说道：“不是身体在感觉什么，而是灵魂藉身体在感觉，灵魂用它作为一种信使，在灵魂自身中再生出从外面显示出来的东西。”这样，按照柏拉图的观点，理性知识就不是从感性知识产生出来的，感性知识也不完全是从感性事物产生出来的，而是这些

① 亚里士多德：《论睡与醒》，Ⅱ，464a5。

② 亚里士多德：《论灵魂》，Ⅲ，3，427a17。

唤醒了感觉灵魂进行感觉活动，而这些感觉又唤醒了理智进行理解活动。

亚里士多德选择了一条中间路线。因为他赞成柏拉图的观点，也认为理智与感觉是不同的。[①] 但是，他又主张：感觉如果没有身体的合作便不可能有它自己的运作；以至于"感觉并不仅仅是灵魂的活动，而是复合体的一种活动"。[②] 而且，对感觉部分的所有的运作，他都持同样的立场。所以，既然说处于灵魂之外的感性事物在复合体中产生某种结果也没有什么不合理之处，亚里士多德在这个问题上就赞同德谟克利特的观点，也认为感觉部分的各种运作是由感性事物对感官的印象造成的：不过不是为德谟克利特所说的流射造成的，而是为某种运作造成的。我们不要忘掉，一如我们在《论产生和消灭》第1卷中所获知的，德谟克利特是主张每一个感觉活动都是藉原子的流射实现出来的。[③] 但是，亚里士多德又坚持认为理智具有一种不依赖于身体合作的运作。[④] 因为根本没有什么有形的事物能给无形的事物留下什么印象。所以，按照亚里士多德的观点，为了使理智运作，单凭感性物体的印象还
520b 不够，还需要某些更为高贵的事物，因为一如他自己所说，"活动主体比受动对象更高贵些。"[⑤]然而，这并不是像柏拉图所宣称的，理智运作在我们身上是由某种更高级的存在物的纯粹印象所产生的；而是说：我们前面业已提到的他称之为能动理智的那种更高

① 亚里士多德：《论灵魂》，Ⅲ，3，427b6。

② 亚里士多德：《论睡与醒》，1，454a7。

③ 亚里士多德：《论产生和消灭》，Ⅰ，8，324b25。

④ 亚里士多德：《论灵魂》，Ⅲ，4，429a24。

⑤ 同上书，Ⅲ，5，430a18。

级、更高贵的活动主体(问题 79 第 3、4 条)，藉一种抽象过程，使从感觉接受过来的心像成为现实可理解的。

因此，按照这种意见，就心像(phantasma)而论，理智知识是由感觉所引起的。但是，既然心像不能够自行改变可能的理智，而要求藉能动理智变成现实可理解的，那我们就不能够说感性知识是理智知识的完全的和完满的原因，而毋宁说它在一定意义上构成质料因。

答异议理据 1：奥古斯丁的这些话所意指的无非是，我们绝对不要指望真理完全从感觉产生出来。因为能动理智的光是需要的，我们是藉着这种光在可以变化的事物中认识那无可改变的真理，并且把事物本身同它们的形象(similitudinibus)分别开来的。

答异议理据 2：在这段话中，奥古斯丁所讲的并不是理智的知识，而是想象的知识。而且，既然按照柏拉图的这种意见，想象具有一种仅仅属于灵魂的运作，则奥古斯丁，为了说明形体的形象不是藉身体而是藉灵魂把印记加盖在想象上面的，便和亚里士多德在证明能动理智必定是独立的时候一样，使用了同样的论证，也就是说，乃是因为“活动主体比受动对象更高贵些”。毫无疑问，按照上述意见，在想象中不仅必须有一种被动能力，而且也必须有一种能动能力。但是，如果我们按照亚里士多德的意见，认为想象能力的活动乃一种复合体的活动，那就没有任何困难。[①] 因为有知觉的身体比动物器官高贵，这是就把它视为一种现实的存在对照于一种潜在的存在而言的，甚而是就把它视为现实地有颜色的对象

① 亚里士多德：《论灵魂》，Ⅰ，1，403a5。

对照于潜在地有颜色的瞳孔而言的。这样,虽然想象的第一印象
521a (prima immutatio)要藉感性事物的运动,因为“想象(phantasia)
乃一种依据感觉产生的运动”。[①] 但是,我们却还是可以说:在人身上存在着一种运作,这种运作藉分类和比较形成各种事物的影像,甚至那些感官不曾知觉到的事物的影像。对奥古斯丁的话是可以在这个意义上加以理解的。

答异议理据 3:感觉知识并不是理智知识的全部原因。所以,理智知识比感觉知识扩展得更远是一点也不会令人感到奇怪的。

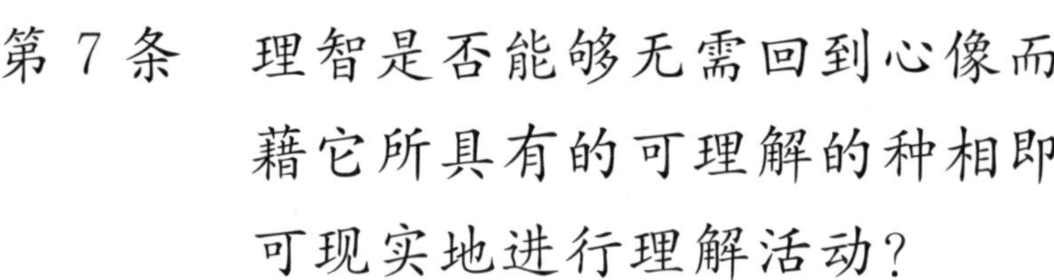

第 7 条 理智是否能够无需回到心像而藉它所具有的可理解的种相即可现实地进行理解活动?

现在我们着手讨论第 7 条。

异议:理智似乎能够无需回到心像(phantasmata)而藉它所具有的可理解的种相(species intelligibiles)便可现实地进行理解活动。

理据 1:因为理智是藉它构建的可理解的种相而成为现实的。但是,如果理智处于现实状态,它也就是在理解了。所以,可理解的种相对于理智现实地理解来说已经足够了,从而根本无需回到心像。

理据 2:再者,想象之依赖于感觉有甚于理智之依赖于想象。

① 亚里士多德:《论灵魂》,Ⅲ,3,429a1。

但是，想象力却能够在没有感性事物的情况下现实地进行想象。由此可见，理智更其能够在无需回到心像的情况下进行理解。

理据 3：根本不存在什么关于无形事物的心像，因为想象力根本不可能超出时间和空间。所以，如果我们的理智不能够在不回到心像的情况下现实地理解任何事物的话，那就可以得出结论说：它是不可能理解任何无形事物的。而这显然是荒谬的。因为我们理解真理、上帝和天使。

但是，从另一个方面看，哲学家在《论灵魂》第 3 卷中却说过： 521b
"如果没有心像，灵魂是理解不了任何事物的。"[①]

我的回答是：在生命的现存状态下，灵魂既然同被动的身体结合在一起，我们的理智如果不回到心像便不可能现实地理解任何事物。这是由于下述两个理由。首先，这是因为要是理智的活动根本无需某种形体器官的能力的活动，则理智既然是一种并不利用身体器官的能力，身体器官的损伤因此便绝不可能障碍它的活动。然而，感觉、想象以及其他一些属于感觉部分的能力确实是利用身体器官的。所以，事情很清楚，理智之进行现实的理解，不仅是在它需要新的知识的时候，而且也是在它运用业已获得的知识的时候，从而也就需要想象力和其他能力的活动。因为当想象力的活动为身体器官的损伤所障碍的时候，如在疯狂的情况下，或者当记忆活动受到障碍的时候，如在昏睡的情况下，我们就会看到一个人受到障碍而不能现实地理解他先前曾对其具有知识的事物。其次，是因为任何一个人都自己经历过这样的事情：当他努力理解

① 亚里士多德：《论灵魂》，Ⅲ，7，431a16。

一些事物的时候，他都借助原型(exemplorum)形成一些心像来帮助他，他似乎是藉着这些原型来考察他力求理解的东西的。由于这个理由，当我们希望使某人理解一些事物的时候，我们就把原型摆在他的面前，而他便为了理解而能够由这些原型形成一些心像。

由此看来，我们的理由便在于：认识的能力总是同所认识的事物相称的。这样，天使的理智，既然是完全独立于形体的，则它的特定的对象便是一种独立于形体的可理解的实体，而且它也正是藉这种可理解的实体而认识物质事物的。另一方面，人的理智，既然是同身体结合在一起的，则它的特定的对象便是一种存在于有形质料之中的实质或本性，而且它也是藉可见事物的这种本性进而上升到关于不可见事物的某种知识的。从而，存在于一个个体
522a 之中就属于这样一种本性，而且这也是不可能同有形质料分离开来的。例如，存在于这块石头之中便属于石头的本性，而存在于这匹马中便属于马的本性，如此等等。这样，石头或任何物质事物的本性就不可能被完全地和真正地认识到，除非就它作为存在于个体之中被认识到而言，才是如此。然而，我们是藉感觉和想象来理解个体事物的。所以，理智为要现实地理解它的特定的对象，它就必须回到心像上来，以便考察存在于个体事物中的普遍本性。但是，如果我们理智的特定的对象是独立的形式的话，或者说如果事情如柏拉图派所说(参阅第1、4条)，感性事物的本性离开个体事物而存在的话，那理智，便无论在什么时候进行理解活动，都根本无需回到心像上来。

答异议理据1：存留在可能理智(intellectu possibili)中的种相，当理智并不现实地理解它们的时候，便习惯性地存在于那儿。

这一点，我们在前面就已经说过了（问题 79 第 6 条）。因此，为了使我们能够现实地进行理解，单靠种相的保留还不够。我们还需要进一步以一种适合于那些它们为其种相的事物的方式来利用它们，而这些东西乃存在于个体事物之中的本性。

答异议理据 2：甚至心像也是个体事物的形象。所以，想象并不需要个体事物的任何更进一步的形象，但理智却需要。

答异议理据 3：无形的事物，由于没有任何相关的心像，因而是藉同存在有相关心像的感性物体的比较为我们所认识的。从而，我们是藉考察一件我们具有其真理的事物来理解真理的。而上帝，如狄奥尼修斯在《论神的名称》第 1 章第 5 节中所说，我们是作为原因，借助于超出和排除，予以认识的。在今生今世，我们要认识别的非形体的实体，就非借助于排除法或者借助于同有形事物的比较不可。所以，当我们对这些事物有所理解时，我们就需要回到形体的心像，虽然根本不存在这些事物本身的心像。

第 8 条　理智判断是否会由于感觉的中止而受到障碍？ 522b

现在我们着手讨论第 8 条。

异议：理智判断（iudicium intellectus）似乎并不为感觉（sensus）的中止（ligamentum sensus）所障碍。

理据 1：因为高级事物并不依赖于低级事物。但是，理智判断高于感觉。所以，理智判断并不会由于感觉的中止而受到障碍。

理据 2：再者，三段论演绎推理是一项理智活动。但是，一如

《论睡与醒》中所说，当睡眠的时候，感觉就中止了。[①] 然而，我们有时即使在睡眠的情况下也依然进行三段论演绎推理。由此可见，理智判断并不会由于感觉的中止而受到障碍。

但是，从另一个方面看，一个人在熟睡的时候所做的事情，一如奥古斯丁在《〈创世记〉文字注》第 12 卷第 15 章中所说，如果有违道德律的话，并不能归咎他，说他犯罪。但是，如果一个人在熟睡的时候依然能够自由运用他的理性和理智的话，事情就不是这样了。由此可见，理智判断会为感觉的中止而受到障碍。

我的回答是：如上所述（第 7 条；问题 12 第 4、11 条），我们的理智的固有的和相称的对象乃感性事物的本性。这样，除非属于一件事物本性的一切都被认识到了，否则，关于这件事物的完满的判断便永远不可能形成；当对判断的边界（terminus）和目的无知的时候，事情就更其如此了。因此，哲学家在《论天》第 3 卷中说："正如实践科学的目的在于活动一样，自然科学的目的也就主要是那些藉感觉知觉到的东西。"[②]因为铁匠如果不是为了活动的目的，不是为了生产出一把个别的刀子，他是不会去探求刀子的知识的。同样，自然哲学家如果不是为了认识那些他藉感觉知觉到的事物的本性，他便不会去探求石头和马的本性的。然而，事情就很清楚，一个铁匠如果不认识刀子的活动，他就不可能对刀子作出完
523a 满的判断。同样，自然哲学家如果不认识感性事物，他也就不可能对自然事物作出完满的判断。但是，在生命的现存状态下，凡是我们理解的事物，我们都能够藉同自然感性事物进行比较得到认识。

① 亚里士多德：《论睡与醒》，Ⅰ，454b13。

② 亚里士多德：《论天》，Ⅲ，7，306a16。

因此,我们的理智在感觉中止的情况下,是不可能形成完满的判断的,因为感性事物是藉感觉为我们认识的。

答异议理据 1:虽然理智比感觉高级,但是,它却是以一定方式从感觉接受过来的,而且它的第一对象和主要对象也是建立在感性事物的基础之上的。所以,感觉的中止势必关涉到理智判断的障碍问题。

答异议理据 2:感觉,一如我们在《论睡与醒》中所读到的那样,在熟睡的人身上的中止,是藉一些呼气(fumositates)的消散(evaporationes)和分解(resolutas)实现出来的。[①] 所以,按照呼气消散的多少,感觉也就被或多或少地被中止了。因为当消散的运动相当大的时候,不仅感觉被中止了,而且想象也被中止了,从而根本就不存在任何心像。当一个人暴食暴饮之后而熟睡的时候,情况就更其如此了。然而,如果消散的运动不太剧烈的话,心像虽然也会出现,但是,却会失真并且是断断续续的。例如,当发烧的时候,情况就往往如此。如果运动更其微弱的话,心像就会有一定的连续性。例如,特别是当睡眠快要结束的时候,或者在那些饮酒有度的人们以及那些想象力天资极高的人们身上,事情就更其如此了。如果消散运动极其微弱的话,不仅想象保留了它的自由,而且甚至通觉也有几分自由,以至于有时当熟睡的时候一个人依然能够判断他所看到的东西是一场梦,在一定程度上把事物和它们的影像分别开来。但是,通觉却依然部分地被中止,所以,虽然它也能够把一些影像同实在分别开来,但是,在细节问题上它却总是

① 亚里士多德:《论睡与醒》,Ⅲ,456b17。

受骗。所以,当人熟睡的时候,就感觉和想象是自由的而言,他的理智判断也同样是自由的。因此,如果人当其熟睡的时候能够用三段论演绎推理的话,则当他醒来的时候他就总会看出这种推理的某些方面还是存在有一定的缺陷的。

问题 85

523b

论理解活动的样式和秩序

（共 8 条）

现在我们来考察理解活动的样式和秩序。

在这个题目下，有 8 个要点需要探究：

（1）我们的理智是否是藉从心像抽象出种相来理解的？

（2）从心像抽象出来的可理解的种相究竟是我们的理智所理解的东西呢，还是它藉以理解的东西呢？

（3）我们的理智是否是首先自然地理解更为普遍的东西？

（4）我们的理智是否能够同时认识许多事物？

（5）我们的理智是否是藉组合和区分来理解的？

（6）理智是否能够犯错？

（7）一个理智是否能够比另一个理智理解得更好一些？

（8）我们的理智是否是在理解可分事物之前先行理解不可分事物的？

第1条　我们的理智是否是藉对心像的抽象来理解有形的和物质的事物的？

现在我们着手讨论第1条。

异议：我们的理智似乎并不是藉对心像的抽象（abstractionem a phantasmatibus）来理解有形的和物质的事物的。

理据1：因为如果理智把一件事物理解成它所不是的东西，则
524a 理智就是虚假的。而物质事物的形式却不可能作为从由心像所表象的特殊事物中抽象出来的东西而存在。由此可见，如果我们是藉来自心像的种相的抽象来理解物质事物的，则理智中就将会存在有错误。

理据2：再者，物质事物是那些在其定义中即包含质料的自然事物。但是，离开了进入其定义的东西，就没有什么事物能够得到理解。所以，物质事物是不可能离开质料而得到理解的。因为质料乃个体性原则（indiviationis principium）。所以，物质事物是不可能通过从特殊事物抽象出普遍事物而得到理解的，因为所谓抽象活动无非是一个可理解的种相借以从心像中抽象出来的过程。

理据3：再者，哲学家在《论灵魂》第3卷中说过："心像之对于理智灵魂，一如颜色之对于视力。"[①]但是，视觉活动并不是由从颜色中抽象出种相的抽象活动引起的，而是由把其印象加到视觉上

① 亚里士多德：《论灵魂》，Ⅲ，7，431a14。

面的颜色引起的。所以，理解活动并不是由对来自心像的事物的抽象产生出来的，而是藉把自身的印象加到理智上的心像产生出来的。

理据 4：再者，一如哲学家在《论灵魂》第 3 卷中所说，理智灵魂中存在有两样东西，即可能理智(intellectus possibilis)和能动理智(intellectus agens)。[①] 但是，从心像抽象出可理解的种相并不适合于可能理智，它只适合于在可理解的种相被抽象出来的时候接受它们。这似乎也不适合于能动理智，因为能动理智之相关于心像，就像光相关于颜色一样，而光并不能够从颜色中抽象出任何东西，而毋宁是照射到上面的。所以，我们无论如何是不可能通过从心像的抽象进行理解的。

理据 5：还有，哲学家在《论灵魂》第 3 卷中说过："理智是在心像中理解种相的"；[②]由此可见，它不是藉抽象理解种相的。

但是，从另一个方面看，哲学家在《论灵魂》第 3 卷中却说过："事物的可理解的程度是与它们可以脱离质料的程度成比例的。"[③]所以，物质事物必定是需要依据它们从质料以及物质形象(similitudinibus)，即心像抽象出来的情况得到理解的。

我的回答是：如上所述(问题 84 第 7 条)，认识对象是同认识能力相对应的。存在有三个等级的认识能力。因为一种认识能力，即感觉，乃身体器官的活动。所以，每种感觉能力的对象都是 524b
一种存在于有形物质中的形式。而且既然这样的质料是个体性的

① 亚里士多德：《论灵魂》，Ⅲ，5，430a14。

② 同上书，Ⅲ，7，431b2。

③ 同上书，Ⅲ，4，429b21。

原则，则感觉部分的每一种能力都只能够具有关于个体事物的知识。还有另一个等级的认识能力，它既不是有形器官的活动，在任何方面也不同有形物质相关。这就是天使的理智。因此，天使的认识能力的对象便是脱离质料而独立存在的形式。因为虽说天使认识物质事物，然而除非在非物质的事物中，也就是说，除非就它们本身或者在上帝之中，天使是不可能认识物质事物的。但是，人的理智却持守一个中间位置，因为它虽然不是身体器官的活动，然而它却是作为身体形式的灵魂的一种能力。这一点从我们前面谈到的看来是非常清楚的(问题 76 第 1 条)。所以，认识一种个体地处于有形物质之中的形式，而不是作为存在于“这个”个体物质中的形式，是适合于它的。但是，认识处于个体物质中的东西，而不是作为存在于“这个”物质中的东西，就是从藉心像表象出来的个体物质中去抽象出其形式。所以，我们必须说：我们的理智是藉心像的抽象来理解物质事物的，而且，我们是藉受到这样考察的物质事物来获得关于非物质事物的一些认识的；相反，天使却是藉非物质事物来认识物质事物的。

但是，柏拉图，仅仅看重人类理智的非物质性，而不顾它在一定程度上是同身体结合在一起的这样一个事实，从而坚持认为：理智的对象是独立的理念，从而，我们不是藉抽象，而是如上所说(问题 84 第 1 条)，是藉分有抽象的事物来理解的。

答异议理据 1：抽象活动可以用两种方式发生。首先，是通过比较和区分的方式。例如，当我们理解一件事物并不存在于某个别的事物之中的时候，或者是当我们理解一件事物是独立于另一
525a 件事物的时候，情况就是这样。其次，是通过单纯绝对考察的方

式。例如,当我们理解一件事物而根本不考虑别的事物的时候,情况就是这样。这样一来,理智之从另外的并非真正抽象的事物抽象出一件事物,按照第一种抽象方式,也就确实蕴涵有荒谬性。但是,按照第二种抽象方式,理智虽然抽象的是那些相互之间并非真正抽象的事物,但是却并不蕴涵有荒谬性。这一点在感觉的情况下表现得非常清楚。因为如果我们理解或者我们说颜色并不处于有颜色的形体之中,颜色同有颜色的形体是分离开的,那这个意见或断言就存在有错误。但是,如果我们考察的只是颜色及其特性,而不关涉那个具有颜色的苹果,或者如果我们用语词来表达我们这样理解的东西,则这种意见或断言中就不存在什么错误。这是因为一个苹果对于颜色来说并不是必不可少的,从而颜色就能够不依赖这个苹果而得到理解。同样,那些属于物质事物——如石头、人或马——的种相的事物也就能够离开那个并不属于该种相的概念的个体化原则得到思考。我们所谓从特殊事物抽象出普遍事物,或者从心像抽象出可理解的种相,即是谓此;这也就是离开种相的个体原则来考察种相的本性,而这种个体原则却是藉心像表象出来的。所以,如果当理智把一件事物理解成不是其所是的时候,理智就被说成是虚假的,则如果“不是”这个词所意指的是所理解的事物的话,事情即是如此。因为理智当它把一件事物理解成不是其所是的时候,便是虚假的,而理智如果像柏拉图所主张的那样(问题 84 第 4 条),以一种把种相理解为不存在于物质之中的样式把石头的种相从它的物质中抽象出来,则它就必定是虚假的了。但是,如果“不是”这个词用来意指那个在理解的人,事情就不一样了。理解的样式,在进行理解的人身上,同事物的存在的样

式，并不是一回事。这一点是十分正确的。因为被理解的东西是按照理智的样式非物质地存在于进行理解的人身上的，而不是按照物质事物的样式物质地存在于他身上的。

答异议理据 2：一些人认为：自然事物的种相只是一种形式，质料并不是这一种相的一部分。[①] 如果事情果真如此的话，则质料就不能构成自然事物的定义。所以，我们必须说，质料有两种：公共的和特指的（signata）或个体的。公共的，如肉和骨头；个体的，如这块肉和这些骨头。所以，理智是从个体的感性物质抽象出自然事物的种相的，而不是从公共的感性质料中抽象出来的。例
525b 如，它是从这块肉和这些骨头抽象出人的种相的；而这块肉和这些骨头并不属于种相概念，而是属于个体，[②]从而在种相中是无需考察的。然而，人的种相却是不可能由理智从肉和骨头抽象出来的。

但是，数学的种相却是能够由理智从感性物质中抽象出来的，不仅可以从个体感性质料中抽象出来，而且也可以从公共感性质料中抽象出来；不是从公共的可理解的质料中抽象出来，而仅仅是从个体物质中抽象出来的。因为感性物质是作为“感性性质”——如冷或热、硬或软等等——的主体的形体物质，而可理解的物质则是作为“量”的主体的实体。这样，“量”显然是先于“感性性质”存在于实体之中的。因此，诸“量度”，如数、维和形，它们都是“量”的界限，是可以离开感性性质而得到考察的；而且，这可以说是从感性物质抽象出来的。但是，它们却是不可能在不理解作为“量”的主体的实体的情况下得到考察的。因为如是，就会把它们从公共

① 阿维洛伊：《〈形而上学〉注》，Ⅶ，21；34。

② 亚里士多德：《形而上学》，Ⅶ，10，1035b28。

可理解的质料中抽象出来。然而，离开这个或那个实体它们也是能够受到考察的，因为这也就是从个体的可理解的质料中将它们抽象出来。

但是，一些事物甚至是可以从公共可理解的质料，如存在、统一性、潜在和现实等等抽象出来的，因为所有这些都能够在没有质料的情况下而存在，这一点对于非物质的事物是很清楚的。因为柏拉图，按照前面的解释（答异议理据 1），是不可能考察两种抽象的，所以他坚持认为所有那些我们已经说到的由理智抽象出来的事物在实际上也都是抽象的（参阅问题 84 第 1 条；也请参阅问题 50 第 2 条）。

答异议理据 3：颜色，当存在于个体有形物质中的时候，便具有同视觉一样的存在样式，它们因此是能够在眼上留下它们的形象的印记的。但是，心像，既然是个体事物的形象，并且存在于身体器官之中，便不具有与人类理智相同的存在样式，这一点从我们已经说过的看是非常清楚的，从而其自身便没有能力，给可能理智（intellectum possibilem）留下什么印象。这是由能动理智的能力完成的，而能动理智则是藉转向心像在可能理智中产生出一些仅 526a
仅就种相的本性而言象征着心像中所反映的事物的形象的。因此，可理解的种相就被说成是从心像抽象出来的，而不是先前存在于心像中的划一的形式，以一个形体从一个地方出来又转移到另一个地方的方式，后来存在于可能理智之中的。

答异议理据 4：能动理智不仅能够照明心像，而且还能够发挥更多的作用，因为能动理智藉它自己的能力即可以从心像中抽象出可理解的种相。能动理智之所以能够照亮心像，乃是因为正如感觉部分是藉它同理智部分的结合获得一种较大的能力一样，心像也同样是藉能动理智的能力而更其适合于从它们抽象出可理解的意念(intentiones intelligibiles)。再者，能动理智也能够从心像抽象出可理解的种相，因为藉着能动理智的能力我们就能够脱离个体条件考察种相的本性，而可能理智所构建的东西则是同它们的形象相一致的。

答异议理据 5：我们的理智不仅从心像抽象出可理解的种相，这是就它普遍地考察事物的本性而言的，而且也在这些心像中理解这些本性，因为它如果不返回心像便不可能理解它从中抽象出种相的诸多事物，这一点我们在前面就已经说过了(问题 84 第 7 条)。

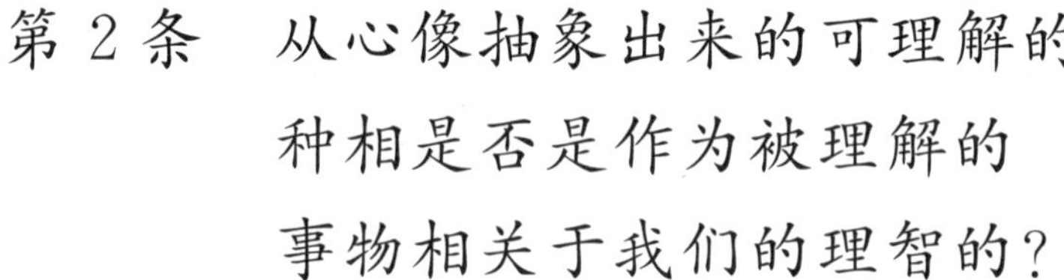

第 2 条 从心像抽象出来的可理解的种相是否是作为被理解的事物相关于我们的理智的？

现在我们着手讨论第 2 条。

526b 异议：从心像抽象出来的可理解的种相(species intelligibiles)似乎是像被理解的事物那样相关于我们的理智的。

理据 1：现实地被理解的事物是存在于进行理解的人身上的，因为现实地被理解的事物是存在于现实的理智本身的。但是，被理解的事物中没有什么东西是存在于在现实理解的理智之中的，除非是抽象出来的可理解的种相。由此可见，这种种相即是那些被现实理解的事物。

理据 2:再者,凡是被现实理解的东西都必定存在于某些事物中。否则,它就会什么也不是。但是,它并不存在于处于灵魂之外的事物中,因为既然存在于灵魂之外的东西总是物质的,其中便没有什么东西能够成为现实被理解的东西。由此可见,凡是现实被理解的东西都存在于理智之中。所以,它除非成为前面提到的可理解的种相是不可能成为别的任何东西的。

理据 3:还有,哲学家在《解释篇》第 1 卷中说过:"语词是存在于灵魂之中的受动事物(passionum)的符号。"[①]但是,语词所表示的是所理解的事物,因为我们是藉语词来表达我们所理解的事物的。由此可见,存在于灵魂之中的这些受动事物,即可理解的种相,即为被现实理解的事物。

但是,从另一个方面看,可理解的种相相对于理智,一如感性的形象之相对于感官。然而,感性形象并不是被知觉到的东西,而毋宁是感觉借以知觉的东西。由此可见,可理解的种相并不是被现实理解的东西,而是理智藉以理解的东西。

我的回答是:一些人曾经断言,我们的理智能力只能够认识在它们上面形成的印象,[②]例如,感觉只能够认识留在它自己器官上面的印象。按照这种理论,理智只理解它自己的印象,亦即它所接受的可理解的种相,以至于这种种相即是被理解的东西。

然而,由于下面两个理由,这显然是荒谬的。首先,这是因为我们所理解的事物和科学的对象是一回事。所以,如果我们所理

---

① 亚里士多德:《解释篇》,Ⅰ,1,16a3。

② 普罗塔哥拉和赫拉克利特;参阅亚里士多德:《形而上学》,Ⅸ,3,1047a6;Ⅳ,3,1005b25。

解的事物只是灵魂中的可理解的种相,那就能够得出结论说:每一门科学同灵魂之外的事物就都将没有任何关系,而只是同灵魂之
527a 内的可理解的种相相关。从而,按照柏拉图派的学说,所有的科学都是关于理念的,他们认为这些理念都是被现实理解了的(问题84第1、4条)。其次,这之所以是不真实的,乃是因为这会导致古代哲学家们所主张的下面一种意见,这就是:"凡是看似存在的东西都是真实的",[①]从而矛盾的说法也同时为真。因为如果这种能力只认识它自己的印象,它也就只能够对这些印象作出判断了。这样,一件事物就似乎是由于这种印象而存在于认识能力之中的。因此,认识能力所判断的将始终是它自己的印象本身,从而,每一个判断都将是真的。例如,如果所知觉到的味道仅仅是它自己的印象,则当任何一个味觉健全的人知觉到蜜是甜的时候,他的判断就是真实的,而当任何一个味觉残缺的人知觉到蜜是苦的,这也同样是正确的。因为他们都是根据他的味觉器官上的印象予以判断的。这样,事实上,每一种意见,每一个观念,也就同样是真的了。

所以,我们必须说:可理解的种相是作为理智藉以理解的东西相关于理智的。我们可以对此作出如下证明。存在有两种活动。[②] 一种活动是存留于活动主体之中的,例如,看的活动和理解活动。而另一种则传送到外在事物之中的,例如,加热活动和切割活动。而这些活动的每一种都是凭借某种形式实施的。而且,趋向于外在事物的活动所从出的形式乃这活动对象的类似物,例如,加热器中的热即是所加热的事物的类似物,同样,存留在活动主体

① 参阅亚里士多德:《形而上学》,Ⅳ,5,1009a8。

② 同上书,Ⅸ,8,1050a23。

中的活动所从出的形式也就是该对象的类似物。因此，视力藉以看到的东西即是可见事物的类似物；而所理解的事物的类似物，即可理解的种相，亦即理智藉以理解的形式。但是，既然理智能反思(reflectitur)它自身，它也就能够藉同样的反思理解它自己的理解活动以及它藉以理解的种相两者。这样，可理解的种相虽然在第二位的意义上即是所理解的东西，但是首先理解的东西却是对象，而种相则不过是这种对象的类似物罢了。

这种观点也出现在古代哲学家们的意见中。这些哲学家们说道："同类认识同类。"因为他们断言：灵魂是藉它自身之中的土来认识它自身之外的土的；所有其余的事物也都是如此。[①] 亚里士多德却认为："不是石头，而是石头的类似物，存在于灵魂之中。"[②]
所以，如果我们按照亚里士多德的观点，所意指的是土的种相而不 527b
是土的话，那就能够得出结论说：灵魂是藉它的可理解的种相认识存在于它外面的事物的。

答异议理据 1：所理解的事物是藉它自己的类似物存在于理智之中的；正是在这个意义上，我们说：现实理解的事物即是现实的理智，因为所理解的事物的类似物乃理智的形式，正如感性事物的类似物是现实感觉的形式一样。因此，我们不能够得出结论说：抽象出来的可理解的种相即是被现实理解的东西，毋宁说它只是相关的类似物。

答异议理据 2："被现实理解的事物"这个短语意指两个东西：一个是被理解的事物，一个是它在被理解这个事实。同样，"抽象

① 恩培多克勒和柏拉图，见亚里士多德：《论灵魂》，Ⅰ，5，409b26；Ⅰ，2，404b17。

② 亚里士多德：《论灵魂》，Ⅲ，8，431b29。

普遍事物”也蕴涵有两样东西：一样是事物的本性，另一样是它的抽象概念或普遍性。可见，承载被理解活动，或被抽象活动，或普遍性意向的这本性本身，仅仅存在于个体事物中；但是，它之被理解，被抽象或被看作是普遍的，则存在于理智之中。在感觉中，我们看到了一些与此类似的东西。因为视力是撇开一个苹果的气味看它的颜色的，所以如果要问在气味之外被看到的颜色究竟在哪里，则被看到的颜色显然就只存在于这个苹果之中。但是，它之在撇开气味的情况下被知觉到则是应当归因于视力的，因为视力所接受的只是颜色的类似物，而不是气味的类似物。同样，被理解的人性虽然仅仅存在于这个或那个人中，但是，人性却是在没有个体性的情况下被认识到的，也就是说，它之被抽象为，从而因此被视为普遍事物，是由于它受到理智的考察而产生出来的；在理智中所存在的只是这种种相本性的类似物，而不是那些个体原则的类似物。

答异议理据 3：在感觉部分有两种运作。其中一种是仅仅就改变而言的，从而感觉的运作便由于由感性事物所改变的感觉而发生。另一种则是形成，这是就想象力自行形成关于一种缺如的
528a 事物，甚至是从未看到过的事物的形象而言的。这两种运作都能够在理智之中发现。因为在第一种运作中，存在有可能理智的受动性，这种受动性是藉可理解的种相形成的。这样形成的可能理智便构成了定义、区分或组合，而这些都是藉语词表达出来的。这样，藉语词表达的概念便是它的定义，而命题所表示的则是理智的区分或组合。所以，语词所表示的并不是可理解的种相本身，而是那些理智为了判断外在的事物而自行形成的东西。

第 3 条　较为普遍的东西是否是首先存在于我们的理智之中?

现在我们着手讨论第 3 条。

异议:较为普遍的东西(magis universalia)似乎并不是首先存在于我们的理智之中的。

理据 1:因为凡是在其自身的本性上最初和更多被认识的东西,就相关于我们而论,是后来被认识到的,并且是被认识得较少的。但是,普遍事物,就其本性来说,是最初到来的,因为那种并不包含其相关事物存在的东西是首先到来的。由此可见,普遍事物是为我们的理智后来认识到的。

理据 2:再者,复合事物在相关于我们的情况下,是先于单纯事物的。但是,普遍事物却是更为单纯的东西。由此可见,它们是后来为我们所认识的。

理据 3:再者,哲学家在《物理学》第 1 卷中说过:被定义的对象是在其定义的各部分之前为我们所认识的。[①] 但是,较多普遍的东西是关于较少普遍的东西的定义的一个组成部分,例如,动物即为人的定义的一个组成部分。由此可见,普遍事物是后来为我们所认识的。

理据 4:还有,我们是通过原因和原则的结果来认识原因和原则的。但是,普遍事物却是原则。由此可见,普遍事物是后来为我

① 亚里士多德:《物理学》,Ⅰ,1,184b11。

们所认识的。

但是，从另一个方面看，《物理学》第1卷中却说过："我们必定是由普遍事物进展到单个事物的。"[①]

我的回答是：我们的认识中，有两个东西需要考察。首先，理
528b 智知识在一定程度上是由感性知识产生出来的。而且，由于感觉是以单个事物作为它的对象的，而理智却以普遍事物作为它的对象，那就可以得出结论说：我们的关于前者的知识是先于我们的关于后者的知识到来的。其次，我们必须注意到：我们的理智是从潜在状态进展到现实状态的。而从潜在进展到现实的每一种能力，在其达到完满的现实之前，先是达到一种不完满的现实，亦即处于潜在与现实之间的中途。理智的完满的现实是完全的知识，在这种情况下，对象是被清楚明白地和确定地被认识到的，而其不完全的现实则是不完全的知识，在这种情况下，对象则是不甚清楚明白地，乃至可以说是模糊不清地被认识到的。一件这样不完全地被认识到的事物，是相对现实地，而且在一定程度上是潜在地被认识到的。因此，哲学家在《物理学》第1卷中说："凡是明白的和确定的东西最初都是为我们模糊不清地认识到的；此后我们是藉识别它的原则和要素才认识到它的。"[②]这样，认识一个其中包含着许多事物的对象，在对其中所包含的每一件事物缺乏特殊知识的情况下，也就是在模糊不清地认识那件事物。这样，我们就不仅能够具有关于这个普遍整体的知识，它潜在地包含着各个部分，而且也能够具有关于这个完整整体的知识。因为，每一个整体都是能够

① 亚里士多德：《物理学》，Ⅰ，1，184a23。

② 同上书，Ⅰ，1，184a21。

在它的各个部分尚未被清楚认识的情况下而被模糊不清地认识到的。但是,要清楚明白地认识普遍整体中所包含的东西,就需要去认识较少共同性的东西;例如,模糊不清地认识动物是把它作为动物来认识,而清楚明白地认识动物则是把它作为理性的或非理性的动物来认识,也就是认识一个人或一头狮子。所以,我们的理智是在它认识人之前认识动物的。这样的理由也同样适用于对任何较多普遍性的观念同较少普遍性的观念的比较。

再者,既然感觉,同理智一样,也是从潜在进展到现实,认识的同样的秩序也就存在于感觉之中。因为我们是在藉感觉判断较少共同性的东西之前对较多共同性的东西作出判断的,这关涉到空间和时间两个方面;就空间而言,一件事物之被看到,是在它被看到是一个动物之前而从远处被看成是一个形体的,在它被看到是 529a
一个人之前而被看成是一个动物的,以及在它被看成是苏格拉底或柏拉图之前而被看成是一个人的。对于时间来说,情况也是如此。因为一个孩子是在他能够把这个人同那个人区别开来之前,便能够区别开人与非人的;所以,一如《物理学》第 1 卷中所说:"孩子们先是把所有的男人都称作父亲,而后才把他们相互地区别开来。"①

其所以如此,道理是很清楚的。因为一个模糊不清地认识一件事物的人,就认识它的区别原则来说,他是处于潜在状态中的,正如一个认识属相的人,就认识种差而言,它是处于潜在状态之下一样。因此,模糊不清的知识,显然是处于潜在和现实的

① 亚里士多德:《物理学》,Ⅰ,1,184b12。

中途。所以，我们必须得出结论说：关于单个的和个体的事物的知识，对于我们来说，是先于关于普遍事物的知识的，正如感觉知识先于理智知识一样。但是，在感觉理智两个方面，关于具有较多共同性的事物的知识却是先于那种关于具有较少共同性的事物的知识的。

答异议理据 1：对普遍的事物可以用两种方式加以考察。首先，普遍的本性可以连同普遍性的意向性一起受到考察。而且，既然普遍性的意向性，即一同多的关系，当归因于理智的抽象，则这样受到考察的普遍事物在我们的认识中就必定是一种在后的东西。于是，人们就说："普遍的动物要么是什么也不是，要么是一种第二性的东西。"[①]但是，柏拉图却认为：普遍事物是独立存在的（问题 84 第 1 条）。从而，按照他的观点，这样受到考察的普遍的事物将会先于特殊的事物，因为后者，按照他的观点，不过是对于被称作理念的独立自存的普遍事物的一种分有而已。

其次，普遍事物能够就其本性本身而被认为是存在于个体之中的，例如，动物性或人性就是如此。因此，我们必须区别本性的两种秩序：其一是藉产生和时间予以区别；据此，则不完满的和潜在的事物是首先到来的。这样，具有更多共同性的东西在本性的秩序上便是首先到来的，这一点在人和动物的产生方面表现得非常清楚。因为，一如哲学家在《论动物的产生》中所说，"动物是在人之前产生出来的。"[②] 另一种秩序为关于完满性的秩序或关于本

---

① 亚里士多德：《论灵魂》，Ⅰ，1，402b7。

② 亚里士多德：《论动物的产生》，Ⅱ，3，736b2。

性概念的秩序。例如，被绝对看待的现实自然地先于潜能，而完满 529b
的事物也自然地先于不完满的事物。这样，具有较少共同性的东西便自然地先于具有较多共同性的东西到来，例如，人便是先于动物而到来的。因为，本性概念并不是在动物产生的时候停下来的，而是继续前进，直到人的产生。

答异议理据 2：具有更多共同性的普遍事物同具有较少共同性的普遍事物的关系是可以比作整体和部分的关系的。我们之所以把具有更多共同性的普遍事物比作整体，乃是因为在更普遍的普遍事物中，不仅潜在地包含着较少普遍性的普遍事物，而且也潜在地包含着别的事物。例如，在动物中就不仅包含人，而且也包含马。我们之所以把具有较少共同性的普遍事物比作部分，乃是因为具有较少共同性的普遍事物在其概念中不仅包含具有较多共同性的普遍事物，而且也包含别的东西。例如，人这个普遍事物就不仅包含动物，而且还包含理性的。由此可见，动物本身虽然是在人之前为我们所认识的，但是，人却是在被视为人这个概念一部分的动物之前为我们所认识的。

答异议理据 3：部分是可以在两种方式下被认识的。第一种方式在于绝对地就部分本身来考察。这样，就没有什么事物能够阻止部分先于整体得到认识。例如，建筑一栋房子的石头就能够在这栋房子建好之前被认识到。第二种方式在于把它作为属于一定整体的东西来认识。这样，我们就必定是先于构成这个整体的各个部分而认识到一个整体的。因为，我们是在认识一栋房子的各个部分之前而先行模糊地认识到一栋房子的。所以，一个定义的诸项原则，当被绝对考察时，便能够在这个定义所界定的事物被认识之前而被先行地认识到。否则，所界定的事物就将不可能藉这个定义及其诸多因素而得到认识。但是，作为这个定义的各个部分，它们是后来被认识到的。因为我们是在认识到何以把属于人性这个概念的所有内容识别开来之前先行模糊地认识到人的。

答异议理据4：普遍事物，当同普遍性概念一起理解的时候，就普遍概念是由旨在抽象的理解样式产生出来的而言，其实，在一定意义上，也就是一项认识原则。但是，作为认识原则的东西并不一定像柏拉图所认为的那样，是一项存在的原则（问题84第1条），因为我们有时是通过一个原因的结果来认识原因的，是通过
530a 偶性来认识实体的。所以，这样看待的普遍事物，一如《形而上学》第7卷中所说，既不是一项存在的原则，也不是实体。[1] 但是，如果我们考察存在于单个事物中的属相的或种相的本性，那么，在一定意义上，它也就存在于相关于这些个体事物的形式原则的本性之中。因为，单个事物乃质料的结果，而种相本性则是来自形式的。但是，属相本性毋宁是模仿质料原则对照于种相本性的。因为属相本性是从一件事物中作为质料的东西中得到的。这样，动物的运动就是从感觉部分得到的，而人的运动则是从理智部分得到的。因此，自然的终极意向（ultimae naturae intentio）要达到的是种相，而不是个体事物，也不是属相。因为形式乃产生的目的，而质料却是为了形式的缘故而存在的。对于我们来说，关于任何原因或原则的知识，不一定都是后来得到的，因为我们有时是通过感性原因而认识未知的结果的，而有时却正好相反。

---

① 亚里士多德：《形而上学》，Ⅶ，13，1038b8。

第 4 条　我们是否能够同时理解许多事物?

现在我们着手讨论第 4 条。

异议:我们似乎能够同时(simul)理解(intelligere)许多事物。

理据 1:因为理智是处于时间之外的,而前后的连续则是属于时间的。所以,理智是不可能连续地理解不同事物的,而是同时理解它们的。

理据 2:再者,没有什么东西能够阻止那些并不相互反对的不同的形式实际地存在于同一个主体之中,例如,颜色和气味同时都存在于一个苹果之中。但是,可理解的种相并不是相互反对的。所以,没有什么东西能够阻止同一个理智相关于不同的可理解的种相而现实存在。由此可见,理智是能够同时理解许多事物的。

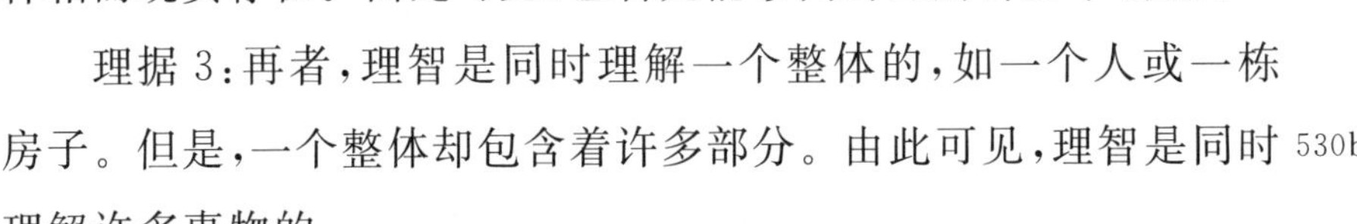

理据 3:再者,理智是同时理解一个整体的,如一个人或一栋房子。但是,一个整体却包含着许多部分。由此可见,理智是同时 530b
理解许多事物的。

理据 4:还有,如果我们不能够同时认识两件事物,我们便不可能认识这两件事物之间的差异,[①]这同样也可以用来言说任何别的比较。但是,我们的理智是能够认识一件事物同另一件事物的差异的。所以,它能同时认识许多事物。

但是,从另一个方面看,《论题篇》中却说道:“理解仅仅相关于一件事物,而科学则相关于许多件事物。”[②]

---

① 亚里士多德:《论灵魂》,Ⅲ,2,426b22。

② 亚里士多德:《论题篇》,Ⅱ,10,114b34。

我的回答是：其实，理智是能够把许多事物理解成“一”，而不是把它们理解成“多”的。这也就是说，理智是能够通过一个而不是通过多个可理解的种相来理解许多事物的。因为，每一种活动样式都是由作为其活动原则的形式产生出来的。所以，凡是理智能够在一个种相的名义下理解的事物，它也就都能够同时加以理解。因此，上帝是同时看到万物的，因为他是能够在“一”中，亦即在他的本质中看一切的。但是，凡理智只能够在不同种相的名义下理解的事物，它便不能够同时理解它们。这是因为，同一个主体同时为同属一个属相却分属不同种相的许多形式完满化是不可能的，正如同一个形体同时具有不同的颜色和不同的形状是不可能的一样。然而，所有可理解的种相属于一个属相，因为它们都是一种理智能力的完满化，尽管这些种相所代表的事物是分属于不同的属相的。所以，同一个理智是不可能同时为不同的可理解的种相完满化，以至现实地理解不同的事物的。

答异议理据1：理智是超出作为有形事物运动尺度的时间的。但是，可理解的种相的复多性本身却能够引起可理解运作的一些变化（vicissitudinem），而这是就一个运作接着另一个运作到来而言的。奥古斯丁则把这种变化称作时间。他在《〈创世记〉文字注》第8卷中说道：“上帝是通过时间来推动精神受造物的。”

531a 答异议理据2：不仅相反的形式同时存在于同一个主体是不可能的，而且属于同一个属相的任何形式，即使它们不相互对立，也是不可能的。这一点，从颜色和形状的例证中是可以清楚地看到的。

答异议理据3：“部分”是可以在两种方式下得到理解的。首先，当部分作为存在于整体中的时候，是以一种模糊的方式予以认识的；从而它们也就是通过关于整体的一种形式而被认识到的，它们因此也就是一起被认识到的。在另一种方式下，它们是被清楚明白地认识到的；从而它们中的每一个都是藉它们的种相而被认识到的，它们因此也就不是同时被认识到的。

答异议理据 4：当理智认识一件事物同另一件事物的差异，或对一件事物与另一件事物进行比较的时候，它就认识到相关于它们差异的两个方面或相关于相互对照的两个方面；正如它认识作为这个整体一个方面的各个部分一样，这一点，我们在前面已经说过了。

第 5 条　我们的理智是否是藉组合和区分来进行理解的？

现在我们着手讨论第 5 条。

异议：我们的理智似乎并不是藉组合（componendo）和区分（dividendo）来进行理解的。

理据 1：因为组合和区分仅仅是关乎多的。但是，理智却不可能同时理解许多事物。由此可见，它是不可能藉组合和区分来进行理解的。

理据 2：再者，每一种组合和区分都蕴涵着过去、现在和将来的时间。但是，理智是从时间抽象出来的，就如从别的特殊条件下抽象出来一样。所以，理智是不可能藉组合和区分进行理解的。

理据 3：还有，理智是藉对事物的“模拟”（assimilationem）过程来理解事物的。但是,组合和区分却并不存在于事物之中,因为除了由谓词和主词所表示的东西外是没有什么东西存在于事物之中的;如果这种组合是真实的话,则由谓词和主词所表示的东西也就是同一件事物。因为“人”也确实就是“动物”之所是。由此可见,理智并不是藉组合和区分而活动的。

但是,从另一个方面看,按照哲学家在《解释篇》第1卷中的观
531b 点,语词所表示的却是理智的概念。[①] 但是,在语词中我们却发现有组合和区分,它们出现在肯定命题和否定命题中。由此可见,理智是通过组合和区分来活动的。

我的回答是:人的理智必定是藉组合和区分来理解的。因为既然理智是从潜在过渡到现实的,它同可产生的事物就具有一种类似性,而可产生的事物就不可能即刻达到完满性而是需要一步步获得的。同样,人的理智也不可能藉最初的理解而获得一件事物的完满的知识;而是它首先理解关于那件事物的某些东西,例如它的实质,而这正是它的第一个对象和它的特有的对象。然后,它理解特性,偶性,以及关于那种本质的各种不同的关系。这样,它就必定藉组合或区分将一件事物同另一件事物作比较;从而从一种组合和区分出发达到另一种,而这也就是所谓推理。

但是,天使的和上帝的理智,同所有不可朽坏的事物一样,从一开始就即刻具有它们的完满性。因此,天使的和上帝的理智是即刻就完满地具有关于一件事物的完全的知识的。因此,在认识一件事物的实质的过程中,他们能够即刻认识我们藉组合、区分和

① 亚里士多德:《解释篇》,Ⅰ,1,16a3。

推理才能认识的东西。所以,人的理智是藉组合、区分和推理来认识的。但是,上帝的和天使的理智实际上,不是藉这一过程本身,而是藉理解单纯的本质来认识组合、区分和推理的。

答异议理据 1:理智的组合和区分是藉区别和比较实现出来的。因此,理智当其组合和区分时,是能够认识许多事物的,正如当它认识事物的差异和和对事物进行比较的时候一样。

答异议理据 2:虽然理智是从心像进行抽象的,但是,它却不可能在不返回到心像的情况下现实地理解什么,这一我们已经说过了(第 1 条,以及问题 84 第 7 条)。就回到心像而言,理智的组合和区分是关涉到时间的。

答异议理据 3:一件事物的形象被接收进理智之中,所依据的是理智的样式,而不是那件事物的样式。所以,那件事物方面的某 532a
些东西虽然对应于理智中的组合和区分,但是,它却不是以同样的方式存在于理智之中和事物之中的。因为,人类理智的特有的对象乃物质事物的实质,而物质事物则是属于感觉和想象活动的。这样,在物质事物中,也就存在有两种组合。首先存在的是形式同质料的组合,与这种组合相对应的是普遍的整体藉以指谓它的部分的理智的组合。因为属相来源于公共质料,完成种相的那种种差却来源于形式,而特殊的形式则来源于个体质料。第二种组合则是关于偶性同主体的组合,对应于这种实在组合的则是偶性藉以称谓主体的理智的组合。例如,当我们说"人是白的"时候,情况就是如此。但是,理智的组合不同于事物的组合。因为,在事物的组合中,各种组件是不同的,而理智组合则是标志各种组件的统一性的符号。因为,理智的组合所断言的并不是人是白,而是"这个

人是白的”，这就意味着“这个人是某种带有白色的东西”，而这个主体，即一个人，则等同于一个带有白色的主体。这同形式与质料的组合是一回事。因为动物所表示的是那种具有感觉本性的东西；而理性的所表示的则是那种具有理智本性的东西；人所表示的则是它们两者；而具有所有这些东西的苏格拉底则是同个体质料结合在一起的。根据这种同一性，我们的理智便藉着指谓活动而把一件事物同另一件事物组合到了一起。

第 6 条　理智是否能够虚假？

现在我们着手讨论第 6 条。

异议：理智似乎能够成为虚假的(falsus)。

理据 1：因为哲学家在《形而上学》第 6 卷中说过：“真和假都

532b 存在于心灵中。”[①]但是，如上所述(问题 72)，心灵和理智是一回事。由此可见，虚假也存在于理智之中。

理据 2：再者，意见和推理属于理智。但是，在意见和推理中都可以找到虚假。由此可见，虚假是能够存在于理智之中的。

理据 3：还有，罪是存在于理智部分的。但是，罪是包含虚假的。因为一如《箴言》第 14 章第 22 节中所说，“谋恶的岂非走入歧途吗？”由此可见，虚假是存在于理智之中的。

但是，从另一个方面看，奥古斯丁在《83 问题集》问题 32 中却说过：“每一个受到蒙蔽的人都不可能正确地理解他受到蒙蔽的那

---

① 亚里士多德：《形而上学》，Ⅵ，4，1027b27。

些事物。”而哲学家在《论灵魂》第 3 卷中也说过：“理智始终是真的。”[1]

我的回答是：哲学家在《论灵魂》第 3 卷中在这个问题上曾对理智和感觉作过比较。[2] 因为感觉在其特有的对象方面是不会受骗的，例如视觉在颜色方面就不会受骗，除非是由于感官偶尔发生了某种障碍。例如，一个发高烧的人的味觉把一个甜的东西判断成苦的，乃是由于他的舌头为有害的体液弄得失灵的缘故。然而，感觉却有可能受到公共感觉对象——如大小或形象——的欺骗。例如，它把太阳判断成其直径只有一英尺，而实际上太阳却比地球还要大。对于偶然的感觉对象，感觉就更其容易受到欺骗了。例如，当感觉由于颜色的完全一样而把醋判定为蜜的时候，事情就是这样。其理由是显而易见的。因为每一种能力本身都是指向其特定对象的，属于这一类的事物始终都是一样的。因此，只要这种能力存在，它对它自身的特定对象的判断就不会出错。而理智的特定的对象乃物质事物的实质(quidditas rei)。因此，真正说来，理智在相关于这种实质时是不会出错的。但是，当相关于事物的在本质或实质方面的、在把一件事物归诸另一件事物方面的情状(ciecumstant)的时候，相关于组合或区分或者在推理过程中的时候，都是可能出错的。所以，相关于那些一旦其各词项得到理解其本身便得到了理解的诸命题，理智是不可能出错的；例如，在科学 533a
结论的确定性中的那种绝无谬误的真理所从出的第一原理的情况下，理智就不可能出错。

① 亚里士多德：《论灵魂》，Ⅲ，10，433a26。

② 同上书，Ⅲ，6，430b29。

然而，理智之所以偶尔会在复合事物的实质上受到蒙骗，并不是由于感官的缺陷，因为理智的这种官能并不依赖于感官，而是由于其在追求定义的组合方面（compositionis intervenientis circa definitionem）出错的缘故。例如，当一件事物的定义在涉及到别的事物而变得荒谬的时候，例如，当把圆的定义用到一个三角形上面的时候，情况便是如此。再如，当一个定义包含若干个不相容事物的组合时，其本身便是荒谬的；例如，当把任何事物说成是一个有翼的理性的动物的时候，情况便是如此。因此，对于那些并不隶属复合定义的单纯对象，一如《形而上学》第9卷中所说，我们是不可能受到蒙骗的，除非我们实际上对它们一点也不理解。[①]

答异议理据1：哲学家说过，相关于组合和区分的荒谬性存在于心灵之中。同样的答复也适用于关于意见和推理的"第2条理据"，以及关于罪犯人犯错的"第3条理据"，罪犯是在对欲求对象的实践判断中犯错的。但是，在对一件事物以及藉以得到认识的事物的实质的绝对考察中，理智是绝不会受骗的。在相反结论的证明中所引证的权威是应当从这个意义上加以理解的。

第7条　一个人能否比另一个人对同一件事物理解得更好些？

现在我们着手讨论第7条。

异议：一个人似乎不可能比另一个人对同一件事物理解得更

① 亚里士多德，《形而上学》，Ⅸ，10，1052a1。

好些。

理据 1:因为奥古斯丁在《83 问题集》问题 32 中说过:“凡是把一件事物理解成它所不是的人就根本没有理解这件事物。因此,显然只有一种完满的理解,舍此,没有什么别的理解能够更为完满些。从而,也就不存在理解一件事物的无限多的等级,一个人也不可能比另一个人把一件事物理解得更好一些。”

理据 2:再者,理智在其理解活动中是真的。但是,真理,既然是思想和事物间的一种等式,则它便不可能多些或少些。因为一 533b
件事物不可能被说成是或多或少的相等。由此可见,一件事物是不可能较多或较少地被理解的。

理据 3:还有,在人身上,理智是最适合于形式的东西。但是,不同的形式会产生不同的种相。所以,如果一个人比另一个人理解得更好一些,他们似乎就不可能属于同一个种相。

但是,从另一个方面看,经验却表明:一些人往往比另外一些人理解得更深刻一些;例如,一个把结论推进到第一原则和终极原因的人就比仅仅把它还原到其近因的人理解得更深刻一些。

我的回答是:一件事物为一个人比为另一个人理解得更好一些,这一说法可以在两个意义上使用。首先,“更”这个词被用来从所理解的事物方面来规定理解活动;这样,一个人就不可能比另一个人把同一件事物理解得更好一些,因为把一件事物理解成它所不是,无论是更好一些或更坏一些,都会使人遭受蒙蔽,而这样的人,也就像奥古斯丁所证明的那样(同上引书),并未理解它。在另一个意义上,“更”这个词被用来从进行理解的人的角度来规定理解活动;这样,一个人就可能比别人把同一件事物理解得更好一些,正如一个人由于他的视觉能力更大一些,其视力更完满一些,从而把一件事物看得更清楚一些。这同样在两个方面适用于理智。首先,是就理智本身而言的,尽管理智更为完满些。因为,很显然,身体的性向越好,安排给它的灵魂也就越好,这在属于不同种相的事物中是可以清楚地看到的。这是因为现实和形式是按照质料的接纳能力被接受进入质料之中的。因此,由于一些人的身体有更好的性向,他们的灵魂也就具有更大的理解能力。因此,《论灵魂》第 2 卷中说:我们常常看到,那些身体灵巧的人,其灵魂也比较聪明。[①] 其次,这是就理智在其运作中所需要的较低的理智能力而发生的;那些想象、思考和记忆能力性向较好的人也就往往能够更好地理解。

534a 对第一个理据的这种答复由此也就可以清楚地看到了。同样,由此我们也可以从中清楚地看到对第二个理据的答复。因为理智的真理就在于理智把一件事物理解成它所是。

答异议理据 3:仅仅归因于质料不同性向的形式的差异所引起的并不是一种种相的差异,而只能是一种数值上的差异。因为不同的个体事物具有不同的形式,它们是由于质料的不同而不同的。

第 8 条 理智是否是在理解可分事物之前先行理解不可分事物的?

现在我们着手讨论第 8 条。

---

① 亚里士多德:《论灵魂》,Ⅱ,9,421a25。

异议：理智似乎是在理解可分的事物(divisibile)之前先行地理解不可分的事物(indivisibile)的。

理据1：因为哲学家在《物理学》第1卷中说过：我们是从关于原则和要素的知识出发开始理解和认识活动的。① 但是，原则是不可分的，而要素则属于可分的事物。由此可见，不可分的事物为我们所认识是先于可分的事物的。

理据2：再者，一件事物的定义包含着先前所认识的东西。因为一如《论题篇》第6卷中所说，“定义是从最初认识到的和较多被认识到的事物出发的。”②但是，不可分的事物乃可分的事物的定义的一部分，如点便成为线的定义的一项内容。因为，一如欧几里得在《几何原本》第1卷中所说，线是没有宽度的长度，其极限为诸多点。而“一”也是数的定义的一项内容，因为一如《形而上学》第10卷中所说，“数乃由一测度的多。”③由此可见，我们的理智是在理解可分的事物之前而先行地理解不可分的事物的。

理据3：还有，同类认识同类。但是，与理智相比，不可分的事物比可分的事物更为相似。因为一如《论灵魂》第3卷中所说，“理智是单纯的。”④由此可见，我们的理智是首先认识不可分的事物的。

但是，从另一个方面看，《论灵魂》第3卷中却说过：“不可分的 534b
事物是作为一种缺乏或负性质而被认识的。”⑤但是，缺乏是后来

① 亚里士多德：《物理学》，Ⅰ，1，184a12。

② 亚里士多德：《论题篇》，Ⅵ，4，141a32。

③ 亚里士多德：《形而上学》，Ⅹ，6，1057a3。

④ 亚里士多德：《论灵魂》，Ⅲ，4，429a18；429b23。

⑤ 同上书，Ⅲ，6，430b21。

认识到的。由此可见,不可分的事物也是后来认识到的。

我的回答是:我们的理智,在它的现时状态下,其对象乃物质事物的实质,而这种实质,如上所述(问题 84 第 7 条),是我们的理智从心像中抽象出来的。而且,既然首先认识到的以及我们的认识能力自行认识到的东西,乃它自己的特有的对象,我们也就必须考察它同这种实质的关系,以便发现不可分的事物是依照什么样的秩序被认识到的。而不可分的事物,按照《论灵魂》第 3 卷中的说法,共有三种。[①] 首先,连续的事物是不可分的,因为它实际上是未分割的,虽说它潜在地是可分的;而这种不可分的事物是在作为分割成它的各个部分被分割之前被我们先行地认识到的,因为,模糊的认识,如上所述(第 3 条),总是先于清楚明白的认识的。其次,不可分的事物之所以被称作不可分的事物,乃是相对于种相而言的,例如,人的本质即是某种不可分的东西。同样,不可分的事物,如上所述(同上),也是在它之分割成若干个逻辑的部分之前而得到理解的,而且也是在理智藉肯定和否定进行组合和分割之前而得到理解的。这是因为这两种不可分的事物都是作为理智的特定的对象而为理智自行理解的。第三种不可分的事物是那些完全不可分的东西,如"点"和"一",它们是既不可能现实地被分割,也不可能潜在地被分割。而这种不可分的事物是后来藉可分性的缺乏而被认识到的。因此,《形而上学》第 10 卷中说:"点"是藉作为"没有部分的东西"这样一种缺乏来界定的,同样,"'一'的概念在于它是不可分的。"[②]这是因为这种不可分的事物同有形实在相对

① 亚里士多德:《论灵魂》,Ⅲ,6,430b6。

② 亚里士多德:《形而上学》,Ⅹ,1,1052b16。

立，而这种有形实在的实质正是理智的最初的和特定的对象。

但是，如果我们的理智是藉分有独立的不可分的事物（形式）来理解的，就像柏拉图派所主张的那样（问题 84 第 1、4 条；问题 87 第 1 条），那就可以得出结论说：这种不可分的事物是最初得到理解的，因为按照柏拉图派的观点，最初的东西是事物最初分有的。

答异议理据 1：在获得知识的过程中，原则或要素并非总是最 535a
初的；因为有时我们是从感性结果出发达到关于原则和可理解的原因的知识的。但是，在完满的认识中，对结果的认识始终依赖于对原则和因素的认识；因为正如哲学家在同一段话中所说，当我们能够把原则分解成它们的原因的时候，我们就可以认为我们已经认识了。

答异议理据 2："点"并不是一般地包含在"线"的定义之中的。因为在一条无限长的线中，以及在一条圆形的线中，是根本无所谓点的，除非潜在地看才是如此。欧几里得界定的是有限的线段，故而在关于受到限制的事物的定义中把"点"置放进"线"的定义中以为界限。但是，"一"是数的尺度。所以，它便包括进了被数的数字的定义之中。但是，它并不是被包含在可分事物的定义之中的，而毋宁相反。

答异议理据 3：我们借以理解的类似物在认知者中正是关于所认识的事物的那种种相。所以，一件事物之首先被认识，并不是由于其本性同认识能力有一种类似，而是由于这种能力与其对象相适宜。否则，视力所知觉到的就会是声音而不再是颜色了。

问题 86
我们的理智在物质事物中所认识到的东西

(共 4 条)

现在我们必须进而考察我们的理智在物质事物中所认识到的东西。在这个题目下,有 4 个要点需要探究:

(1)它是否认识个别事物?

(2)它是否认识无限的事物?

(3)它是否认识偶然的事物?

(4)它是否认识未来的事物?

535b 第 1 条 我们的理智是否认识个别事物?

现在我们着手讨论第 1 条。

异议:我们的理智似乎能够认识个别事物(singularia)。

理据 1:因为凡认识复合事物的人都认识构成复合事物的各项。但是,我们的理智是能够认识复合事物的;"苏格拉底是一个人":因为形成一个命题是适合于理智的。由此可见,我们的理智是能够认识苏格拉底这一个别事物的。

理据 2:再者,实践理智是指向活动的。但是,活动总是同个别事物相关联的。由此可见,理智是能够认识个别事物的。

理据 3:再者,我们的理智理解它自身。但是,理智,就其本身而言,是个个别事物;否则,它就不可能具有任何活动,因为活动只适合于个别事物。所以,我们的理智能够认识个别事物。

理据 4:还有,高级能力是能够做低级能力所做的无论什么事情的。但是,感觉是能够认识个别事物的。由此可见,理智是更其能够认识个别事物的。

但是,从另一个方面看,哲学家在《物理学》第 1 卷中却说过:"普遍的事物是通过理性认识的,而个别事物则是通过感觉认识的。"[①]

我的回答是:我们的理智是不可能直接地和一开始就认识个别物质事物的。这是因为物质事物中的单一性原则是个体的质料,而我们的理智,如上所述(问题 85 第 1 条),是藉从这样的质料抽象出可理解的种相进行理解活动的。然而,从个体质料中抽象出来的东西只能是普遍的事物。因此,我们的理智直接认识的就只是些普遍事物。但是,一如《论灵魂》第 3 卷中所说,理智,间接 536a
地,可以说是通过一种反思,也能够认识个别事物。因为,如上所述(问题 85 第 7 条),甚至经过对可理解的种相的抽象,理智,为了现实地进行理解,也需要返回它得以理解种相的心像。[②] 所以,它是藉可理解的种相直接地理解普遍事物,而藉心像间接地理解其所表象的个别事物的。从而,它就能够形成"苏格拉底是人"这样

① 亚里士多德:《物理学》,Ⅰ,5,189a5。

② 亚里士多德:《论灵魂》,Ⅲ,7,431b2。

一个命题。

这也就同时清楚地答复了异议理据 1。

答异议理据 2：按照《伦理学》第 7 卷中的说法，对要做一件特殊事情的选择，似乎可以说，就是实践理智所形成的三段论中的结论。[①] 但是，单称命题除非以单称命题为中介，是不可能由普遍命题直接推演出来的。所以，实践理智的普遍原则，按照《论灵魂》第 3 卷中的说法，除非以感性部分的特别认识为中介，是不可能向前进展的。[②]

答异议理据 3：可理解性同个别事物之不相容，不是就个别事物本身而言的，而是就其为物质事物而言的，因为除了非物质的事物外，没有什么事物是能够得到理解的。所以，如果存在有诸如理智一类的非物质的个别事物的话，那它之为不可理解的也就没有任何理由了。

答异议理据 4：高级能力虽然能够做低级能力所做的事情，但是，却是以一种更为卓越的方式做的。因此，对感觉是物质地和具体地认识的东西，理智是非物质地和抽象地认识的；前者是直接地认识个别事物，而后者要认识的却是普遍事物。

第 2 条　我们的理智是否能够认识无限的事物？

现在我们着手讨论第 2 条。

---

① 亚里士多德：《伦理学》，Ⅶ，3，1147a28。

② 亚里士多德：《论灵魂》，Ⅲ，11，434a16。

异议:我们的理智似乎能够认识无限的事物(infinita)。

理据 1:因为上帝超乎所有无限的事物。但是,我们的理智能够认识上帝,这一点我们前面已经说过了(问题 12 第 1 条)。所以,我们的理智更其能够认识所有别的无限事物了。

理据 2:再者,我们的理智能够自然地认识属相和种相。但是,在某些属相中存在有无限多的种相,例如在数、比例和图形中 536b
就是如此。由此可见,我们的理智是能够认识无限事物的。

理据 3:再者,如果一个物体同另一个物体能够在同一个位置存在,也就不存在什么东西能够妨碍无限多的东西存在于一个位置。但是,一个可理解的种相与另一个可理解的种相是能够存在于同一个理智之中的,因为许多事物往往是可以被同时习惯性地认识到的。所以,我们的理智是能够获得无限数目的事物的习性知识的。

理据 4:还有,既然理智,如上所述(问题 76 第 1 条),并不是一种形体的能力,那么,它也就是一种无限的能力。但是,无限的能力是能够接纳无限数目的事物的。故而,我们的理智是能够认识无限事物的。

但是,从另一个方面看,《物理学》第 1 卷中却说过:“无限的事物,就其本身来看,是认识不到的。”①

我的回答是:既然能力同其对象是相互对称的,理智也就必定以同样的方式相关于作为其对象的无限的事物,在这里,无限事物即是物质事物的实质。然而,无限事物并不是现实地,而是潜在地

① 亚里士多德:《物理学》,Ⅰ,4,187b7。

存在于在物质事物之中的,按照《物理学》第3卷中的说法,这是就一件事物接着另一件事物发生而言的。[①] 所以,无限性是由于我们的理智连续地考察一件又一件事物而潜在地存在于我们的理智之中的。因为我们的理智绝不可能理解这么多事物,从而它也就不可能理解更多的事物。

另一方面,我们的理智既不可能现实地也不可能习惯性地理解无限的事物。我们之所以不可能现实地理解无限事物,乃是因为我们的理智除了通过种相认识事物外,是不可能同时现实地认识事物的。但是,无限的事物并不可能由一种种相来表象。因为如是,它就会是某种整体的和完全的事物了。因此,除非通过对一个部分接着一个部分的考察,它就不可能得到理解,这从《物理学》第3卷中所给出的定义看是很清楚的。因为按照亚里士多德的说法,"所谓无限即是那种我们可以从中取出很多,然而却始终存留着一些可以取出的事物的东西。"[②]这样,无限的事物也就不可能被现实地认识到,除非它的各个部分都被数了出来,然而这却是不可能的。

由于同样的理由,我们对无限的事物也不可能具有习惯性的
537a 知识。因为在我们身上,习惯性知识都是由现实的考察产生出来的,这又是因为一如《伦理学》第2卷中所说,我们是通过理解活动获得知识的。[③] 所以,我们对清楚认识到的无限的事物就不可能具有一种习性,除非我们对它们的整个无限性做过考察,按照我们

① 亚里士多德:《物理学》,Ⅲ,5,204a20。

② 同上书,Ⅲ,6,207a7。

③ 亚里士多德:《伦理学》,Ⅱ,1,1103a33。

知识系列数过它们,然而这却是不可能的。所以,我们的理智,如上所述,是既不可能现实地也不可能习惯性地认识无限的事物,而只能潜在地认识它们。

答异议理据 1:如上所述(问题 7 第 1 条),上帝之被称作无限的,乃是因为他是一种不为质料所限制的形式,而在物质事物中,“无限”这个词则被运用到那些丧失掉任何形式界限的事物上面。而且,由于形式是就它自身而被认识到的,而质料在没有形式的情况下是不可能被认识到的,那就可以得出结论说:物质的无限就其本身而言是不可能被认识到的。但是,形式的无限,亦即上帝,是自行被认识到的。但是,由于我们理智的缺陷,他是我们所认识不到的,因为我们的理智在我们的现世生命中只能对于物质事物具有一种自然倾向。所以,在我们的现世生命中,除非通过物质的结果,我们是不可能认识上帝的。在来世生命中,理智的这种缺陷将为荣耀状态所消除,届时,我们将能够看到上帝本身的本质,虽然我们还是理解不了他。

答异议理据 2:我们心灵的本性即是去认识从心像抽象出来的种相;所以,它便不可能现实地或习性地认识到那些未曾形成心像的数或图形的种相,除非以一般的方式和在它们的普遍原则之中才有可能。而这也就是去潜在地和模糊地认识它们。

答异议理据 3:要是两个或更多的形体存在于同一个位置之上,那为了使所安置的事物能够按照它们连续占有位置的顺序清点出来,就根本无需它们连续地占有位置。另一方面,可理解的种相却是连续地进入我们的理智的,因为许多事物是不可能同时现实地被理解。故而,我们的理智中必定存在有确定的而非无限数目的种相。

答异议理据4：就我们的理智在能力方面是无限的意义上而言，我们的理智是能够认识无限事物的。因为它的能力之成为无限的，乃是就它不为有形物质所限定而言的。再者，它也能够认识
537b
普遍事物，因为普遍事物是从个体物质抽象出来的，从而是不会受到某一个个体物质的限制的，而是如果就其本身看，是能够扩展到无限数目的个体事物上面的。

第3条 我们的理智是否能够认识偶然的事物？

现在我们着手讨论第3条。

异议：理智似乎不可能认识偶然的事物(contingentium)。

理据1：因为一如哲学家在《伦理学》第6卷中所说：理解、智慧和知识的对象并非偶然的事物，而是必然的事物。①

理据2：还有，按照《物理学》第4卷中的说法："凡是时而存在时而不存在的东西都是藉时间来测度的。"②然而，理智的抽象活动是脱离时间以及的物质条件的。所以，既然一时存在一时又不存在乃偶然事物的固有品格，则偶然事物似乎便不能为理智所认识。

但是，从另一个方面看，所有的知识都存在于理智之中。但是，有一些科学是关于偶然事物的，例如，道德科学即是如此，因为

---

① 亚里士多德：《伦理学》，Ⅵ，6，1040b31。

② 亚里士多德：《物理学》，Ⅳ，12，221b29。

道德科学的对象为服从于自由意志的人类行为。再者，自然科学，就其相关于经受产生和可朽坏的事物而言，也是如此。由此可见，理智是能够认识偶然事物的。

我的回答是：偶然事物是能够以两种方式加以考察的：或者被视为偶然的，或者被视为包含一些必然因素的，因为每一件偶然的事物中都有一些必然的东西。例如，苏格拉底在跑，就其本身而言，是偶然的；但是，跑同运动的关系则是必然的。因为苏格拉底如果在跑，他即在运动这一点是必然的。这样，偶然性就来自质料，因为偶然性是一种关乎存在或不存在的潜能，而潜能又总是从属于质料的。但是，必然性却来自形式，因为凡是随着形式而产生的东西都是必然存在于主体之中的。但是，质料乃个体化原则，而 538a
普遍事物则是来自对特殊质料中的形式的抽象。再者，如上所述（第 1 条），理智是自行地和直接地以普遍事物为作为其对象，而感觉则以个别事物为对象，而个别事物，如上所述（同上条），也就以一定方式间接地相关于理智。所以，照此看来，偶然事物，是直接地为感觉所认识，而间接地为理智所认识的。因此，如果我们从普遍原则方面来考察科学对象的话，那么所有的科学便都是关于必然事物的。但是，如果我们考察的是这些事物本身，则一些科学便是关于必然事物的，而另一些科学便是关于偶然事物的。

这样，我们也就清楚地答复了上述异议的两条理据。

第 4 条　我们的理智是否能够认识未来的事物？

现在我们着手讨论第 4 条。

异议:我们的理智似乎能够认识未来的事物(futura)。

理据1:因为我们的理智是借助从存在于此时此地的事物抽象出来的可理解的种相进行认识的,因此是无所差别地相关于所有时间的。但是,它却能够认识现在的事物。所以,它也就能够认识未来的事物。

理据2:再者,人,当其感觉中止的时候,是能够认识一些未来事物的,例如,在睡眠的情况下或在癫狂的情况下,就往往如此。但是,理智当其从感觉中撤出的时候就更其自由,就更有生气了。所以,理智就其自身的本性而言,是能够认识未来的事物的。

理据3:还有,人的理智知识是高于禽兽的任何知识的。但是,一些动物却能够认识未来。例如,乌鸦就通过连续不断的叫来
538b 预告不久将要下雨。由此可见,理智是更其能够认识未来事物的。

但是,从另一个方面看,《传道书》第8章第6、7节中却写道:“人的苦难,重压在他身上。他不知道将来的事,因为将来如何,谁能告诉他呢?”

我的回答是:我们必须把在前面(第3条)运用到偶然事物上面的那样一种区别运用到未来的事物上面。因为被视为处于时间之中的未来的事物都是单一的,而人的理智,如上所述(第1条)仅仅是通过反思来认识它们的。但是,关于未来事物的原则却可以是普遍的;它们因此便可以进入理智的领域,从而成为科学的对象。

然而,在以一般的方式讲说未来事物的知识时,我们必须看到,未来的事物是可以用两种方式被认识的:或是就其本身而言,或是就其原因而言。未来事物就其本身而言,除非上帝,是不可能被认识的。对于上帝来说，甚至那些在事件过程中属于未来的事物也是现存的；因为他的一瞥便永恒地包含了时间的整个过程，我们前面在论述上帝的知识时就曾经谈到过这一点(问题 14 第 13 条)。但是，就其存在于它的原因之中而言，未来事物也是能够为我们所认识的。而且，如果原因能够这样而同它的未来结果具有必然联系的话，那么，未来的事物也就能够以科学的确定性而被认识到，正如天文学家预报日月食一样。然而，如果原因是这样，以至于它更为经常产生的是一种确定的结果，那么，这种未来的事物，就它的原因或多或少倾向于产生这种结果而言，也就可以说成是或多或少被猜测地认识到了。

答异议理据 1：这种论证对于由普遍因果原则得出的知识来说是真实的。通过这些原则，未来的事物就可以按照结果同它们原因的顺序而被认识到。

答异议理据 2：正如奥古斯丁在《忏悔录》第 12 卷中所说，灵魂具有一定的预见能力，以至于凭借它自身的本性它便能够认识未来的事物。因此，当从身体感官撤出，似乎可以说是返回它自身的时候，它也就分享了关于未来事物的知识。如果我们像柏拉图 539a
派所主张的那样，承认灵魂是由于分有理念而接受知识的，这样一种意见就是合理的(问题 84 第 1、4 条；问题 87 第 1 条)。因为在这种情况下，灵魂凭借它的本性就能够认识所有结果的普遍原因，在它的认识中也就仅仅受到身体的妨碍。因此，当从身体感官撤出的时候，它也就能够认识未来事物了。

但是，既然我们的理智之认识事物生来就不是以这样的方式，而是要通过接受来自感觉的知识，则灵魂在从感觉撤出之后认识未来的事物就是一件并非自然的事情了。它毋宁是藉高级精神的和形体的原因的印象来认识未来事物的：所谓藉着精神原因的印象来认识未来的事物，是说凭借上帝的力量，人的理智就能够通过天使的服务而受到启发，致使心像指向关于未来事件的知识；或者是说由于恶魔的影响，人的想象力便移向了恶魔所认识的未来事物，这一点我们在前面就已经解释过了（问题 57 第 3 条）。灵魂当其从感觉撤出之后，就自然地更加倾向于接受精神原因的这些印象了，因为它因此离精神世界就更近了，从而也就可以更少旁骛外在事物了。而同样的情况也可以来自高级形体的原因。因为，很清楚，高级形体总是能够影响低级形体的。因此，既然感觉能力是有形器官的活动，天体的影响也就能够使想象力受到影响。而且，同样，既然天体引起了许多未来的事件，则想象力也就能够接受这样一些事件的迹象。而这些迹象之被知觉到，更多的是在晚上和我们睡眠的时候，而不是在白天和我们醒着的时候。因为一如《论睡与醒》中所说："白天形成的印象转瞬即逝，夜间则比较宁静，万籁俱寂，因此，形体的印象在睡眠的时候被造了出来，这时，微小的内在的运动也比在醒着的时候更清楚地感受到，而这样的运动在想象中便产生了心像，未来的事物就可以凭借这种心像而被预见出来。"①

答异议理据 3：无理性的禽兽不能够像人那样，超出想象能力
539b 以理性来调控心像，故而，它们的想象完全是由天体的影响造成的。这样，一些未来的事物，如下雨等等，也就能够藉动物的这样

---

① 亚里士多德：《论睡与醒》，Ⅱ，464a12。

一种运动，而不是藉理性指导的人的运动被认识到。因此，哲学家在《论睡与醒》中说：一些最鲁莽的人是看得最远的。因为他们的智力没有什么挂虑，而似乎可以说是无所用心，是随着对它产生影响的事物的变化而变化的。①

① 亚里士多德：《论睡与醒》，Ⅱ，464a18。

问题 87
理智灵魂是如何认识它自身以及它自身之中的一切的

（共 4 条）

现在我们必须进而考察理智灵魂是如何认识它自身以及它自身中的一切的。

在这个题目下，有 4 个要点需要探究：

（1）灵魂是否是藉它自身的本质来认识它自身的？

（2）它是否认识它自己的习性？

（3）理智是如何认识它自己的活动的？

（4）它是如何认识意志的活动的？

第 1 条　理智灵魂是否是藉它的本质来认识它自身的？

现在我们着手讨论第 1 条。

异议：理智灵魂（anima intellectiva）似乎是藉它自己的本质（suam essentiam）来认识它自身的。

理据 1:因为奥古斯丁在《论三位一体》第 9 卷第 3 章中说过:“心灵是藉它自身来认识它自身的,因为它是无形的。” 540a

理据 2:再者,天使和人的灵魂属于理智实体的属相。但是,天使是藉它自己的本质来理解它自身的。由此可见,人的灵魂也是如此。

理据 3:还有,按照《论灵魂》第 3 卷中的说法,“在没有质料的事物中,理智同被理解的东西是一回事。”[①]但是,人的心灵是没有质料的,如上所述(问题 76 第 1 条),它并不是身体的现实。因为凡是被理解的东西在人的心灵中都是一样的。所以,人的心灵也是藉它自己的本质来理解它自身的。

但是,从另一个方面看,《论灵魂》第 3 卷中却说过:理智理解它自身的方式同它理解别的事物是一样的。[②] 但是,它之理解别的事物所凭借的不是它们的本质,而是它们的类似物。所以,它不是藉它自己的本质来理解它自身的。

我的回答是:一如《形而上学》第 9 卷中所说,每一件事物之成为可以被认识的,是就它处于现实状态而言的,而不是就它处于潜在状态而言的。[③] 因为一件事物之为一种存在,之为真,从而是可认识的,都是就它是现实的而言的。这对于感性事物来说是相当清楚的,因为眼睛所看到的,并不是潜在地着了色的事物,而是现实地着了色的事物。同样,一如《物理学》第 1 卷中所说,理智,就它认识物质事物而言,除了处于现实状态的事物,是不可能认识什么事物的,从而除了同形式相称的之外,它是认识不到原初物质

① 亚里士多德:《论灵魂》,Ⅲ,4,430a3。

② 同上书,Ⅲ,4,430a2。

③ 亚里士多德:《形而上学》,Ⅸ,9,1051a29。

的。[1] 因此,非物质的实体,就它们中的每一个都是由于它自己的本质而成为现实的而言,是藉它们自己的本质而成为可理解的。

所以,上帝的本质,作为纯粹和完满的现实,其本身是绝对地和完全地可以理解的;而且,因此,上帝藉他自己的本质,不仅认识他自身,而且也认识所有别的事物。而天使的本质虽然所属的可理解的事物的属相也是"现实"的,但却不是"纯粹现实"的,也不是
540b "完全现实"的,因此,天使的理解活动便不是由他的本质完成的。因为虽然天使是藉他自己的本质理解他自己的,但是,他还是不能藉他自己的本质理解所有的事物,他是藉其他事物的类似物来认识除他自身之外的所有的事物的。然而,人的理智在可理解的存在物的属相中就只是一种潜在的存在,一如原初物质在感性存在物的属相中只是一种潜在的存在一样。因此,它便被称作"可能的"。[2] 所以,人的理智,就其本质而言,它之为理解活动是潜在的。故而,它在其自身之中虽然就有理解能力,但是却并没有被理解,除非它成为现实的。因为即使柏拉图派也断言:可理解的存在物的秩序超出理智的秩序存在着,因为理智只有分有可理解的事物才得以进行理解活动。因为他们说分有的事物是低于它所分有的事物的。

所以,如果人的理智,如柏拉图派所主张的,是由于分有独立的可理解的形式而成为现实的,那它就会是藉对无形存在物的这样一种分有而理解它自身的。但是,既然在今生中,我们的理智,如上所述(问题 84 第 7 条),自然地以物质的和感性的事物为它的

① 亚里士多德:《物理学》,Ⅰ,7,191a8。

② 参阅亚里士多德:《论灵魂》,Ⅲ,4,428a22。

特有的对象，那它就是就它由于从感性事物抽象出来的种相而成为现实的而言理解它自身的；这需要通过能动理智的光，不仅使可理解的事物本身现实化，而且借助它们的手段，也使可能理智现实化。所以，理智不是藉它的本质，而是藉它的活动，认识它自身的。

这种情况是以两种方式发生的。首先，是以一种特殊的方式
发生的，例如，当苏格拉底或柏拉图意识到他是由于他意识到他在
理解而具有理智灵魂的时候。其次，是以一种普遍的方式发生的，
例如，当我们由理智活动的知识来考察人的心灵的本性的时候。
然而，我们藉以认识灵魂本性的这样一种知识的判断和力量，就真
的是按照我们的理智之光起源于包含着所有事物类型的神圣真理
而达到我们的。这一点我们在前面已经谈到过（问题 84 第 5 条）。
因此，奥古斯丁在《论三位一体》第 9 卷第 6 章中说道："我们所注 541a
视的那种我们得以能够尽可能完满界定的不容违背的真理，不是
每一个的心灵所是的东西，而是它在永恒类型的光中所应当是的
东西。"

然而，这两种知识之间存在有差别，而这种差别就在于心灵的在场对于第一种知识就足够了。因为心灵本身即它得以意识到它自身的活动的原则，它也因此而应当被说成是藉它自己的在场认识它自身的。但是，对于第二种知识来说，单靠心灵的在场还不够，还进一步要求精细的探究。因此，许多人对灵魂的本性是一无所知的，而且，还有许多人在这个问题上出错。所以，奥古斯丁在《论三位一体》第 10 卷第 9 章中说：对心灵的这样一种探究，"让心灵努力不把它自身看成好像不在场，而是去努力看到它自身是在场的"，也就是说，去认识它是如何区别于别的事物的，亦即去认识

它的实质和本性。

答异议理据1:心灵是借助于它自身来认识它自身的,因为它归根到底是自行获得知识的,虽然它是通过它自己的活动才达到知识的。因为如奥古斯丁在同一段话中所说,既然它爱它自身,它自身也即是它所认识的。因为一件事物之被称作自明的有两种方式:或者是因为我们之能够认识它是无需借助于除它自身之外的无论什么事物的,例如,第一原则即被称作自明的;或者是因为它之可以被认识到,并非出于偶然。正如颜色自身即是可见的,而实体则是偶然地成为可见的一样。

答异议理据2:天使的本质作为一种现实存在于可理解的事物的属相中,从而它既是理智,也是所理解的事物。因此,天使能够通过它自身认识它自己的本质。而人的心灵则不能如此,因为人的心灵要么完全潜在地相关于可理解的事物,可能理智即是如此;要么是从心像抽象出来的可理解的事物的现实,能动理智即是如此。

答异议理据3:哲学家的这种说法在每一种理智中都普遍地是真的。因为正如现实的感觉乃是由于作为现实感觉的形式的感性的类似物而成为现实感性的一样,现实的理智也是由于作为现实理智的形式的所理解的事物的类似物,而成为现实理解的对象。
541b 所以,人的理智,既然是藉所理解的对象的种相而成为现实的,其本身便是藉着同它自己的形式相同的种相而得到理解的。这样,说在"那些没有质料的事物"中,"理智与所理解的东西是一回事",也就等于说:就被现实理解的事物言,理智与被理解的东西是一回事。因为一件事物之被现实地理解是就它是非物质的而言的。但是，我们还是必须作出区别，因为一些事物的本质是没有质料的，例如被称作天使的独立的实体，它们中的每一个都被理解并且也都在理解；而另外一些事物，其本质却并不是全然非物质的，而只是相关事物的抽象的类似物。因此，评注家在《〈论灵魂〉注》第 3 卷评注 15 中说：所引证的这段话仅仅对于独立的实体才是真的；因为正如我们已经说过的那样（答异议理据 2），在一个意义上它只能为这些实体所证实，而不能为别的实体所证实。

第 2 条　我们的理智是否是藉它们的本质认识灵魂的习性的？

现在我们着手讨论第 2 条。

异议：我们的理智似乎是藉它们的本质来认识灵魂的习性（habitus）的。

理据 1：因为奥古斯丁在《论三位一体》第 13 卷第 1 章中说过："信仰虽然不可能在它所存留的心中看到，就像一个人的灵魂可以为另一个人通过身体的运动而看到那样；但是，我们却能最确定地知道它在那儿，而且良知也显示了它的存在。"这同样也适合于灵魂的别的习性。所以，灵魂的习性不是藉它们的活动，而是藉它们本身被认识到的。

理据 2：再者，灵魂之外的物质事物是藉它们的存在于灵魂之中的类似物被认识到的，而且它们也因此而被说成是藉它们的类似物而被认识到的。但是，灵魂的习性却是藉它们的本质存在于灵魂之中的。所以，灵魂的习性是藉它们的本质而被认识到的。

542a 理据 3：还有，作为一件事物之成为如此这般的原因的东西更其如此这般。但是，习性和可理解的种相使事物为灵魂所认识。由此可见，它们本身就更其能够为灵魂所认识了。

但是，从另一个方面看，习性，和能力一样，也是活动的原则。但是，一如《论灵魂》第 2 卷中所说："活动和运作逻辑地先于能力。"[①]所以，它们也同样先于习性；从而，习性，和能力一样，也是藉它们的活动而被认识的。

我的回答是：习性乃处于纯粹能力和纯粹活动之间的一种中介。我们在前面说过（第 1 条）：除现实的事物外，没有什么事物能够被认识到。所以，就习性不能成为一种完满的活动而言，它也不能够自行成为可认识的，而只能够藉它的活动被认识到。例如，任何一个人都是从他能够产生出一种习性所特有的活动这样一种事实认识到他具有这种习性的；他也可以通过考察这种活动来探究这种习性的本性和观念。关于这种习性的第一种知识是由它的在场产生出来的，因为正是它的在场这个事实引起了它得以认识的活动。关于这种习性的第二种知识是由精细的探究产生出来的，这一点我们在谈论心灵时就已经解释过了（第 1 条）。

答异议理据 1：虽然信仰并不是通过身体的外在运动认识到的，但是，它却能够为它存留其中的人藉心的一种内在活动而被认识到。因为如果他不意识到他信，那就任何一个人也都不可能认识到他具有信仰。

答异议理据 2：习性存在于我们的理智中，不是作为它的对

① 参阅亚里士多德：《论灵魂》，Ⅱ，4，415a18。

象,因为在生命的现存状态下我们的理智的对象,如上所述(问题84 第 7 条),是物质事物的本性,而是作为它藉以理解的东西。

答异议理据 3:作为一件事物之成为如此这般的原因的东西更其如此这般这样一条公理,对于属于同一个等级——例如属于同一种原因——的事物来说是真实的。例如,我们可以说:因为健康是由于生命而值得欲求,所以,生命就更其值得欲求。但是,如 542b
果我们考察的是不同等级的事物,这条公理就不真实了。因为我们虽然可以说健康是由药物造成的,但是却不能由此得出结论说:药物比健康更值得欲求,因为健康属于目的因的等级,而药物则属于动力因的等级。所以,在本质上属于知识对象的等级的两种事物中,那种构成别的被认识的事物的原因的事物则更多地被认识,例如原则就比结论更多地被认识。但是,习性本身并不属于知识对象的等级;事物由于习性而被认识,也不是作为被认识的对象,而是作为主体得以认识的性向或形式。所以,这个论证是站不住脚的。

第 3 条　我们的理智是否认识它自己的活动?

现在我们着手讨论第 3 条。

异议:我们的理智似乎认识不到它自己的活动(proprium actum)。

理据 1:因为凡是所认识的东西都是认识能力的对象。但是,认识活动是区别于认识对象的。由此可见,理智是认识不到它自己的活动的。

理据 2：再者，凡是被认识的东西都是藉某种活动被认识到的。因此，如果理智认识它自己的活动，它就是藉某个活动认识到它的，而它也是藉某个别的活动认识到这一活动的。这种情况将无限地持续下去，但这是不可能的。

理据 3：还有，理智同它的活动的关系，同感觉与它的活动的关系是一样的。但是，感觉本身（sensus proprius）是感觉不到它自己的活动的，因为一如《论灵魂》中所说，这属于通感。[①] 由此可见，理智也理解不了它自己的活动。

但是，从另一个方面看，奥古斯丁在《论三位一体》第 10 卷第 11 章中却说过："我理解我在理解。"

我的回答是：如上所述（第 1、2 条），事物是就其处于现实状态
543a 而被认识的。这样，理智的终极的完满性即是它的运作，因为这并不是一种倾向于某一别的所完成的工作的完满性所依赖的事物的活动，像建筑即是所建筑的事物的完满性一样，而是如《形而上学》第 9 卷中所说，它始终存留于作为它的完满性和现实的活动主体之中。[②] 所以，理智所理解的第一件事物即是它自己的理解活动。这种情况，不同的理智是以不同的方式发生的。因为存在着一种理智，即上帝的理智，这种理智即是它自己的理解活动，所以，在上帝之中，对他的理解活动的理解同对他的本质的理解是同一个活动，因为他的本质即是他的理解活动。但是，还存在有另一种理智，即天使的理智。这种理智，如上所述（问题 79 第 1 条），并不就是他自己的理解活动，然而，他的理解活动的第一个对象却是天使

① 参阅亚里士多德：《论灵魂》，Ⅲ，2，425b12。

② 亚里士多德：《形而上学》，Ⅸ，8，1050a36。

的本质。所以，虽然在天使藉以理解他在理解的活动与他藉以理解他的本质的活动之间也存在有一种逻辑上的区别，然而，他却是藉同一个活动理解它们两者的。因为理解他自己的本质即是他的本质的特有的完满性，而一件事物连同它的完满性则是藉同一个活动得到理解的。然而，还有另外一种理智，这就是人的理智，这种理智的理解活动的第一个对象既不是它自己的理解活动，也不是它自己的本质，因为这种对象即是物质事物的本性。所以，为人的理智首先认识到的东西即是这样一种对象，而后来认识到的东西才是这种对象得以被认识的活动。而且，理智本身也是通过这种活动被认识到的，其完满性正是这种理解活动本身。由于这个理由，哲学家便断言：对象是先于活动被认识到的，而活动则是先于能力被认识到的。[①]

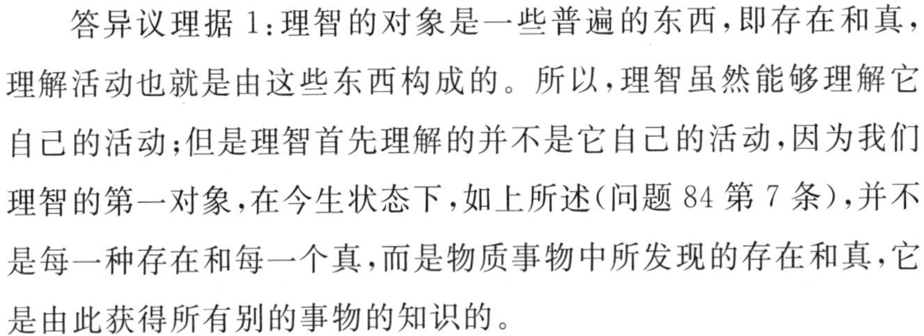

答异议理据 1：理智的对象是一些普遍的东西，即存在和真，理解活动也就是由这些东西构成的。所以，理智虽然能够理解它自己的活动；但是理智首先理解的并不是它自己的活动，因为我们理智的第一对象，在今生状态下，如上所述(问题 84 第 7 条)，并不是每一种存在和每一个真，而是物质事物中所发现的存在和真，它是由此获得所有别的事物的知识的。

答异议理据 2：人的理智的理解活动并不是所理解的物质本
性的活动和完满性，仿佛物质事物的本性和理智活动能够藉一个 543b
活动得到理解似的；正如一件事物和它的完满性能够藉一个活动得到理解一样。因此，理智藉以理解一块石头的活动有别于它藉

① 亚里士多德：《论灵魂》，Ⅱ，4，415a16。

以理解它在理解一块石头的活动,如此等等。按照前面的解释(问题 86 第 2 条),理智潜在地成为无限,也没有什么不合适的。

答异议理据 3:特定感觉是由于为外在感性事物所引起的物质器官的变化而实施感觉活动的。然而,物质事物,虽然自身并不变化,但是,一件事物却可以为另一件事物所改变,从而特定感觉的活动藉通感就能够知觉到。相反,理智却并不能够藉器官的物质变化得到理解,从而它们之间也就没有什么可以进行比较的。

第 4 条　理智是否理解意志活动?

现在我们着手讨论第 4 条。

异议:理智似乎理解不了意志活动(actum voluntatis)。

理据 1:除非以某种方式存在于理智之中,就没有什么事物能够为理智所认识。但是,意志的活动并不存在于理智之中,因为意志和理智是不同的能力。由此可见,意志活动是理智认识不到的。

理据 2:再者,活动是由对象指明类别(speciem)的。但是,意志的对象同理智的对象并不是一回事。所以,意志的活动便在种相上区别于理智对象,从而意志活动是理智认识不到的。

理据 3:还有,奥古斯丁在《忏悔录》第 10 卷第 17 章中在谈到灵魂的情感(affectionibus)时曾经说过:它们"既不是像形体那样是通过影像"被认识的,"也不是藉它们的在场,像艺术那样"被认识的,"而是借助一定的概念"被认识的。这样,在灵魂中,除了所认识的事物的本质或它们的类似物外,似乎不可能有事物的任何概念。由此可见,理智要认识作为意志活动的灵魂的这样一些性向似乎是不可能的。

但是，从另一个方面看，奥古斯丁在《论三位一体》第 10 卷第 544a
11 章中却说过："我理解我在意欲。"

我的回答是：如上所述（问题 59 第 1 条），意志的活动不是别的，无非是一种随着所理解的形式而出现的倾向，正如自然欲望是一种由自然形式所产生的倾向一样，一件事物的倾向就是按照这件事物的存在的样式存在于它之中的。因此，自然的倾向就自然地存在于自然的事物中，而被称作感性欲望的倾向则感性地存在于感性事物中。同样，可理解的倾向，作为意志的活动，也就概念性地存在于作为它的原则和特定主体的理智主体之中。因此，一如哲学家在《论灵魂》第 3 卷中所说："意志存在于理性中。"[①]这样，凡是概念性地存在于理智主体中的东西也就是为这一主体所理解的。所以，意志活动为理智所理解，既是就一个人知道他在意欲而言，也是就一个人知道这种活动的本性而言的，从而也是就作为习性或能力的原则的本性而言的。

答异议理据 1：如果意志和理智存在于不同的主体之中，则这种论证便是有效的，正如它们是不同的能力一样。因为如是，则凡是存在于意志中的东西就不会存在于理智之中。但是，既然两个都植根于灵魂的同一个主体，既然一个在一定意义上即是另一个的原则，那么，存在于意志中的东西，在一定意义上，便也存在于理智之中。

答异议理据 2：作为意志对象的善的东西和作为理智对象的

① 亚里士多德：《论灵魂》，Ⅲ，9，432b5。

真的东西在逻辑上是不同的，但是，如上所述(问题 82 第 4 条答异议理据 1;问题 16 第 4 条答异议理据 1)，一个却包含在另一个之中。因为真即是善，而善也即是真。所以，凡适合于意志的东西也就属于理智的范畴，而凡适合于理智的东西也就能够属于意志的范畴。

答异议理据 3:灵魂的情感之存在于理智之中，不是仅仅由于类似，像形体那样，也不存在于它们的主体之中，像艺术那样，而是像所产生的事物存在于它的原则之中那样，它的原则总包含着所
544b 产生的事物的概念。所以，奥古斯丁说:灵魂的情感是藉一定的概念存在于记忆之中的。

问题 88
人的灵魂是如何认识高于它自身的事物的

（共 3 条）

现在我们必须进而考察人的灵魂是如何认识高于它自身的事物即非物质的实体的。

在这个题目下，有 3 个要点需要探究：

（1）人的灵魂在今生状态下能否实质性地理解被称作天使的非物质实体本身？

（2）它是否能够借助于物质事物的知识达到关于它们的知识？

（3）上帝是否是我们知识的第一对象？

第 1 条　人的灵魂在今生状态下能否实质性地理解非物质实体本身？

现在我们着手讨论第 1 条。

异议：人的灵魂在今生（vitae praesentis）似乎能够实质性地理解非物质的实体（substantias immateriales）本身。

理据1:因为奥古斯丁在《论三位一体》第9卷第3章中曾经说过:“正如心灵本身是借助于有形感官获得关于有形事物的知识一样,它也是从它自身获得无形事物的知识的。”但是,这些无形事物都是非物质的实体。由此可见,人的心灵是能够理解非物质的实体的。

理据2:再者,同类认识同类。但是,人的心灵与非物质事物
545a 比与物质事物更加类似,因为它自己的本性即是非物质的,这一点从我们前面所讲的看是很清楚的(问题76第1条)。因此,既然我们的心灵能够理解物质的事物,它便更其能够理解非物质的事物了。

理据3:再者,那些其本身感性最强的对象,却不是我们最容易察觉到的,这样一个事实是由于感觉对象太过卓越(excellentiae)以致“损伤”感官所致。但是,一如《论灵魂》第3卷中所说,理智却遭受不到来自其对象的这样一种损坏性影响。[①]可见,其本身属于最高等级可理解的事物对我们也同样是最可理解的。然而,既然物质事物只是就我们藉着从物质条件下将它们抽象出来成为现实的而言而成为可理解的,则那些其本性是非物质的实体本身显然就更其可理解了。由此可见,它们比物质事物更其能够为我们所认识。

理据4:再者,评注家在《〈形而上学〉注》第2卷评注1中说过:如果我们理解不了抽象实体的话,自然的目的就受到了阻挠,因为这样一来,它就会使其本身是自然地可理解的事物成为完全不可理解的了。但是,在自然中,没有什么东西是无用的或无目的。所

① 亚里士多德:《论灵魂》,Ⅲ,4,429b2。

以，非物质的实体是能够为我们所理解的。

理据 5：还有，正如感觉是相关于感性物体而言的一样，理智也是相关于可理解的事物而言的。但是，我们的视力却能够看到所有有形的事物，无论是高级的和不可朽坏的，还是低级的和可以朽坏的。由此可见，我们的理智是能够理解所有可理解的实体的，甚至能够理解那些高级的和非物质的实体。

但是，从另一个方面看，《智慧篇》第 9 章第 16 节中却说过："天上的事谁还能探究？"但是，按照《马太福音》第 18 章第 10 节中关于"他们的使者在天上"等等的说法，这些实体就被说成是存在于天上了。所以，非物质的实体是不可能藉人的探究认识到的。

我的回答是：按照柏拉图的意见，非物质的实体不仅为我们所理解，而且也是我们首先理解的对象。因为柏拉图教导说：他称之
为理念的非物质的独立存在的形式，是我们理智的固有对象，从而 545b
是首先并且其本身为我们所理解的（问题 84 第 4 条）。再者，物质的事物是由于想象和感觉同理智混合在一起而为灵魂所认识的。因此，理智越是纯粹，它对关于非物质事物的可理解的真理知觉得就越是清楚。

但是，按照为经验所确证的亚里士多德的意见，我们的理智在今生状态下，同物质事物的本性具有一种自然的关系，所以，它只有通过回到心像才能进行理解，[1]这一点我们在前面就已经说过了（问题 84 第 7 条）。然而，并不归属感觉和想象的非物质的实体，显然不可能按照我们已经经验到的知的样式，首先并且其本身

① 亚里士多德：《论灵魂》，Ⅲ，7，431a16。

为我们认识到。

然而，阿维洛伊在《〈论灵魂〉注》第3卷评注36中却教导说：即使在今生状态下，人最终还是能够达到独立实体的知识的，因为它同某种独立实体是结合或连接在一起的，他把这种独立的实体称作“能动理智”，而能动理智既然其本身即为一种独立的实体，便自然地能够理解独立的实体。因此，当它同我们结合得如此完满，以至通过它我们就能够完满地理解的时候，我们也就能够理解独立的实体了，就如在今生状态下，通过同我们结合在一起的可能理智，我们就能够理解物质事物一样。

但是，阿维洛伊却说，能动理智是这样同我们结合在一起的：因为既然我们要借助于能动理智以及可理解的对象进行理解，就像我们能够借助于所理解的原则理解结论那样，则能动理智之对照于所理解的对象，就必定或者像主要活动主体对照于工具一样，或者像形式对照于质料一样。因为一个活动总是以下述两种方式中的一种归因于两项原则的：或者归因于主要活动主体以及归因于工具，就如切割活动归因于工人和锯子一样；或者归因于形式及其主体，就如加热活动归因于热和火一样。在这两种方式中，能动理智都能够像完满性相关于可完满的事物以及现实相关于潜能那样，相关于可理解的对象。然而，主体变得完满与其得到它的完满性是同时的，就如对现实可见事物的接受同眼对光的接受是同步
546a 的一样。所以，可能理智是一起接受可理解的对象和能动理智的。所接受的可理解的对象的数目越多，我们也就越是接近我们自己同能动理智的完满的结合，以至当我们理解了所有可理解的对象的时候，能动理智也就同我们合二而一了，从而以它为工具，我们

也就能够理解所有物质的和非物质的事物。阿维洛伊把人的终极幸福奠基于此。关于当前这一探究，如他自己所主张的，它同处于幸福状态中的可能理智是否是藉能动理智理解独立的实体无关，也同可能理智是否永远不可能理解独立的实体（按照他的说法，这是亚历山大所主张的）无关（因为按照他的观点，独立的实体也是可朽坏的），而人毋宁是借助于能动理智理解独立实体的。

然而，这种意见是不真实的。首先，这是因为如果假设能动理智为独立的实体的话，那我们就不可能以它为工具而形式地进行理解，因为一个活动主体的形式的活动即在于它的形式和活动，这又是因为每一个活动主体都是按照它的现实性进行活动的，我们前面在谈到可能理智时就曾经谈到过这一点（问题 76 第 1 条）。

其次，这种意见之所以不真实，乃是因为在上述解释中，能动理智既然被设定为一种独立实体，也就不能够作为实体同我们结合在一起，而只能以它的光与我们结合在一起，而被理解的事物是分有它的光的。但是，这并不能扩展到能动主体的别的活动上面，以至使我们得以理解非物质的实体；正如看到由太阳引起的颜色时，我们并没有同太阳实体结合在一起，以致像太阳那样活动，而仅仅是它的光同我们结合在一起，致使我们得以看到颜色。

第三，这种意见之所以不真实，还在于即使如我们在前面所解释的，能动理智在实体方面同我们结合在一起，我们也还是不能够说它是基于一个或两个可理解的对象而整个地同我们结合在一起，而毋宁是基于所有可理解的对象的。但是，所有这样的对象加在一起也不等同于能动理智的能力，因为理解独立实体同理解所有物质的事物相比，是一件重大得多的事情。因此，我们显然可以

546b 得出结论说:所有物质事物的知识并不能使能动理智同我们结合得如此紧密,以至使我们通过它便可以理解独立实体了。

第四,这种意见之所以不真实,还因为生活在今生状态下的任何一个人要理解所有的物质事物几乎是不可能的。从而,也就没有任何一个人或很少有人能够达到完满的幸福。而且,这同哲学家在《伦理学》第1卷中说过的话也是相抵触的。[①] 因为哲学家曾经说过:幸福乃一种公共的善,是可以传达给德性的整个能力上的。再者,说任何一个种相中,只有很少的个体能够达到该种相的目的,也是不合情理的。

第五,哲学家在《伦理学》第1卷中曾经明确地说过:"幸福乃一种符合完满德性的运作",[②]并且在《伦理学》第10卷中列举了许多德性之后,[③]他还得出结论说:由最高等级的可理解的事物构成的终极幸福是通过智慧的德性获得的,在第6卷中,他曾经称智慧德性为"思辨科学之首"。[④] 因此,亚里士多德清楚地把人的终极幸福置放进了经由思辨科学方可获得的独立实体的知识之中,而不是像一些人所想象的那样,经由同能动理智的结合实现出来的。

第六,如上所述(问题79第4条),能动理智并非一种独立实体,而是灵魂的一种能力,能够能动地把自身扩展到与可能理智接受性地扩展到的同样的对象上。因为一如《论灵魂》第3卷中所说,可能理智"潜在地是所有的事物",而能动理智则"是所有现实

① 亚里士多德:《伦理学》,Ⅰ,9,1099b18。
② 同上书,Ⅰ,10,1101a14。
③ 同上书,Ⅹ,7,1177a21;8,1179a30。
④ 同上书,Ⅵ,7,1141a20。

的事物”。[1] 所以，这两种理智，按照生命的现存状态，只能够扩展到物质事物上面，这些事物是由于能动理智而成为现实可理解的，并且被接受进可能的理智之中。因此，在生命的现存状态下，我们不可能理解独立的非物质的实体本身，无论是通过可能的理智还是通过能动的理智，都是如此。

答异议理据 1：奥古斯丁的话可以被理解为是在说心灵中的无形事物的知识是能够藉心灵本身获得的，哲学家们也确实说过：关于灵魂的知识乃独立实体的知识的原则。因为它是通过认识它 547a
自身而达到无形实体的知识的，这些是存在于它自身范围之内的；而不是关于它自身的知识赋予它一种关于它们的完满绝对的知识的。

答异议理据 2：自然的类似物并非知识的充足原因。否则，恩培多克勒所说的就是真的了：灵魂为了认识一切就需要具有所有事物的本性。[2] 但是，知识要求所认识的事物的类似物，作为一种相关的形式，存在于认知者之中。这样，我们的可能理智，在今生状态下，就能够获得从心像抽象出来的类似物，从而它所认识的就是物质的事物而非非物质的实体。

答异议理据 3：在认识对象和认识能力之间必定存在有一定的相称性，就像在能动的事物与被动的事物、完满性与可完满的事物之间那样。因此，太过卓越的感性对象之不能为感觉所把握不仅是由于它们“损伤”了感官这样一个事实，而且还由于它们同感觉能力不相匹配。因此，非物质的实体在我们的生命的现存状态

① 亚里士多德：《论灵魂》，Ⅲ，5，430a14。

② 同上书，Ⅰ，2，404b11。

下同我们的理智不相称,致使它理解不了它们。

答异议理据 4:评注家的这一论证从下述几个方面看都是站不住脚的。首先是因为,即使独立实体不可能为我们所理解,那也不能得出结论说:它们也不能为任何理智所理解,因为它们能够为它们自身所理解,也能够相互理解。

其次,为我们所理解并非独立实体的目的,而只有那些不能达到其目的事物才是无用的和没有目的。所以,我们不能得出结论说:非物质的实体是无目的,即使它们完全不能为我们所理解,亦复如此。

答异议理据 5:感觉是以同样的方式认识形体的,无论是高级的形体还是低级的形体,都是如此;这也就是说,都是藉感官的感性活动而有所认识的。但是,我们并不能以同样的方式理解物质
547b 的和非物质的实体。我们是藉着抽象来认识前者,而这在后面一种情况下则是不可能的,因为对于非物质的事物来说,是根本没有什么心像可言的。

第 2 条 我们的理智能否通过它所具有的关于物质事物的知识而达到对非物质实体的理解?

现在我们着手讨论第 2 条。

异议:我们的理智似乎能够通过它所具有的关于物质事物的知识(cognitionem rerum materialium)达到对非物质实体的理解。

理据 1:因为狄奥尼修斯在《天国等级论》第 1 章第 3 节中说

过:“人的心灵是不可能被提升到对天国等级的非物质的默思的,除非它按照它自己的本性受到物质的指导。”由此可见,我们是能够为物质事物引导到认识非物质的实体的。

理据 2:再者,科学存在于理智之中。但是,存在着一些关于非物质实体的科学和定义,因为大马士革的约翰在《论正统信仰》第 2 卷第 3 章中曾经给天使下过一个定义,而我们也发现,天使既为神学也为哲学所讨论。由此可见,非物质的实体是能够为我们所理解的。

理据 3:再者,人的灵魂属于非物质实体这个属相。但是,我们却能够通过它的活动理解它,而我们的灵魂也是通过它的活动理解物质事物的。所以,我们通过别的非物质实体在物质事物中引起的结果也同样能够理解别的非物质实体。

理据 4:还有,不可能通过其结果得到认识的唯一的原因,是那些离开它们无限远的事物,而只有上帝才是这样。所以,别的受造的非物质实体是能够为我们通过物质事物理解的。

但是,从另一个方面看,狄奥尼修斯在《论神的名称》第 1 章中 548a
却说过:“可理解的事物不可能通过感性事物得到理解,复合事物不可能通过单纯事物得到理解,无形事物不可能通过有形事物得到理解。”

我的回答是:阿维洛伊在《〈论灵魂〉注》第 3 卷评注 36 中曾经说过,一个名叫阿文帕塞(Avempace)的哲学家教导说,通过理解自然实体,我们就能够按照真正的哲学原则,达到对非物质实体的理解。因为既然我们理智的本性即是从质料抽象出物质事物的实质,而存在于抽象实质之中的任何物质事物都是能够再次被抽象的，既然这种抽象过程不可能永远继续下去，它就必定能够达到对某种绝对没有质料的实质的理解。而这也就是对非物质实体的理解。

这样，如果非物质的实体是这些物质事物的形式和种相，像柏拉图派所设定的那样，这种意见就会是真的了（问题 84 第 1 条）。但是，相反，如果假定非物质的实体完全不同于物质事物的实质，那就可以得出结论说：不管我们的理智如何多地从质料中抽象出物质事物的实质，它都永远不可能达到同非物质实体相似的事物。所以，我们是不能够通过物质实体完全理解非物质实体的。

答异议理据 1：我们虽然能够从物质事物上升到一定种类的非物质事物的知识，但是，却达不到关于它们的完满的知识。因为一如狄奥尼修斯在《天国等级论》第 2 章第 2 节中所说，在物质事物和非物质事物之间没有什么适当的和充分的比例，而从物质事物抽象出来的为理解非物质事物所要求的那种类似物与它们也很不相同。

答异议理据 2：科学主要是通过排除法来论述高等事物的。亚里士多德因此就通过否定天体具有月下形体的特性来解释天体的。因此，我们可以得出结论说：虽然以我们认识非物质实体的实质的方式我们认识到的非物质实体要少得多，但是，我们却还是可
548b 以借助于排除法，借助于它们同物质事物的关系而获得关于它们的科学知识的。

答异议理据 3：人的灵魂是通过它自己的理解活动来理解它自身的，这是灵魂所特有的，这充分显示了它的能力和本性。但是，非物质实体的这种能力和本性是不可能通过这种活动被完满

地认识到的，也是不可能通过物质事物中任何别的事物被完满地认识到的。这是因为在后者和前者的能力之间根本没有什么比例可言。

答异议理据 4：受造的非物质的实体同物质实体并不是同一个自然的属相，因为它们在能力和质料方面都是不一致的。但是，它们却属于同一个逻辑的属相，因为即使非物质的实体，既然它们的实质区别于它们的存在，也就依然存在于实体的范畴中。但是，上帝同物质事物没有任何共同之处，无论是就自然的属相还是就逻辑的属相看都是如此。因为上帝，如上所述（问题 3 第 5 条），是绝不可能存在于一个属相之中的。因此，通过物质事物的类似物，我们就能够认识天使的某些肯定的内容，虽然我们所依据的只是某一公共概念，而不是特殊的本性。但是，我们是完全不可能获得关于上帝的这样一种知识的。

第 3 条　上帝是否是人的心灵认识的第一对象？

现在我们着手讨论第 3 条。

异议：上帝似乎是人的心灵（mente humana）所认识的第一对象。

理据 1：那种所有别的事物在其中被认识以及我们藉以判断别的事物的对象，即是我们所认识的第一对象；就像光是眼所认识的第一对象，第一原则是理智所认识的第一对象那样。但是，一如奥古斯丁在《论三位一体》第 12 卷和《论真正的宗教》第 31 章中所说，我们是藉着第一真理认识所有事物的，并且是以此来判断所有事物的。所以，上帝是我们认识的第一对象。

理据 2：再者，凡是使一件事物如此这般的事物便更其如此这
549a 般。但是，上帝是我们所有知识的原因。因为一如《约翰福音》第 1 章第 9 节中所说，上帝即是“那照亮一切生在世上的人的真光”。由此可见，上帝即是我们最先认识到和最多认识到的对象。

理据 3：还有，在形象中最先认识到的东西乃这一形象得以形成的原型。但是，按照奥古斯丁在《论三位一体》第 12 卷第 4 章中的说法，“上帝的肖像”存在于我们的心灵中。由此可见，上帝是我们心灵所认识到的第一对象。

但是，从另一个方面看，《约翰福音》第 1 章第 18 节中却说过：“从来没有人看见上帝。”

我的回答是：既然人的理智在生命的现存状态下甚至不可能理解受造的非物质实体（第 1 条），它也就更其不可能理解非受造的实体的本质了。因此，我们必定能够绝对地说：上帝并非我们知识的第一对象。毋宁说，我们是通过受造物认识上帝的，因为按照使徒在《罗马书》第 1 章第 20 节中的说法：“上帝的事情，虽是眼不能见，但藉所造之物，就可以晓得”，而在今生状态下我们知识的第一对象正是物质事物的实质，而这种实质也正是我们理智的固有对象。这一点从前面许多段落中都是可以看出来的（问题 84 第 7 条；问题 85 第 8 条；问题 87 第 2 条答异议理据 2）。

答异议理据 1：我们是在第一真理的光中看并判断所有事物的，就我们理智的光本身而言，无论是自然的还是赐予的，如上所述（问题 12 第 11 条答异议理据 3；问题 84 第 5 条），都不是别的东

西，而无非是第一真理加在它上面的印象。因此，既然我们理智的光本身并不是它所理解的对象，而是它藉以理解的中介，则我们就更其不能够说上帝乃我们理智所认识的第一对象了。

答异议理据 2：凡是使一件事物如此这般的事物更其如此这般，这样一条公理，如上所述(问题 87 第 2 条答异议理据 3)，必定被理解为其中所说的事物属于同一个等级。上帝之外的别的事物是由于上帝被认识到的，并非好像他是第一个认识到的对象，而是因为他是我们认识能力的第一因。

答异议理据 3：如果我们的灵魂中存在有上帝的完满的肖像，一如圣子乃圣父的完满的肖像，则我们的心灵就能够即刻认识上帝了。但是，我们心灵中的这种肖像是不完满的。因此，这种论证是站不住脚的。

549b

问题89
论脱离了身体的灵魂的认识

（共8条）

现在我们必须进而考察关于脱离了身体的灵魂的认识。

在这个题目下，有8个要点需要探究：

(1)脱离了身体的灵魂能否理解？

(2)它能否理解独立实体？

(3)它能否理解所有自然的事物？

(4)它能否理解个别事物？

(5)在今生中获得的知识习性是否依然存在？

(6)灵魂能否运用今生中获得的知识习性？

(7)空间距离是否障碍脱离了身体的灵魂的认识？

(8)脱离了身体的灵魂能否认识尘世间所发生的事情？

第1条　脱离了身体的灵魂能否理解任何事物？

现在我们着手讨论第1条。

异议：脱离了身体的灵魂(anima separata)似乎根本不可能理

解任何事物。

理据 1：因为哲学家在《论灵魂》第 1 卷中说过："理解同其内在原则是一起朽坏的。"[①]但是，人在死后其内在原则也就朽坏了。由此可见，理智本身也会朽坏。

理据 2：再者，人的灵魂，如上所述（问题 84 第 7、8 条），当感官受到障碍的时候，或者由于错乱的想象，就不能够理解了。但是，死亡，如上所述（问题 77 第 8 条），却破坏了感官或想象。所以，灵魂在死后是什么也理解不了的。

理据 3：再者，如果脱离了身体的灵魂能够理解的话，那就必 550a
定是藉着种相进行理解的。但是，它并不是藉着固有的种相进行理解的，"因为在一开始，它就像一块上面什么也没有写的白板一样。"它也不可能藉从事物中抽象出来的种相进行理解。因为在那时它就没有了为了抽象种相所必需的感觉和想象的器官了。它也不可能藉从前抽象出来但是却存留在灵魂中的种相进行理解，因为倘若如此的话，小孩的灵魂就根本无法进行理解。它也不可能藉为上帝所灌输的可理解的种相进行理解，因为这样的知识就不再是自然的，像我们现在所讨论的那样，而是神恩的结果，所以，离开了身体的灵魂是什么也理解不了的。

但是，从另一个方面看，哲学家在《论灵魂》第 1 卷中却说过："如果灵魂没有什么特有的运作，它就不可能同身体分开了。"[②]但是，灵魂是能够同身体分开的。可见，它是具有特殊运作的，而且它的运作首先就在于理解。所以，灵魂在其同身体分开的情况下，

① 亚里士多德：《论灵魂》，Ⅰ，4，408b24。

② 同上书，Ⅰ，1，403a11。

也是能够理解的。

我的回答是：解决这个问题的困难，是由同身体结合在一起的灵魂，如经验所表明的，只有通过返回心像才能理解这样一个事实引起的。如果这并不出自灵魂的本性，而是如柏拉图派所说，是偶然地相关于身体的，则这种困难就会消解。因为在这种情况下，身体的障碍一旦被排除，灵魂也就恢复了它自己的本性，从而能够绝对地理解可理解的事物，而无需回到心像，别的独立实体就是这样一种情况。然而，在这种情况下，灵魂同身体的结合就不是为了灵魂的好处，因为它在身体中显然比在身体之外理解得要差些，而是为了身体的好处，但这是不合理的。因为质料是由于形式而存在的，而形式却不是为了质料而存在的。但是，如果我们承认灵魂的本性要求它藉回到心像去理解，那既然身体的死亡并不能改变它的本性，它到了那个时候也就似乎不可能自然地理解任何事物了，因为它要回到的心像将会付诸阙如。

为了解决这一困难，我们必须看到：既然除非一件事物是现实
550b 的，那就没有什么事物能够活动，则每个活动主体的活动样式就是由它的存在样式产生出来的。这样，灵魂当它同身体结合在一起的时候，它具有一种存在的样式，而当它脱离了身体的时候，它就具有另一种存在的样式，但是，它的本性却是始终一样的。而这也并不意味着它同身体的结合是一件偶然的事情。因为，正相反，这样一种结合之属于它是由于它的本性使然，正如一件轻的对象的本性是不会改变的，无论是它处于它的对它自然的特有的位置之上，还是处于它的同其本性无关的特有位置之外的地方，都是如此。所以，灵魂，当其同身体结合在一起的时候，对应于这样一种存在样式，也

就具有一种藉回到存在于有形器官之中的有形心像进行理解活动的理解样式。但是，当它脱离了身体的时候，它之具有藉回到绝对可理解的对象进行理解活动的理解样式也就适合于它了，这一点也适合于别的独立实体。因此，灵魂藉回到心像进行理解就同它之同身体结合在一起一样是自然的。但是，同身体相分离并不符合它的本性，同样，不回到心像进行理解对它也不是自然的。因此，它是为了可以具有一种存在样式以及具有一种与其本性相适合的运作才同身体结合在一起的。但是，在这里新的困难又出现了。因为既然一件事物始终被安排成它之为最好的事物，既然藉回到绝对可理解的事物比藉回到心像进行理解要好一些，上帝也就应该把灵魂的本性造成这样，致使更为高尚的理解活动的方式对它来说向来是自然的，从而为了达此目的是无需身体的。

为了解决这一困难，我们必须看到：虽然藉回到比较高级的事物理解其本身要比藉回到心像理解确实要高贵些，但是，这样一种理解活动的样式对于对灵魂是可能的事物来说并不是那么完满的。如果我们看到每一个理智实体都藉着上帝之光的影响而具有理解能力，则事情看来就会如此。而上帝之光就它的第一原则来说是单一的和单纯的(simplex)，理智受造物离开第一原则越远，这种光也就越是被划分得多样化，就像从一个圆的圆心发射出来的直线一样。因此，上帝是藉他自己的本质来理解所有事物的，而 551a
高级的理智实体则是藉许多种相来理解的，虽然由于具有这种本性的理智能力的效验，它们在理解时所凭借的种相越少，越普遍，对事物的理解的层次就越深。但是，低级理智本性所具有的种相的数目越多，其普遍性越低，其理解的程度也就越低，而理解的低级程度又

是与它们远离具有高级本性的理智能力的程度成比例的。所以，如果低级实体所接受的种相在普遍性程度上同高级实体一样，则既然它们在理解活动中力量不够强大，则它们藉这些种相获得的知识也就不够完满，从而总是具有一种一般的和模糊的本性。在人身上，我们在一定程度上能够看到这一点，因为那些具有比较弱的理智的人是不可能通过那些具有较好理解能力的人所具有的普遍概念获得完满的知识的，除非事物是个别地和详尽地解释给他们才能够避免这种情况。这样，在自然的秩序中人的灵魂在理智实体中所处的地位显然是最低的。但是，宇宙的完满性要求各种不同等级的存在。所以，如果上帝意愿人的灵魂和独立实体以同样的方式进行理解，那就可以得出结论说：人的知识，就其不是完满的而言，将会是模糊的和一般的。所以，为了使人的灵魂有可能具有完满的和适当的知识，它们就应当这样地被造出来，以至它们的本性要求它们同身体结合在一起，从而能够从感性事物本身接受到关于感性事物的适当的和充分的知识。从而，我们在未受过教育的人们身上就会看到，他们必须借助于感性例证才能受到教育。

因此，很显然，灵魂同身体的结合乃是为了灵魂的好处，而且它也是藉回到心像而进行理解的。但是，它离开身体而存在，并且以另外一种方式进行理解，也是可能的。

答异议理据1：哲学家的那句话经仔细考察后将会表明：他这样说所依据的是先前的设定，即理解活动是结合在一起的身体和灵魂的一种运动，就像感觉一样。[①] 因为至此他尚未对理智与感

① 亚里士多德：《论灵魂》，Ⅰ，4，408b6。

觉的差异作出过解释。我们也可以说，他所谈的是那种回到心像进行理解的理解活动的样式。而这也正是第二个反对意见的意思。

答异议理据 3：脱离了身体的灵魂之进行理解，所凭借的并不 551b
是固有的种相，也不是在那种状态下抽象出来的种相，也不仅仅是所保留的种相，这些都是反对意见所证明了的；而是在那种状态下的灵魂藉由上帝之光的射入所产生的分有的种相进行理解的；灵魂同别的独立实体一样分有上帝的光，虽然它所分有的等级较低一些。因此，一旦它不再藉回到有形"心像"而活动，灵魂也就即刻回到了高级事物。这种认识方式也不是不自然的，因为上帝既是神恩之光的作者，也是自然之光的作者。

第 2 条　脱离了身体的灵魂能否理解独立的实体？

现在我们着手讨论第 2 条。

异议：脱离了身体的灵魂似乎并不能够理解独立实体（substantias separatas）。

理据 1：因为灵魂同身体结合在一起的时候要比脱离了身体的时候更为完满些。这又是因为它是人的本性的必不可少的一个部分，而这一整体的每一个部分当其存在于这一整体的时候便更为完满些。但是，同身体结合在一起的灵魂，如上所述（问题 88 第 1 条），并不理解独立的实体。所以，灵魂当其离开身体的时候就更其做不到这一步了。

理据 2：再者，凡是被认识的东西不是藉它的临在就是藉它的种相被认识的。但是，独立实体是不可能藉它们的存在而为灵魂所认识的，因为只有上帝才能够进入灵魂。它们也不能够经由天使藉灵魂抽象出来的种相被认识到，因为天使比灵魂更单纯。所以，离开身体的灵魂是根本理解不了独立实体的。

理据 3：还有，一些哲学家说（问题 88 第 1 条）：人的终极幸福在于拥有独立实体的知识。所以，如果脱离了身体的灵魂能够理解独立实体的话，则它的幸福就会仅仅由它同身体的分离来保证，但是，这种说法是不合理的。

552a 但是，从另一个方面看，脱离了身体的灵魂是能够认识其他脱离了身体的灵魂的。例如，我们在处于地狱中的那个财主身上就看到了这样一种情况：他看到了拉撒路（Lazarum）和亚伯拉罕（Abraham）（《路加福音》16：23）。由此可见，脱离了身体的灵魂是能够看到恶魔和天使的。

我的回答是：一如奥古斯丁在《论三位一体》中所说："我们的心灵是靠它自身"，也就是说，是通过认识它自身，获得无形事物的知识的（问题 88 第 1 条答异议理据 1）。所以，由脱离了身体的灵魂自行所具有的知识，我们是能够判断它是如何认识别的独立事物的。然而，前面说到（第 1 条）：只要灵魂同身体结合在一起，灵魂就得藉回到心像进行理解，从而，它就不可能理解它自身，除非通过借助于从心像抽象出来的观念而现实地进行理解。所以，在这种状态下，它就如上所述（问题 87 第 1 条），是藉它自己的活动理解它自己的。然而，当它与身体脱离开的时候，它就不再需要藉回到心像，而是藉回到那些单纯可理解的对象进行理解了。因此，在这种状态下，它就是藉它自己来理解它自己的。然而，每个独立实体都是按照它的实体的样式，来理解高于它自身的事物，也理解低于它自身的事物。因为一件事物是就它处于进行理解的人之中而得到理解的，而一件事物则是就它存在于其中的事物的本性而存在于另一件事物之中的。一个脱离了身体的灵魂的存在样式虽然低于天使的存在样式，但是，与别的脱离了身体的灵魂却是一样的。所以，离开了身体的灵魂虽然对别的独立的灵魂也具有完满的知识，但是，就它的相关的自然知识而言，它所具有的天使的知识却是不完满的和有缺陷的。但是，神恩的知识却应该另当别论。

答异议理据 1：如果我们考察一下脱离了身体的灵魂藉以同身体的本性相交往的本性的话，则脱离了身体的灵魂，就确实具有较少的完满性。但是，它的理智却具有更大的自由，因为在生命的现存状态下，身体的负担和对身体的照顾都构成了它清楚明白地进行理解的障碍。

答异议理据 2：脱离了身体的灵魂是通过上帝刻印在它上面的观念来理解天使的，然而，这些观念却并不能完满地表征它们，因为灵魂的本性低于天使的本性。

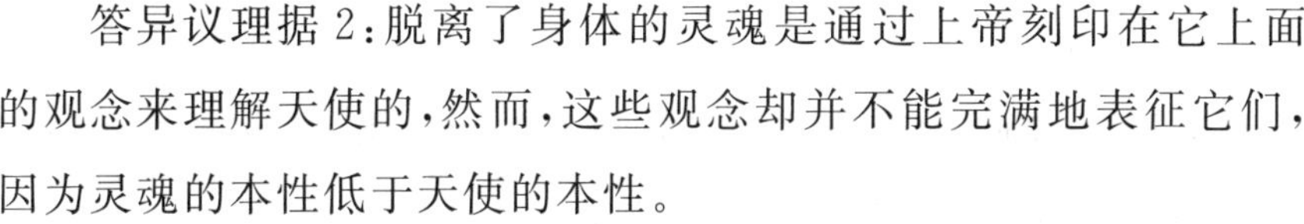

答异议理据 3：人的终极幸福并不在于拥有无论什么样的任 552b
何独立实体的知识，而是在于拥有上帝的知识，但上帝是只有藉恩典才能够看到的。别的独立实体的知识，如果完满理解的话，就能够给予很大的幸福，虽然尚不是最后的和终极的幸福。但是，脱离了身体的灵魂，如我们在本条前面所说的那样，是不能够完满地理解它们的。

第 3 条 脱离了身体的灵魂能否认识所有的自然事物?

现在我们着手讨论第 3 条。

异议:脱离了身体的灵魂似乎能够认识所有的自然事物(omnia naturalia)。

理据 1:因为所有自然事物的理据(rationes)都存在于独立实体之中。所以,正如脱离了身体的灵魂认识独立的实体一样,它们也认识所有自然的事物。

理据 2:还有,凡是理解较多可理解事物的人都更其能够理解较少可理解的事物。但是,脱离了身体的灵魂理解非物质的实体,而非物质的实体则具有更高等级的可理解性。所以,他就更其能够理解所有自然的事物,因为自然事物具有较低等级的可理解性。

但是,从另一个方面看,恶魔比脱离了身体的灵魂具有更多的自然知识。然而,它们却并不认识所有的自然事物,而必须如伊西多尔(Isidorus)在《语录三卷》第 1 卷第 10 章所说,通过长期的经验来学习许多事物。由此可见,脱离了身体的灵魂也是认识不到所有自然事物的。

再者,如果灵魂一旦离开了身体就获得了所有自然事物的知识,人们的认识努力也就因此变成徒劳无益的事情了。但是,这一点是不合理的。所以,脱离了身体的灵魂是不可能认识所有自然事物的。

我的回答是:如上所述(第 1 条),脱离了身体的灵魂,像天使一样，也是藉从上帝之光的流射接受过来的种相进行理解的。然而，既然灵魂就本性而言是低于天使的，对于天使来说，这种知识 553a
才是自然的，则脱离了身体的灵魂便不能够通过这样的种相接受完满的知识，而只能得到一种一般的和模糊的知识。所以，脱离了身体的灵魂藉着这样的种相所建立的同关于自然事物的不完满的和模糊的知识的关系，同天使所具有的同关于它们的完满的知识的关系是一样的。然而，天使通过这样的种相是能够完满地认识所有自然的事物。因为一如奥古斯丁在《〈创世记〉文字注》第 2 卷第 8 章中所说，上帝所产生的一切，就自然事物的各自的本性而言，都已经在天使的理智中创造了出来。因此，我们可以得出结论说：脱离了身体的灵魂虽然认识所有的自然事物，但却并不具有一种确定的和适当的知识，而是以一种一般的和模糊的方式认识到的。

答正反两方意见理据 1：如上所述（问题 55 第 1 条；问题 87 第 1 条），即使天使也不是通过他的实体来理解所有自然事物的，而是通过一些种相来认识的。所以，我们不能够得出结论说：灵魂认识独立的实体，从而认识所有自然的事物。

答正反两方意见理据 2：正如脱离了身体的灵魂并不能够完全理解独立的实体一样，它也不能够完满地认识所有自然的事物，而只是模糊地认识它们。这一点我们在本条的前面就已经解释过了。

答正反两方意见理据 3：伊西多尔所讲的是未来事物的知识，这种知识，无论是天使，还是恶魔，或脱离了身体的灵魂都是认识不到的，除非就未来事物预先存在于它们的原因之中，或者是就它们是藉上帝的启示被认识到而言，才能够认识到。但是，我们在这里所讨论的是关于自然事物的知识。

答正反两方意见理据 4：在这里通过探究所获得的知识是适当的和完满的，但是，我们所讲到的脱离了身体的灵魂的认识却是模糊的。因此，我们并不能够得出结论说：为了学习而进行的探究是徒劳无益的。

第 4 条　脱离了身体的灵魂能否认识个别事物？

现在我们着手讨论第 4 条。

异议：脱离了身体的灵魂似乎并不能够认识个别事物（singularia）。

553b 理据 1：因为除理智外，没有什么认识能力依然存在于脱离了身体的灵魂之中，这一点从我们前面所讲的（问题 77 第 8 条）看来是很清楚的。但是，理智，如上所述（问题 86 第 1 条），是不可能认识个别事物的。所以，脱离了身体的灵魂是不可能认识个别事物的。

理据 2：再者，关于个别事物的知识比关于普遍事物的知识有更大的确定性。但是，脱离了身体的灵魂对自然事物的种相却没有任何确定的知识。所以，它关于个别事物的知识就更其少了。

理据 3：还有，如果它认识个别事物，然而却不是藉感觉认识的，则由于同样的理由，它就会认识所有个别事物了。但是，它并不认识所有个别的事物。由此可见，它是什么个别事物也认识不了的。

但是，从另一个方面看，在《路加福音》第 16 章第 28 节中，地狱中的那个财主却说道："我还有五个弟兄。"

我的回答是：脱离了身体的灵魂认识一些个别事物，但并不认识所有的个别事物，甚至也不认识所有现存的个别事物。为了理解这一点，我们必须看到，认识事物有两种方式：其中一种是藉来自心像的抽象，这样，个别事物之为理智所认识，如上所述（问题 86 第 1 条），就不可能是直接的而只能是间接的。理解的另一种方式是藉上帝对种相的灌输，这样，理智之认识个别事物就有了可能。因为正如上帝是藉他的作为普遍和个体原则的本质认识所有的事物，包括普遍的和个别的事物一样（问题 14 第 11 条；问题 57 第 2 条），独立的实体也只有藉作为上帝本质的一种分有的类似物的种相，才能够认识个别事物。

然而，在天使和脱离了身体的灵魂之间也存在有差异，因为天使通过种相便能够具有一种关于事物的完满的和正确的知识，而脱离了身体的灵魂则只能有一种模糊的知识。因此，天使，凭借他们理智的效验，通过这些种相，就不仅认识事物的种相的本性，而且也能认识蕴涵在那些种相中的个别事物。但脱离了身体的灵魂通过这些种相，能够认识的却只能是这样一些个别事物，它们或是为今生获得的先前的知识所决定，或者为一些性向所决定，或者为 554a
一些自然习性所决定，或者为神圣秩序的安排所决定。因为凡是接受进任何事物中的东西都是按照接受者的样式受到决定的。

答异议理据 1：理智并不是藉抽象来认识个别事物的。脱离了身体的灵魂也不是这样认识个别事物的，而是按照上面解释的方式认识的。

答异议理据 2:脱离了身体的灵魂的认识,如上所述,只局限于灵魂与之具有某种确定关系的种相或个体事物。

答异议理据 3:脱离了身体的灵魂同所有个别事物的关系并不都是一样的,而是对一些个别事物是一种关系,对另一些个别事物则是另一种关系。所以,根本不存在它认识所有个别事物的同样的理由。

第 5 条　在今生获得的知识习性是否依然存在于脱离了身体的灵魂之中?

现在我们着手讨论第 5 条。

异议:今生获得的知识习性(habitus scientiae)似乎并不依然存在于脱离了身体的灵魂之中。

理据 1:因为使徒在《哥林多前书》第 13 章第 8 节中说过:"知识终必归于虚无。"

理据 2:再者,一些在今生不够善的人享有一些知识,而这些知识却拒绝给予那些比较善的人。所以,如果知识的习性在人死后依然存在于灵魂之中,那就会得出结论说:那些不够善的人,即使在来生,也依然超过比较善的人,而这似乎是不合适的。

理据 3:再者,脱离了身体的灵魂将通过上帝之光的流射而具有知识。所以,如果假定在今生获得的知识依然存在于脱离了身体的灵魂之中,那就会得出结论说:同一个种相的两个形式共存于同一个主体之中。但这是不可能的。

理据 4：还有，哲学家在《范畴篇》中说过："习性乃一种不容易消除的性质；然而有时，知识却会由于疾病等原因而蒙受损失。"[①] 但是，在今生中，并不存在像死亡这样的变化。所以，知识的习性似乎会由于死亡而蒙受损失。 554b

但是，从另一个方面看，哲罗姆在《书信集》第 53 卷"致保林书"中却说过："让我们在今生去学习那种到天堂我们依然具有的知识。"

我的回答是：一些人说，知识的习性并不存在于理智本身之中，而是存在于感觉能力之中，亦即想象、思考和记忆之中；而且，可理解的种相也并不被保存在可能理智之中。如果事情真的是这样的话，那就可以得出结论说：当身体由于死亡而受到破坏的时候，在尘世获得的知识也就完全遭到了破坏。

但是，既然知识存在于理智之中，而理智，如哲学家在《论灵魂》第 3 卷中所说，乃"种相的住所"，[②]则在今生中所获得的知识的习性便必定部分地存在于上述感觉能力之中，部分地存在于理智能力之中。这一点只要考察一下科学习性得以获得的活动就能够看清楚。因为习性，一如《伦理学》第 2 卷中所说，同藉以获得它们的活动是类似的。[③] 然而，我们在今生藉以获得科学的理智活动便是通过心灵回到存在于上述感觉能力中的心像实现出来的。因此，通过这样的活动，可能理智便在考察所接受的种相的活动中便获得了一定的便利；而上述感觉能力也是在其协助理智返回它们

① 亚里士多德：《范畴篇》，Ⅷ，8b28。

② 亚里士多德：《论灵魂》，Ⅲ，4，429a27。

③ 亚里士多德：《伦理学》，Ⅱ，1，1103b21。

考察可理解的种相的活动中获得一定的习性的。但是,正如理智活动主要和形式地存在于理智本身,而它却质料地和性向地存在于低级能力之中一样,这同样的区别也将适用于习性。

所以,在今生状态下获得的知识,就属于低级能力的东西而言,并不依然存在于脱离了身体的灵魂之中。但是,就属于理智本身的东西而言,它却必定依然存在于脱离了身体的灵魂之中。因
555a 为正如哲学家在《论长生与短命》中所说:形式是可以用两种方式毁灭的:首先,是直接的,当一个形式为它的反面所毁灭的时候,例如当热为冷所毁灭的时候,情况就是如此;其次,是间接的,一个形式,当其主体遭到朽坏的时候,情况就是如此。[①] 这样,人的知识显然就不是由于主体的毁灭而毁灭,因为理智,如上所述(问题79第2条答异议理据2;问题75第6条),是不可朽坏的。可能理智中的可理解的种相也不可能为它们的反面所朽坏,因为首先就一件事物藉以是其所是的单纯的理解而言,是根本不存在什么同可理解的概念相反的东西的。但是,相反的东西,就心中的组合、区分或推理而言,就在一个命题或论证中是错误的东西同真理是相反的而言,却是可以存在于理智之中的。因此,知识有时是可以为其反面所朽坏的,在这种情况下,一个错误的论证就会使任何一个人离开真理的知识。由于这个理由,哲学家在上述著作中就提到了知识自身朽坏的两种方式:这就是作为记忆能力的反面的忘却,以及作为错误论证方面的蒙骗。[②] 但是,这些在脱离了身体的灵魂里都是没有存在余地的。所以,我们必须得出结论说:知识的习

① 亚里士多德:《论长生与短命》,Ⅱ,465a19。

② 同上书,Ⅱ,465a23。

性，就其存在于理智之中而言，是依然存在于脱离了身体的灵魂之中的。

答异议理据 1：使徒并没有把知识说成是习性，而是把它说成是认识活动。因此，他在《哥林多前书》第 13 章第 12 节中说：在所引证的论断的证据方面，“我如今所知道的有限。”

答异议理据 2：正如一个具有较少善的人在身高方面可能超出一个比较善的人一样，同一种类的许多人在来世也就可能具有比较善的人可能并不具有的知识习性。然而，这同比较善的人所享有的别的特权是不能相提并论的。

答异议理据 3：这两种知识并不属于同一个种相，所以，也就不存在什么不可能性。

答异议理据 4：这种反对意见是就感觉能力来考察知识的朽 555b
坏的。

第 6 条　今生所获得的认识活动是否依然存在于脱离了身体的灵魂之中？

现在我们着手讨论第 6 条。

异议：今生获得的认识活动（actus scientiae）似乎并不存在于脱离了身体的灵魂之中。

理据 1：因为哲学家在《论灵魂》第 1 卷中说过：“当身体朽坏的时候，灵魂便既没有记忆也没有爱。”[①]但是，考察先前认识的事

① 亚里士多德：《论灵魂》，Ⅰ，4，408b27。

物却是一项记忆活动。所以,脱离了身体的灵魂是不可能具有今生获得的认识活动的。

理据 2:再者,可理解的种相在脱离了身体的灵魂里所具有的能力不可能大于它们在同身体结合在一起的灵魂里所具有的能力。但是,在今生中,我们不可能仅仅藉种相而不通过回到心像进行理解,这一点我们已经作出说明了(问题 84 第 7 条)。所以,脱离了身体的灵魂是不可能做到这一步的,从而,它也根本不可能藉今生获得的可理解的种相进行理解。

理据 3:还有,哲学家在《伦理学》第 2 卷中说过:习性之产生活动类似于那些藉以获得它们的事物。[①] 但是,知识习性在今生是藉理智返回心像的活动获得的。所以,它不可能产生任何别的活动。然而,这些活动并不适合于脱离了身体的灵魂。所以,处于脱离身体状态下的灵魂不可能产生出今生所获得的任何认识活动的。

但是,从另一个方面看,《路加福音》第 16 章第 25 节中却说过,有人对地狱中的那个财主说:“你该回想你生前享过福。”

我的回答是:在活动中,有两件事物应当受到考察,这就是它的种相和它的样式。它的种相来自对象,认识能力就是藉种相而指向对象的;而种相也就是对象的类似物,样式则是由该活动主体的能力得到的。这样,一个人之看见一块石头就是由于他眼中的
556a 关于那块石头的种相,而他之清楚地看到它则是由于眼的视力。所以,既然如上所述(第 5 条),可理解的种相依然存在于脱离了身

① 亚里士多德:《伦理学》,Ⅱ,1,1103b21。

体的灵魂之中,既然脱离了身体的灵魂的状态同它之在今生中并不一样,那就可以得出结论说:通过今生获得的可理解的种相,离开了身体的灵魂虽然也能够理解它先前理解过的东西,但是理解的方式却不同:因为它不是藉回到心像,而是藉一种同离开身体而存在的灵魂相适应的方式。这样,今生获得的认识活动虽然依然存在于脱离了身体的灵魂之中,但是其活动的方式却不一样。

答异议理据 1:哲学家在这里说到的记忆,是就记忆属于感觉部分而言的,而不是就它属于理智而言的。这一点前面就已经解释过了(问题 79 第 6 条)。

答异议理据 2:理解的不同样式是由理智灵魂的不同状态产生出来的,而不是由不同种相产生出来的。

答异议理据 3:产生习性的活动与习性所引起的活动在种相方面是一样的,但是在样式方面却不同。例如,虽然做正义的事情,但是却不是正义地去做,也就是说,不能令人愉快地去做,便产生了政治正义的习性,而我们凭借着这种习性,却能够愉快地从事各项活动。

第 7 条　空间距离是否障碍脱离了身体的灵魂的认识?

现在我们着手讨论第 7 条。

异议:空间距离(distantia localis)似乎障碍脱离了身体的灵魂的认识。

理据 1:因为奥古斯丁在《论追荐亡者》第 13 章中说过:“死人

的灵魂存在于那儿，在那儿，它们是不可能知道尘世做过的事情
556b 的。”但是，他们却知道他们之间所做过的事情。所以，空间距离障碍了脱离了身体的灵魂的认识。

理据2：再者，奥古斯丁在《论魔鬼的预言》第3章中说过：“精灵的运动速度使它们能够知道一些我们不知道的事情。”但是，速度的快在这方面是无用的，除非它们的知识为空间距离所障碍。这对于脱离了身体的灵魂的认识的障碍就更大了，因为脱离了身体的灵魂的本性比精灵的要低级一些。

理据3：还有，正如空间存在有距离一样，时间也存在有距离。但是，时间的距离是障碍脱离了身体的灵魂的认识的，因为这种灵魂并不知道未来的事物。由此可见，空间距离也障碍它的认识。

但是，从另一个方面看，《路加福音》第16章第23节中却写道：“他在阴间受痛苦，举目远远地望见亚伯拉罕。”由此可见，空间距离并不障碍脱离了身体的灵魂的认识。

我的回答是：一些人主张，脱离了身体的灵魂是藉来自感性事物的抽象认识个别事物的。如果果真如此的话，那就可以说：空间距离将障碍它的认识。因为或者是感性事物需要作用于灵魂，或者灵魂需要作用于感性事物，而在任何一种情况下，一定的距离都是必要的。然而，这是不可能的，因为从感性事物抽象出种相是需要通过感觉和别的一些并不实际地存在于离开身体的灵魂中的感觉能力才能够完成的。但是，灵魂当离开身体的时候，便是藉来源于上帝之光的种相理解个别事物的，而距离的远近对此是无所谓的。因此，脱离了身体的灵魂中的认识并不会受到空间距离的障碍。

答异议理据 1:奥古斯丁说过:脱离了身体的灵魂不可能看到今生所做的事情,这并不是因为它们存在于那儿,仿佛受到空间距离的障碍,而是因为一些别的原因,我们将对此作出解释(第 8 条)。

答异议理据 2:在那儿奥古斯丁所讲的是下述一种意见,这就 557a
是:精灵自然地具有同它们结合在一起的身体,从而也就具有感觉能力,而感觉能力则是需要一定的距离的。在同一本书作中他明确地记录了这种意见,虽然所采取的文体明显地是记叙而非论断,这一点我们可以从《上帝之城》第 21 卷第 10 章中得到印证。

答异议理据 3:未来的事物,在时间上是有距离的,但是却并不实际地存在,所以,就其本身来说是不可认识的。因为就一件事物缺乏存在而言,它也就同样缺乏可认识性。但是,凡在空间上有距离的东西都是现实地存在着的,从而其本身便也是可认识的。因此,我们是不能够由时间距离的相关问题推证出空间距离的相关问题的。

第 8 条　脱离了身体的灵魂是否认识尘世上发生的事情?

现在我们着手讨论第 8 条。

异议:脱离了身体的灵魂似乎认识尘世上发生的事情。

理据 1:因为否则它们就不会像它们所做的那样,关心这些事物了。因为按照《路加福音》第 16 章第 27、28 节中所说,那个财主说过:“我还有五个弟兄。他可以对他们作见证,免得他们也来到这痛苦的地方。”由此可见，脱离了身体的灵魂是知道尘世上发生的事情的。

理据 2：再者，死人常常出现在活人中间，熟睡的或醒着的都有，预先通知他们一些尘世发生的事情；就像《列王纪上》第 28 章第 11 节中所说到的撒母耳出现在扫罗面前一样。但是，事情是不可能这样的，除非他们知道尘世发生的事情。由此可见，他们是知道尘世发生的事情的。

理据 3：还有，脱离了身体的灵魂知道他们之间发生的事情。
557b 所以，如果他们并不知道我们之间发生的事情，那就必定是由于空间距离的缘故。而这一点已被证明是错误的(第 7 条)。

但是，从另一个方面看，《约伯记》第 14 章第 21 节中却写道：“他儿子得尊荣他也不知道；降为卑他也不觉得。”

我的回答是：借助我们现在所讨论的自然知识，死人的灵魂并不能够认识尘世上所发生的事情。这一点可以从我们刚刚谈论的内容中推演出来(第 4 条)，因为脱离了身体的灵魂之具有个别事物的知识，是藉一种对于他们来说是确定的方式获得的，或者是藉过去知识或意向的遗迹，或者是藉上帝的安排。这样，去世者的灵魂之处于同活人隔绝的状态中，就既是由于上帝的安排，也是由于它们的存在样式所致；但它们却是同无形的精神实体世界结合在一起的。因此，它们对我们之间继续发生的事情是无知的。格列高利在《道德论》第 12 卷第 21 章中对此是这样解释的：“死者并不知道活人是如何活动的，因为精神生命与肉体生命迥然不同；所以，正如有形事物与无形事物是不同的属相一样，它们在认识方面也是不同的。”奥古斯丁在《论追荐亡者》第 13 章中似乎也说过同样的话。他曾经断言说："死者的灵魂同活人的事情没有任何关系。"

然而，格列高利和奥古斯丁在天国享福的人的灵魂问题上似乎意见相左。因为格列高利接着前面援引的那段话继续说道："圣洁的灵魂不同，因为既然他们看到了全能上帝的光，我们就不能够相信：外在的事物是他们认识不到的。"但是，奥古斯丁在《论追荐亡者》中却明确地说道：死者，即使是圣徒，也是认识不到生者或他们自己的子孙做过的事情的，并以此作为"亚伯拉罕不认识我们"（《以赛亚书》63：16）这样一段经文的注释。他承认了这种意见，说：他悲伤的时候，没有为他的母亲探访过，也没有为他的母亲安慰过，像她活着的时候那样，而且他也不认为在一种较为快乐的状态下她会不怎么和蔼；他还说上帝应允约西亚王（Iosiae regi）：他将会死去，以免看到他的人民受苦（《列王纪 4》22：20）。然而，奥 558a
古斯丁却对此表示怀疑，并设定了前提，说道："每一个人只要他高兴，他都会采取我的说法的。"另一方面，格列高利却予以承认，因为他说："我们是不可能相信的。"其实，他的意见的理据似乎更其充分：那些看到上帝享有永福的人的灵魂是知道尘世发生的一切的。因为他们同天使是一样的。奥古斯丁在《论追荐亡者》第 15 章中在谈到天使时也曾经说过：他们知道那些生活在尘世上的人们之间发生的事情。但是，既然享有永福的人的灵魂是最完满地同上帝的正义结合在一起的，他们就既不会受苦，也不会干预尘世间的事情，除非是按照上帝的正义活动。

答异议理据 1：死者的灵魂可能关心在世的人，即使对他们的状态无知，亦复如此，正如我们关心死者，为他们祈祷，虽然我们对

他们的状态一无所知一样。再者，一如奥古斯丁在同一部著作的第15章中所说，生者的事情之为他们所知道，并非是就他们本身而言的，而是通过从今生达到他们的灵魂，或者通过天使和精灵，甚至"通过圣灵的启示"知道的。

答异议理据2：死者可以以多种方式向生者显现，或者是藉上帝的特许，以便死者的灵魂能够介入生者的事情，这可以说是超自然的；或者如奥古斯丁在《论追荐亡者》第12章中所说，这样一些神奇现象借助于恶的和善的天使而出现，而根本无需故去的人的知识，这就好像在睡眠的时候，活着的人无需他们自己的知识，就出现在别的活着的人的梦境里一样。所以，对撒母尔就可以说：他是通过上帝的启示出现的，因为《德训篇》第46章第23节中说："他逝世以后，还说了预告，警告君王的死期。"或者，我们也能够说：如果《德训篇》的权威由于它不为犹太人作为正版圣经的一部分予以接受而被置若罔闻的话，则这种神奇现象就是由于精灵达成的。

答异议理据3：这类无知并不是由空间距离的障碍所造成的，而是由前面提到的原因所造成的。

问题 90 558b

论人的灵魂的最初的产生

（共 4 条）

在考察了上述问题之后，我们必须进而考察人的最初产生。对此，有 4 个题目需要讨论：(1)人本身的产生。(2)这种产生的目的(问题 93)。(3)首生的人的状态和条件(问题 94)。(4)他所居住的场所。关于人本身的产生，有三项内容需要考察：(1)人的灵魂的产生。(2)人的身体的产生(问题 91)。(3)女人的产生(问题 92)。

在第一个项目下，有 4 个要点需要探究：

(1)人的灵魂是某种受造的东西，抑或属于上帝的实体？

(2)如果它是受造的，它是否是被创造的？

(3)它是否是以天使为工具造出来的？

(4)它是否是先于身体造出来的？

第 1 条　灵魂究竟是受造的，抑或属于上帝的实体？

现在我们着手讨论第 1 条。

异议：灵魂似乎并不是受造(sit facta)的，而是属于上帝的实体(substantia Dei)。

理据1:因为《创世记》第2章第7节中写道:“上帝用地上的尘土造人,将生气吹在他鼻孔里,他就成了有灵的活人。”但是,吹气的上帝乃是把属于他自己的某种东西吐出来。所以,人藉以存活的灵魂属于上帝的实体。

理据2:再者,一如前面所解释的(问题75第5条),灵魂是一种单纯的形式。但是,一种形式即是一种现实。所以,灵魂是一种纯粹的现实;这只适合于上帝。由此可见,灵魂属于上帝的实体。

559a 理据3:还有,存在着的且没有差别的事物即是同样的事物。但是,上帝和心灵都存在着,并且他们在任何方面都没有差别,因为他们要是藉一定的种差就能够区别开来,那他们就将会是复合的。所以,上帝和人的心灵是同样的事物。

但是,从另一个方面看,奥古斯丁在《论灵魂的起源》第3卷第15章中曾提到一些他称之为“极端明显错误的,与天主教信仰相对立的”意见,在这些意见中,第一条即是认为“上帝不是从无中造出灵魂,而是从他自身造出灵魂”这样一条意见。

我的回答是:灵魂属于上帝的实体这一说法包含着一种明显的不可能性。因为从我们前面已经说到的内容看(问题77第2条;问题79第2条;问题84第6条),人的灵魂有时显然处于理解活动的潜在状态,这就要求它所具有的知识以某种方式来自事物,并且具有各种不同的能力。所有这一切对于上帝的本性来说都是不相干的。因为上帝的本性乃一种纯粹的现实,不从任何别的事物接受任何东西,不容许其本身有任何相异的东西。这一点我们在前面就已经证明了(问题3第1、7条;问题9第1条)。

这种错误似乎来源于古代思想家们的两种意见。因为那些最初看到事物本性的人，由于超不出他们的想象，便假定除形体外没有任何事物存在(问题 44 第 2 条)。所以，他们说：上帝是一个形体(问题 2 第 1 条答异议理据 2 注)，他们把上帝这个形体视为所有其他形体的原则。而且，既然一如《论灵魂》第 1 卷第 2 章中所说，他们认为灵魂与他们视之为第一原则的形体在本性方面是一样的，[①]那就可以得出结论说：灵魂属于上帝自身的本性。根据这样一种假设，摩尼教徒既然把上帝理解为一种有形的光，也就坚持认为灵魂即是这光的一部分，同身体有着必然的联系。[②]

于是，人们便向前又迈出了一步。一些人推测一些无形事物
的存在并不脱离形体，而是形体的形式(问题 44 第 2 条)，以致瓦
罗(Vorro)说道：“上帝是一个藉运动和理性管理世界的灵魂，”奥
古斯丁在《上帝之城》第 7 卷第 6 章中曾提到过他的这种意见。所
以，一些人便设定人的灵魂是这个无所不包的灵魂的一部分，一如 559b
人是整个世界的一部分。因为他们除按照形体的区别外，不能够
进而区别精神实体的不同等级。

但是，所有这些理论都是不可能的，对此前面已经做了证明(问题 3 第 1、8 条；以及问题 75 第 1 条)。所以，说灵魂是上帝的实体显然是荒谬的。

答异议理据 1：“呼吸”(inspirare)这个词不应当在有形的意义上加以理解。从上帝活动的角度看，呼吸(inspirare)与制造一个精神(spiritum facere)是一回事。再者，即使在有形的意义上，人

---

① 亚里士多德：《论灵魂》，Ⅰ，2，405a3。

② 参阅奥古斯丁：《论异端》，§46；《〈创世记〉文字注》，Ⅶ，11。

藉呼吸所产生的也不是任何属于他自己实体的事物,而只能是外在的事物。

答异议理据 2:虽然灵魂就其本质而言,是一种单纯的形式,然而,如上所述(问题 75 第 5 条答异议理据 4),这却不是他自己的存在,而是一种分有的存在。由此可见,它并不是像上帝那样,是一种纯粹的现实。

答异议理据 3:严格说来,相区别的东西是由于一些事物而相区别的。所以,我们应当在发现类似的地方寻找差异。由于这个理由,相互区别的事物从某个方面看必定是复合的,因为它们在一些事物方面是相互区别的,而在另一些事物方面则是相互类似的。从这个意义上说,虽然相互区别的东西都是不同的,然而,一如《形而上学》第 5 卷中所说,所有不同的事物却并非全然相异的。[①] 因为单纯的事物是就其本身而言相互区别的,而不是藉进入它们的复合物的种差而相互区别的。例如,一个人和一匹马虽然是由理性与非理性的种差而相互区别的,但是,我们却不能够说:这些又是由于某种更进一步的种差而相互区别的。

第 2 条　灵魂是否是藉创造产生出来的?

现在我们着手讨论第 2 条。

异议:灵魂(anima)似乎并不是藉创造(creationem)产生出来的。

① 亚里士多德:《形而上学》,Ⅴ,9,1018a11。

理据 1:因为凡自身具有某种物质东西的事物都是由质料产 560a
生出来的。但是,灵魂本身却具有某种物质东西,因为它并非一种纯粹的现实。因此,灵魂是由质料制造的,从而并非是创造出来的。

理据 2:再者,每一种质料的现实都是由那种质料的潜能产生出来的。因为既然质料总处于达到现实的潜能之中,则任何现实便都潜在地存在于质料之中。但是,灵魂乃形体物质的现实,这一点从它的定义中就可以清楚地看出来了。[1] 由此可见,灵魂是从质料的潜能中产生出来的。

理据 3:还有,灵魂是一种形式。所以,如果灵魂是受造的,由于同样的理由,所有别的形式也就都是受造的了。这样,也就没有什么形式能够藉产生进入存在了。然而,这是不真实的。

但是,从另一个方面看,《创世记》第 1 章第 27 节中却写道:“上帝照自己的肖像造人。”但是,人是就他的灵魂而成为上帝的肖像的。所以,人的灵魂是受造的。

我的回答是:理性灵魂是只能够藉创造而制造出来的。这种情况对于别的形式却不是真的。其理由在于:既然被制造是达到存在的方式,一件事物就必定是以适合于它的存在样式的方式被制造出来的。这样,真正存在的事物便是那些其本身具有存在的事物,就它自己的存在而言,似乎可以说是独立存在的。所以,只有实体才可以严格地和真正地称作存在物。偶性虽然并不具有存在,但是,一些事物是由于它而存在的,就此而言,它也是可以被称

① 亚里士多德:《论灵魂》,Ⅱ,1,412a27。

作存在的。例如,白色之被称作存在乃是因为一些事物由于它而成为白色的缘故。因此,《形而上学》第7卷中说道:偶性应当被说成是属于一种存在物的,而不应当被说成是一种存在物。[1] 对所有别的非独立存在的形式,也都可以这么说。所以,严格说来,被制造并不适合于任何非存在的形式,但是,由于复合实体是被制造出来的这样一个事实,这种形式就可以说成是受制造的。另一方面,理性灵魂是一种独立的形式,这在前面已经解释过了(问题75第2条),从而它是适合于存在和受制造的。而且,既然它不可能由事先存在的质料制造:它既不可能由有形的质料制造,因为这将使它成为一种有形的存在,它也不可能由精神的质料制造,因为这将蕴涵一种精神实体向另一种精神实体的演变,我们就必定可以得出结论说:除非通过创造它是不可能存在的。

答异议理据1:灵魂的单纯本质是就质料的因素而言的,而它
560b 所分有的本质则是就它的形式的因素而言的。这种分有的存在必然地与灵魂的本质同时存在,因为存在是自然地随着形式产生出来的。如果灵魂被假定为是由一些精神的质料组合而成的,像一些人所主张的那样,这样的理由也是适用的(问题50第2条;问题75第6条)。因为那种质料并不存在于达到另一种形式的潜在状态,就像天体的质料不存在于潜在状态之中一样。否则,灵魂就将是可朽坏的了。所以,灵魂无论如何都不是由事先存在的质料制造出来的。

答异议理据2:从潜在的质料达到现实的,不是任何别的东

① 亚里士多德:《形而上学》,Ⅶ,1,1028a25。

西，无非是先前处于潜在状态中的东西变成了现实。但是，既然理性灵魂就其存在而言，并不依赖于有形的质料，而是具有独立的存在，并且超出了有形质料的接受能力，这一点我们在前面就已经看到了(问题 75 第 2 条)；由于这个理由，它便不能够从质料的潜在性中演绎出来。

答异议理据 3：一如我们已经说过的，在理性灵魂和别的形式之间根本不存在什么可比较的东西。

第 3 条　理性灵魂是否是由上帝直接造出来的？

现在我们着手讨论第 3 条。

异议：理性灵魂(anima rationalis)似乎并不是由上帝直接造出来的，而是借助于天使造出来的。

理据 1：因为精神的事物比有形的事物更有秩序。但是，低级形体是借助于高级形体制造出来的。狄奥尼修斯在《论神的名称》第 4 章第 4 节中就曾经这么说过。所以，作为理性灵魂的低级精神也同样是借助于高级精神，即天使，制造出来的。

理据 2：再者，终点同事物的始点总是相对应的。因为上帝既是一切事物的始点，又是一切事物的终点。所以，事物从它们始点的出发也总是同它们之返回它们的终点相对应的。但是，按照狄奥尼修斯在《天国等级论》第 5 卷第 4 章中的说法，“低级事物是由高级事物带回去的。”所以，低级事物也是通过高级事物达到存在的，从而灵魂是藉天使达到存在的。

561a 理据3:还有,按照《气象学》第4卷中的说法,"完满的事物是那些能够制造出其类似物的事物。"[①]但是,精神的实体比有形的实体要完满得多。所以,既然形体能够制造出来它们的属于它们自己的种相的类似物,则天使就更其能够制造出来一些明显低于它们自身的事物了;而这样的事物也就是理性灵魂。

但是,从另一个方面看,《创世记》第2章第7节中却写道:是上帝自己"将生气吹在他鼻孔里"。

我的回答是:一些人认为,天使既然是藉上帝的力量而活动的,便能够制造出来理性灵魂。但是,这是全然不可能的,而且也是有违信仰的。因为我们已经证明(第2条):理性灵魂除非通过创造是不可能制造出来的。然而,只有上帝才能够创造,因为只有第一活动主体才能够在没有预设任何事物的情况下有所活动,而第二因却始终需要预设一些事物从第一因制造出来,这一点前面已经解释过了(问题65第3条)。而每一个其活动需要预设一些事物的活动主体,都是藉在其中制造一些变化而活动的。所以,每一件别的事物都需要藉制造一种变化而活动,唯独上帝是藉创造而活动的。所以,既然理性灵魂不可能藉质料中的变化被制造出来,则除了由上帝直接制造出来,它是永远不可能被制造出来的。

这样,我们就清楚地回答了上述各项反对意见。因为形体制造它们的类似物或者一些比它们自身低级的事物,以及高级的事物回到低级的事物,所有这一切都是需要通过一定的变化才能制造出来的。

① 亚里士多德:《气象学》,Ⅳ,3,380a14。

第 4 条　人的灵魂是否是先于身体产生出来的？

现在我们着手讨论第 4 条。

异议：人的灵魂(anima humana)似乎是先于身体(corpus)造出来的。

理据 1：因为创造工作，如上所述（问题 66 第 1 条；问题 70 第 1 条），总是先于区分工作和装饰工作的。但是，灵魂是通过创造造出来的，而身体则是在上述装饰工作的终结时造出来的。所以，人的灵魂是先于身体造出来的。 561b

理据 2：再者，理性灵魂同天使比同无理性的禽兽有更多的共同点。但是，天使是先于形体被创造出来的，至少是同有形物质一起开始的，而人的身体则是在第六天形成的，而那时，动物是已经造了出来的。所以，人的灵魂是先于身体创造出来的。

理据 3：还有，终点总是同始点相称的。但是，就终点而言，灵魂总是比身体经久些。所以，就始点而言，灵魂总是先于身体创造出来的。

但是，从另一个方面看，一定的现实总是由它的一定的潜能产生出来的。所以，既然灵魂是身体的一定的现实，则灵魂就是在身体之中被造出来的。

我的回答是：奥利金在《第一原则》第 1、2 卷中都坚持认为不仅第一个人的灵魂，而且所有人的灵魂都是先于他们的身体，与天使同时创造出来的。因为他认为所有精神实体，不管是灵魂还是天使，就其自然状态而言，都是一样的，只是在优点方面有所不同罢了：他们中的一些，即人的灵魂或天体，是同身体结合在一起的，而其他一些则依然存在于他们的完全不受质料束缚的不同的秩序之中。关于这一意见，我们在前面已经讲过了（问题 47 第 2 条），所以，在这里我们什么都无需再讲了。

然而，奥古斯丁在《〈创世记〉文字注》第 7 卷第 24 章中却说道：第一个人的灵魂，由于另外的理由，是先于身体与天使是同时创造出来的。因为他假定了人的身体，在六天工作期间，并未实际地造出来，而只是就因果理据（causales rationes）论才能够说是造了出来。但这一点是不可能用来言说灵魂的，因为灵魂不是由任何先前存在的有形的或精神的质料造出来的，它也不可能由任何

562a 受造的能力（virtute creata）造出来。所以，灵魂本身似乎是在创造万物的六天工作期间，同天使一起被创造出来的，并且在随后，藉他自己的意志同身体结合在一起以管理身体（corpus administrandum）。但是，他并未断然肯定这一点。这种情况，我们从他说过的话中可以看出来。因为他在该书第 7 卷第 24 章中说过："如果《圣经》和理性都不禁止的话，我们便可以相信人是在第六天被造出来的，这虽然是在他的身体就因果理据方面是由世界的因素造出来这个意义上说的，但是他的灵魂却是在此前就已经创造出来了。"

这样一种观点很可能会受到一些持下述观点的人的支持，这些人认为灵魂自行具有一种完全的种相和本性，它不是作为身体的形式，而是作为它的管理者，同身体结合在一起的（问题 76 第 1 条）。但是，如果灵魂是作为身体的形式同身体结合在一起的，从

而自然地构成人的本性的一部分，这种假定就完全站不住脚了。上帝显然使最初的事物处于它们的完全自然的状态之中，因为这是它们的种相所需要的。然而，灵魂，作为人的本性的一部分，只有当同身体结合在一起的时候，才具有它的自然的完满性。所以，灵魂在没有身体的情况下被创造出来是不合适的。

所以，如果我们承认奥古斯丁的关于六天工作的意见（问题 74 第 2 条），我们就可以说：人的灵魂虽然在六天的工作中，就它与天使共同具有理智的本性而言，是先于某种属相的类似性的，但是，其本身却是与身体同时创造出来的。按照其他圣徒的观点，第一个人的身体和灵魂则是在六天的工作中造出来的。

答异议理据 1：如果灵魂就其本性而言，是一完全的种相的话，致使它本身即可以被创造出来，则这一理由就能够证明：灵魂是在一开始即被单独创造出来的。但是，既然灵魂自然地构成身体的形式，则它就必定不是独立地，而是在身体中创造出来的。

答异议理据 2：同样的意见也适用于第二条理据。因为如果灵魂自行具有完全的种相，则它就会同天使具有更多共同性的东西。但是，作为身体的形式，它是作为一种形式的原则，属于动物的属相的。

答异议理据 3：灵魂在身体朽坏之后依然存在，这一点应当归因于身体的缺陷，亦即死亡。这种缺陷是不应当归因于灵魂之先 562b
被创造出来。

问题 91
论第一个人的身体的产生

（共 4 条）

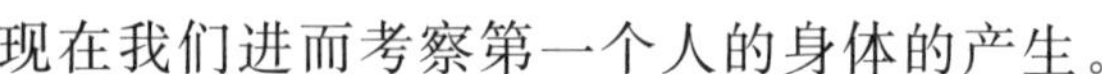

现在我们进而考察第一个人的身体的产生。

在这个题目下，有 4 个要点需要探究：

(1)第一个人的身体由之产生的质料。

(2)产生它的创造者。

(3)它在其产生中所接受的配置。

(4)其产生的样式和次序。

第 1 条　第一个人的身体是否是由地上的泥土造成的？

现在我们着手讨论第 1 条。

异议：第一个人的身体似乎并不是由地上的泥土(limo terrae)造成的。

理据 1：使一些事物从无中造出来比使一些事物从一些事物中造出来，是一种需要更大能力的活动。因为非存在比处于潜在中的存在离开现实性更远。但是，既然人在上帝的低级创造物中是最为卓越的，则说在人的身体的制造中，上帝的能力能够最明显地表现出来就是一件非常合宜的事情了。所以，它不应当是由地上的泥土造成的，而应当是从无中制造出来的。

理据 2：再者，天体比地上的形体要高贵些。但是，人的身体具有最高等级的高贵性，因为它是藉最高贵的形式即理性灵魂完善的。所以，它不是由地上的泥土造成的，而是由天体造成的。

理据 3：再者，火和气这些形体比土和水要高贵些。这一点从 563a
它们的稀薄程度可以明显地看出来。所以，既然人的身体是最高贵的，它就毋宁是由火和气造成的，而不是由地上的泥土造成的。

理据 4：还有，人的身体是由四种元素组成的。所以，它不是由地上的泥土造成的，而是由四种元素造成的。

但是，从另一个方面看，《创世记》第 2 章第 7 节中却写道："上帝用地上的尘土造人。"

我的回答是：按照《申命纪》第 32 章第 4 节中的说法，"上帝的作为完美无比。"既然上帝的工作是完满的，他就按照一切事物的接纳能力把完满性赋予了它们。而他自己之所以是绝对完满的，乃是由于一如狄奥尼修斯在《论神的名称》第 5 章第 9 节中所说，"一切事物""不是作为各个组成部分，而是作为在一个单纯整体中的结合在一起的东西""事先包含在他里面的"这样一个事实；这同各种不同的结果按照其原因的一种性向事先存在于它们的原因之中是一样的。这种完满性是赋予了天使的，因为所有由上帝在自然中经由各种不同的形式制造出来的事物都要受到其知识的影响。但是，在人身上，这种完满性是以一种低级的方式赋予的。因为他对所有自然的事物并不具有自然的知识，而是以某种方式由所有事物组成的。这又是因为他在他自身之中具有属于精神实体属相的理性灵魂，他可以像天体那样，藉稳定平和的性格消除掉各种矛盾对立的事物。至于各种元素，他虽然就它们的实体本身来说具有它们，但是，这样一来，较高等级的元素，即火和气，便由于它们的力量而在他身上据主导地位。因为生命差不多都是在有热的地方和有潮气的地方发现的，而热是来自火，潮气则是属于气的。但是，低级元素在人身上则是藉它们的实体而大量存在的。否则，各种元素的混合就不会非常平衡了，除非力量较小的低级元素在量上占主导地位。所以，人的身体就被说成是由地上的泥土形成的。因为土和水相混被称作泥，而且人也由于这个缘故而被称作"一个小世界"，因为这个世界上所有的受造物在一个意义上都是可以从他身上找到的。

563b 答异议理据 1：神圣造物主的力量，当人的身体的质料是藉创造而造出来的时候，在人身上是很明显的。但是，下述说法也是合适的：人的身体由四种元素组成，致使人同低级形体可能具有一些共同的事物，亦即一些介乎精神实体和有形实体之间的事物。

答异议理据 2：虽然天体比地上的形体绝对高贵些，然而，天体却不太适合于理性灵魂的活动。因为理性灵魂是以一定方式通过感觉接受真理知识的。而感觉器官则是不可能由缺乏感受性的天体形成的。第五本质的一些事物，也不可能真的，像那些假定人的灵魂是通过光同身体结合在一起的人所说的那样（问题 76 第 7 条），作为质料进入人体的组合之中。因为首先，他们所谓光即为一种形体的说法是错误的。其次，一些事物由第五本质制造出来，或者说由天体制造出来，并且同那些元素混合在一起，是不可能的，因为天体是缺乏感受性的。所以，它是不可能进入混合形体的合成中的，除非就它的力量制造出来一些结果而言方可如此。

答异议理据 3：如果其活动具有更大力量的火和气在量上也支配着人的身体的话，它们就将把其他元素引入它们自身之中，这在混合物中就不会有任何的均等性；然而，诸如此类的东西在人的组合中却是触觉所需要的，而触觉正是其他感觉的基础。因为任何特殊感觉的器官都绝对不会现实地具有关于那种感觉对之具有知觉的东西的诸多矛盾的方面，而只能潜在地如此。这种情况之能够发生无非是采取下述两种方式：或者它完全缺乏这样矛盾的事物的整个属相，例如眼睛的瞳孔没有颜色，以便它潜在地适合于所有的颜色，但这在触觉器官中则是不可能的，因为触觉器官是由其性质为触觉所知觉的元素本身组合而成的；或者这一器官即是两种矛盾事物之间的中介，而这必定是触觉关涉到的情况，因为中介相对于各种不同的极端来说是潜在的。

答异议理据 4：在地上的泥土中有土和将土的各个部分黏合在一起的水。关于其他的元素，《圣经》中一点也没有提及。因为 564a
它们在人的身体中其量是少的，这一点我们已经说过了。而且，还因为在解说创世中也丝毫没有提到过火或气，这些元素都不曾为上古人的感官知觉到过，而《圣经》就是直接对这些人讲说的。

第 2 条　人的身体是否是上帝直接产生出来的？

现在我们着手讨论第 2 条：人的身体似乎并不是由上帝直接

(immediate)产生出来的。

理据1:因为奥古斯丁在《论三位一体》第3卷第4章中说过:"有形的事物是上帝经由天使安排的。"但是,人的身体,如上所述(第1条),是由有形质料组合而成的。所以,人的身体是借助于天使造出来的,而不是由上帝直接产生出来的。

理据2:再者,凡是能够由受造的力量制造出来的东西都不必然地是由上帝直接产生出来的。但是,人的身体却能够由天体的受造的力量产生出来,因为甚至一些动物也是由天体的能动的力量从腐坏过程中产生出来的,而阿尔布马扎(Albumasar)也说过:人并不是在热和冷非常极端的地方产生出来的,而只是在气候温和的地区产生出来的。所以,人的身体并不一定是由上帝直接制造出来的。

理据3:再者,除非通过某种质料的变化,没有什么事物能够由有形质料造成。但是,所有有形的变化都是由作为第一运动的天体的运动引起的。所以,既然人的身体是由有形质料制造出来的,天体在其制作过程中也就扮演了角色。

理据4:还有,奥古斯丁在《〈创世记〉文字注》第7卷第24章中
564b 说过:人的身体虽然是按照上帝嵌入有形受造物中的因果理据在六天的工作期间造成的;但它却是在此后现实地制造出来的。但是,由于因果理据而事先存在于有形受造物中的东西是能够由一些有形的物体制造出来的。所以,人的身体便是由某种受造的力量制造出来的,而不是由上帝直接制造出来的。

但是,从另一个方面看,《德训篇》第17章第1节中却写道:"上主用尘土造了人。"

我的回答是：人的身体的最初形成是不可能借助于任何受造的力量的，而是直接地来自上帝的。实际上，也有人假定：存在于有形质料中的形式起源于一些非物质的形式（问题 45 第 8 条；问题 115 第 1 条）；但是，哲学家在《形而上学》第 7 卷中却批驳了这种意见。他的理由在于："形式就其本身来说，是不可能被制造出来的，而只能存在于复合的事物之中。"[①]这一点我们已经解释过了（问题 65 第 4 条）。而且，由于活动主体必定同它的结果相似，则说不存在于质料之中的纯粹的形式制造出一种存在于质料之中并且只是由于复合物是被造成的这个事实而造成的形式，就是一个不合适的说法了。所以，一个存在于质料之中的形式只是就复合物是由复合物组成而言才能够成为另一个存在于质料中的形式的原因的。然而，上帝虽然是绝对非物质的，但是，却只有他才能够藉他自己的力量通过创造造出质料来。所以，只有他才能够无需借助于任何先在的物质形式独立地制造出存在于物质中的形式。由于这个理由，天使，就像奥古斯丁在《论三位一体》第 3 卷中所说的那样，除非利用存在于种子本性中的某种东西便不可能改变一个形体。所以，既然任何一个先在的形体由于同一个种相中的另一个形体是藉他的力量才得以制造出来，从而不会是曾经形成的，则第一个人的身体便必然是由上帝直接造出来的。

答异议理据 1：虽然天使就他们在形体方面所做的事情论乃上帝的使者，然而，上帝在形体方面所做的一些事情，却超出了天使的力量，例如上帝使死者复活，使瞎子复明，而且他也正是藉着

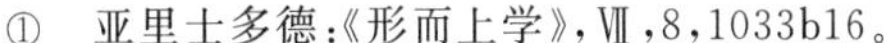

① 亚里士多德：《形而上学》，Ⅶ，8，1033b16。

565a 这种力量由地上的泥土形成第一个人的身体的。尽管如此，天使在形成第一个人的身体的活动中，也能够作为使者有所作为，就像他们在最后的复活中藉着收集灰尘将有所作为一样。

答异议理据2：由种子造出来的完满的动物，不可能像阿维森纳所想象的那样(问题71第1条答异议理据1)，由天体的力量单独地造出来，虽然天体的力量在自然产生的工作中可以通过共同运作而起协助作用。因为哲学家在《物理学》第2卷中说过："人和太阳由物质生出人来。"[①]由于这个缘故，一个地方气候温和就为人和其他完满的动物的制造所需要了。但是，天体的力量却足以满足一些不完满的动物从适当安排的物质中制造出来的需要。因为制造完满的事物要比制造不完满的事物显然需要更多的条件。

答异议理据3：诸天的运动引起的是自然的变化，而不是那些超出自然秩序的变化；而这样一些变化，如死者复活和瞎子复明，则是唯独上帝的力量才能引起的，从地上的泥土中把人造出来也是这样一种情况。

答异议理据4：一件事物可以说是以两种方式事先存在于受造物的因果理据之中的。首先是存在于能动的和被动的潜在性之中，从而，不仅它能够从先在的物质中制造出来，而且一些先在的受造物也能够将它制造出来。其次是仅仅存在于被动的潜在性之中，也就是说，它能够由上帝从先在的物质制造出来。在这个意义上，按照奥古斯丁的说法，在六天工作中事先存在的人的身体是根据因果理据制造出来的。

① 亚里士多德：《物理学》，Ⅱ，2，194b13。

第3条　人的身体是否得到了合适的配置?

现在我们着手讨论第3条。

异议:人的身体似乎并没有得到合适的配置(dispositionem)。

理据1:因为既然人是动物中最高贵的,则人的身体就应当在 565b
适合于动物的事物方面,亦即在感觉和运动方面,是安排得最好的。但是,一些动物却比人的感觉更为锐敏,比人的速度更快。因而,狗的嗅觉就更灵敏些,小鸟运动得就更迅速些。所以,人的身体安排得并不那么适当。

理据2:再者,完满的事物是那些什么也不缺乏的事物。但是,人的身体却比其他动物的身体缺乏得更多一些。因为这些动物都装备有覆盖物和用以保卫自己的自然武器,而人在这些方面却是缺乏的。所以,人的身体确实是安排得很不完满的。

理据3:还有,人与植物比同无理性的禽兽相距得更远些。但是,植物在体态方面是直立的,而无理性的禽兽在体态方面却是俯伏的。所以,人在体态方面不应当是直立的。

但是,从另一个方面看,《传道书》第7章第30节中却写道:“上帝造人原是正直。”

我的回答是:所有自然的事物都是由上帝的技艺制造出来的,所以,也可以称作上帝的技艺工作。而每一个艺术家都想把他的工作安排得最好:并非是绝对最好的,而是就其预期目的而言是最好的。而且,即使这会招致一些缺陷,艺术家也不在乎。例如,当一个人为了切割的目的而自己造一把锯子的时候,他就用铁来制造它，而他这样做是适合于眼下的目的。他是不会更希望用玻璃来制造它，虽然玻璃的质料更加美丽，因为这种美丽将会造成实现他的预期目的一个障碍。所以，上帝对每一个自然的存在物都做了最好的安排：不是绝对地是最好的，而是就其特定的目的而言是如此。而这也正是哲学家在《物理学》第2卷中所说过的："因为这样会更好一些，不是绝对的好，而是就每一个实体而言的。"①

这样，人的身体的最近目的便在于理性的灵魂及其运作，因为质料为的是形式，工具则是为了活动主体的活动。所以，我说：上帝是以最佳的安排制造人的身体的，以至于它是最适合于这样的形式和这样的运作的。而且，如果在人的身体的安排方面似乎存在一些缺陷的话，那就应该看到：这样的缺陷，作为质料的必然结
566a 果，是由身体方面为了使之同灵魂及其运作匹配相称所需要的诸多条件制造出来的。

答异议理据1：触觉，作为其他感觉的基础，在人身上比在其他动物身上更完满些，而且也正因为如此，人在所有动物中性情便最为平和。再者，人在内感觉力量方面也超出了所有别的动物，这一点从我们前面说到的看来是很明显的（问题78第4条）。但是，人在一些外感觉方面却由于一种必然性而比不上其他动物。例如，在所有的动物中，人的嗅觉是最弱的。因为在所有的动物中，人所需要的脑相对于身体来说是最大的，这既是为了他在为理智运作所需要的低级能力方面的活动中享有较大的自由，这一点我们在前面就已经说过了（问题84第7条），而且也是为了使大脑的

① 亚里士多德：《物理学》，Ⅱ，7，198b8。

低温得以降低心脏的热度，因为为了使人能够站立起来，人的心脏的热度就不能不予以重视。所以，人脑的尺寸，由于它的湿度的缘故，便造成了嗅觉的障碍，因为嗅觉需要的是干燥。同样，我们也可以设想出一定的理由，来说明一些动物的视觉何以比人锐敏，一些动物的听力何以比人灵敏：这些都由他的性情的完满的平和必定产生出来的对他的诸感觉的障碍所致。同样的理由也足以解释为什么一些动物比人运动得更迅速，因为这种快速的优点是同人的性情的平和不相容的。

答异议理据 2：角和爪，乃一些动物的武器，坚韧的兽皮和大量的毛或羽毛，乃动物的衣服，都是地上元素的标志，而地上元素同人的性情的平和与温柔是不协调的。所以，这样的事物并不适合于人的本性。人所具有的不是这些，而是理性和双手，而他正是凭借着它们制造出武器、衣服，以及其他一些无穷无尽的生活必需品的。正因为如此，人的手在《论灵魂》第 3 卷中被称作“器官的器官。”[①]再者，能够知觉无限多的事物，为他自身制造无限多的工 566b
具，对于理性本性是更其合适的。

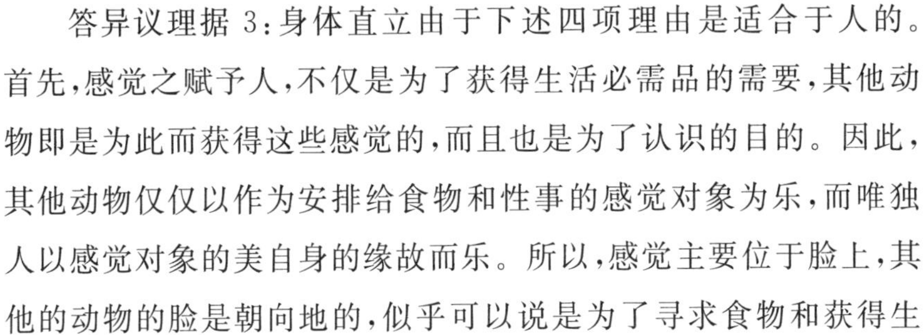

答异议理据 3：身体直立由于下述四项理由是适合于人的。首先，感觉之赋予人，不仅是为了获得生活必需品的需要，其他动物即是为此而获得这些感觉的，而且也是为了认识的目的。因此，其他动物仅仅以作为安排给食物和性事的感觉对象为乐，而唯独人以感觉对象的美自身的缘故而乐。所以，感觉主要位于脸上，其他的动物的脸是朝向地的，似乎可以说是为了寻求食物和获得生

① 亚里士多德：《论灵魂》，Ⅲ，8，432a1。

计的目的，但是，人的脸却是竖立着的，以便藉着感觉，首先是藉着更为精细以至能够进一步识破事物各种差别的视觉，他可以自由地俯瞰他四周的天上和地上的感觉对象，从而能够从所有的事物中获得可理解的真理。其次，是为了低级能力的活动具有更大的自由的缘故；这些活动是在大脑中由大脑以一定方式实施出来的，因此，大脑就不应当朝下面，而是应当被提升到超出人的身体的各个部分。第三，是因为如果人的体态匍匐着面向大地，他就会需要用他的手作为前肢，这样，它们的其他方面的功用也就不存在了。第四，是因为如果人的体态匍匐着面向大地，从而用他的手作为前肢，他就不能不用他的嘴来拿食物了，这样，他就将会有一个突出的嘴巴，具有厚而坚硬的嘴唇，同时还需要硬的舌头，以便使它不至于受到外在事物的伤害，就像我们在其他动物身上所看到的那样。再者，以这样一种姿势说起话来便非常困难，但说话乃理性的特殊工作。

然而，人虽然具有直立的姿态，但却是远远高于植物的。因为人的高级部分，即他的头部，是朝向世界的高级部分的；而他的低级部分则是朝向世界的低级部分的。所以，就他的身体的整个位置而言，他是安排得非常完满的。植物的高级部分朝向低级的世界，因为它们的根相应于嘴，而它们的低级部分却朝向上面的世界。但是，无理性的禽兽却得到了中间性的安排。因为动物的高级部分是它们藉以获取食物的部分，而动物的低级部分则是它们藉以排出废物的部分。

第 4 条　《圣经》对人的身体的产生描述得是否合适？

567a

现在我们着手讨论第 4 条。

异议:《圣经》里对人的身体的制造的描述得似乎并不合适。

理据 1:因为正如人的身体是由上帝造出来的一样,六天的其他工作也是如此。但是,在其他工作中,经文中写道:"上帝说:'要把它造出来',于是它就造出来了。"所以,说到人时也当如此。

理据 2:再者,人的身体,如上所述(第 2 条),是由上帝直接造出来的。所以,说"让我们造人"是不合适的。

理据 3:再者,人的身体的形式乃作为生命气息的灵魂本身。所以,在说过"上帝用地上的尘土造人"之后,他不应当进而又补充说:"他将生气吹在他鼻孔里。"

理据 4:再者,作为生命气息的灵魂存在于整个身体之中,而且主要存在于心脏之中。所以,说"他将生气吹在他鼻孔里"并不合适。

理据 5:还有,男性和女性属于身体的事情,而上帝的肖像则属于灵魂的事情。但是,灵魂,按照奥古斯丁在《〈创世记〉文字注》第 7 卷第 24 章中的说法,却是先于身体造出来的。所以,在说过"他是照他的肖像造他们的"之后,他不应当进而补充说:"他把他们造成男的和女的。"

但是,从另一个方面看,《圣经》里的话却是权威。

答异议理据 1:一如奥古斯丁在《〈创世记〉文字注》第 6 卷第

12 章中所注意到的:人之超出别的事物,并不在于上帝自己造了
567b 人这样一个事实,仿佛他并没有造别的事物似的。因为《诗篇》第
102 篇第 25 节中写道:“天也是你手所造的”;而在另外一个地方,又写道:“旱地也是他手造成的”(《诗篇》94:5);但是,在这里却说,人是按照上帝的肖像造成的。然而,在描述人的制造时,《圣经》运用了特殊的言说方式,说明其他的事物是为了人的好处而造的。因为我们习惯于更为审慎更为细心地去做那些我们主要打算去做的事情。

答异议理据 2:我们绝对不可能想象,当上帝说“让我们造人”的时候,他是说给天使听的,像一些非常堕落的人所认为的那样。这些话所意指的是上帝位格的复多性,上帝的肖像在人身上被更为清楚地表达出来了。

答异议理据 3:一些人曾经认为,人的身体最初是在时间之前形成的。此后,灵魂才充满了已经形成的身体。但是,说上帝要么是在没有灵魂的情况下造出了身体,要么是在没有身体的情况下造出了灵魂,都是同事物制造的完满性概念相左的,因为它们每一个都是人的本性的一部分。这对于身体来说尤其不合适,因为是身体依赖于灵魂,而不是灵魂依赖于身体。

为了克服这种困难,一些人说:“上帝造人”这句话必须被理解为身体是同灵魂一起制造的;而随后的话即“他在他鼻孔内吹了一口生气”则应当被理解为圣灵,正如上帝将气吹到他的使徒的身上,说:“你们领受圣灵罢”(《若望福音》20:22)。但是,这种解释,如奥古斯丁在《上帝之城》第 13 卷第 24 章中所说,与《圣经》里的话是不相容的。因为我们进而在《哥林多前书》第 15 章第 45 节中

读道:“成了有灵的活人”,在这句话中使徒所指的并不是精神生命,而是动物生命。所以,我们必须把“生命气息”理解成灵魂,从 568a
而“将生气吹在他鼻孔里”这句话便是对以前进行的事情的一种说明。因为灵魂乃身体的形式。

答异议理据 4:既然由于各种感觉都能够在人的脸上找到,从而生命的运作就总是在人的脸上明显地看到,所以,《圣经》说生命气息是被吹到人的脸(鼻孔)上的。

答异议理据 5:按照奥古斯丁在《〈创世记〉文字注》第 4 卷第 34 章中的观点,六天的工作是同时作出来的。所以,按照他的观点,人的灵魂,他认为是同天使一起造出来的,不是在六天之前造出来的,而是在第六天,不仅第一个人的灵魂被实际地造了出来,而且他的身体也是按照它的因果理据被造了出来。但是,另外一些学说则认为:在第六天,人的身体和灵魂两者都被实际地造了出来。

问题92
论女人的产生

（共4条）

我们必须接着考察女人的产生。

在这个项目下，有4个要点需要探究：

(1)女人应否在事物的最初产生中造出来？

(2)女人应否由男人造出来？

(3)女人是否出自男人的肋骨？

(4)女人是否是由上帝直接造出来的？

568b

第1条　女人应否在事物的最初产生中造出来？

现在我们着手讨论第1条。

异议：女人(mulier)似乎并不是在事物的最初产生(prima rerum productione)中造出来的。

理据1：因为哲学家在《论动物的产生》第2卷中说过："女人是造得不够好的男人。"①但是，没有什么造得不够好的或有缺陷

① 亚里士多德：《论动物的产生》，Ⅱ，3，337a27。

的事物是事物中最初造出来的。所以，女人并不是最初造出来的。

理据 2：再者，服从和限制是罪的结果。因为《创世记》第 3 章第 16 节的这样一段话是在犯罪之后说到女人的："你要受男人的管辖。"而格列高利在《道德论》第 21 卷第 15 章中也说："在没有罪的地方，也就没有什么不平等了。"但是，女人自然地比男人缺乏能力和尊严。因为一如奥古斯丁在《〈创世记〉文字注》第 12 卷第 16 章中所说，活动主体始终比承受者（patiente）更荣耀。所以，女人并不是在犯罪前事物的最初产生中造出来的。

理据 3：还有，犯罪的机缘虽然被切断了；但是，上帝却事先看到了女人会是男人犯罪的机缘。所以，上帝原本是不应当造出女人来的。

但是，从另一个方面看，《创世记》第 2 卷第 18 节中却写道："那人独居不好，我要为他造一个助手帮助他。"

我的回答是：女人作为男人的"助手"被造出来，如《圣经》上所说，是必要的。但是，实际上这并不是像一些人所说，女人在其他工作方面也作为助手，因为男人在其他的工作方面藉另外一个男人的帮助是可以更富成效的；而只是在生育方面的工作中作为助手的。如果我们注意到各种不同的生物的生育样式的话，这一点就显而易见了。一些生物其本身并不具有生育的力量，而是由另一个种相的活动主体生育出来的，例如一些植物和动物就是由于天体的影响，由一些合适的质料而不是由种子产生出来的；其他一些则具有能动的和被动的生育力量，像我们在由种子生长出来的植物中所看到的那样。因为植物中最高贵的生命功能是生殖，所以我们看到在这些植物中，生殖的能动力量总是伴随着被动的力

569a 量。在完满的动物之间，生殖的能动力量却总是属于男性，而被动力量则总是属于女性。而且，既然在动物中存在着比生殖更为高级的生命运作，而它们的生命主要指向的也就是这样一种运作，所以，在完满的动物中就看不到男性持续不断地同女性结合在一起，而仅仅是在性交的时候才是如此。所以，我们可以认为男性和女性是通过性交合二而一的，正如在植物中，它们是始终结合在一起的一样，虽然在一些情况下它们中的一个占优势，而在另一些情况下，它们中的另一个占优势。但是，人却被安排给了一种更为高级的生命活动，而这也就是理解运作。所以，人身上这两种力量之间的区别是有更大的理由的，以至女性与男性是分别地造出来的，虽然他们为了生育在身体方面是结合在一起的。所以，《创世记》第2章第24节在紧接着女人形成之后说道："他们将在身体方面成为一体。"

答异议理据1：就特殊的本性来说，女人是有缺陷的和造得不够好的。因为男人精子中的能动的力量往往在男性中会产生出完满的类似物，而女人的产生却一如《论动物的产生》中所说，来自能动力量的缺陷，或者来自质料方面的毛病，甚至来自某种外部的影响，例如受到潮湿的南风的影响。[①] 另一方面，就普遍的本性来说，女人并不是造得不够好的，而是属于具有被安排来从事生育工作的自然意图的一部分。既然自然的普遍意向依赖于作为自然的普遍造主的上帝，所以，在制造自然的活动中，上帝就不仅形成了男人，而且还形成了女人。

---

① 亚里士多德：《论动物的产生》，Ⅳ，2，766b33。

答异议理据 2：服从有两种。一种是奴性的；通过这种服从，优胜者就为了他自己的好处而利用一个臣服者；这样一种服从是在犯罪之后才开始有的。还有另一种服从，被称作经济的或政治的(oeconomica vel civilis)；通过这种服从，优胜者则是为了臣服者们自身的利益和好处而利用臣服者的；这样一种服从甚至在犯罪之前就已经存在了。因为如果一些人得不到另外一些比他们自身智慧的人管理的话，善的秩序在人类社会就会付诸阙如。所以，
通过这样一种服从，女人自然地就服从男人了，因为在男人身上，569b
理性的谨慎总是占优势。而人之间的不平等也不会为无罪状态所消除。我们将对此作出证明(问题 96 第 3 条)。

答异议理据 3：如果上帝夺去了证明是犯罪机缘的由万物构成的世界，则宇宙就会是不完满的。为使个人的恶得以避免而使公共的善遭到破坏也是不合适的，上帝既然如此有力以致可以使任何的恶都指向善的目的，事情就更其如此了。

第 2 条　女人应否由男人造出来?

我们现在着手讨论第 2 条。

异议：女人似乎并不应当由男人造出来。

理据 1：因为性别是既属于人也属于其他动物的。但是，在其他动物那里，雌性并不是由雄性造出来的。所以，人也不会是这样的。

理据 2：再者，同一个种相的事物具有同样的质料。但是，男的和女的却属于同一个种相。所以，正如男人是由泥土造出来的一

样，女人同样也应当是由泥土造出来的，而不是由男人造出来的。

理据 3：还有，女人之所以被造出来乃是为了成为男人生育工作中的助手。但是，密切的关系反而使一个人不适合做这种事。因此，一如《利未记》第 18 章第 6 节中所说，亲近关系是禁止内部通婚的。所以，女人不应当由男人造出来。

但是，从另一个方面看，《德训篇》第 17 章第 5 节中却说道：“上帝从他”，即从男人，“造了一个与他相似的助手”，即女人。

我的回答是：当所有的事物最初形成的时候，女人由男人造成要比这发生在其他动物身上更为合适些。首先，这是为了给第一个人一定的尊严。正如上帝是整个宇宙的原则一样，第一个人，由于类似于上帝，也就同样是整个人类的原则。正因为如此，保罗在《使徒行传》第 17 章第 26 节中说：“上帝由一个人造出万族的人。”

570a 其次，男人可能更加爱女人，更其密切地矢忠于她，因为他知道她是由他自己造出来的。因此，《创世记》第 2 章第 23、24 节中写道：“她是从男人身上取出来的。因此，人要离开父母，与妻子连合，二人成为一体。”这对于人类来说是最为必要的事情了。在人类中，男的女的为了生活居住在一起，而其他动物则不是这样。第三，是因为一如哲学家在《伦理学》第 8 卷中所说：“男人和女人结合在一起，不仅是为了生育，像其他动物那样，而且还是为了过家庭生活，在家庭生活中，每一个人都有他自己的职责，而且，在家庭生活中，男人总是女人的头头。”[1]所以，女人由男人，亦即从她的原则造出来是合适的。第四，还有圣事方面的理由。因为女人由男人造成

① 亚里士多德：《伦理学》，Ⅷ，12，1162a19。

即意味着教会是从耶稣基督那里获得她的源泉的。所以，使徒在《以弗所书》第 5 章第 32 节中说："这是极大的奥秘！但我是指着基督和教会说的。"

答异议理据 1：由前面所说的看来，这是很清楚的。

答异议理据 2：质料乃一些事物得以造成的东西。受造的本性总是具有一确定的原则。而且，既然它对一件事物是确定的，它也就具有确定的运行方式。所以，由确定的质料，它也就能够产生出某一确定种相中的一些事物。另一方面，上帝的能力，既然是无限的，也就能够从任何一种质料产生出同一种相的事物来，例如，从泥土产生出男人，从男人产生出女人。

答异议理据 3：一定的姻亲关系是由自然的生育产生出来的，而这对于夫妻关系是一种障碍。然而，女人却并不是通过自然生育产生出来的，而是单独藉上帝的力量产生出来的。因此，夏娃并没有被称作亚当的女儿。所以，这种论证是站不住脚的。

第 3 条 女人由男人的肋骨造出来是否合适？

现在我们着手讨论第 3 条。

异议：女人似乎不应当由男人的肋骨(costa)形成。

理据 1：因为肋骨比女人的身体小得多。但是，一个较大的事 570b
物只能够藉两种方式由较小的事物造出来：要么是藉增加的方式，这样，女人就应当被说成是由被添加上去的事物，而不是由肋骨本身造出来的；要么是藉稀薄的方式，因为正如奥古斯丁在《〈创世记〉文字注》第 10 卷第 26 章中所说："一个形体除非藉稀薄是不可能在体积方面有所增加的。"但是,女人的身体并不比男人的更稀薄些,至少在一根肋骨同夏娃身体的比例方面不是这样。所以,夏娃并不是由亚当的一根肋骨造出来的。

理据 2:再者,在那些最初创造出来的事物中,没有什么事物是多余的。所以,亚当的肋骨乃他的身体的一个不可或缺的部分。所以,如果一根肋骨被拆走了,他的身体就会是不完满的了。这样一种假设是不合理的。

理据 3:还有,一根肋骨从一个人身上拆走是不可能没有痛苦的。但是,在原罪前是不存在什么痛苦的。所以,说一根夏娃可能由之造成的肋骨从男人身上取走是不正确的。

但是,从另一个方面看,《创世记》第 2 章第 22 节中却写道:"上帝用那人身上所取的肋骨,造成一个女人。"

我的回答是:女人是由男人身上的肋骨造成的这种说法是正确的。首先,这可以表明男人和女人的社会的联合(socialis coniunctio)。因为这样一来,女人就不应当对男人使用权力,因为她不是由他的头产生出来的;然而,说她应当受到男人的轻视,成为男人的奴隶,也是不恰当的,因为她也不是由他的脚产生出来的。其次,这种说法具有圣事的意义。因为神圣的东西是从睡在十字架上的耶稣的一侧(即肋旁——译者注)流出来的,这也就是血和水,而教会也就是在这样的基础上建立起来的。

答异议理据 1:一些人说:女人的身体是由物质的增加造成的,根本无需添加任何东西,就像我们的主增加五条鱼一样。[①] 但

① 圣维克多的雨果:《圣事论》,I,VI,36;彼得·隆巴迪:《箴言四书》,II,d.18,4。

是，这是完全不可能的。因为物质的这样一种增加，既可以藉物质实体本身的变化实现出来，也可以由它的维度的变化实现出来。藉物质实体的变化是达不到这样一种增加的，这一方面是因为既然物质所具有的只是一种潜在的存在，只不过是一个主体的本性， 571a
则物质，就其本身看来，便是全然不可能变化的；另一方面还因为增加和大小同质料的本质本身是毫不相干的。所以，只要物质本身保持不变，不给它添加任何东西，物质的增加就是全然不可理解的，除非它获得了更大的维度。而获得更大的维度，按照哲学家在《物理学》第 4 卷中的说法，则意味着稀薄，因为所谓稀薄即是同样的物质获得更大的维度的意思。所以，说物质增加了，但却没有被稀薄化，就是把矛盾着的事物结合到了一起，也就是说，这个定义是不包含所界定的事物的。

所以，既然未被稀薄化在物质的这样一种增加中是显而易见的，我们也就必须承认物质的增加，这种增加或者是藉创造实现出来，或者更其可能的是，藉转化实现出来。因此，奥古斯丁在《〈约翰福音〉研究》第 24 卷中说："基督用五条鱼款待了五千人，这和用很少一些种子却使谷物丰收一样"，也就是说，是藉转化食物实现出来的。然而，我们却能够说：五条鱼款待了一群人，女人是由肋骨造出来的，因为这种添加是加到已经存在的鱼和肋骨的物质上的。

答异议理据 2：这根肋骨，不是作为个体的而是作为人类的原则，属于亚当的身体结构的完满性的一个不可或缺的部分的，一如精子属于生育者的完满性，然而，它却藉着一种自然的令人愉快的运作释放出来的。所以，女人的身体从男人的肋骨毫无痛苦地为上帝的力量造出来就更其可能了。

由此如何回答第三个理据也就非常清楚了。

第 4 条　女人是否是由上帝直接形成的？

现在我们着手讨论第 4 条。

异议：女人似乎并不是由上帝直接(immediate)形成的。

理据 1：因为没有任何一个个体是由上帝从同一个种相中的另一个个体直接造出来的。但是，女人却是由属于同一个种相的男人造出来的。由此可见，她不是由上帝直接造出来的。

571b 理据 2：再者，奥古斯丁在《论三位一体》第 3 卷第 4 章中说过：有形的事物是通过天使得到上帝管理的。但是，女人的身体却是由有形的质料形成的。所以，它是藉天使的帮助造成的，而不是由上帝直接造成的。

理据 3：还有，受造物中那些事先存在的事物，是按照它们的因果理据(rationes causales)，由一些受造物的能力造出来的，但是，女人的身体，如奥古斯丁在《〈创世记〉文字注》第 9 卷第 15 章中所说，在最初的创造工作中，是按照其因果理据造出来的。所以，它不是由上帝直接造出来的。

但是，从另一个方面看，奥古斯丁在《〈创世记〉文字注》第 9 卷第 15 章中却又说过："唯独整个自然都因之而存在的上帝，才能够用男人的肋骨把女人造出来。"

我的回答是：如上所述(第 2 条答异议理据 2)，每一个种相的自然产生都是来自某种确定的质料的。而人得以自然产生的质料却是男人或女人的精液。所以,人种中的任何一个个体都是不可能从任何别的质料自然地产生出来的。唯独作为自然造主的上帝才能够超越自然的普通进程使一件事物存在。所以,唯独上帝才能够由泥土造出一个男人,或者由男人的肋骨造出一个女人。

答异议理据 1:这种论证只有当一个个体通过自然的产生从与之属于同一个种相的事物中产生出来的时候才能得到证实。

答异议理据 2:一如奥古斯丁在《〈创世记〉文字注》第 9 卷第 15 章中所说,我们并不知道在女人的形成中天使是否为上帝所利用;但是,下面一点依然是确定的,这就是:像男人的身体并不是通过天使由泥土造出来的一样,女人的身体同样也不是通过天使由男人的肋骨造出来的。

答异议理据 3:奥古斯丁在《〈创世记〉文字注》第 9 卷第 18 章中说过:"事物的最初创造并不要求女人也是这样创造出来的;但是它却使得她被这样造出来成为可能。"所以,女人的身体其实是按照这些因果理据存在于那些最初创造的事物中的:不是按照能动的潜在性,而是按照为上帝的能动力量所安排的被动的潜在性事先存在的。

572a

问题 93
论人的产生的目标或结局

（共 9 条）

现在我们就人被说成是按照上帝的肖像和相像造出来来讨论人的产生的目标或结局。

在这个题目下，有 9 个要点需要探究：

（1）上帝的肖像是否存在于人身上？

（2）上帝的肖像是否存在于无理性的受造物中？

（3）天使身上上帝的肖像是否甚于人身上的？

（4）上帝的肖像是否存在于每个人身上？

（5）上帝的肖像之存在于人身上是就本质的比较而言的，还是就与上帝的诸位格或其中一个位格的比较而言的？

（6）上帝的肖像之存在于人身上，是否是仅仅就人的心灵而言的？

（7）上帝的肖像究竟是存在于人的能力之中，还是存在于他的习性和活动之中？

（8）上帝的肖像是否是藉同每个对象的比较才存在于人身上的？

（9）论肖像和相像之间的差别。

第 1 条　上帝的肖像是否存在于人的身上?

现在我们着手讨论第 1 条。

异议:上帝的肖像(imago)似乎并不存在于人的身上。

理据 1:因为《以赛亚书》第 40 章第 18 节中写道:“你们究竟将谁比上帝? 你们用什么肖像与上帝比较呢?”

理据 2:再者,成为上帝的肖像乃首生者的特性。使徒在《哥罗西书》第 1 章第 15 节中在谈到他时曾经说道:“他是那不能看见之上帝的像,是首生的,在一切被造的以先。”所以,上帝的肖像在人身上发现不了。

理据 3:还有,奚拉里在《论主教会议》中说过:“肖像同它所象 572b
征的东西属于同一个种相。”他在这一著作中还说过:“肖像是那种一件事物充分象征另一件事物的不可分的和结合在一起的相似物。”但是,根本没有什么种相对上帝和人两者是共同的。在上帝和人之间也不可能有什么等同性。所以,在人身上不可能有上帝的任何肖像。

但是,《创世记》第 1 章第 26 节中却说道:“我们要照我们的肖像,按着我们的样式造人。”

我的回答是:奥古斯丁在《83 问题集》问题 74 中说道:“凡肖像存在的地方,紧接着也就存在有相似性。但是,凡存在有相似性的地方,却并不一定存在有肖像。”因此,很显然,相似性属于肖像这个概念,而肖像却把一些东西添加到了相似性的概念上了,换言之,它是从某种别的事物临摹过来的。因为肖像之所以被称作肖像,乃是因为它是作为某件别的事物的模仿产生出来的。例如,一个鸡蛋无论多么同另一个鸡蛋相像和相等,也不能够被称作另一个鸡蛋的一个肖像。因为一如奥古斯丁所说:它并不是仿制另一个的。

但是,等同性也不适合于肖像概念。因为按照奥古斯丁在同一处的说法:"存在有肖像的地方,未必存在有等同性。"我们在镜子中反映出来的一个人的肖像中所看到的情况就是如此。然而,这却属于完满肖像的本质,因为在完满的肖像中,是不缺乏在它为其摹本的事物中能够找到的任何东西的。在人身上显然也存在有上帝的一些类似物,一些作为从原型的上帝那里复制过来的东西。然而,这种类似并非一种等同性,因为这样的原型是无限地超出它的摹本的。所以,人身上存在有上帝的类似物;不过这种类似是不完全的,而是非完全的。《圣经》说人是按照上帝的类似物(模样)造成的,即是谓此。因为"ad"这个介词所意指的是一种接近,所关涉的是一定距离之外的某个事物。

答异议理据1:先知曾讲到过人所造成的形体的肖像。所以,他中肯地指出:"你们用什么作他的肖像呢?"但是,上帝却在人身上为他自己造出了一个精神的肖像。

答异议理据2:受造物中首生的是上帝的完满的肖像,完满地
573a 反映了他为其肖像的东西;所以,他被说成是那个肖像,而不是达到那个肖像。但是,人是由于类似而被说成是那个肖像,由于是不完满的类似又被说成是达到那个肖像的。而且既然同上帝的完满的类似除本性的同一是不可能有的,则上帝的肖像就存在于他的头生子身上;正如国王的肖像存在于他的儿子身上一样,因为他的

儿子同他自己的本性是一样的。但是,它却是作为不同的本性存在于人的身上的,就像国王的肖像存在于银币上面一样。奥古斯丁在《布道集》第 9 卷中就是这么解释的。

答异议理据 3:既然"一"意味着没有分割,则一个种相就其是"一"而言便是相同的。而一件事物之被说成是"一",不仅是从数上,从种相上或属相上讲的,而且也是就一定的类似或比例讲的。在这个意义上,受造物同上帝是"一",或者同上帝相像。但是,当奚拉里说到"一件事物充分表象另一件事物"的时候,这应当被理解为一种完满的肖像。

第 2 条　上帝的肖像能否在无理性的受造物中找到?

现在我们着手讨论第 2 条。

异议:上帝的肖像似乎可以在无理性的受造物(irrationalibus creaturis)中找到。

理据 1:因为狄奥尼修斯在《论神的名称》第 2 章第 8 节中说过:"结果是其原因的偶然的肖像。"但是,上帝不仅是理性的受造物的而且也是无理性的受造物的原因。所以,上帝的肖像应当可以在无理性的受造物中找到。

理据 2:再者,类似性越是显著,它就越是接近肖像的本性。但是,狄奥尼修斯在《论神的名称》第 4 章第 4 节中却说过:"太阳的光线同上帝的善非常类似。"所以,它被造成了上帝的肖像。

理据 3:再者,任何事物在善的方面越是完满,它也就越是像上帝。但是，整个宇宙在善的方面比人更其完满。因为虽然每一个个体事物都是完满的，但是所有的事物整体上却被称作“甚好”
573b (《创世记》1:31)。所以，整个宇宙，都接近上帝的肖像，而不仅仅是人才如此。

理据 4：还有，波爱修在《哲学的慰藉》第 3 卷第 9 章中在谈到上帝时说过：“他的心里装着世界，用世界制成了他的肖像。”由此可见，整个世界都是上帝的肖像，而不止是理性的受造物如此。

但是，从另一个方面看，奥古斯丁在《〈创世记〉文字注》第 6 卷第 12 章中却说过：“人的卓越之处在于：上帝是通过赋予他一个理智的心灵而按照他自己的肖像把他造出来的，而且也正是这一点才使他超出野地里的禽兽的。”所以，无理智的受造物并不是按照上帝的肖像造出来的。

我的回答是：并不是每一种类似，甚至也不是由别的事物复制过来的东西，都足以构成一个肖像的。因为如果类似仅仅是属相上的，或者是借助于一些共同的偶性存在的，这都不足以使一件事物成为另一件事物的肖像。例如，一条小虫，虽然它可能由人产生出来，但是，却只是因为这种类似是属相上的而不能够被称作人的肖像。如果任何一件事物被造得像某件别的事物一样是白色的，我们也不能够说：它因此就是那件事物的肖像。因为白色乃一种为许多种相所共有的偶性。因此，肖像的概念需要种相方面的类似。正如国王的肖像存在于他的儿子身上，或者，至少在为该种相所特有的一些偶性方面，而首先是在形状方面可以这么说；这样，我们便可以说到铜币上一个人的肖像。所以，奚拉里十分中肯地说“肖像是属于同一个种相的”。

然而,种相上的类似显然是由终极的种差造成的。一些事物之所以像上帝,首先并且最通常地乃是因为它们都存在。其次是因为它们活着。第三是因为它们认识或理解。这些中的最后一点,如奥古斯丁在《83 问题集》问题 51 中所说:“在相似性方面如此接近上帝,以致在所有的受造物中,没有什么事物比他更接近上帝了。”所以,显然,严格说来,唯独理智的受造物才是按照上帝的肖像造出来的。

答异议理据 1:每一件不完满的事物都是对完满事物的一种分有。所以,甚至那些缺乏肖像本性的事物,就其具有上帝的任何 574a
一种类似而言,在一定程度上是分有肖像的本性的。所以,狄奥尼修斯说:结果乃“它们原因的偶然的肖像”,也就是说,实际上它们是偶然成为这样的,而不是绝对这样的。

答异议理据 2:狄奥尼修斯用太阳的光线来比喻上帝的善,他是就它的因果关系而言的,而不是就肖像概念所关涉的自然的尊严而言的。

答异议理据 3:就外延和扩散性而言,宇宙比理智的受造物在善的方面更其完满。但是,就内涵和集中性而言,同上帝的善的类似毋宁是在理智的受造物中找到的,因为理智的受造物能够具有最高等级的善。否则,我们就可以说一个部分之被恰当地划分,所针对的并不是整体,而是另一个部分了。所以,当我们说惟有理智的本性接近上帝的肖像的时候,我们并不是说宇宙的任何一个部分都不接近上帝的肖像,而只是说宇宙的其他诸部分都被排除在外了。

答异议理据 4:波爱修在这里使用“肖像”这个词要表达的是

艺术作品所具有的同艺术家的心灵中的相关艺术的种相(speciem)的类似性。这样,每一个受造物便都成了它的存在于上帝心灵中的范型(rationes exemplaris)的肖像。然而,我们却并不是在这个意义上使用“肖像”这个词的,而是在它蕴涵着一种本性上的类似的意义上使用这个词的,也就是说,是就所有的事物,作为存在,像第一存在一样,作为有生命的,像第一生命一样,作为有智力的,像至上智慧一样,来使用“肖像”这个词的。

第3条　天使是否比人更其接近上帝的肖像?

现在我们着手讨论第3条。

异议:天使(angelus)似乎并不比人更其接近上帝的肖像。

理据1:因为奥古斯丁在《证道集》第9篇第8章“论肖像”的布道词中曾经说过:除人外,上帝没有同意任何别的受造物成为他的
574b 肖像。所以,说天使比人更其接近上帝的肖像是不恰当的。

理据2:再者,按照奥古斯丁在《83问题集》问题51中的观点:“人是如此的接近上帝,以至上帝没有造出任何受造物处于他和上帝之间,从而也就没有任何东西更像上帝了。”但是,受造物之被称作上帝的肖像是就它类似于上帝而言的。所以,天使并不比人更其接近上帝的肖像。

理据3:还有,受造物之被说成是上帝的肖像,是就它具有理智的本性而言的。但是,理智的本性并不允许有强弱之分,因为它既然是一种实体,从而便不是一种偶然的事物。所以,天使并不比人更其接近上帝的肖像。

但是,从另一个方面看,格列高利在《福音书布道集》第 2 卷第 34 篇中却说过:“天使之所以被称作‘相似的印章’,乃是因为在他身上,上帝肖像的相似性是更加精心制作出来的。”

我的回答是:我们可以用两种方式来言讲上帝的肖像。首先,我们可以就肖像概念主要所在的东西,即理智的本性,来考察它。这样,上帝的肖像存在于天使身上就比存在于人的身上更多一些,因为天使的理智的本性更完满些,这一点从我们前面讲到的看来是显而易见的(问题 58 第 3 条;问题 79 第 8 条)。其次,我们可以就它的偶然性质,就在人身上可以找到的上帝的一些相似性,来考察存在于人身上的上帝的肖像;这种相似性一方面在于人像上帝从上帝产生出来一样,也是从人产生出来的,另一方面还在于整个人的灵魂存在于整个身体中,也存在于每一个部分中,一如上帝关乎整个世界一样。在这样一些事物以及类似的事物中,上帝的肖像在人身上比在天使身上还要完满些。但是,这些在人身上并不是自行地属于上帝肖像的概念的,除非预设了存在于理智本性中的第一种类似物。否则即使无理性的禽兽也都会成为上帝的肖像了。所以,既然就他们的理智本性来说,天使比人更其接近上帝的肖像,我们也就必须承认:天使虽然绝对说来比人更其接近上帝的肖像,但是,人相对而言却更其类似于上帝。

答异议理据 1:奥古斯丁从上帝的肖像中所排除的是缺少理 575a
性的低级受造物,而不是天使。

答异议理据 2:正如火被在种相上被说成是形体中最稀薄的,然而,一种火却比另一种火更稀薄些一样,我们同样可以说就它的属相的和理智的本性而言,没有什么比人的灵魂更像上帝,因为一如奥古斯丁曾经说过的那样,“那些具有知识的事物是如此的类似于上帝,以至在所有受造物中,没有什么事物比它们更接近了。”所以,这并不意味着天使并非更加接近上帝的肖像。

答异议理据 3:当我们说“实体性并不允许有多少之分”的时候,[①]我们的意思并不是说:实体的一个种相不能够比另一个更其完满些,而是说:同一个个体在一个时间里不可能比在另一个时间里更多地分有它的种相的本性。我们的意思也不是说实体的一个种相以或大或小的程度为不同的个体所分享。

第 4 条 上帝的肖像能否在每一个人身上找到?

现在我们着手讨论第 4 条。

异议:上帝的肖像似乎并不是在每个人身上(in quolibet homine)都能找到的。

理据 1:因为使徒在《哥林多前书》第 11 章第 7 节中说过:“男人是上帝的肖像,但女人却是男人的肖像。”所以,既然女人是人种中的一个个体,那每一个个体显然也就不能是上帝的肖像了。

理据 2:再者,使徒在《罗马书》第 8 章第 29 节中说过:“天主所预选的人,也预定他们与自己的儿子的肖像相同。”但是,所有的人都不是先定的。所以,所有的人都是同上帝的肖像不一致的。

理据 3:还有,相似性,如上所述(第 1 条),属于肖像概念。但

① 亚里士多德:《范畴篇》,Ⅴ,3b33;参阅波爱修:《亚里士多德〈范畴篇〉注释》,Ⅰ。

是，人却由于原罪而不像上帝。所以，他丧失了上帝的肖像。

但是，从另一个方面看，《圣咏集》第 38 篇第 7 节中却写道：575b
“人是确实具有肖像的。”

我的回答是：既然人是由于他的理智的本性而被说成是上帝的肖像的，则就他在他的理智本性方面最像上帝而言，他是最完全地像上帝的。而理智本性之所以像上帝，首先就在于上帝理解和爱他自身这一点。所以，我们看到：上帝的肖像是以三种方式存在于人身上的。首先，是就人具有理解和爱上帝的一种自然倾向而言的；这种倾向就存在于心灵的本性本身，这是所有的人所共有的。其次，是就人现实地或习惯地认识和爱上帝而言的，虽然人做得不够完满；而且，这种肖像正在于与恩典的一致(conformitatem gratiae)。第三，是就人完满地认识上帝和爱上帝而言的；而这种肖像则在于荣光的相似性(similitudinem gloriae)。所以，根据《诗篇》第 4 篇第 7 节中“上帝啊！求你仰起脸来，光照我们”这样一句话，有关评注区分了三重肖像：“创造”的，“再造”的和“类似”的。第一种肖像能够在所有的人身上找到，第二种肖像只有在正义的人身上找到，第三种肖像则只有在有福的人身上才能够找到。

答异议理据 1：上帝的肖像，就其主要的意义即理智的本性而言，是既能够在男人身上，也能够在女人身上找到的。因此，《创世记》第 1 章第 27 节中在说过“上帝照着自己的肖像造了人”之后，紧接着又补充说：“他照着他的肖像造男造女。”再者，如奥古斯丁在《〈创世记〉文字注》第 3 卷第 22 章中所注意到的，经文上说的是“他们”，是复数形式，至少应当被认为这两种性别在一个个体身上是结合在一起的。但是，在第二种意义上，上帝的肖像是在男人身上发现的，而不是在女人身上发现的，因为男人是女人的起点和终点，正如上帝是每一个受造物的起点和终点一样。所以，当使徒在说过“男人是天主的肖像，而女人却是男人的肖像”之后，他为他的这一说法给出的理由在于：“原来不是男人出于女人，而是女人出于男人；而且男人不是为女人造的，女人乃是为男人造的。”

576a 答异议理据 2 和 3：这些理由都关涉到肖像同恩典与荣光的一致性。

第 5 条　上帝的肖像是否是按照位格的三位一体存在于人的身上的？

现在我们着手讨论第 5 条。

异议：上帝的肖像在人身上似乎并不相关于位格的三位一体(Trinitatem divinarum personarum)。

理据 1：因为奥古斯丁在《致彼得论信仰》中说过：“‘一’本质上是圣三位一体中的上帝；而且，‘一’还是人据以造成的肖像。”奚拉里在《论三位一体》第 5 卷中也说过：“人是按照三位一体中所共有的东西的肖像造成的。”所以，人身上的上帝的肖像相关涉的是上帝的本质，而不是位格的三位一体。

理据 2：再者，《论教会信条》第 88 章中说道：人身上的上帝的肖像所关涉的并不是“永恒性”。大马士革的约翰在《论正统信仰》第 2 卷第 12 章中也说过：人身上的上帝的肖像是作为具有自由意志和自身运动的理智存在属于他的。尼斯的格列高利在《论人的创造》第 16 章中也断言：当《圣经》说人是按照上帝的肖像造出来的时候,“这意味着人的本性被造成所有的善的分有者。因为上帝乃全部善。”然而,所有这些事物更多的是属于本质的统一性,而不是位格的差异性。所以,人身上的上帝的肖像关涉的并不是位格的三位一体,而是本质的统一性。

理据 3:再者,肖像导致那种关于这肖像所属的事物的知识。所以,如果在人身上存在有作为诸位格三位一体的上帝的肖像的话,那由于人能够藉他自己的自然理性而认识他自己,那我们就可以得出结论说:人是能够藉他的自然知识认识上帝位格的三位一 576b
体的。然而,如上所述(问题 32 第 1 条),这是不真实的。

理据 4:还有,“肖像”这个名称并不能够应用到三个位格中的任何一个,而只能够应用到圣子身上。因为奥古斯丁在《论三位一体》第 6 卷第 2 章中说过:“唯独圣子是圣父的肖像。”所以,如果在人身上存在有相关于位格的上帝的肖像的话,这将不会是三位一体的肖像,而只能是圣子的肖像。

但是,从另一个方面看,奚拉里在《论三位一体》第 4 章中却说过:上帝位格的复多性是由人被说成是按照上帝的肖像造出来的这样一个事实显示出来的。

我的回答是:如上所述(问题 40 第 2 条),上帝位格的差异性仅仅是就起源而说的,更确切地说,是就起源的关系而说的。然而,起源的样式在所有的事物中却不是一样的,而是在每一件事物中都适应于那件事物的本性:有生命的事物由一种方式产生出来,无生命的事物由另一种方式产生出来,动物以一种方式产生出来,植物则以另一种方式产生出来。这样,上帝位格的差异就显然是适合于上帝的本性的。所以,通过类似于上帝的本性而接近于上帝的肖像，并不能够排除通过表象上帝的位格成为同一个肖像的可能性，而毋宁是一个是从另一个演绎出来的。所以，我们必须说：在人身上所存在的上帝的肖像，既相关于上帝的本性，又相关于位格的三位一体。因为在上帝自身之中，三个位格只有一个本性。

这样，何以回答头两个反对意见也就非常清楚了。

答异议理据3：如果在人身上的上帝的肖像以一种完满的方式表象了上帝，则这个论证就会是真的了。但是，一如奥古斯丁在《论三位一体》第15卷第20、23章中所说，在我们自己身上的三位一体与上帝的三位一体之间存在着很大的差别。所以，如他在那儿所说："我们是看到了，而不是相信存在于我们自己身上的三位一体；但是，我们是相信，而不是看到了上帝是三位一体。"

答异议理据4：一些人曾经说过：在人身上只有圣子的肖像。
577a 奥古斯丁在《论三位一体》第12卷第6章中驳斥了这种意见。首先，这是因为既然圣子是藉本质的相似同圣父相像的，那就必定会得出结论说：如果人是按照圣子的相似性造出来的，他就是按照圣父的相似性造出来的。其次是因为，如果人仅仅是按照圣子的相像造出来的，圣父就不可能说"让我们照我们的肖像，按我们的模样造人"，而是应当说"按照你的肖像造人"了。

所以，当经文上说"他是按照天主的肖像造人"的时候，其意思并不是说圣父是仅仅按照圣子的肖像造人的，如一些人所解释的，圣子即上帝，而是说上帝的三位一体是按照它的肖像，即整个三位一体的肖像造人的。

当说到"他是按照天主的肖像造人"的时候，这是可以用两种方式予以理解的。首先，这样一来，“ad”这个介词说明的是“造”(factionis)这个词，从而其意思便在于“让我们以令我们的肖像可以存在于人身上的方式来造人”。其次，“ad”这个介词也可以意指作为范型的原因(causam exemplarem)。例如，当我们说“这本书被造得像那本书”的时候，情况就是如此。这样，上帝的肖像即为上帝的本质本身，就肖像被用来意指范型而言，上帝的本质是不妥当地被称作肖像的。或者，如一些人所说，上帝的本质乃是由于一个位格因之与另一个位格相像而被称作肖像的。[①]

第 6 条　上帝的肖像在人身上是否仅仅是就心灵而言的？

现在我们着手讨论第 6 条。

异议：上帝的肖像似乎不仅存在于人的心灵(mentem)之中。

理据 1：因为使徒在《哥林多前书》第 11 章第 7 节中说过：“人是……上帝的肖像。”但是，人不止是心灵。所以，上帝的肖像是应当不止在人的心灵方面观察到的。

理据 2：再者，《创世记》第 1 章第 27 节中写道：“上帝照着自己的肖像造人，乃是照着他的肖像造男造女。”但是，男人和女人的区
别就在于身体。所以，上帝的肖像也存在于身体之中，而不止存在 577b
于心灵之中。

理据 3：再者，肖像似乎主要用在事物的形状上面。但是，形

---

① 参阅奚拉里：《论三位一体》，Ⅳ；彼得·隆巴迪：《箴言四书》，Ⅰ，Ⅱ，4，24。

状是属于身体的。所以，上帝的肖像也是应当在人的身体方面，而不应当只是在人的心灵方面看到的。

理据4：还有，按照奥古斯丁在《〈创世记〉文字注》第12卷第7章中的观点，在我们身上有三种景象(visio)，这就是有形的，精神的或想象的，以及理智的。所以，在属于心灵的理智景象中，如果在我们身上存在有我们藉以成为上帝肖像的三位一体，由于同样的理由，在另外一些人身上也就必定存在有另一种三位一体。

但是，从另一个方面看，使徒在《以弗所书》第4章第23节中却说过："要将你的心志改换一新，并且穿上新人。"由此便使我们理解了我们的更新即在于"穿上新人"，而这是属于心灵的。所以，他在《哥罗西书》第3章第10节中说："穿上了新人。这新人在知识上渐渐更新，正如造他主的肖像。"在这里，作为穿上新人的更新即归因于上帝的肖像。所以，成为上帝的肖像是仅仅属于心灵的。

我的回答是：在所有的受造物中都存在有同上帝的某种类似性，唯独在理性受造物身上，我们发现了如我们所解释的一种肖像的类似性(第1、2条)。但是，在别的受造物身上，我们是借助于印迹发现类似性的。然而，理智或心灵便是理性受造物得以超出别的受造物的东西。所以，除非在心灵中，上帝的肖像甚至也不是在理性受造物身上能够找到的，而在理性受造物的可能具有的其他部分中，我们所发现的只是印迹的类似性，在其他受造物中，就这些部分而言，理性受造物是可以在这样一种情况下相类似的。如果我们考察了一种印迹以及一种肖像藉以表象任何事物的方式，我们也就可以非常容易地理解其所以如此的理由了。肖像，如上所述(第2条)，是藉种相的类似表象事物的，而印迹则是藉结果表象事物的,并且结果是以一种达不到种相类似性的方式表象原因的。因为动物运动或留下来的印痕被称作印迹。所以,烟灰就是 578a
火的印迹,土地的荒芜则是敌军留下来的印迹。

所以,我们可以看到存在于理性受造物与其他受造物之间的这样一种差异,不仅是就受造物中对上帝本性的类似性的表象而言的,而且也是就非受造的三位一体在它们身上的表象而言的。就上帝本性的类似性而言,理性的受造物似乎是能够按照一定的模式达到该种相的表象的,因为他们不仅在存在和生命方面同上帝相像,而且在理智方面,如上所述(第 2 条),也同上帝相像。但是,其他一些受造物却不能够理解,虽然如果我们考察一下它们的倾向的话,我们还是能够在它们身上看到创造它们的理智的一些印迹的。

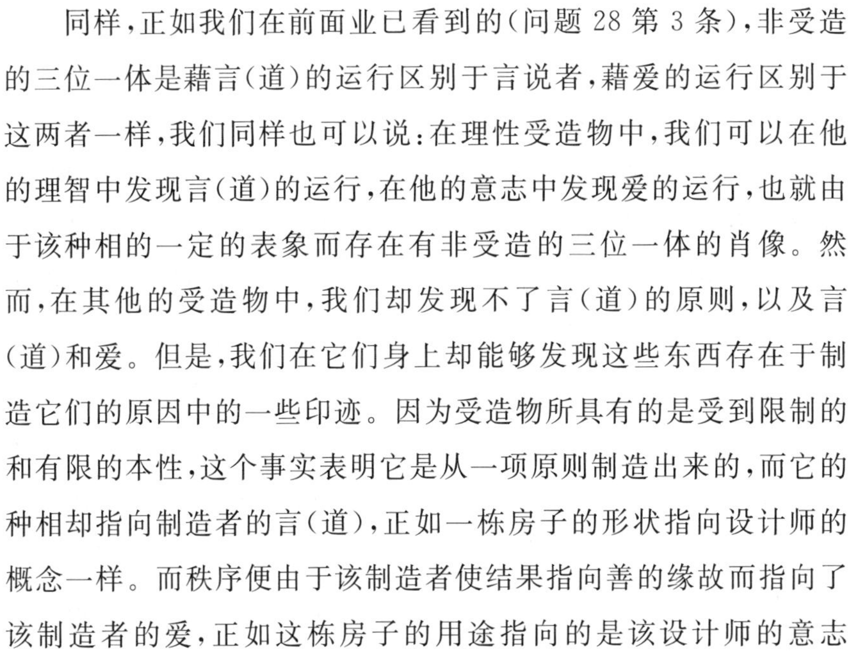

同样,正如我们在前面业已看到的(问题 28 第 3 条),非受造的三位一体是藉言(道)的运行区别于言说者,藉爱的运行区别于这两者一样,我们同样也可以说:在理性受造物中,我们可以在他的理智中发现言(道)的运行,在他的意志中发现爱的运行,也就由于该种相的一定的表象而存在有非受造的三位一体的肖像。然而,在其他的受造物中,我们却发现不了言(道)的原则,以及言(道)和爱。但是,我们在它们身上却能够发现这些东西存在于制造它们的原因中的一些印迹。因为受造物所具有的是受到限制的和有限的本性,这个事实表明它是从一项原则制造出来的,而它的种相却指向制造者的言(道),正如一栋房子的形状指向设计师的概念一样。而秩序便由于该制造者使结果指向善的缘故而指向了该制造者的爱,正如这栋房子的用途指向的是该设计师的意志一样。

同样，我们在人的心灵中也是藉着肖像而发现与上帝的类似的，但是在他的存在的其他部分，却是藉着印迹发现这种类似的。

答异议理据 1：人之被称作上帝的肖像，并不是因为人本质上即为一个肖像，而是因为上帝的肖像被铭刻在他的心灵之上了；正如一块硬币之为一个国王的肖像，乃是因为它具有该国王的肖像一样。所以，是根本无需把上帝的肖像看作存在于人的每一个部分之中的。

578b 答异议理据 2：一如奥古斯丁在《论三位一体》第 12 卷第 5 章中所说：一些人曾经认为，上帝的肖像并不是不可分割地存在于人身上的，而是分别地存在于人的身上的。他们认为："人代表的是圣父的位格，而人生出来所表示的是圣子的位格，而女人则是同圣灵相类似的第三个位格，因为她不是作为他的儿子或女儿从男人造出来的。"所有这一切都显然是荒谬的：这首先是因为由此便可以得出结论说，圣灵乃圣子的原则，正如女人是男人的后代的原则一样。其次，这是因为一个人只能够成为一个位格的肖像。第三，这是因为在这种情况下，除非在后代出生之后，《圣经》是不会提到上帝的肖像存在于人的身上的。所以，我们必须理解：《圣经》在说过"上帝照着自己的肖像造人"之后，又补充说"他照着他的肖像造男造女"，这并不意味着上帝的肖像是通过区别性别达到的，而是意味着上帝的肖像对于这两种性别是共同的，因为它存在于心灵之中，而在心灵之中，是根本没有什么性别之分的。所以，使徒在《哥罗西书》第 3 章第 10 节中说过"上帝照他自己的肖像造人"之后又补充说"在那儿既没有男人也没有女人的分别（Ubi non est

masculus et femina)”。[①]

答异议理据 3：虽然上帝的肖像并不能够在人的身体的形状方面发现，然而，按照奥古斯丁在《83 问题集》问题 51 中的说法，由于在地球上的动物中唯独人的身体才不是匍匐着面向大地的，而是适合于向天上看的，由于这个理由我们便可以正确地说：按照上帝的肖像和相似性造成的，是人的身体，而不是其他动物的身体。但是，这并不应当被理解为仿佛上帝的肖像就存在于人的身体之中，而是应当理解为：人的身体的形状是借助于印迹来表象灵魂中的上帝的肖像的。

答异议理据 4：在有形的和想象的景象中，我们都可以发现三位一体，奥古斯丁在《论三位一体》第 11 卷第 2 章中曾经说到过这一点。首先，这是因为在有形的景象中存在有外部物体的种相。其次，是存在有看的行为，它是由于看到了该种相的一定的类似物藉印象而发生的。第三，是存在有把视力应用来看并且盯着所看 579a
的事物的意志的意向(intentio voluntatis)。

同样，在想象的景象中，我们首先发现的是保存在记忆中的种相；其次是看的活动本身，这是在灵魂的视力即想象力获得了种相的时候发生的；第三，我们发现了把两者结合在一起的意志的意向。但是，这些三位一体中的每一种都缺乏上帝的肖像。因为外部物体的种相是外在于灵魂的本质的，而记忆中的种相，虽然并不是外在于灵魂的，但却是来自外部的。这样，在这两种情况下，种

① 《圣经》通俗本为“既没有希腊人也没有犹太人的分别”。《圣经》思高本即取这样一种说法。思高本《迦拉达书》第 3 章第 28 节中也有“不再分犹太人或希腊人”这样一种说法。《圣经》和合本译作：“在此并不分希利尼人、犹太人、未受割礼的、化外人、西古提人、为奴的、自主的。惟有基督是包括一切，又住在各人之内。”

相都是不足以表象上帝诸位格的同质性和共永恒性的。有形的景象同样也不止是由外部物体的种相产生出来的，而是不仅由此而且同时也由视者的感觉产生出来的。同样，想象的景象也是不仅来自保留在记忆中的种相，而且来自想象活动。由于这些理由，唯独圣子由圣父所从出的运行是不适合被表象的。最后，将两者结合在一起的意志的意向无论是在有形的景象中还是在精神的景象中也都不是由它们产生出来的。所以，出自圣父和圣子的圣灵的运行因此也就不适合于表象了。

第7条　上帝的肖像能否在灵魂的活动中发现？

现在我们着手讨论第7条。

异议：上帝的肖像似乎是不可能在灵魂的活动(actus)中发现的。

理据1：因为奥古斯丁在《上帝之城》第11卷第26章中说过："就我们存在以及就我们知道我们存在，并且爱这种存在和知识而言，人是按照上帝的肖像造成的。"但是，存在并不表示一种活动。所以，上帝的肖像是不可能在灵魂的活动中发现的。

理据2：再者，奥古斯丁在《论三位一体》第9卷第4章中把灵魂中的上帝的肖像指派给三样东西，这就是"心灵，知识和爱"。但是，心灵所表示的并不是活动，而毋宁是理智灵魂的能力或本质。所以，上帝的肖像是不可能扩展到灵魂的活动上的。

理据3：再者，奥古斯丁在《论三位一体》第10卷第11章中曾把灵魂中三位一体的肖像指派给“记忆，理解和意志”。但是，按照大师在《箴言四书》第 1 部第 3 卷第 2 章中的说法，这些都是“灵魂 579b 的自然力量”。所以，上帝的肖像是存在于力量之中的，从而是不可能扩展到灵魂的活动之中的。

理据 4：还有，三位一体的肖像是始终保留在灵魂之中的。但是，活动却是不可能始终保留在一个地方的。所以，上帝的肖像是不可能扩展到活动上面的。

但是，从另一个方面看，奥古斯丁在《论三位一体》第 11 卷第 2 章中却根据现实的景象把三位一体指派给灵魂的低级部分，即感觉的或想象的部分。所以，心灵中的三位一体，既然人是由于心灵而同上帝相像的，便必定关涉到现实的景象。

我的回答是：如上所述（第 2 条），种相的一定的表象总是属于肖像的本性的。因此，如果上帝三位一体的肖像能够在灵魂中发现的话，我们就必定要到灵魂最接近上帝位格种相的表象的地方去寻找它。这样，上帝的诸位格就由于来自言讲者的言（道）的运行以及将两者结合在一起的爱的运行而相互区别。但是，按照奥古斯丁在《论三位一体》第 14 卷第 7 章中的观点，在我们的灵魂中，言（道）“是不可能脱离现实的思想而存在的”。所以，三位一体的肖像应当首先和主要在心灵的活动中发现，也就是说，从我们所具有的知识，通过思想，我们形成内在的道（言），并且进而迸发出爱的活动中发现。但是，既然活动的原则为习性和能力，而每一件事物实际上都存在于它的原则之中，从而三位一体的肖像也就可以说是从属地，并且仿佛是随之而来地被看作是存在于能力之中的，并且就这些活动现实地存在于它们之中而言，更多地是存在于习性之中的。

答异议理据 1:我们的存在之所以具有上帝的肖像,是就它特别地为我们所有而言的,也是就它由于我们具有心灵而超出其他
580a 动物的存在而言的。所以,这种三位一体同奥古斯丁在《论三位一体》第 9 卷第 4 章中所提及的三位一体是一回事,而这种三位一体即在于"心灵,知识和爱"。

答异议理据 2:奥古斯丁首先是在心灵中看到这种三位一体的。但是,由于心灵,虽然也能在一定程度上完全认识它自身,然而,从一个方面讲,它又不可能认识它自身,也就是说,就它区别于其他事物而言是不可能认识它自身的,从而,如奥古斯丁后来在《论三位一体》第 10 卷第 4 章中所证明的,它也寻找它自身。所以,既然知识并不完全等同于心灵,他就选择了灵魂中为心灵所特有的每个人都知道他具有的三样东西,即记忆、理解和意志,并且把三位一体的肖像卓越地指派给这三样东西,仿佛第一种指派在一定程度上是有缺陷似的。

答异议理据 3:如奥古斯丁在《论三位一体》第 14 卷第 7 章中所表明的:当我们实际地考察一些事物的时候,以及当我们并未想到它们的时候,我们都可以说是在理解、意欲和爱这些事物。当它们并不受到我们现实考察的时候,它们是仅仅属于记忆的,而记忆,按照他的意见,无非是知识和爱的习性的保留(问题 79 第 7 条答异议理据 1)。"但是",如他在《论三位一体》第 14 卷第 7 章中所说,"既然一句话不可能没有现实的思想而存在于那儿(因为我们想到过我们说到的每一件事物,即使我们用不属于任何一个民族的内在的语言讲话亦复如此),这种肖像也就主要在于这样三件事

物，这就是记忆、理解和意志。而所谓理解，我在这里所意指的是我们藉现实的思想进行理解的东西；而所谓意志、爱或爱慕（dilectionem），我意指的是那种将这个孩子同他的双亲联系在一起的东西。”由此看来，他显然是把上帝三位一体的肖像更多地放进了现实的理解活动和意志之中，而不是那些存在于记忆的习性保留的东西之中；虽然即使这样，三位一体的肖像，如他在同一个地方所说的那样，在一定程度上也存在于灵魂之中。因此，记忆、理解和意志显然并不是《箴言四书》中所说的那三种能力。

答异议理据 4：一些人可能会求助于奥古斯丁在《论三位一体》第 14 卷第 6 章中的说法来回答，这就是：“心灵永远记得它自身，永远理解它自身，永远爱它自身。”有人把这理解为灵魂永远现 580b
实地理解和现实地爱它自身。但是，他通过补充说“它并不是始终想到它自身是现实地区别于其他事物的”这样一句话而排除了这样一种解释。因此，灵魂并不是现实地而只是习性地始终理解着并爱着它自身，虽然我们也可以说：只要它在理解任何事物，则通过知觉它自己的活动，它就在理解着它自身。但是，既然它并不是始终在现实地进行理解，例如在熟睡的情况下即是如此，我们就必须说：这些活动，虽然并不始终现实地存在于它们自身之中，然而，却始终存在于它们的原则、习性和能力之中。所以，奥古斯丁在《论三位一体》第 14 卷第 4 章中说：“如果理性灵魂就它能够利用理性和理智来理解和考察上帝的意义而言是按照上帝的肖像造成的，那上帝的肖像从灵魂存在的最初时刻起就一直存在于灵魂之中了。”

第8条　上帝三位一体的肖像是否仅仅是藉同作为其对象的上帝的比较而存在于灵魂之中的?

现在我们着手讨论第8条。

异议:上帝三位一体的肖像似乎不止是藉同作为其对象(obiectum)的上帝的比较(comparationem)而存在于灵魂之中的。

理据1:因为上帝三位一体的肖像,如上所述(第7条),就言(道)在我们身上是出自言讲者,而爱则出自两者而论,是能够在灵魂之中发现的。但是,这在我们身上之被找到,是就任何对象而言的。所以,上帝三位一体的肖像是作为任何一种对象而存在于我们的心灵之中的。

理据2:再者,奥古斯丁在《论三位一体》第12卷第4章中说过:"当我们在灵魂中寻找三位一体的时候,我们是在灵魂的整体
581a 中寻找它的,而无需把对暂存事物的推理过程同永恒事物的考察分离开来。"所以,三位一体的肖像甚至作为暂时的对象,也是能够在灵魂之中发现的。

理据3:我们是由于恩典而能够认识和爱上帝的。所以,如果三位一体的肖像能够由于对上帝的记忆、理解和意志或爱而在灵魂之中发现的话,则这一肖像就不能藉本性而只能藉恩典存在于人身上,从而就不是对所有事物是共同的东西了。

理据4:还有,天国的圣徒由于至福的圣见而同上帝的肖像最完满的一致。所以,《哥林多后书》第3章第18节中写道:"我们光荣上加上光荣，都变成了与主同样的肖像。”但是，暂时的事物是由于看到了光荣而被认识到的。所以，上帝的肖像甚至就暂时的事物而言也是存在于我们身上的。

但是，从另一个方面看，奥古斯丁在《论三位一体》第 14 卷第 12 章中却说过：“上帝的肖像之存在于心灵中，并不是因为它记得它自己，爱它自己，并且理解它自己，而是因为它也能够回忆、理解和爱造它的上帝。”所以，在其他对象方面，灵魂中的上帝的肖像就更其少了。

我的回答是：如上所述（第 2、7 条），肖像所表示的是一种在一定程度上（尽管很小）达到的对该种相的表象的相似性。所以，我们需要在灵魂中的上帝三位一体的肖像中寻找某种上帝位格的种相的对一个受造物尽可能达到的表现。然而，上帝的位格，如上所述（第 6、7 条），就依据言（道）来自言讲者的运行以及爱来自这两者的运行而相互区别。再者，上帝的言（道）是藉上帝对他自身的知识而产生出来的，而爱则是就他爱他自身而从上帝产生出来的。但是，很显然，对象的多样性也使言（道）和爱的种相多样化。因为在人的心灵中，石头的种相在种相上是不同于马的种相的，而相关于它们中的每一个的爱也是大相径庭的。因此，我们把人身上的上帝的肖像归因于关于上帝的知识的语词概念以及由此产生的爱。然而，上帝的肖像却是就灵魂回归上帝或者具有一种使它得以回归上帝的本性而言在心灵中发现的。然而，心灵可以用两种方式回归对象：直接的和间接的。例如，当任何一个人看到一个由 581b
一面镜子反射出来的人时，他便可以说是回到了那个人。所以，奥古斯丁在《论三位一体》第 14 卷第 8 章中说：“心灵记得它自身，理

解它自身，并且爱它自身。如果我们知觉到了这一点，我们便知觉到了一种三位一体，虽然不是上帝本身，但却也可以被正确地称作上帝的肖像。”但是，这应当归因于这样一个事实，即这不是因为心灵绝对地回到了它自身，而是因为它能够得以进一步回到上帝。这一点可以从前面摘引的奥古斯丁的话（见本条论证中“从另一个方面看”）中看出来。

答异议理据1：对于“肖像”概念来说，单说一件事物从另一件事物产生出来是不够的，看到什么在产生以及从什么东西中产生也是必不可少的。也就是说，上帝的言（道）是从上帝的知识产生出来的。

答异议理据2：在整个灵魂中，我们可以看到一种三位一体，然而，却不是好像除了暂时事物的活动和对永恒事物的默思外，“还需要用任何第三件事物来构成这三位一体”，像奥古斯丁在同一段落中所补充的那样。但是，在关于暂时事物的理由的那一部分中，如他进一步指出的，“虽说三位一体可以找到，然而，上帝的肖像在那儿却是看不到的”，这是因为关于暂时事物的知识是从外面来到灵魂之中的。再者，暂时事物得以认识的习性并不总是在场的，它们有时是实际在场的，而有时却是甚至在存在于灵魂中之后仅仅存在于记忆之中的。信仰显然就是这样一种情况：它是在今生暂时地来到我们身上的，但是，在来世生活中却不再存在，而仅仅存在于信仰的记忆之中。

答异议理据3：上帝的值得称道的知识和爱是只能藉恩典存在于我们身上的。然而，如上所述（问题12第12条；问题56第3条；问题60第5条），也存在有一定的自然的知识和爱。为了理解上帝，心灵之能够利用理性也是自然的，在这个意义上，我们业已说过(第 7 条答异议理据 4)，上帝的肖像是始终存在于灵魂之中的："不管上帝的肖像是被非常严重地抹去，差不多近乎没有"，像被遮住似的，在那些不运用理性的人身上就是这样一种情况；"还是变暗了和受到了玷污"，在罪人身上就是这样一种情况；"还是明晰而美丽的"，在义人身上就是这样一种情况；奥古斯丁在《论三位一体》第 14 卷第 6 章中就是这么说的。

答异议理据 4：由于看见了光荣，暂时的事物在上帝他自身之中将会被看到，而对暂时事物的这样一种看见将属于上帝的肖像。582a
奥古斯丁在《论三位一体》第 14 卷第 6 章中说："在心灵福乐地依附的那种本性中，凡它看到的东西，它都是以之当作无可改变的东西看到的"，即是谓此。因为所有受造物的类型都是存在于非受造的言(道)之中的。

第 9 条 相像是否是严格地区别于肖像?

现在我们着手讨论第 9 条。

异议：相像(similitudo)同肖像似乎并没有严格的区别。

理据 1：因为属相与种相似乎并没有什么严格的区别。而相像与肖像的关系就如属相与种相的关系一样。因为一如奥古斯丁在《83 问题集》问题 74 中所说："凡存在有肖像的地方，也就跟着有相像，但反过来却并非如此。"所以，相像同肖像是没有什么严格区别的。

理据 2：再者，肖像概念不仅在于对上帝位格的表象，而且还在于对上帝本质的表象，不朽性和不可分性都属于这样一种表象。所以，说"相像由于它是不朽的和不可分的而存在于本质之中，而肖像则存在于别的事物之中"，是不妥当的。

理据3：再者，人身上的上帝的肖像，如上所述(第4条)，有三种：自然的，恩典的和光荣的。但是，无罪和正义却属于恩典。所以，说"肖像来自记忆、理解和意志，而相像来自无罪和正义"，是不恰当的。

理据4：还有，关于真理的知识属于理智，对美德的爱属于意志，而这两件事物则构成肖像的两个部分。所以，说"肖像在于关于真理的知识，而相像则在于对美德的爱"，是不正确的。

但是，从另一个方面看，奥古斯丁在《83问题集》问题51中却
582b 说过："一些人认为这两样东西，即'肖像'和'相像'，都被提到，并不是没有理由的，因为如果意指同样的内容，一个也就足够了。"

我的回答是：一如《形而上学》第5卷中所说，"相像"是一种统一性，因为"一"在性质上是引起相像的。[①] 这样，既然"一"是先验的，则它就既对一切都是共同的，又适用于每一个单个的事物，正如善和真一样。所以，正如善是可以用来与每一件个体事物进行比较的，即可以作为在它之前的事物与之比较，也可以作为在它之后的事物与之比较，以表明其中的某种完满性；同样，在相像与肖像之间也存在着一种比较。因为既然人是一种个体的善，则善便是在人之前到来的；但是，善又是在人之后到来的，因为我们可以说到某一个人，说他是由于他的完满的德性而善的。同样，相像，

① 亚里士多德：《形而上学》，V，15，1021a11。

就它如上所述(第 1 条)是某种比肖像更为公共的事物言，也可以被看作是先于肖像的；但是，就表示肖像的一定的完满性而言，它又是可以被看作是后于肖像的。因为我们是就表象是否完满来说一个肖像是否像它所表象的事物的。

因此，相像或相似性可以用两种方式同肖像区别开来。首先，是就先于它并且存在于更多的事物之中的相像而言的；在这个意义上，相像就相关于那些比肖像藉以被恰当地看到的理智本性的特性更为公共的事物。也正是在这个意义上，奥古斯丁在《83 问题集》问题 51 中才说："精神"(即心灵)"毫无疑问是照上帝的肖像造成的。但是，人的其他部分"，即那些属于灵魂低级部分，甚至属于身体的部分，"按照一些人的意见，却是照上帝的相似性造成的。"也正是在这个意义上，奥古斯丁在《论灵魂的量》第 2 章中说道：上帝的相似性是能够在灵魂的不可朽坏性中发现的。因为可朽坏性与不可朽坏性是普遍存在物的种差。但是，相像或相似性也可以以另一种方式看待，即用它来意指肖像的表达方式和完满性。大马士革的约翰在《论正统信仰》第 2 卷第 12 章中正在这个意义上说："肖像意指的是具有自由意志和自身运动的理智的存 583a
在，而相像就其在人身上是可能的而言则意指一种能力的相像。"在同样的意义上，相像也可以说是属于对美德的爱，因为如果没有对美德的爱也就没有美德了。

答异议理据 1：相像并不是作为相像的一般概念区别于肖像的，因为如是，它就被包含在肖像概念之中了，而是就任何一种相像都缺乏肖像概念，或者说是就它使肖像概念完满化而言的。

答异议理据 2：灵魂的本质属于肖像，是就其在那些属于理智本性的事物中表象上帝的本质而言的，而不是就其在单纯性和不可分解性等一类由一般存在概念而生的那些条件下表象上帝的本质而言的。

答异议理据 3：甚至一定的美德对于灵魂也是自然的，至少就它们的种子而言是如此，由于这一理由，我们便可以说自然的相像是存在于灵魂之中的。这样，从一种观点使用“肖像”这个词，而从另一种观点使用“相像”这个词，是没有什么不合适的。

答异议理据 4：对作为被爱的知识的言（道）的爱，是适合于肖像概念的；但是对美德的爱却是适合于相像的，因为美德本身是适合于相像的。

问题 94
论第一个人的理智的状态和状况

(共 4 条)

我们接着考察第一个人的状态或状况。首先,是他的灵魂的
状态或状况;其次,是他的身体的状态或状况(问题 97)。关于他 583b
的灵魂的状态或状况,有两个方面需要考察:(1)就其理智论人的
状况;(2)就其意志论人的状况(问题 95)。

在第一个项目下,有 4 个要点需要探究:

(1)第一个人是否看到过上帝的本质?

(2)他能否看到独立的实体,即天使?

(3)他是否具有所有的知识?

(4)他能否犯错或受到蒙骗?

第 1 条 第一个人是否是藉上帝的本质看到上帝的?

现在我们着手讨论第 1 条。

异议:第一个人(primus homo)似乎是藉上帝的本质(essentiam Deum)看到上帝的。

理据1:因为人的幸福即在于看到上帝的本质。但是,一如大马士革的约翰在《论正统信仰》第2卷第11章中所说,第一个人,"当他在伊甸园安顿下来的时候,即过着幸福的生活,享用着所有的事物"。而奥古斯丁在《上帝之城》第14卷第10章中也说过:"要是人那时安排得和现在一样幸福,他在伊甸园这个令人说不出的幸福的地方就必定过得非常幸福!"所以,第一个人在伊甸园里是藉上帝的本质看到上帝的。

理据2:再者,奥古斯丁在《上帝之城》第14卷第10章中说过:第一个人"不缺乏他的善良意志可获得的任何东西"。但是,我们的善良意志不可能获得任何比看到上帝的本质更好的东西。所以,人是藉上帝的本质看到上帝的。

理据3:还有,在上帝的本质中看到上帝是这样一种活动,在其中,上帝是在没有任何中介或毫不费神的情况下被看到的。但是,按照大师在《箴言四书》第4部第1卷第5章中的说法,人在无罪的状态下是直接看到上帝的。而且,一如奥古斯丁在《论三位一
584a 体》第15卷第9章中所说,他也是在毫不费神的情况下看到的,因为令人费神的事物,势必包含含混性。然而,含混性是由罪产生出来的。所以,人,在原始状态下,是藉上帝的本质看到上帝的。

但是,从另一个方面看,使徒在《哥林多前书》第15章第46节中说过:"属灵的不在先,属血气的在先。"但是,藉上帝的本质看到上帝是最有灵性的。所以,处于自然生活初始阶段的第一个人并不是藉上帝的本质看到上帝的。

我的回答是:如果我们考察了那种生活的普通状态,就不会认为第一个人是藉上帝的本质看到上帝了;或许,除非事情如《创世

记》第 2 章第 21 节中所说，当“上帝使他沉睡，他就睡了”的时候，他就在恍惚状态中看到了上帝。其理由在于：既然上帝的本质是幸福本身，则看到上帝本质的人的理智同上帝的关系也就与一个人同幸福的关系一样了。因此，既然人自然地和必然地欲求幸福和逃避不幸，则人就显然不可能自愿地厌恶至福。所以，凡看到上帝本质的人，没有一个会自愿地厌恶上帝的，因为厌恶上帝即意味着犯罪。因此，所有藉上帝本质看到上帝的人都纹丝不动地沉浸在对上帝的爱中，以致他永远不可能犯罪。所以，既然亚当犯了罪，那他就显然就不是藉上帝的本质看到上帝的。

然而，他是以一种比我们现在所有的还更为完满的知识认识上帝的。因此，在一个意义上，他的知识便处于我们在今生状态下所具有的知识与我们在天国所具有的知识之间的中途，而当我们在天国的时候，我们是藉上帝的本质看到上帝的。为了说明这一点，我们必须看到：藉上帝的本质看到上帝是对照区别于藉上帝的受造物看到上帝的。然而，受造物越是高级，它也就越像上帝，在它身上看到的上帝也就越是明晰。例如，一个人藉一面其肖像能够更其明晰地表现出来的镜子，他也就可以更其清晰地被看到。因此，上帝是以一种完满得多的方式藉他的可理解的结果而不是藉那些仅仅可感觉的或有形的事物被看到的。但是，人在其今生状态下，受到种种障碍，从而是不可能充分和清楚地考察各种可理解的受造物的，因为他旁骛而专注于感性事物。因此，《传道书》第 7 章第 30 节中写道：“上帝造人原是正直。”而且，人是在这样一种意义上被造成直立的，这就是：在他身上，低级的能力服从高级的能力，而高级的本性被造得非常好，以致可以不受低级能力的干

扰。所以，第一个人便能够摆脱外在事物的干扰，能够清楚可靠地
584b 思考那些他藉第一真理的光芒知觉到的可理解的结果，无论是藉自然的知识还是藉赐给的知识，都是如此。因此，奥古斯丁在《〈创世记〉文字注》第 11 卷第 33 章中说："或许上帝过去常常像对天使那样对第一个人讲话，把不可改变的真理的光辉照进他的心灵中，然而，却无需把天使在分有上帝本质活动中能够经验到的东西赋予他。"所以，藉上帝的这些可理解的结果，人就能够比我们现在更加清楚地认识上帝。

答异议理据 1：人在伊甸园里是幸福的，但是，他却不具有指定给他的完满的幸福，因为这种幸福在于看到上帝的本质。然而，如奥古斯丁在同一部著作第 11 卷第 18 章中所说，就赋予他自然的全整性和完满性而言，"在一定程度上也可以说是"被赋予了"一种幸福生活"。

答异议理据 2：善良意志乃一种安排得妥当的意志。但是，第一个人如果他希望的话，他的意志就会被安排得不当，而在有功绩的状态下，那些曾经允诺给他的东西就将成为奖赏。

答异议理据 3：媒介也有两种。一种是一些事物藉它并且是在它之中被看到的。例如，一个人是藉一面镜子并且是在这面镜子之中被看到的。另一种则是那种我们藉以达到关于所认识的事物的知识的媒介，如推证中的中项即是。上帝之被看到是无需第二种媒介的，但是，却不能没有第一种媒介。因为第一个人是根本没有必要像我们那样藉由结果产生的推证来获得上帝的知识的，因为他是按照他的能力在上帝的结果中，尤其是在那些可理解的结果中同时性地认识上帝的。再者，我们也必须看到：蕴涵在"令

人费神的事物”这个词中的含混性也可能有两种。第一种是就每一个受造物当其同上帝的无限光辉相比较时便是一些含混的东西而言的。这样，亚当就是在令人费神的事物中看到上帝的，因为他是在受造的结果中看到上帝的。其次，是就人在考察可理解的事物时由于专注于感性事物而受到障碍而言的，如是，我们便可以把含混性理解为犯罪的结果。在这个意义上，亚当并不是在令人费神的事物中看到上帝的。

第 2 条　亚当在无罪状态下是否是藉天使的本质看到他们的？ 585a

现在我们着手讨论第 2 条。

异议：亚当在无罪状态(statu innocentiae)下似乎是藉天使的本质看到他们的。

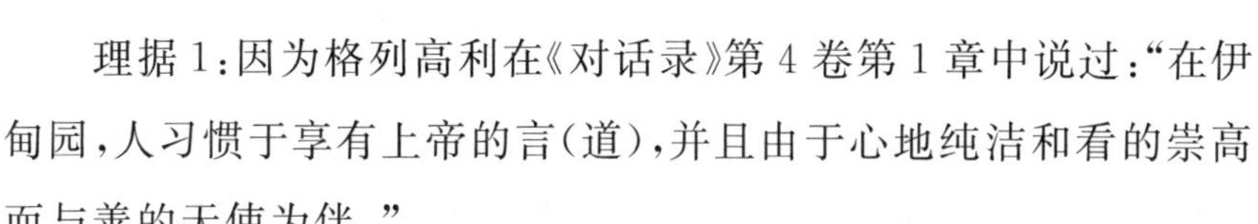

理据 1：因为格列高利在《对话录》第 4 卷第 1 章中说过：“在伊甸园，人习惯于享有上帝的言(道)，并且由于心地纯洁和看的崇高而与善的天使为伴。”

理据 2：再者，灵魂，在今生状态下，由于同可朽坏的身体结合在一起，便受到障碍，而得不到关于独立实体的知识。因为一如《智慧篇》第 9 章第 15 节中所说，身体乃“加在灵魂上面的重担”。所以，独立的灵魂，如上所述(问题 89 第 2 条)，是能够看到独立实体的。但是，第一个人的身体却并非加在灵魂上面的重担，因为他的身体是不可朽坏的。所以，他是能够看到独立实体的。

理据 3：还有，一个独立实体，按照《论原因》第 13 节中的说法，是藉认识它自身而认识另一个独立实体的。但是，第一个人的灵魂却是能够认识它自身的。所以，它也是能够认识独立实体的。

但是，从另一个方面看，亚当的灵魂跟我们的灵魂具有同样的本性。但是，我们的灵魂现在却不可能理解独立的实体。所以，亚当的灵魂也是不可能理解的。

我的回答是：人的灵魂的状态是可以用两种方式作出区别的。第一种是就人的灵魂的自然存在的样式的多样性而言的。按照这种方式，独立灵魂的状态是区别于同身体结合在一起的灵魂的状态的。其次，灵魂的状态就全整性和可朽坏性而言是不同的，但自然存在的状态却是保持不变的。这样，无罪的状态就区别于犯罪之后的人的状态。因为，人的灵魂，在无罪状态下，是适合于使身体完满，并且是能够支配身体的，一如它现在所是的那样，这样，第一个人也就被说成是被造成了一个"有生命的灵魂"，亦即一个把

585b 生命赋予身体的灵魂，亦即动物灵魂。但是，他被赋予了一种全整性，以致如上所述（第 1 条），他的身体中的这种生命是完全服从于灵魂的，是绝不会障碍它的。这样，从前面业已说过的（问题 84 第 7 条；问题 85 第 1 条；问题 89 第 1 条）便可以清楚地看到：既然，就动物生命而言，灵魂适合于使身体具有完满性，并且适合于支配身体，则它也就适合于具有那种藉回到心像进行理解活动的理解样式。所以，理解活动的这样一种样式也是适合于第一个人的灵魂的。这样，就如狄奥尼修斯在《论神的名称》第 4 章第 9 节中所说，依照理解活动的这种样式，灵魂中存在有三种不同等级的运动。第一种运动在于灵魂从外部事物把它的各种能力集中到它自身上来；第二种在于灵魂上升，以至同那些高级能力，即天使，完全结合

在一起;第三种则在于:灵魂被进一步引导达到至上的善,亦即达到上帝。

由于灵魂的第一种运动是从外部事物达到它自身的,灵魂的知识便会因此而被完满化。这是因为灵魂的理智运作,如上所述(问题 87 第 3 条),具有一种关于外部事物的自然秩序;从而,凭借着关于它们的知识,我们的理智运作是能够被完满地认识到的,就像一项活动藉它的对象能够被完满地认识到一样。而且,藉理智的运作本身,人的理智也是可以被完满地认识到的,就像一种能力藉它的特有的活动可以完满地被认识到一样。但是,在第二种运动中,我们是发现不了完满的知识的。因为既然天使并不是藉心像进行理解的,而是如上所述(问题 55 第 2 条),是藉一种卓越得多的过程进行理解的,则上述的灵魂藉以认识它自身的知识样式,便不足以把它引向天使的知识。第三种运动更其不可能引向完满的知识。因为甚至天使他们自身,由于他们认识他们自身这样一个事实,便不可能达到上帝实体的知识,因为上帝实体是无比卓越的。

因此,第一个人的灵魂是不可能在天使的本质中看到天使的。尽管同我们相比,他对天使是具有更其卓越的认识样式的。因为他的对存在于它自身之中的可理解的事物的知识比我们的知识要更加确定些和更加恒定些。而且,格列高利之所以说"他享有天使 586a
的精灵为伴"也正是由于这样一种知识的卓越性所致。

这也就清楚地答复了第一条反对意见。

答异议理据 2:第一个人的灵魂之缺乏关于独立实体的知识并不是由于身体是加在灵魂上面的重担这样一个事实,而是由于它所固有的对象缺乏独立实体的卓越性。由于这样两个理由，我们在今生状态下，便缺乏关于独立实体的知识。

答异议理据3：第一个人的灵魂，如上所述，是不可能藉它的自我认识而达到独立实体的知识的。因为甚至每个独立实体也是按照它自己的尺度来认识其他独立实体的。

第3条 第一个人是否认识所有的事物？

现在我们着手讨论第3条。

异议：第一个人似乎并不认识所有的事物(omnium)。

理据1：因为如果他具有这样的知识，那就或者是藉后天获得的种相，或者是藉固有的种相，或者是藉注入的种相。然而，藉后天获得的种相具有这样的知识是不可能的，因为这种知识，如《形而上学》第1卷中所说，是由经验引起的，而第一个人则是不可能经验所有的事物的。[1] 藉固有的种相也是不可能获得这样的知识的，因为他同我们的本性是一样的，而我们的灵魂，一如《论灵魂》第3卷中所说，就“像一张上面什么也没有写的白板”。[2] 而如果他的知识是藉注入的种相获得的，则这种知识同我们的知识就会属于不同的种类，因为我们是从事物本身获得知识的。

理据2：再者，同一个种相中的个体事物达到完满性的方式是一样的。而其他的人却不是从一开始就具有所有事物的知识的，而是在时间过程中按照他们的能力获得的。所以，亚当，当其被第

① 亚里士多德：《形而上学》，Ⅰ，1，980b28。

② 亚里士多德：《论灵魂》，Ⅲ，4，430a1。

一个创造出来的时候，也不是认识所有的事物的。

理据 3：还有，上帝之所以把生命的今生状态赋予人，乃是为了使他的灵魂增进知识和建立功绩；而实际上灵魂似乎也正是为 586b
了这一目的而同身体结合在一起的。然而，人在生命的这种状态下是取得了功绩的，从而人也会在今生状态下获得知识。所以，他并不是被赋予关于所有的事物的知识的。

但是，从另一个方面看，一如《创世记》第 2 章第 20 节中所说，人给动物起了名字。但是，名字应当同事物的本性相一致。所以，亚当知道动物的本性。从而，他也就以相同的方式具有所有事物的知识。

我的回答是：按照自然的秩序，完满的事物是先于不完满的事物出现的，正如现实先于潜能一样，因为凡处于潜在状态中的事物都只是由某种现实的存在物造成现实的。而且，既然上帝之所以创造第一批事物，不仅是为了它们自己的存在，而且也是为了它们可以成为其他事物的原则，所以受造物都是依照它们的完满状态创造出来，以便成为其他事物的原则的。然而，一个人就不仅能够藉身体的生育，而且还可以藉教育和管理而成为另一个人的原则。因此，正如第一个人的身体，为了生育工作的需要，是按照他的完满状态造出来的一样，他的灵魂则为了教导和管理别人同样也是按照完满状态造出来的。

然而，一个人除非他具有知识，便不可能教导别人，所以，第一个人就是上帝以人具有获得所有那些事物的知识的自然能力的方式把他造出来的。而这些也就是实际上包含在第一自明原则中的东西，亦即那些人能够自然认识的真理。再者，为了指导他自己的以及其他人的生活，人便不仅需要认识那些能够自然认识的事物，而且也需要认识那些超出自然知识的事物，因为人的生命是被安排达到超自然的目的，正如为了指导我们自己的生活，我们有必要去认识信仰真理一样。所以，第一个人便被赋予这样一种关于这些超自然真理的知识，因为这些知识对于指导我们今生状态下的人生是非常必要的。但是，那些不可能仅仅藉人的努力就认识到的事物以及那些对指导人生没有必要的事物，是第一个人所不认
587a 识的。人的各种思想，未来的偶然事件，以及一些个别的事实，如一条河道中的卵石的数目等等，都是第一个人所不认识的。

答异议理据1：第一个人是藉上帝注入的种相具有所有事物的知识的。然而，他的知识同我们的也没有什么两样。正如耶稣基督给予那个天生盲人的眼睛同那些自然赋予的眼睛没有什么不同一样。

答异议理据2：应归于亚当这个第一个人的一定程度的完满性是不应当归于其他人的。这一点从前面解释的看来是很清楚的。

答异议理据3：亚当将会增进自然知识，但这不在于所认识的事物的数目，而是在于认知的方式，因为他思辨认识的东西他以后将会藉经验认识到。但是，就超自然的知识来说，他在所认识的事物的数目方面，由于进一步的启示，也会有所增进的，正如天使藉进一步的启发而有所增进一样。再者，在知识的增进和功绩的增进之间也没有什么好比较的。因为一个人不可能成为另一个人的功绩的原则，虽然他也能成为另一个人的知识的原则。

第 4 条　人在原始状态下能否受骗?

现在我们着手讨论第 4 条。

异议:人在原始状态(primo statu)下似乎受到过蒙骗(decipi)。

理据 1:因为使徒在《弟茂德前书》第 2 章第 14 节中说过:“受骗陷于背命之罪的是女人。”

理据 2:再者,大师在《箴言四书》第 2 部第 21 卷第 4 章中说过:“那个女人在蛇说话的时候并没有被吓坏,因为她认为他已经从上帝那里获得了讲话的能力。”但是,这是不真实的。所以,在犯罪之前,这个女人受到了蒙骗。

理据 3:再者,任何事物离开我们越远,它似乎就越小,这是很 587b
自然的。然而,眼睛的本性却并不会因为犯罪而改变。所以,在无罪的状态中也应当是这样一种情况。故而,人在他所看到的东西的大小方面是会受到欺骗的,正如他现在常常受到欺骗一样。

理据 4:再者,奥古斯丁在《〈创世记〉文字注》第 12 卷第 2 章中说过:在睡眠中,灵魂依附事物的肖像,仿佛它们是事物本身似的。但是,在无罪的状态下,人也是要吃饭,并且随后也要睡眠和做梦。所以,既然他把事物的肖像误作实在,他也就是受到了欺骗。

理据 5:还有,第一个人,如上所述(第 3 条),不知道其他人的思想,也不知道未来的偶然事件。所以,如果任何一个人把关于这些事物的错误的意见告诉他,他也就因此而受到了欺骗。

但是,从另一个方面看,奥古斯丁在《论自由意志》第 3 卷第

18 章中说过:“把真的东西视为假的,对于受造的人来说,并不是自然的,而是对受到谴责的人的一种惩罚。”

我的回答是:按照一些人的意见,欺骗可能意指两件东西。它可以用来意指任何不足道的推测,根据这种推测,一个人坚持其本身为假的东西,仿佛它是真的一样,但是却未经信仰的认可。它也可以意指一种坚定的信仰。这样,在犯罪之前,亚当对他的知识所及的那些事物就不可能以上述两种方式中的任何一种受到欺骗,但是,对他的知识所不及的那些事物,如果我们在宽泛的意义上把欺骗理解为未经信仰同意的任何推测的话,则他就可能受到欺骗。持这种意见的人认为:人在这样一些问题上接受一种错误的意见是无害的,如果他不草率地同意,他是不应当受到责备的。

然而,这样一种意见对于生命原始状态的全整性来说是不适当的。因为,如奥古斯丁在《上帝之城》第 14 卷第 10 章中所说:在这种生命状态下,“罪是无需斗争就可以避免的,而且,在这种状态这样保持不变的情况下,恶也就不可能存在了。”然而,很清楚,一如哲学家在《伦理学》第 6 卷中所说,正如真理是理智的善一样,虚假也就是它的恶了。[①] 所以,只要无罪的状态持续下去,人的理智认同虚假的东西仿佛它是真的似的就不可能了。因为正如一些完满性,诸如明晰性,在第一个人的肢体中是缺乏的,虽然也没有什么恶能够存在于其中一样,在他的理智中同样虽然也是能够缺少
588a 一些知识的,但是却没有任何错误的意见。

这一点从原始状态的“正直”来看是非常清楚的;由于这样一

① 亚里士多德:《伦理学》,Ⅵ,2,1139a28。

种情况，当灵魂保持服从上帝的时候，人身上的低级的能力也就服从于高级的能力，且对它们的活动不构成任何障碍。而且，从前面所说的看来（问题 85 第 6 条），对于其特定的对象来说，理智显然永远是真的，因此它也永远不可能欺骗它自己。但是，所出现的无论什么样的欺骗都必定要归因于一些低级能力，诸如想象一类的能力。因此，我们看到：当判断的自然能力是自由的时候，我们就不会为这样的肖像所欺骗，只有当它不自由的时候，它才受到欺骗，例如，在熟睡的情况下就是如此。所以，很清楚，原始状态的正直同理智的受骗是不相容的。

答异议理据 1：虽然女人是在她实际犯罪之前受到欺骗的，但是，直到她由于内在的骄傲而犯罪之前她还是没有受到欺骗的。因为奥古斯丁在《〈创世记〉文字注》第 11 卷第 30 章中说过："女人如果不是已经默认对她自己能力的爱以及自负的傲慢，她是不可能相信蛇的话的。"

答异议理据 2：这女人认为蛇已经得到了讲话的能力，这不是按照本性在活动，而是由于某种超自然的运作。然而，在这个问题上，我们无需遵照《箴言四书》的作者这位大师的意见。

答异议理据 3：即使任何对第一个人的想象或感觉显现的东西不符合事物的本性，他也不会因此而受到欺骗。因为他的理性将会使他判定真理。

答异议理据 4：人对在熟睡期间所发生的事情是不承担任何责任的。因为在那种情况下他是没有运用理性的，而运用理性乃人所特有的活动。

答异议理据 5：如果任何人就未来的偶然事物或一些神秘的

思想,说了一些不真实的话,则处于原始状态下的人就不会相信事
588b 情会如此,而是只相信这样一种事情是可能的;因为他是不会接受一种错误意见的。

我们似乎也可以说:他曾经从上面得到了上帝的指导,致使他在他的知识所不及的问题上不会受到欺骗。

如果有人像一些人做的那样,说当第一个人受到诱惑的时候,他并没有受到指导,虽然那时他是最需要得到指导的,我们便可以答复说:人在他的心中已经犯了罪,从而他不再可能求助于上帝的援助了。

问题 95
论第一个人的意志问题,即恩典和正义

(共 4 条)

我们接着考察有关第一个人的意志的问题。对此,有两个方面需要讨论:(1)第一个人的恩典和正义;(2)论他运用正义管理其他事物。

在第一个项目下,有 4 个要点需要探究:

(1)第一个人是否是在恩典中创造出来的?

(2)在无罪状态下他的灵魂是否具有情感?

(3)他是否具有所有的美德?

(4)他过去做过的事情是否像现在一样具有功德?

第 1 条　第一个人是否是在恩典中创造出来的?

现在我们着手讨论第 1 条。

异议:第一个人似乎并不是在恩典(gratia)中创造出来的。

理据 1:因为使徒在《哥林多前书》第 15 章第 45 节中在对亚当和基督进行区别的时候说过:“首先的人亚当,成了有灵的活人。589a
末后的亚当,成了叫人活的灵。”但是,这灵是由于恩典而被激活的。所以，惟有基督是在恩典中造成的。

理据 2：再者，奥古斯丁在《〈旧约〉与〈新约〉问题集》问题 123 中说过："亚当并不具有圣灵。"但是，凡具有恩典的人都有圣灵。由此可见，亚当并不是在恩典中造成的。

理据 3：再者，奥古斯丁在《论劝诫与恩典》第 10 章中说过："上帝如此精心安排天使和人的生命，以期首先表明他们能够藉自由意志所做的事情，然后表明他们藉上帝的恩典以及正义的辨别力所做的事情。"因此，上帝首先创造人和天使仅仅处于自然的自由意志状态之中，然后才把恩典赋予他们。

理据 4：再者，大师在《箴言四书》第 2 部第 24 卷第 1 章中说过："当人被创造出来的时候，他得到了足够的帮助，以站起来，但是，却不足以前进。"但是，凡获得恩典的人都是能够前进的。所以，第一个人并不是在恩典中造成的。

理据 5：再者，接受恩典需要接受者的同意，因为这样一来，上帝和灵魂之间所发生的便成了一种精神上的婚姻。但是，这种婚姻预设了存在。所以，人在被创造的最初瞬间是没有接受到恩典的。

理据 6：还有，本性离开恩典比恩典离开光荣还要远些，而光荣不是别的无非是圆满的恩典。但是，在人身上，恩典是先于光荣的。由此可见，本性就更其先于恩典了。

但是，从另一个方面看，人和天使却都是被安排达到恩典的。但是，天使是在恩典中被造成的。因为奥古斯丁在《上帝之城》第 12 卷第 9 章中说过："上帝是同时地塑造了他们的本性并赋予他们恩典的。"由此可见，人也是在恩典中造出来的。

589b 我的回答是：一些人说，第一个人并不是在恩典中造出来的，恩典是在其后在犯罪之前赋予他的；而且，许多圣徒权威也声言：人在无罪状态下是具有恩典的。

但是，上帝赋予人的原始状态的正直似乎要求：如另外一些人所说，按照《训道篇》第 7 章第 30 节中关于"上帝造人原是正直"的说法，人是在恩典中造成的。因为这种正直在于他的理性服从上帝，低级能力服从理性，身体服从灵魂。而第一种服从乃第二种服从和第三种服从这两种服从的原因。因为，一如奥古斯丁在《上帝之城》第 13 卷第 13 章中所说，在理性服从上帝的情况下，低级能力将会不变地服从理性。这样，身体对灵魂以及低级能力对理性的这样一种服从显然也就不是来自本性了。否则，这种服从在犯罪之后也会依然保持不变，因为如狄奥尼修斯在《论神的名称》第 4 章第 23 节中所声言的那样，甚至在恶魔身上，自然的赐品即使在犯罪之后也依然存在。因此，理性藉以服从上帝的那种原始的服从显然就不仅是自然的赐品，而且也是超自然的恩典的赐予。因为结果比原因的效能还大是不可能的。所以，奥古斯丁在《上帝之城》第 13 卷第 13 章中说："只要他们一违背上帝的命令，丧失掉上帝的恩典，他们就为他们的裸体感到耻辱；因为他们感受到了身体不服从的冲动，就像这是对他们自己不服从的一种惩罚似的。"因此，如果恩典的丧失消解了身体对灵魂的服从，我们也就可以得出结论说：低级能力是通过存在于灵魂中的恩典而服从灵魂的。

答异议理据 1：使徒说这些话是想表明：如果存在有动物身体的话，也就存在有一种灵性的身体。因为身体的灵性生命是在作为"死里首先复生的（《哥罗西书》1：18）"的基督身上开始的，就像动物生命的身体在亚当身上开始一样。所以，从使徒的这些话中，590a

我们不可能得出结论说亚当的灵魂中没有什么灵性生命，而应得出结论说：就身体而言，他是没有灵性生命的。

答异议理据 2：正如奥古斯丁在同一段话里所说的，毫无疑问，亚当，像别的正直的灵魂一样，在一定程度上，是被赋予了圣灵的。但是，他并不是“像信徒现在具有圣灵那样”具有圣灵的，他被认为是在死后直接享有永恒幸福的。

答异议理据 3：奥古斯丁的这段话并不是在断言：天使或人是在他们具有恩典之前就被创造出来具有自然的自由意志的；而是认为上帝首先要表明的是：他们的自由意志在恩典中被确认之前能够做些什么，它们在被这样确认之后又将获得些什么。

答异议理据 4：大师在这里这样讲，依据的是这样一些人的意见，他们认为人并不是在恩典中创造出来的，而只是在自然的状态中创造出来的。我们也可以说：虽然人是在恩典中创造出来的，然而，它所凭借的却不是那种本性，这种本性使他得以被创造出来，以至能够借助功绩而前进，而是被添加上去的恩典。

答异议理据 5：既然意志的运动并不是连续不断的，那就甚至在第一个人的存在的最初瞬间，也没有什么东西能够妨碍他同意接受恩典。

答异议理据 6：我们虽然是通过恩典的活动而得到光荣的，但是，我们却并不是由于自然的活动得到恩典的。所以，这种比较是站不住脚的。

第 2 条　情感是否存在于第一个人的灵魂之中？

现在我们着手讨论第 2 条。

异议：第一个人的灵魂(animae)似乎并不具有任何情感(passiones)。

理据 1：因为虽然一如《迦拉达书》第 5 章第 7 节中所说，“肉身”是由于“贪求”“灵魂的情感”“而同圣灵相争的”，但是，这种情况在无罪状态下是不会出现的。所以，在无罪状态下，灵魂是没有任何情感的。

理据 2：再者，亚当的灵魂比他的身体高贵。但是，他的身体是无情感的。所以，他的灵魂中也没有任何情感可言。590b

理据 3：还有，灵魂的情感为道德品性所约束。但是，在亚当身上，道德品性是完满的。所以，在他身上，情感是被全然排除掉了的。

但是，从另一个方面看，奥古斯丁在《上帝之城》第 14 卷第 10 章中却说过：“在我们的最初的父母双亲身上，存在有未受到任何干扰的上帝的爱”以及灵魂的其他一些情感。

我的回答是：灵魂的情感存在于感觉欲望之中，其对象有善有恶。所以，灵魂的一些情感指向善的事物，如爱和愉悦；而另外一些情感则指向恶的事物，如畏惧和悲伤。而且，既然在原始状态下，如奥古斯丁在《上帝之城》的同一处所说，恶是既不在场也不临近(imminebat)，而任何善良意志可望获得的善也是不会缺如的，则亚当也就不会具有任何以恶其对象的情感，如畏惧、悲伤等等。而对于善的事物，他也没有那时不曾具有只是现在方具有的情感，如炽烈的欲望。但是，那些关于现在的善的情感，如愉悦和爱，或者那些关于在适当时间所具有的未来的善，如使人不至于沮丧的欲望和希望，在无罪状态下也是存在的；尽管同它们存在于我们自己身上的情况不一样。因为我们的感觉欲望，由于情感存在于其中，便不会全然服从理性。因此，我们的情感又是能够预先阻止和遮蔽理性的判断，有时它们又能够遵循理性的判断，这是就感觉欲望在一定程度上服从理性而言的。但是，在无罪的状态下，低级的欲望是完全服从理性的，以致在那种状态下，灵魂的情感仅仅是作为理性判断的结果而存在的。

答异议理据 1：肉体的欲望之同圣灵相争，乃是由于情感反叛理性的缘故。而这在无罪状态下是不可能发生的。

答异议理据 2：人的身体在无罪状态下，就改变自然倾向的情感而言，是无情感的，我们在后面将对此作出解释（问题 97 第 2 条）。同样，就情感障碍理性的自由运用而言，灵魂也是没有情感的。

591a 答异议理据 3：道德品格的完满并不会全然取消掉情感，而是调控情感。因为一如《伦理学》第 3 卷中所说，“有节制的人在他应当有所欲求的时候欲求，并且欲求的是他应当欲求的东西。”①

第 3 条　亚当是否具有所有这些美德？

现在我们着手讨论第 3 条。

异议：亚当似乎并不具有所有这些美德（virtutes）。

理据 1：因为一些美德是用来约束这些情感的。例如，过度的欲望是为节制所约束的，而过度的畏惧则受到刚毅的约束。但是，在无罪的状态下，是没有什么过度存在于情感之中的。所以，这些

① 亚里士多德：《伦理学》，Ⅲ，12，1119b16。

美德那时也是不存在的。

理据 2：再者，一些美德同那些以恶为其对象的情感相关，例如温顺便同愤怒相关，而刚毅则同畏惧相关。但是，这些情感，如上所述（第 2 条），在无罪状态下并不存在。由此可见，这些美德在那时也不存在。

理据 3：再者，悔罪是一种同所犯的罪过相关的美德。仁慈则是一种同不幸相关的美德。但是，在无罪的状态下，无论是罪还是不幸都是不存在的。由此可见，这些美德也是不存在的。

理据 4：再者，坚持也是一种美德。但是，亚当并不具有坚持的精神，这一点从他后来的犯罪这件事情可以看出来。由此可见，他并不是具有每一种美德的。

理据 5：还有，信仰也是一种美德。但是，在无罪状态下，信仰并不存在。因为这意味着知识的含混，而这同原始状态的完满性是不相容的。

但是，从另一个方面看，奥古斯丁在一次布道中却说过："这个犯罪的巨孽战胜了按照上帝的肖像由尘土造成的亚当，虽然亚当有谦虚的仪表，受到节制美德的约束，并且光辉灿烂。"

我的回答是：在无罪状态下，人在一定意义上是具有所有这些 591b
美德的。这从前面所述的内容，就可以看出来。因为我们在前面（第 1 条）就已经表明：理性服从上帝，低级能力服从理性，这些即是原始状态的正直之所在。而这些美德也不是别的，无非是理性藉以指向上帝的那些完满性而已。而低级能力也是按照理性的命令受到调控的。这一点我们将在"论美德"的部分（第二集第 1 部问题 63 第 2 条）中加以解释。所以，原始状态的正直要求人在一定意义上具有每一种美德。

然而，必须看到：关于他们本性本身的一些美德并不是像仁慈和正义那样，也包含不完满性。而且，这样的美德在原始状态下是绝对存在的，既存在于习性中，也存在于活动中。但是，其他一些美德，无论是就它们的活动而言，还是就其质料方面而言，都具有这样一种本性，以至蕴涵有不完满性。而如果这样一种不完满性同原始状态的完满性相协调的话，这样一些美德因此也就能够存在于那种状态之中。例如，关乎未被看到的事物的信仰，以及关乎尚不具有的事物的希望等，即是如此。因为，那种状态的完满性并未涵盖对上帝本质的洞见，以及对上帝的心醉神迷和对终极幸福的享受。因此，信和望在原始状态中是能够存在的，这既是就习性而言的，也是就活动而言的。但是，任何一种美德，如果它蕴涵有同原始状态的完满性不相容的不完满性，则它之存在于这种状态之中，就只是就习性而言的，而不是就活动而言的。例如，作为为所犯罪过而悲痛的悔罪，以及作为对别人的不幸而悲痛的仁慈，即是如此。这是因为悲痛、罪过和不幸都是同原始状态的完满性不相容的。所以，这样一些美德是作为习性存在于第一个人身上的，而不是作为它们的活动存在于他身上的。因为他曾被做了如此这般的安排，以致他将可以悔改，如果存在有什么样的罪需要予以悔改，如果他看到了他的邻居有什么不幸，他就会尽其全力予以补救。这同哲学家在《伦理学》第 4 卷中所说过的话倒是一致的：相
592a 关于做错了的事情的"羞耻"，"虽然可以在有德性的人身上发现，但是这只是有条件的，因为他是被这样安排的：如果他做错了事，

他就会感到羞耻。”①

答异议理据 1：制服过度情感的节制和刚毅，就它们存在于偶尔具有过度情感的主体身上而言，是偶然的。然而，那些美德其本身却是适合于用来调节这些情感的。

答异议理据 2：那些以恶为其对象的情感，如果那种恶存在于为情感所左右的主体中，那就同原始状态的完满性不相容。例如，畏惧和悲痛就是这样的情感。但是，那些存在于另一个人身上的同恶相关的情感同原始状态的完满性却没有什么不相容的。因为在那种状态下，一个人当他能够爱上帝的善的时候，便能够憎恨恶魔的恶意。这样，同这些情感相关的美德在原始状态下便能够在习性中和活动中存在。然而，在同一个主体中同关乎恶的情感相关的美德，如果仅仅相关于这样的情感，在原始状态下便不可能存在于活动中，而只能存在于习性之中。我们前面说到悔过和仁慈时，事情便是这样。但是，也存在有另外一些美德，它们不仅同这样一些情感相关，而且还同另外一些情感相关。例如节制即是如此，它不仅同悲痛相关，而且还同愉悦相关。再如，刚毅也是如此，它不仅同畏惧相关，而且还同果敢(audaciae)和希望相关。这样，节制的行为，就其调节快乐而言在原始状态下是能够存在的。同样，刚毅在原始状态之存在，也是就其调节果敢和希望而言的，而不是就其调节悲痛和畏惧而言的。

答异议理据 3：从前面所说的看来，事情是很清楚的。

答异议理据 4：对坚持可以有两种理解。在一个意义上，坚持

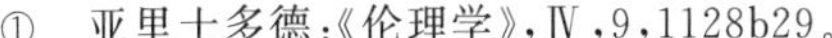

① 亚里士多德：《伦理学》，Ⅳ，9，1128b29。

作为一种特殊的美德，意指一种习性，凭借这种习性，一个人可以作出坚持向善的选择。在这种意义上，亚当便具有坚持的美德。在另一种意义上，它可以被理解为美德的一种境遇，意指美德的一种不中断的持续。在这个意义上，亚当则是不具备坚持的美德的。

答异议理据5：从前面所说的看来，答案是很清楚的。

592b 第4条　第一个人的行为是否不如我们的具有功德？

现在我们着手讨论第4条。

异议：第一个人的行为(opera)似乎不如我们的具有功德(merendum)。

理据1：因为恩典是由于上帝的仁慈而给予我们的，而上帝最多救助的是那些最需要的人。从而，我们比处于无罪状态中的人更加需要恩典。所以，提供给我们的恩典要更多一些。而且，既然恩典乃功绩的源泉，则我们的行为便更值得称道。

理据2：再者，奋斗和困难为建立功绩所必需。因为《弟茂德后书》第2章第5节中说道："若在场上比武，非按规矩，就不能得冠冕。"哲学家在《伦理学》第2卷中也说过："美德的对象是那些困难的事物和善的事物。"[①]但是，现在存在着更多的争斗和困难。所以，也存在有奖惩的更大的效验。

理据3：还有，大师在《箴言四书》第2部第24卷第1章中说

① 亚里士多德：《伦理学》，Ⅱ，3，1105a9。

过：人是不曾在抵制诱惑的情况下取得过什么功绩的；但是，在现在，当他抵制诱惑的时候，他是建立了功绩的。由此可见，我们的行为比在原始状态下更值得称道。

但是，从另一个方面看，如果事情果真如此，人在犯罪后其境况反而会好起来。

我的回答是：功绩，就级别而言，可以用两种方式加以测度。首先，就它的根基而言，它是恩典和仁爱。因此，这样受到测度的功绩在级别上是对应于本质（praemio essentiali）的奖赏的，而这种奖赏即在于享有上帝。因为我们的行为所从出的仁爱越大，我们也就越是能够完满地享有上帝。其次，功绩的等级是由行为的等级本身加以测度的。这样的等级有两种，即绝对的和比例的。那个把两块硬币放进金库里的寡妇同另外一些把大额钱币放进去的人相比，其功德要绝对地小些。但是，从比例的等级看来，按照我们的主的说法，这个寡妇奉献出来的要多些，因为她所奉献出来的
同她的财富的比例要更大些。在这些例证中的每一个中，功德的 593a
等级都对应于偶性的奖赏（praemio accidentali），这种奖赏即在于对受造的善的享有。

所以，我们可以得出结论说：如果我们从恩典方面来考察功绩的等级的话，则在无罪的状态下的人的工作比起犯罪之后来要更值得称道些，因为在这种状态下，人的工作会有更多的机会同人的本性毫无障碍地汇合在一起。如果我们考察一下所做工作的绝对等级的话，它也同样会更值得称道。因为当人具有更多的美德的时候，他也就会干出更多的工作来。但是，如果我们考察比例的等级，则功绩的更大的理由便存在于犯罪之后，这是由于人虚弱的缘

故。因为一项很小的功绩超乎艰难工作的人的能力同一项较大的功绩超出一蹴而就的人的能力相比要大一些。

答异议理据 1:人在犯罪之后虽然比在犯罪之前有更多的事情需要借助恩典来实现,但是,他却不是更加需要恩典。因为人甚至犯罪之前就需要恩典来获得永恒的生命,而获得永恒的生命正是需要恩典的首要理由。但是,在犯罪之后,人之所以需要恩典,乃是为了赦免罪过,并支撑他的虚弱。

答异议理据 2:困难和奋斗,如前面所解释的,是按照所做工作的比例的等级从属于功绩的等级的。努力于对其本身来说是困难的事情也是意志果断的标志,而意志的果断则是由仁爱的强度引起的。然而,一个人也可能督促意志非常紧迫地干一件容易的事情,就像另一个人干一件艰难的事情一样,因为他随时准备去干甚至对他来说也可能困难的事情。但是,这种实际的困难,由于其所具有的刑罚的性质,却能够使"这种功绩"导致犯罪。

答异议理据 3:第一个人,按照那些说他并不享有恩典的人的意见(见前面第 1 条),在抵制诱惑中并不曾取得功绩,即使像现在这样对于那些不享有恩典的人来说也没有什么功绩可言。但是,在这一点上也存在有差别。因为在原始状态下,并不像在我们的现在状态下,有什么作恶的内在动因。因此,人在那时比在现在更能够甚至在没有恩典的情况下抵制诱惑。

问题 96 593b

论人在无罪状态下的主人地位

（共 4 条）

我们接着考察无罪状态下曾经属于人的主人地位。

在这个题目下，有 4 个要点需要探究：

(1)人在无罪状态下是否是动物的主人？

(2)他是否是所有受造物的主人？

(3)无罪状态下，所有的人是否是平等的？

(4)在那种状态下，是否有人曾经是人们的主人？

第 1 条　亚当在无罪状态下对动物是否享有主人地位？

现在我们着手讨论第 1 条。

异议：无罪状态下，亚当似乎并不享有对动物的主人地位(dominabatur)。

理据 1：因为奥古斯丁在《〈创世记〉文字注》第 9 卷第 14 章中说过：动物被带到亚当面前，在天使指导下，接受亚当给它们起的名字。但是，如果亚当自己是动物的主人的话，则天使就无需这样干预了。由此可见,在无罪状态下,人对动物并不享有主人地位。

理据 2:再者,相互敌对的存在物接受一个存在物的支配是不合适的。但是,有许多动物是相互敌对的,如羊和狼即是如此。由此可见,动物并不接受人的支配。

理据 3:再者,哲罗姆说过,上帝把对动物的支配权交给了人,
594a 虽然在犯罪之前,他并不需要它们,因为上帝事先看到:在犯罪之后,动物对人就变得有用了。由此可见,至少在犯罪之前,说人利用他的支配权是不合适的。

理据 4:还有,发布命令对于主人来说是合适的。但是,除非是对理性存在物,否则就不可能恰当地发布命令。由此可见,人对无理性的禽兽是不享有什么主人地位的。

但是,从另一个方面看,《创世记》第 1 章第 26 节中却写道:"叫他管理海里的鱼、空中的鸟、地上的牲畜。"

我的回答是:如上所述(问题 95 第 1 条),由于人不服从上帝而受到惩罚,那些本来应当服从他的受造物便不再服从他了。所以,在无罪状态下,在人还不曾忤逆之前,凡自然服从他的事物中没有什么是不服从他的。从而,所有的动物都是自然地服从他的。这一点可以从下述三个方面得到证明。首先,从自然遵循的秩序看。因为正如在事物的产生中,我们可以知觉到一种从不完满的事物到完满的事物的进展的秩序(因而,质料是为了形式的缘故而产生,而不完满的形式则是为了完满的形式的缘故而产生)一样,在自然事物的用途中同样也存在有秩序。因此,不完满的事物便是为了完满的事物使用的。例如,植物为了获得它们所需要的营养而利用土,动物利用植物,而人则既利用植物,也利用动物。所

以，人之为动物的主人乃是维持自然的秩序。因此，哲学家在《政治学》第 1 卷中说："对野生动物的捕猎是正当的和自然的。"[①]因为人藉此而行使了他的自然权力。其次，这一点可以由始终用高级事物管理低级事物的上帝的天道得到证明。所以，既然人是按照上帝的肖像造成的，从而便胜过其他的动物，这些动物服从他的管理也就是件妥当的事情了。第三，这一点还可以由人和其他动物的特性得到证明。因为，我们在动物身上看到，在它们的某些特殊的活动中存在有某种利用自然本能的分有的审慎。但是，人在所有特殊的问题上都具有一种普遍的审慎。而凡是分有的事物都是服从本质的和普遍的事物的。所以，其他动物对人的服从是自然的。

答异议理据 1：高级能力能够做许多低级能力不可能对那些 594b
服从它们的能力所做的事情。而天使自然比人高级。所以，对动物的一些事情便可以由天使做出来，而这些事情是人不可能做出来的。例如，把所有的动物迅速地召集到一起这件事情就是这样。

答异议理据 2：按照一些人的意见，那些现在凶猛且残杀其他动物的动物，在那种状态下，将会很驯服，不仅对人来说是驯服的，而且对其他动物来说也是很驯服的。但是，这是完全不合情理的。因为动物的本性并不会由于人的犯罪而改变，仿佛那些现在其本性在于吞食其他动物身体的动物，如狮子和隼，那时是以食草为生似的。伯德(Bedae)在对《创世记》第 1 章第 30 节的评注中也没有说树和草是提供给所有动物和鸟类的食物，而只是说它们是提供给一些动物和鸟类的。因此，在一些动物之间就会有一种自然的

① 亚里士多德：《政治学》，Ⅰ，3，1256b24。

敌视。然而，它们却也并不会因此而超出人的支配范围，正如现在它们不会由于这个理由而超出上帝的支配范围一样，上帝的天道已经规定了所有这一切。人曾经是这种天道的实施者，这一点现在甚至从家畜家禽也可以看出来，因为家禽是被人拿来用作训练隼的食物的。

答异议理据3：在无罪状态下，人对动物不会有任何身体方面的需要：不仅穿衣不需要，因为既然那时人们赤身裸体，也不感到羞耻，也就不存在任何超常欲望的运动，而且食物也不需要，因为他们以伊甸园中的树上的果子为食物，也不需要把动物带在身边，因为他的身体强壮地足以保护自己。但是，人为了获得关于它们本性的经验知识是需要动物的。这一点从下述事实可以看出来：上帝把动物带到人的面前，以便他可以给它们起名字，把它们各自的本性表达出来。

答异议理据4：所有的动物都是藉其自然本能而分有一定的审慎和理性的。这也就是鹤群跟随领头的鹤，蜜蜂服从它们的蜂后这样一些事实的理由。所以，所有的动物那时都会主动地服从人，就像在现在状态下，一些家畜家禽服从人一样。

595a 第2条 人是否曾是所有受造物的主人？

现在我们着手讨论第2条。

异议：在无罪状态下，人似乎并不曾是所有别的受造物（alias creaturas）的主人。

理据1：因为天使自然地比人具有更大的能力。但是，一如奥古斯丁在《论三位一体》第 3 卷第 8 章中所说："有形的物质甚至也会不服从神圣的天使。"所以，它就更其不会服从在无罪状态下的人了。

理据 2：再者，植物中存在的能力只有营养的，增长的和繁殖的。而这些都是不可能，像我们在任何一个人身上所看到的那样，自然地服从理性的。所以，既然人是由于他的理性而享有主人地位的，则在无罪状态下人对植物似乎就没有任何主人地位。

理据 3：还有，凡为一件事物的主人的人，都是能够改变这件事物的。但是，人却不曾改变天体的行程。因为按照狄奥尼修斯在《书信集》第 7 卷第 2 章"致波利卡普书"中的说法，只有上帝才能做到这一步。所以，人对它们是没有任何支配权力的。

但是，从另一个方面看，《创世记》第 1 章第 26 节中却写道："叫他管理……一切受造物。"

我的回答是：人在一定意义上是包含着万物的。所以，就他是存在于他自身之中的事物的主人而言，他也能够以同样的方式支配别的事物。我们可以考察一下人身上的四件东西：他的理性，这使他同天使相像；他的感觉能力，这使他同动物相像；他的自然能力，这使他同植物相像；身体本身，在这方面，他同无生命的事物相像。而在人身上，理性所具有的是主人的地位，而非臣仆的地位。所以，在原始状态下，人对天使并不享有支配的地位。因此，当我们读到"所有的受造物"的时候，我们应当把这理解为并非按照上帝的肖像造成的受造物。对于感觉能力，诸如愤怒的和情欲的，这些在一定程度上是服从理性的，灵魂对此是藉命令加以支配的。所以，在无罪状态下，人是藉命令支配动物的。但是，对于自然力 595b

量和身体本身,人却不是藉命令它们而是藉利用它们而成为它们的主人的。因此,在无罪状态下,人对植物和无生命事物的支配并不在于命令它们或改变它们,而是在于毫无障碍地利用它们。

这也就回答了上述各项理据。

第 3 条 人在无罪状态下是否是平等的?

现在我们着手讨论第 3 条。

异议:在无罪状态下,所有的人似乎都是平等(aequales)的。

理据 1:因为格列高利在《道德论》第 21 卷第 15 章中说过:“在不存在任何罪的地方,是不存在任何不平等的。”但是,在无罪状态下,是不存在任何罪的。故而,所有的人都是平等的。

理据 2:再者,按照《德训篇》第 13 章第 19 节中所说:“每一种禽兽都爱它的同类,所以,每一个人同样也都爱最接近他自身的他人”,相像和平等乃相互爱的理据。这样,在那种状态下,在人之间便存在有充分的爱,从而形成和平的黏合剂。由此可见,所有的人在无罪状态下都是平等的。

理据 3:还有,如果原因不再存在,结果也就不再存在了。但是,人与人之间的现在的不平等的原因,就上帝方面而言,似乎是由上帝根据功过奖赏一些人而惩罚另一些人这样一个事实形成的;而就本性而言,其原因则似乎是由一些人由于本性的缺陷而生就虚弱和有缺点,而另一些人则生就强壮和完满这样一个事实形成的;但是,在原始状态下事情却并非如此。

但是,从另一个方面看,《罗马书》第 13 章第 1 节中却写道:

“那些属于上帝的事物，都是妥善规定了的。”但是，妥善规定了的秩序首先就在于不平等。因为奥古斯丁在《上帝之城》第 19 卷第 13 章中说过：“秩序把事物规定成平等的和不平等的，使其各得其所。”所以，在最恰当和最有秩序的原始状态下，不平等的确存在过。

我的回答是：我们必须承认，在原始状态下，确实存在过某种不平等，至少就性别而论是如此。这是因为生育就在于性别的多 596a
样性。就年纪来说也同样如此，这是因为一些人是由其他人生出来的；而相同性别的结合也是不可能生育的。

再者，就灵魂而言，在正义和知识方面也存在有不平等。因为人的工作并非出于必然，而是出于他自己的自由意志，也正因为如此，人能够或多或少地致力于一些活动、欲望和知识。因此，一些人就比另外一些人在德性和知识方面取得更大的进步。

也可能还存在有身体方面的不平等。人的身体不能完全超越自然律，不从外部源泉或多或少地接受一些有利条件和帮助。因为实际上它是依赖食物来维系其生命的。

所以，我们可以说：由于气候的缘故或由于星辰运动的缘故，一些人的体魄生来就比另外一些人强壮，更高大些，更美些，在各个方面都安排得更好些。然而，以这样的方式，在那些因此而优胜的人身上，无论是就灵魂还是就身体而言，就会不存在什么缺陷或毛病。

答异议理据 1：格列高利所说的那些话是要排除那种存在于德性和罪过之间的不平等，这种不平等便导致了一些人被规定来服从另外一些人，以示惩罚。

答异议理据 2：平等在相互的爱中构成了平等的原因。然而，在那些不平等的人之间存在的爱比起存在于平等的人之间的爱来能够更大一些，虽然在那种爱中可能不存在什么平等的回应。因为父亲爱他的儿子自然地甚于兄长爱他的弟弟，虽然这个儿子也可能不像他为其父亲所爱的那样爱他的父亲。

答异议理据 3：不平等的原因是能够存在于上帝方面的。但是，这并不是说他将惩罚一些人而奖赏一些人，而是说他将提升一些人超出另外一些人，以至这种秩序的美更多地照耀在人间。不平等也可以由本性方面产生，如前面所描述的，是没有任何本性的缺陷的。

596b 第 4 条　在无罪状态下，是否有人曾经是人们的主人？

现在我们着手讨论第 4 条。

异议：在无罪状态下，似乎并不曾有人是人的主人（homini dominabatur）。

理据 1：因为奥古斯丁在《上帝之城》第 19 卷第 15 章中说过："上帝要具有理性和按照他的肖像造出来的人统治的无非是无理性的受造物；也就是说不是人，而是家畜。"

理据 2：再者，凡是因为犯罪受到惩罚而来到世上的事物在无罪状态下都不曾存在。但是，人被造出来服从于人乃一种惩罚。因为按照《创世纪》第 3 章第 16 节中的说法，在犯罪之后，耶和华上帝曾对女人说："你应当受到你丈夫的管辖。"由此可见，在无罪状态下，人是不曾服从于人的。

理据 3：还有，服从是同自由相对立的。但是，自由是一种主要的福，因而在无罪状态下是不曾缺乏的，一如奥古斯丁在《上帝之城》第 14 卷第 10 章中所说：“在那儿凡人的善良意志能够欲求的，没有什么事物是缺乏的。”所以，在无罪状态下，人不曾支配过人。

但是，从另一个方面看，人在无罪状态下的地位并不会比天使的地位还高。但是，在天使之间一些却统治另外一些，从而有一种秩序被称作“统治”(dominationum)。由此可见，一个人服从另一个人，同无罪状态的尊严并不冲突。

我的回答是：主人地位有两种含义。首先，是同奴隶身份相对立，在这个意义上，主人即意味着另一个人作为奴隶服从他。在另一个意义上，主人地位一般地归因于任何一种服从。而在这个意义上，甚至一个具有一定官职、管理和指导自由人的人也可以被称
作主人。在无罪状态下，一个人是可以成为人们的主人的，不过不 597a
是在前面一种意义上，而是在后面一种意义上罢了。

这种区别是以下述理由为基础的，这就是：奴隶之所以区别于自由人，乃在于后者，如《形而上学》开门见山所指出的那样，是自行处置他自己的，而奴隶则是为另一个人所规定的。[①] 所以，一个人当他把他为其主人的那个人归属于他自己即主人的使用的时候，他就成了作为他的奴隶的另一个人的主人了。既然每一个人的固有的善都是他自己可以欲求的，因此，任何一个人把本来应当

① 亚里士多德：《形而上学》，Ⅰ，2，982b26。

成为他自己的东西让给另一个人，乃一件令人痛心的事情，从而，这样一种统治必然意味着一种加到对象上面的痛苦。所以，在无罪状态下，这样一种主人地位是不可能存在于人与人之间的。

但是，一个人或者是藉使他指向他的特有的福利，或者是藉使他指向公共的善而成为一个自由主体的主人的。这样一种主人地位在无罪状态下之曾经存在于人与人之间是基于下述两条理由的。首先，这是因为人自然地是一种社会的动物，所以，在无罪状态下，他也当过一种社会的生活。而社会生活是不可能存在于许多人之间的，除非这个社会处于一个关心公共善的人的管理之下。因为许多人会追求许多事物，而一个人则会只关注一件事物。所以，哲学家在《政治学》中开门见山地说："凡在许多事物指向一点的地方，我们始终都能够发现有一个处于领导地位，在指导他们。"[①]其次，如果一个人在知识和正义方面胜过另一个人，这就不会是合适的，除非按照《彼得前书》第4章第10节中的说法："各人要照所得的恩赐彼此服侍"，这些赐品对其他人也有好处。所以，奥古斯丁在《上帝之城》第19卷第14章中说："正义的人不仅通过爱权柄(dominandi)，而且还通过进行忠告来下达命令。这是事物的自然秩序所需要的。上帝也是这样来造人的。"

这样，我们也就答复了有关异议的上述各项理据。那些理据其实都是以最初提到的那种主人地位的样式为基础的。

① 亚里士多德：《政治学》，Ⅰ，2，1254a28。

问题 97 597b
论原始状态下的个体保存

(共 4 条)

我们接着考察有关第一个人身体状态的问题:首先是个体保存问题;其次是种相保存问题(问题 98)。

在第一个项目下,有 4 个要点需要探究:

(1)人在无罪状态下是否不朽?

(2)他是否曾经有过感受性?

(3)他是否需要食物?

(4)他是否曾藉生命之树获得过不朽性?

第 1 条 人在无罪状态下是否曾经是不朽的?

现在我们着手讨论第 1 条。

异议:在无罪状态下,人似乎并不是不朽(immortalis)的。

理据 1:因为"有朽"(mortale)这个词属于人的定义的一部分。但是,如果你取消了这个定义,你也就取消了所定义的事物。由此可见,只要人依然是人,他也就不可能是不朽的。

理据 2:再者,一如《形而上学》第 10 卷中所说:"可朽坏的与不可朽坏的在属相上是不同的。”[①]但是，从一个属相到另一个属相是不可能有什么过渡的。所以，如果首生的人是不可朽坏的，则人在现在状态下也就不可能是可朽坏的了。

理据3：再者，如果人在无罪状态下是不朽的，这将或者归因
598a 于本性，或者归因于恩典。然而，这是不应当归因于本性的。因为既然本性在同一个种相之内是不会改变的，则他现在也就该是不朽的了。同样，这也不应当归因于恩典。因为首生的人，按照《智慧篇》第10章第2节中的说法：“他救他脱离了他本身的罪过”，是藉悔改而重新获得了恩典的。因此，他也是重新获得了他的不朽性的。但事情显然不是如此。所以，人在无罪状态下并不是不朽的。

理据4：还有，不朽性，按照《启示录》第21章第4节中“他们以后不再有死亡”的说法，是作为奖赏允诺给人的。但是，人并不是在奖赏状态下创造出来的，而是在他可能值得奖赏的状态下创造出来的。所以，人在无罪状态下并不是不朽的。

但是，从另一个方面看，《罗马书》第5章第12节中却写道：“死是从罪进入世界的。”所以，人在犯罪之前是不朽的。

我的回答是：一件事物能够以三种方式成为不可朽坏的。首先是就质料而言的。也就是说，这或许是因为它根本就不具有质料，像天使那样；或者是因为它具有的是潜在地只相关于一种形式的质料，像天体那样。诸如此类的事物都是由于它们的本性本身而成为不可朽坏的。其次，一件事物之为不可朽坏的，是就它的形

① 亚里士多德：《形而上学》，X，10，1058b28。

式而言的。因为虽然它就本性说是可朽坏的，然而，它却具有一种固有的保护它自身全然免于朽坏的倾向。这被称作光荣的不可朽坏性。因为一如奥古斯丁在《书信集》第 118 篇第 3 章“致狄奥斯科书”中所说：“上帝使人的灵魂非常有力，以至于充实的至福促成了身体的健康丰满，具有不可朽坏的活力。”第三，一件事物就它的动力因来说也可以是不可朽坏的。在这个意义上，人在无罪状态下是不可朽坏的和不朽的。因为一如奥古斯丁在《〈旧约〉与〈新约〉问题集》中所说：“上帝使人只要他不犯罪就可以成为不朽的，以至于他可以自个得到生死。”因为人的身体之成为不可分解的，并不是由于任何不朽的内在活力所致，而是由于上帝提供给灵魂的一种超自然的力量的缘故，凭借着这种力量只要它使它自身始终服从上帝，它就可以保存身体，使之免于整个朽坏。这同理性完全一致，因为既然理性的灵魂，如上所述(问题 76 第 1 条)，在能力 598b
上胜过有形物质，从而它从一开始也就具有以超出有形物质的方式保存身体的力量。

答异议理据 1 和 2：这些反对意见都是建立在自然的不可朽坏性和不朽性的基础之上的。

答异议理据 3：保存身体的这种力量对于灵魂来说并不是自然的，而是恩典的赐品。而且，虽然人能够就赦免罪过和光荣的功劳而言重新获得恩典，然而，这却并没有重新获得不朽性，这种不朽性的是罪的结果之一。因为这只能由耶稣基督来完成，只有通过他，本性的缺陷才得以修复成某种较好的事物。我们将更进一步对此作出解释(第三集问题 14 第 4 条答异议理据 1)。

答异议理据 4：“光荣的不朽性”这样一种允诺的奖赏是不同

于无罪状态下赋予人的那种不朽性的。

第2条　在无罪状态下，人是否曾经有感受性？

现在我们着手讨论第2条。

异议：在无罪状态下，人似乎是有感受性(passibilis)的。

理据1：因为感觉是一种受动性。但是，在无罪状态下，人是有感觉的。所以，他那时也应当是有感受性的。

理据2：再者，睡眠是一种受动性。但是，按照《创世记》第2章第21节中的说法："上帝使人沉睡"，人在无罪状态下是睡眠的。由此可见，他那时应当是有感受性的。

理据3：再者，《创世记》第2章中的同一段话又继续说道："他从亚当身上取下他的一条肋骨。"由此可见，即使在从他身上切割一部分的意义上说，他也是有受动性的。

理据3：还有，人的身体是柔软的。但是，柔软的身体对于坚硬的物体自然是有感受性的。所以，如果一个坚硬的物体同首生的人的柔软的身体有所接触的话，后者就会受到碰撞。由此可见，首生的人是有感受性的。

但是，从另一个方面看，如果人是有感受性的，他也就因此而是可朽坏的。因为过度的遭受会消耗掉实体本身的。

599a 我的回答是：感受性可以用两种方式加以理解。首先，可以从它的固有的意义上来理解。这样，当一件事物由于它的自然性向而变化时，它就可以说是遭受了。因为受动性乃活动的结果。而本性上相反的事物，就一件事物由于它的自然性向而改变另一件事物而言，都是相互能动的或受动的。其次，感受性在一般意义上也可以意指任何一种变化，甚至也适合于本性的完满性。这样，便如《论灵魂》第 3 卷中所说，“理解和感觉也就可以被说成是受动性。”[①]在这第二种意义上，人在无罪状态下，是受动的，而且在灵魂和身体两个方面都是受动的。在第一种意义上，人是没有受动性的，无论在灵魂方面还是在身体方面都是如此，正如他在这两个方面也同样是不朽的一样。因为他能够约束他的情感，正如只要他克制自己不去犯罪他就能够避免死亡一样。

这样，何以回答头两条反对意见就非常清楚了。因为感觉和睡眠并不是从人身上清除掉他的自然性向，而是被安排去达到本性的善。

答异议理据 3：如上所述（问题 92 第 3 条答异议理据 2），那根肋骨是作为人类的原则存在于亚当身上的，正如精液通过生育而成为原则存在于人身上一样。因此，正如人并不会由于释放精子而自然解体一样，他也不会由于取走了这根肋骨而自然解体。

答异议理据 4：人的身体在无罪状态下是能够保存下来，免于遭受硬的物体的伤害的；这部分地是由于运用他的理性，因为运用理性他便能够避免有害事物的伤害，部分地是由于上帝的天道，天道是这样地保存他，以至凡有害本性的事物没有什么能够不知不觉地落到他的身上的。

---

① 亚里士多德：《论灵魂》，Ⅲ，4，429a13。

第3条　在无罪状态下，人是否需要食物？

现在我们着手讨论第3条。

异议：在无罪状态下，人似乎并不需要食物(cibis)。

599b 理据1：因为食物为人恢复他所失去的东西所必需。但是，亚当的身体并不会失去什么，因为它是不可朽坏的。所以，他不需要任何食物。

理据2：再者，需要食物乃是为了摄取营养。但是，摄取营养蕴涵有受动性。因此，既然人的身体是无受动性的，那就无法表明食物对于他何以必要。

理据3：再者，我们需要食物乃是为了保存生命。但是，亚当却可以藉别的方式来保存他的生命。因为如果他不曾犯罪的话，他也就不会死亡了。由此可见，他并不需要食物。

理据4：还有，消耗食物就意味着有对过剩食品的排泄。这对于无罪状态似乎是不合适的。由此可见，人在原始状态下似乎并不吃食物。

但是，从另一个方面看，《创世记》第2章第16节中却写道："伊甸园中各样树上的果子，你可以随意吃。"

我的回答是：在无罪状态下，人所具有的是一种需要食物的动物生命，但是，在复活之后，他就将具有一种无需任何食物的灵性生命。为了澄清这一点，我们必须看到：理性灵魂既是魂(anima)又是灵(spiritus)。它之被称作魂，乃是由于它所具有的东西与其他的魂，即作为把生命赋予身体的事物，是一致的。而且，正因为如此，《创世记》第 2 章第 7 节中写道："人成了一个有灵的活人。"但是，理性灵魂之被称作灵，则是就它特别地属于它自身，而不是属于其他的魂，也就是说，是就它具有一种理智的非物质的能力而言的。

这样，在原始状态下，理性灵魂就把作为灵魂属于它自身的东西传达给了身体。所以，这身体即被称作动物(《哥林多前书》15：44 以下)，这是因为它是由灵魂获得生命的。然而，生命的第一原则在低级的生物中，按照哲学家在《论灵魂》第 2 卷中的说法，就是植物灵魂，其运作在于食物的运用、繁殖和生长。[①] 所以，这样的运作是适合于无罪状态下的人的。但是，在最后的状态下，在复活之后，灵魂在一定程度上，把那些专门属于作为灵的它自身的事物

传达给了身体：把不朽性传达给了每一个人；把无受动性、光荣和 600a
力量传达给善人，善人的身体将被称作灵性的。[②] 所以，在复活之后，人将不需要食物；虽然在无罪状态下他是需要食物的。

答异议理据 1：如奥古斯丁在《〈旧约〉与〈新约〉问题集》问题 19 中所说："既然不朽的东西既不需要食物也不需要饮料，人又何以能够具有靠食物维持的不朽的身体呢？"因为我们在前面(第 1 条)已经解释了原始状态的不朽性是以灵魂中的超自然的力量为基础的，而不是以身体的任何内在的倾向为基础的。然而，由于炎热的活动，身体便可能部分地丧失掉它的潮湿的性质；从而为了防止体液的完全消耗，人便不能不吃食物。

答异议理据 2：一定的受动性和改变总是伴随着来自食物方

---

① 亚里士多德：《论灵魂》，Ⅱ，4，415a23。

② 同上书，Ⅱ，4，415a23；Ⅲ，9，432b8。

面的营养，这是就这些食物转换成了得到营养的存在物的实体而言的。所以，不能够由此得出结论说人的身体是有受动性的，而只能够得出结论说：所吃的食物是有受动性的。虽然这种受动性也有助于本性的完满。

答异议理据 3：如果人不吃食物的话，他也就已经犯罪了，正如他也通过吃禁果而犯罪了一样。因为他同时被告知不要吃善恶知识树上的果实，而要去吃伊甸园中其他各种树上的果子。

答异议理据 4：一些人说，在无罪状态下，人所吃的无非是必要的食物，所以，也就没有什么是多余的。但是，这似乎是不合理的。因为这意味着没有任何粪便问题。由此可见，有必要排泄剩余物，上帝这样安排也没有什么不合适的。

600b 第 4 条 在无罪状态下，人是否是藉生命之树获得不朽的？

现在我们着手讨论第 4 条。

异议：生命之树(lignum vitae)似乎不可能成为不朽的原因。

理据 1：因为既然结果不可能超出它的原因，也就没有什么事物能够超出它自己的种相而活动。但是，生命之树是可朽坏的。否则，它就不可能被当作食物吃了，因为食物，如上所述(第 3 条答异议理据 2)，是要变成被营养的事物的实体的。由此可见，生命之树是提供不出不可朽坏性或不朽性的。

理据 2：再者，凡植物或其他自然活动主体的力量所引起的结果都是自然的。所以，如果生命之树引起了不朽性，这就只能是自然的不朽性。

理据 3：还有，这似乎可以归结到一首古代的寓言，诸神由于吃了一定的食物而变成了不朽的。哲学家在《形而上学》第 3 卷中曾经对此予以嘲笑过。[①]

但是，从另一个方面看，《创世记》第 3 章第 22 节中却写道："现在恐怕他伸手又摘生命树的果子吃，就永远活着。"奥古斯丁在《〈旧约〉与〈新约〉问题集》问题 19 中还进一步说："吃生命树上的果子可以防止身体的腐坏；而且，如果允许人吃生命之树上面的果子的话，那么即使在犯罪后，他也依然会是不朽的。"

我的回答是：生命之树虽然在一定意义上是不朽的原因，但这并不是绝对的。为了理解这一点，我们必须注意到：在原始状态下，为了保存生命，人针对两种缺陷而有两种补救方式。这些缺陷 601a
之一在于由于自然炎热的作用而丧失掉湿度，而湿度则是作为灵魂活动的一个要素发挥着作用。为了补救这样一种损失，人便需要从伊甸园中其他树上获取食物，正如现在我们为了同样的目的需要得到食物一样。第二种缺陷，如哲学家在《论产生和消灭》第 1 卷第 5 章中所说，是由下述事实产生出来的，这就是：由外部源泉引起的体液，当加到业已存在的体液中的时候，便减少了其种相的活动力量。[②] 就像添加到酒中的水一样，在一开始的时候，还是酒的味道，但是，当更多的水添加进去的时候，酒的力量便逐渐减弱了，直到酒变成了像水一样的东西。同样，我们可以看到：一开始这个种相的能动的力量非常强，以至不仅能够消化掉为恢复损

① 亚里士多德：《形而上学》，Ⅲ，4，1000a12。

② 亚里士多德：《论产生和消灭》，Ⅰ，5，18，322a28。

失的生理组织所需要的所有食物，而且还能够消化掉为保证身体增长所需要的食物。然而，到后来，所吸收的食物却并不足以保证增长，而只能恢复所损失的生理组织了。最后，到了老年，甚至连恢复所损失的生理组织这样的目的也实现不了了，于是身体便每况愈下，最终崩解。针对这种缺陷，人从生命之树也能够得到补救。因为它的效用在于加强其种相的能力以抵制其由于外部营养的掺和而产生的虚弱化。所以，奥古斯丁在《上帝之城》第 14 卷第 26 章中说："人以食物来充饥，以饮料来解渴，并且以生命之树来消除老年人的身体的崩解"；他在《〈旧约〉与〈新约〉问题集》问题 19 中还说："生命之树，像一服药剂，可以预防身体的毁灭。"

然而，这并不能绝对地造成不朽。因为不仅灵魂保存身体的内在力量不能够归因于生命之树，而且它也不能够赋予身体一种不朽的性向，而身体则由于不朽而可以变成不可分解的。这显然是来自下述事实：每一种身体力量都是有限的，从而生命之树的力量赋予身体的生命力也不可能达到无限的时间，而只能达到有限的时间。因为，很显然，一种力量越大，它的结果也就越是可能绵延得长一些。所以，既然生命之树的力量是有限的，人的生命也就
601b 由于他曾经吃过它上面的果子而只能得以保存一定的时间。这样，当那段时间过去之后，人就要么转化成灵性的生命，要么就需要去再次吃生命之树上面更多的果子。

由此也就明确地回答了上述各项理据。因为根据上述解释，第 1 条反对意见所表明的无非是生命之树并不能绝对地造成不朽，而其他各条则表明它是藉防止朽坏来产生不可朽坏性的。

问题 98
论种类的保存

（共 2 条）

我们接着考察种类保存的问题。首先是生育问题；其次是子女问题（问题 99）。

在第一个项目下，有 2 个要点需要探究：

（1）在无罪状态下，是否存在有生育？

（2）生育是否通过性交？

第 1 条　在无罪状态下，是否存在有生育？

现在我们着手讨论第 1 条。

异议：在无罪状态下，似乎并不曾存在有生育（generatio）。

理据 1：因为一如《物理学》第 5 卷中所说："毁灭是同产生（生育）相对立的。"[①]但是，相反的事物却能够趋向于同一个主体。而且，在无罪状态下，也不曾存在有任何毁灭。所以，也不会存在有生育。

理据 2：再者，生育的目标在于对那些不可能通过个体得到保

① 亚里士多德：《物理学》，V，5，229b12。

存的事物进行种类的保存。所以，对那些永远持续下去的个体事
602a 物来说，是不存在什么生育问题的。但是，在无罪状态下，人是能够永远生存下去的。由此可见，在无罪状态下，是不曾有过生育的。

理据3：还有，人是藉生育而增多的。但是，主人的增多要求财产的分割，以避免支配权的混乱。所以，既然人是被造成动物的主人的，当人类由于生育而增多的时候，那就有必要对权利作出分割。然而，这是有违自然律的，因为按照自然律，如伊西多尔（Isidorus）在《语源学》第5卷第4章中所说，所有的事物都是公共的。由此可见，在无罪状态下，是不会有什么生育的。

但是，从另一个方面看，《创世记》第1章第28节中却写道："要生育繁殖，充满大地。"但是，人口的增多除非通过生育是不可能发生的，因为人类最初只有两口人。所以，在无罪状态下是有过生育的。

我的回答是：在无罪状态下，为了人口的增加是有过生育后代的。否则，人犯罪就很有必要了，因为这样大的福气就会成了犯罪的结果。所以，我们必须看到：人，就其本性而言，似乎可以说是被安顿在可朽坏的与不可朽坏的生物的中间位置上：他的灵魂是自然地不可朽坏的，而他的身体则是自然地可朽坏的。我们也必须看到自然的目的看来对于可朽坏的和不可朽坏的事物来说是不同的。因为成为恒定和永久的事物似乎可以说是自然的直接目的，而仅仅存在一段时间的事物似乎并不是自然的首要目的，而可以说是从属于其他事物的。否则，当它不再存在的时候，自然的目的也就化成虚无了。

所以，既然在可朽坏的事物中除种相外没有什么是持久存在的和永久的，那就可以得出结论说自然的首要目的在于种相的善，因为自然的生育就是为了保存种相的。另一方面，不可朽坏的实体不仅在种相中继续存在，而且在个体中也继续存在。所以，甚至个体事物也都包括在自然的这一首要目的之中了。

因此，就自然的不可朽坏的身体方面言，生育子孙后代是适合于人的。但是，就灵魂方面言，由于它是不可朽坏的，则个体的增 602b
多之成为自然的直接目的，毋宁说是自然造主的直接目的，因为只有他才是人类灵魂的造主，就是一件合适的事情了。所以，为了增加人口，上帝甚至在无罪状态下就把子孙后代的生育确定下来了。

答异议理据 1：在无罪状态下，人的身体就其本身而言是可朽坏的，但是，它却能够通过灵魂而免予朽坏，得以保存下来。所以，既然生育适合于可朽坏的事物，人也就不应当丧失掉这种能力。

答异议理据 2：虽然生育在无罪状态下可能并不为种类的保存所需要，然而，它却为个体的增多所需要。

答异议理据 3：在我们的现在状态下，随着主人的增多，财产的分割是必要的，因为一如哲学家在《政治学》第 2 卷中所说，财产的共有乃争斗的源泉。[①] 然而，在无罪状态下，人们的意志被安排得非常好，以至他们能够在没有任何争斗危险的情况下使用公共财产：他们是按照各自的需要使用这些财产的，他们也就是他们所需要的事物的主人，事物的这样一种状态甚至现在在许多善良的人们之间也还是可以看得出来的。

---

① 亚里士多德：《政治学》，Ⅱ，2，1263a21。

第 2 条 在无罪状态下，是否也是通过性交来生育的？

现在我们着手讨论第 2 条。

异议：通过性交(coitum)而生育在无罪状态下似乎并不存在。

理据 1：因为一如大马士革的约翰在《论正统信仰》第 2 卷第 11 章中所说：人间伊甸园中的那个首生的人“同天使相像”。但是在复活的未来状态中，当人同天使相像的时候，“他们”就将如《马太福音》第 22 章第 30 节中所说，“既不娶也不嫁”。所以，在伊甸园中是没有什么通过性交而生育的。

理据 2：再者，我们的第一个祖先是在完满发展的年纪造出来
603a 的。所以，如果通过性交的生育在犯罪之前存在的话，他们在伊甸园中的时候便已经性交了。但是，按照《圣经》(《创世记》4:1)的说法，事情却并非如此。

理据 3：再者，在性交中，由于人从中获得了强烈的快乐，他便比在任何别的时间都更其像禽兽。从而，人藉以克制这种乐事的节制是值得称道的。但是，按照《诗篇》第 49 篇第 12 节中的说法：“人居尊贵中不能长久，如同死亡的畜类一样。”所以，在犯罪之前，男人和女人之间是没有这种性交的。

理据 4：还有，在无罪状态下，不会有什么事物是可朽坏的。但是，处女膜的完整却会因性交而遭到破坏。所以，在无罪状态下是不存在这样的事情的。

但是，从另一个方面看，按照《创世记》第 1 章第 27 节与第 2

章第 22 节中的说法，上帝在人犯罪之前就造了男人和女人。但是，在上帝的工作中没有什么是白干的。所以，即使人不曾犯罪，也会有这样的性交。性别的区别也就是为这样的性交作安排的。

而且，在《创世记》第 2 章第 18 节中，我们还进一步被告知说：女人被造出来是为着帮助男人的。但是，除生育外她并不适合于帮助男人干任何事情，因为在任何别的事情上，另一个男人都会提供更加有效的帮助。所以，在无罪状态下，也会有这样的生育的。

我的回答是：一些早期基督宗教神学家，在就我们现在状态的生育考察欲望的本性时，得出结论说：在无罪状态下，生育并不是按照同样的方式实施的。因此，尼斯的格列高利在《论人的创造》第 17 章中说道：在伊甸园中，人口是藉某种别的方式增多的，正如天使无需性交而是藉上帝力量的运作增多的一样。他还补充说：上帝在人犯罪之前就把人造成男的和女的，因为他事先知道犯罪之后所出现的生育的样式，他是事先看到了这种样式的。

但是，这些说法是不合情理的。因为凡对人是自然的事物都是既不会由于犯罪而获得，也不会由于犯罪而丧失的。这样，藉性交而获得的生育显然由于人的动物生命对他来说便是自然的，如 603b
上所述（问题 97 第 3 条），他甚至在犯罪之前就具有了这种生命，正如这对其他完满的动物是自然的一样。人的用来从事这项工作的肉体器官把这个问题明明白白地显示出来了。所以，我们不会认可这些肉体器官不会像别的肉体器官那样在犯罪之前也曾具有自然的用处的。

这样，就藉性交而获得的生育而言，在生命的现存状态下，有两个问题需要考察。一个问题出自本性，也就是男人和女人的结合。因为在每一种生育活动中,都存在有能动的和被动的原则。所以,既然凡是存在有性别差异的地方,能动的原则便是男性的,被动的原则便是女性的,则自然的秩序就要求:为了生育的目的,就会存在有男性和女性的协同作用。需要考察的第二个问题在于过度欲望的卑劣(deformitas),这在无罪状态下是不存在的,因为那时低级能力是完全服从理性的。所以,奥古斯丁在《上帝之城》第14卷第26章中说:"我们绝对不能设定说:子孙后代在没有欲望的情况下就生育不出来。因为所有肉体器官都同样是在没有炽热的或淫荡的刺激、灵魂和身体平静的情况下,受到意志推动的。"

答异议理据1:在伊甸园中,人,就他的心灵的灵性而言,和天使是一样的,然而,在他的身体之中,却具有动物的生命。但是,在复活之后,人就将同天使一样,在灵魂和身体方面都灵性化了。所以,人的这两种状态是没有什么相似之处的。

答异议理据2:如奥古斯丁在《〈创世记〉文字注》第9卷第4章中所说:我们的第一对祖先并不是一起来到伊甸园的,这是因为由于犯罪的缘故,在造出女人不久,就被从伊甸园驱逐出去了。这也或许是因为在接到了关于生育的一般命令之后,还需等待关于生育时间的特殊命令。

答异议理据3:禽兽是没有理性的。这样,人在性交活动中,似乎可以说就变得同它们相像了。因为在性交中他是不可能节制欲望的。在无罪状态下,不受理性约束的一类事情是不会发生的。
604a 然而,这并不是因为,如一些人所说,是感官快乐不足的缘故(其实感官快乐相应于本性的更大纯粹性和身体的更大的感受性将会更大些),而是因为欲望力量在理性束缚下是不会过度地投身于这样的快事之中的；理性的束缚并不在于减少感官快乐，而是去防止欲望力量无节制地执著于这样的事情。所谓“无节制”我的意思无非是指超出理性的限制，正如一个饮食有度的人（sobrius）以一种有度的方式进食，其获得的快感并不比贪吃者获得的为少，只不过他的欲望在这种快乐中逗留的时间短点罢了。这也就是所引用的奥古斯丁的那段话的意思。它并不是要把强烈的快乐从无罪状态下排除出去，它所排除的毋宁是欲望的太过炽热和心灵的躁动不息。所以，节制在无罪状态下是不值得赞赏的，而在我们的现在状态下却是值得赞赏的，这不是因为它取消了生殖力，而是因为它排除了失调的欲望。在这种状态下，生殖力就会是没有贪欲的。

答异议理据 4：正如奥古斯丁在《上帝之城》第 14 卷第 26 章中所说：在那种状态下，“性交是不会损害处女膜的全整性的；这样，它就依然是完整无缺的，就像在月经期中那样。因此，正如母亲在生孩子的时候其痛苦得以缓解，并不是由于痛苦的呻吟，而是由于成熟的鼓动。所以，在怀胎过程中，那种合二而一同样也不是由于肉体的欲望，而是由于深思熟虑的行为。”

问题 99
就身体论子女的状况

（共 2 条）

现在我们必须考察子女的状况：首先，就身体方面考察；其次，
604b 就正义来考察（问题 100）；第三，就知识来考察（问题 101）。

在第一个项目下，有 2 个要点需要考察：

（1）在无罪状态下，儿童出生后其身体是否即刻就有完备的能力？

（2）所有的婴儿是否都是男性的？

第 1 条 在无罪状态下，儿童出生之后其身体是否就有了运用其肢体的完备的能力？

现在我们着手讨论第 1 条。

异议：在无罪状态下，儿童出生之后其身体似乎就有了运用其肢体（motum membrorum）的完备的能力（virtutem perfectam）。

理据 1：因为奥古斯丁在《论儿童的洗礼》第 26 章中说过："身体的这种虚弱同心灵的虚弱是相适应的。"但是，在无罪状态下，并不存在心灵的虚弱问题。所以，在婴儿身上也不存在什么身体的

虚弱问题。

理据 2：再者，一些动物一生下来就有足够的能力来运用它们的肢体。但是，人比其他动物更高贵些。所以，出生之后有力量运用其肢体对于人来说就更其自然了。因此，他之没有能力来运用其肢体看来是对他犯罪的一种惩罚。

理据 3：再者，无力确保享受提供出来的快乐是一件令人苦恼的事情。但是，如果儿童没有充分的能力运用他们的肢体的话，他们就往往会无法获得一些提供给他们的令人快乐的东西。所以，他们便会苦恼，而这在犯罪之前是不可能的。所以，在无罪状态下，儿童是不会丧失掉其运用其肢体的能力的。

理据 4：还有，老年人的虚弱似乎是对应于婴儿的虚弱的。但
是，在无罪状态下，是不存在老年人的虚弱的。所以，在婴儿身上 605a
也是不会存在有这样的虚弱的。

但是，从另一个方面看，产生出来的每一件事物最初都是不完满的。但是，在无罪状态下，儿童是藉生育生出来的。所以，最初，他们在身体大小和能力方面是不完满的。

我的回答是：只有通过信仰，我们才能够把握超乎自然的真理，以及那些我们认为依赖于权威的事物。所以，在作任何论断时，我们必须接受事物本性的指导，除非对那些超乎自然的事物以及那些通过上帝权威才为我们所认识的事物。这同儿童出生后并不即刻具有运用其肢体的能力适合于人的本性的原则是一样自然的。因为同其他动物相比，人自然地有一个更大的脑袋。所以，由于儿童的脑中的值得注意的潮湿的缘故，作为运动工具的神经之不适合于运动肢体便成了一件非常自然的事情了。另一方面，没

有一个天主教徒会怀疑一个儿童由于上帝的力量出生之后便即刻能够运用其肢体的可能性。

这样，根据《圣经》的权威：“上帝造人原是正直”(《传道书》7：30)；这种正直，按照奥古斯丁在《上帝之城》第13卷第13章中的说法，即在于身体对灵魂的完全服从，因此，我们是具有运用肢体的能力的。所以，正如在原始状态下，在人的肢体中发现任何与人的良好安排的意志相反的东西是不可能的一样，那些肢体不能够实施意志的命令也同样是不可能的。这样，人的意志当它趋向于适合于人的活动时便是妥善安排了的。但是，这同样的活动并不是在生命的每一个阶段都适合于人的。所以，我们必须得出结论说：儿童并不具有充足的力量运用他们的肢体完成各种活动，而只能完成那些适合于婴儿状态的活动，诸如吸吮的动作等等。

答异议理据1：奥古斯丁所讲的那种我们在儿童身上看到的
605b 虚弱，甚至是就那些适合于婴儿状态的动作而言的，这一点从他前面的言论看是很清楚的。他说道：“甚至当接近乳房渴望吃奶的时候，他们也更倾向于哭叫而不是吸吮。”

答异议理据2：一些动物出生后即有运用其肢体的能力，这并不是由于它们优越的缘故，因为更完满的动物并非如此，而是由于脑的干燥以及这些动物所特有的运作不完满，致使很小一点力量就足以完成它们。

答异议理据3：从我们前面所说的看来，其答案是非常清楚的。我们还可以补充说：他们除以有条理的意志仅仅欲望那些同他们的生命状态相适合的事物外，不再欲望任何别的事物。

答异议理据4：在无罪状态下，人虽然也是生出来的，但是却并不经受朽坏。所以，在这种状态下，只可能存在一些由出生产生出来的幼儿的缺陷，而不可能有由年老所致的导致朽坏的缺陷。

第 2 条　在原始状态下，女人是否是生出来的？

现在我们着手讨论第 2 条。

异议：在原始状态下，女人(fuissent)似乎不是生出来的。

理据 1：因为哲学家在《论动物的产生》第 2 卷第 3 章中说过："女人是偶然的男人(mas occasionatus)"，仿佛她是游离于自然目的之外的产品似的。但是，在这种状态下，在人的生育中没有什么是不自然的。所以，在这种状态下，女人不是生出来的。

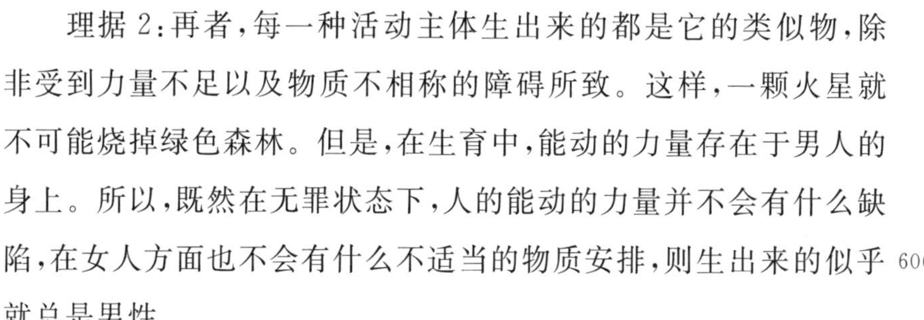

理据 2：再者，每一种活动主体生出来的都是它的类似物，除非受到力量不足以及物质不相称的障碍所致。这样，一颗火星就不可能烧掉绿色森林。但是，在生育中，能动的力量存在于男人的身上。所以，既然在无罪状态下，人的能动的力量并不会有什么缺
陷，在女人方面也不会有什么不适当的物质安排，则生出来的似乎 606a
就总是男性。

理据 3：还有，在无罪状态下，生育是被用来增加人种的数量的。但是，由首生的人和女人永远活着这个事实看，人口靠他们两个就足以不断增多了。所以，在无罪状态下，是不需要有女人生出来的。

但是，从另一个方面看，生育的自然过程同上帝设置它的方式是和谐一致的。但是，一如《创世记》第 1、第 2 章中所说，上帝在

人的本性中设置了男人和女人。所以，在无罪状态下，男人和女人都是生出来的。

我的回答是：属于人性整体的东西中，在无罪状态下，是不缺乏任何东西的。而且正如不同的等级属于宇宙的完满性一样，性别的多样性也属于人的本性的完满性。所以，在无罪状态下，这两种性别都是生出来的。

答异议理据1：女人，由于被看作是处于自然目的之外的产品，而被说成是“偶然（occasionatus）的男人”，如上所述（问题92第1条答异议理据1），这是就个体情况加以考察的情况而言的，而不是针对普遍本性的目的。

答异议理据2：女人的生育，并不是如这项反对意见所设定的，或是由能动力量的缺陷，或是由不适当的物质安排所造成的，而是有时由外在的偶然的原因所造成的。哲学家因此在《动物志》第6卷第19章中说道：“北风有利于男性的生育，南风则有利于女性的生育”；有时则是由灵魂中的某些印痕所造成的，这些印痕可能容易地在身体上产生出一些结果来。[①] 在无罪状态下情况尤其如此，因为在这种状态下，身体更加服从灵魂，以至藉父母的纯粹意志子女的性别就得以多样化了。

答异议理据3：说子女被生出来之具有动物生命，这是就运用食物和生育而言的。因此，不仅第一个祖先，而且所有的人都是生育出来的。由此似乎可以得出结论说：男性和女性的人数是相等的。

---

① 亚里士多德：《动物志》，Ⅵ，19，574a1。

问题 100

606b

就正义论子女的状况

（共 2 条）

现在我们必须就正义来考察一下子女的状况。

在这个项目下，有两个要点需要探究：

(1)人是否是在正义状态下生出来的？

(2)他们是否是一生下来就被确认为是正义的？

第 1 条 人是否是在正义状态下生出来的？

现在我们着手讨论第 1 条。

异议：在无罪状态下，人似乎并不是在正义(iustitia)状态中生出来的。

理据 1：因为圣维克多的雨果在《论圣事》第 1 部第 6 卷第 24 章中说过：在犯罪之前，首生的人生下来的儿童无罪，但是却并不继承他们父亲的正义。

理据 2：再者，正义，如使徒在《罗马书》第 5 章第 16、21 节中所说，乃是由恩典产生出来的。但是，恩典是不会从一个人转移到另一个人身上的。因为如是，恩典就会成为自然的了；但是，恩典却只有上帝才能灌输。所以，儿童并不是在正义状态下生出来的。

理据 3：还有，正义存在于灵魂之中。但是，灵魂却并不是从父母双亲那里遗传下来的。由此可见，正义也是不可能从父母双亲遗传给儿童的。

但是，从另一个方面看，安瑟尔谟在《论童贞女受孕》第 10 章中却说过："只要人不犯罪，他生下来的儿童就不仅具有理性灵魂而且也一并具有正义。"

我的回答是：人所生下来的自然与他自身属于同一个种相。因此，由该种相的本性产生出来的无论什么样的偶然的性质在父母和儿童身上都是一样的，除非本性在其运作方面失灵了；然而，

607a 这种情况在无罪状态下是不会出现的。但是，个体的偶性却并不一定同样程度地存在于父母和儿童身上。从而，原初的正义(首生的人即是据此造出来的)之为从属于人类本性的一种偶性，就不是由人类的原则引起的，而是作为由上帝赋予整个人的本性的赐品成为这样的。这显然来自这样一个事实：对立的事物属于同一个属相；而原罪，由于同原初的义相对立，便被称作本性的罪，从而它便能够从父母遗传给后代。而且，也正因为如此，儿童在原初的义方面就同其父母相像。

答异议理据 1：雨果的这些话应当被理解为所关涉的不是正义的习性，而是它的活动的实施。

答异议理据 2：一些人说：儿童刚生下来的时候并不具有恩典的正义，而只有原初的正义，因为恩典的正义乃功绩的原则。但是，既然当首生的人被造出来的时候赋予其正直的原初正义的根，在于理性对上帝的超自然的服从，如上所述(问题 95 第 1 条)，而

这种服从又是上帝恩典的结果，则我们就必须得出结论说：如果儿童是在原初的正义中生出来的，他们也就是在恩典中生出来的；正因为如此，我们在前面说道：首生的人是在恩典中造出来的。然而，这种恩典不会是自然的，因为它不是借助于精液注入的，而是人在接受理性的时候便即刻赐给人的。同样，理性灵魂，也不是由父母遗传下来的，而是上帝在人的身体一旦被安排好可以接受它时便立即灌输进去的。

由此也就清楚地回答了第 3 条反对意见。

第 2 条　在无罪状态下，儿童一生下来是否就被确认为是正义的？

现在我们着手讨论第 2 条。

异议：在无罪状态下，儿童一生下来(in statu innocentiae)似乎就被确认(confirmmati)为是正义的了。 607b

理据 1：因为格列高利根据《约伯记》第 3 章第 13 节中的话："因为不然我现今早已躺卧安睡"，在《道德论》第 4 卷第 31 章中说过："要不是罪的腐化堕落腐蚀了我们第一个祖先的话，他就不会生下'受地狱之苦的儿童'(filios gehennae)了。除了那些其本身注定要为救世主拯救的外，是不可能有什么儿童是他生下来的。"所以，所有的儿童一生下来都是被确认为是正义的。

理据 2：再者，安瑟尔谟在《上帝为何化成人？》第 1 卷第 18 章中说过：要是我们的第一对祖先"过得很满意，不至于经不住诱惑，他们就会在恩典中得到确证，从而他们连同其后代，就都不会再犯什么罪了。”所以，儿童生下来都是被确认为是正义的。

理据3：再者，善比恶更强大些。但是，由于首生的人犯罪，在他所生的那些人中，也就产生了犯罪的必然性。所以，如果这首生的人是在正义中被保存下来的话，那他的后裔也就由他而得到保存正义的必然性了。

理据4：还有，当一些天使犯罪的时候，那些依然忠于上帝的天使便被确认为是正义的，以至他们今后不再犯罪了。所以，同样，如果这人坚持下去的话，那他也就被确认为是正义的了。但是，他生下来的儿童却像他自己。所以，他们生下来也就被确认为是正义的了。

但是，从另一个方面看，奥古斯丁在《上帝之城》第14卷第10章中说过：“如果他们”，即我们的第一对祖先，“不犯任何遗传给他们后代的罪，他们的任何族类也不曾犯任何他们受到谴责的罪的话，幸福也就因此而属于整个人类了。”由此我们也就可以得出结论说：即使我们的第一个祖先不曾犯罪，他们的后代中的任何人也都可能作恶，从而，他们也就不是生下来即被确认为是正义的了。

我的回答是：在无罪状态下，儿童生下来被确认为是正义的这一点似乎是不可能的。因为在他们出生的时候，他们显然并不比他们的处于生育时刻的父母具有更大的完满性。然而，父母们，只要他们生孩子，他们也就不会被证实为是正义的。因为理性生物
608a 是要通过由清楚看到上帝获得的幸福方可被证实为是正义的。而且，一旦他看到了上帝，他就不能不忠于作为善的本质的上帝了，没有什么人是能够离开这种本质的，因为没有什么事物不是在善的方面被欲望或爱的。我这样说所根据的只是一般的规律，因为在一些享受特殊的豁免权（priviligio speciali）的情况下，

就可能是另外一回事，我们认为授予上帝圣母所行的事情就属于这样一种情况。而且，只要亚当达到了在上帝的本质中看到上帝的那种幸福状态，他在灵魂和身体方面就会成为灵性的，而且，他的动物生命也就因此而终止了，而只有在动物生命中才有生育。因此，很显然，儿童并不是生来就被确认为是正义的。

答异议理据 1：如果亚当不犯罪的话，那在儿童们因他而不受作为地狱之苦的原因的罪的限制的意义上，他就不会生“受地狱之苦的儿童”了。但是，他们要是出于其自由意志而犯罪，他们也就因此而成了“受地狱之苦的儿童”了。然而，要是他们不因为犯罪而成为“受地狱之苦的儿童”的话，这就不能归因于他们之被确证为是正义的，而只能归因于保护他们免予犯罪的上帝的天道了。

答异议理据 2：安瑟尔谟不是以断言的方式，而只是作为一种意见说这些话的。这从他的下述表达方式看是很清楚的：“似乎是，如果他们生活”云云。

答异议理据 3：这种论证并不是结论性的，虽然安瑟尔谟似乎受到过它的影响，这一点从前面引证的话可以看出来。因为为后裔所招致的罪的必然性并不会这样，以至他们不能够回归到正义上来，只有罚入地狱的人才会是这样一种情况。所以，父母们也不会把不犯罪的必然性遗传给他们的后代，只有死后灵魂进入天堂的人才能有这样的必然性。

答异议理据 4：在人和天使之间是没有什么可以比较的。因为人的自由选择是可以变化的，无论是选择前还是选择后都是如此，而天使的自由选择则是不可改变的，在讨论天使时我们就已经说到这一点了（问题 64 第 2 条）。

608b

问题101
就知识论子女的状况

(共2条)

我们接着就知识来考察子女的状况。

在这个项目下,有两个要点需要探究:

(1)在无罪状态下,儿童是否一生下来就具有完满的知识?

(2)在出生的瞬间,他们能否完满地运用他们的理性?

第1条 在无罪状态下,儿童是否一生下来就具有完满的知识?

现在我们着手讨论第1条。

异议:在无罪状态下,儿童似乎是生来就具有完满的知识(scientia perfecti)的。

理据1:因为亚当所生的儿童同他自己相像。但是,亚当是被赐给完满的知识的(问题94第3条)。由此可见,他生下来的儿童也是具有完满的知识的。

理据2:再者,无知,按照伯德的说法(参阅第二集上部问题85第1、3条),乃罪的结果。但是,无知乃知识的匮乏。所以,在犯罪之前，儿童一生下来，便具有了完满的知识。

理据 3：还有，儿童是在出生的时候便被赋予了正义的。但是，知识却为正义所要求，因为它指导我们的行为。因此，他们也是被赐给知识的。

但是，从另一个方面看，人的灵魂，如《论灵魂》第 3 卷所说，自然地“像一块其上面什么也没有写的白板”。[①] 但是，灵魂的本性在现在同它在无罪状态下是一样的。由此可见，儿童的灵魂在出 609a
生的时候是没有知识的。

我的回答是：如上所述（问题 99 第 1 条），就信仰那些超乎自然的问题而言，我们依靠的只是权威。所以，当权威缺乏的时候，我们则必须接受自然的通常程序的指导。这样，如上所述（问题 55 第 2 条；问题 84 第 6 条），人通过感觉获得知识，并且由于灵魂为其特有的运作而需要身体，从而便同身体结合在一起，便是自然的。然而，如果灵魂在出生时即具有知识，而无需通过感觉能力获得，则事情就会是另外的样子了。因此，我们必须得出结论说：在无罪状态下，儿童并不是生下来就具有完满的知识的，而是随着时间的推移，藉着发现和学习而毫不困难地获得知识的。

答异议理据 1：知识的完满是我们第一个祖先的个体的偶性，这是就他被确定为我们整个人类的父亲和导师而言的。所以，他生出来的儿童之像他自已，并不是就这个方面而言的，而只是就那些对整个本性是自然的或者是白白地赐给整个本性的偶性而言的。

答异议理据 2：无知乃对某一特殊时刻应有知识的匮乏，而这

① 亚里士多德：《论灵魂》，Ⅲ，4，430a1。

在儿童身上并不是由于他们的出生的缘故。因为他们在那个时刻也具有于他们合适的知识。因此，在他们身上是不存在什么无知的，而只是在一些问题上他们缺乏知识罢了。知识的这样一种缺乏，按照狄奥尼修斯在《天国等级论》第 7 卷第 3 节中的说法，甚至也存在于神圣的天使身上。

答异议理据 3：儿童具有足够的知识，指导他们从事正义的活动。在这个方面，人是受关于正确事物的普遍原则指导的。而他们所具有的这种知识要比我们现在藉本性所具有的完全得多，他们所具有的关于其他普遍原则的知识也是如此。

第 2 条　儿童一生下来是否就能完满地运用理性？

现在我们着手讨论第 2 条。

609b 异议：儿童在出生时似乎就已经完满地运用过理性(rationis)了。

理据 1：因为儿童在我们的现在状态下之不能充分地运用理性，乃是由于灵魂受到身体重压的缘故，然而在伊甸园中，情况却不是这样。因为一如《智慧篇》第 9 章第 15 节中所说："这必腐朽的肉身，重压着灵魂。"所以，在犯罪以及由犯罪而产生的腐朽之前，儿童在出生时是曾经完满地运用过理性的。

理据 2：还有，一些动物在出生时能够运用它们的自然能力，例如羔羊见到狼后会立刻跑开。由此可见，人在无罪状态下，在出生的时候是能够完满地运用理性的。

但是，从另一个方面看，在由生育所产生的所有的事物中，本性都是从不完满进展到完满的。所以，儿童一开始并不能够完满地运用理性。

我的回答是：如上所述（问题 84 第 7 条），理性的运用在一定程度上依赖于感觉能力的运用。所以，当感官受到限制，内在的感觉能力受到牵制的时候，人便不能完满地运用理性，例如，当人沉睡时或神志昏迷的时候，情况即是如此。而感觉能力即是身体器官的能力。从而，只要这些器官受到了障碍，这些能力的活动也就势必受到障碍，而理性的运用也会跟着而同样如此。这样，儿童由于其脑潮湿的缘故在运用这些能力方面就会受到障碍，从而他们也就既不能够完满地运用这些能力，也不能够完满地运用理性。所以，在无罪状态下，儿童并不曾完满地运用理性，他们是在后来的生活中完满地享用理性的。然而，就相关于那种特殊状态的问题言，他们或许会比他们现在有更充分的运用。这一点我们在谈到他们肢体的运用时就谈到了（问题 99 第 1 条）。

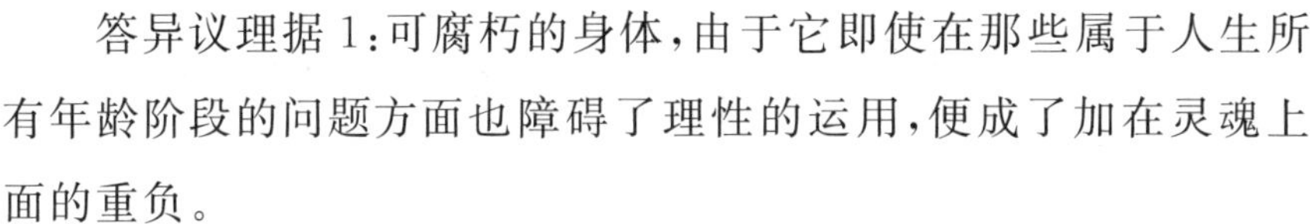

答异议理据 1：可腐朽的身体，由于它即使在那些属于人生所有年龄阶段的问题方面也障碍了理性的运用，便成了加在灵魂上面的重负。

答异议理据 2：甚至其他动物在出生时也不能像它们后来那样完满地运用它们的自然能力。这一点从下述事实可以清楚地看 610a
出来，这就是：各种鸟类教授它们的幼雏去飞翔；这一点在其他动物身上也同样可以看到。再者，由于脑的非常潮湿，这样一种特别的障碍在人身上也存在。这一点我们在前面就已经解释过了（问题 99 第 1 条）。

问题 102
论人的住所，即伊甸园

（共 4 条）

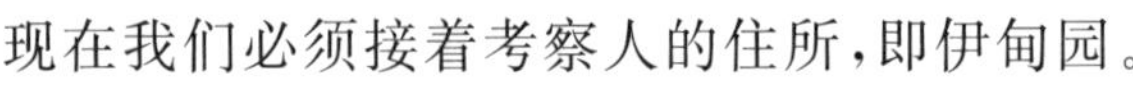

现在我们必须接着考察人的住所，即伊甸园。

在这个项目下，有 4 个要点需要探究：

(1)伊甸园是否是一个有形的场所？

(2)它是否是一个适合于人居住的场所？

(3)人是为了什么样的目的而被安顿在伊甸园中的？

(4)他是否是在伊甸园中造出来的？

第 1 条　伊甸园是否是一个有形的场所？

现在我们着手讨论第 1 条。

异议：伊甸园（paradisus）似乎并不是一个有形的场所（locus corporeus）。

理据 1：因为伯德说过：伊甸园一直延伸到“月球的轨道”。但是，地球上没有什么场所符合这一描述，这不仅因为它之被提升得如此高是与地球的本性相矛盾的，而且还因为月球之下属于火的区域，而火会毁掉地球的。由此可见，伊甸园并不是一个有形的场所。

理据 2：再者，《创世记》第 2 章第 10 节中提到过发源于伊甸园的四条河流。但是，一如哲学家在《气象学》中所说，在那儿提到的 610b
河流在别处都有看得见的源泉。[①] 所以，伊甸园并不是一个有形的场所。

理据 3：再者，虽然人们已经勘查了人类居住的整个世界，然而，却没有人提到过伊甸园这个地方。由此可见，它显然不是一个有形的场所。

理据 4：再者，生命之树被说成是长在伊甸园中的。但是，生命之树是一种精神的东西。因为《箴言》第 3 章第 18 节中在谈到智慧时说道："她为掌握她的人，是一株生命树。"由此可见，伊甸园不是一个有形的，而是一个精神的场所。

理据 5：还有，如果伊甸园是一个有形的场所的话，伊甸园的这些树就必定是有形的。但是，它们似乎并不是有形的，因为有形的树是在第三天造出来的，而种植伊甸园中的树则是记录在六天工作之后的。由此可见，伊甸园并不是一个有形的场所。

但是，从另一个方面看，奥古斯丁在《〈创世记〉文字注》第 8 卷第 1 章中却说："关于伊甸园，流行着三种普遍的意见。一些人把它理解成一个仅仅是有形的场所；另一些人把它理解成一个全然精神的场所；还有一些人，我承认他们的意见我是乐于接受的，则认为：伊甸园既是有形的又是精神的。"

我的回答是：如奥古斯丁在《上帝之城》第 13 卷第 21 章中所说，"没有什么事物能够妨碍我们坚持认为伊甸园在一定的范围内

① 亚里士多德：《气象学》，Ⅰ，13，350b18。

是精神的，只要我们相信关于所讲述的那些在那儿曾经发生过的事件的真实性，事情就会是这样。”因为凡是《圣经》告诉给我们的关于伊甸园的故事都是作为历史问题记录下来的，而且，凡《圣经》使用这种方法的地方，我们都必须坚持以所叙述的历史真实性作为我们可能提供的各种精神解释的基础。所以，伊甸园，如伊西多尔在《语源学》第 14 卷第 3 章中所说，“乃一个处于东方的场所，其名字在希腊语中是花园的意思。”说它处于东方是合适的，因为东方被认为处于地球上最卓越的地方。东方，按照哲学家在《论天》
611a 第 2 卷中所解释的，乃天的右边，[①]而右边要比左边高贵些。因此，说上帝把地球上的伊甸园置放在东方是合适的。

答异议理据 1：伯德的论断，如果从它的显义看，是不恰当的。然而，这却可以被解释成：所谓伊甸园一直延伸到月亮，这只是一个象征的说法，从而不能对之作字面的理解。因为，如伊西多尔所说，那儿的空气“具有持续恒常的气温”，在这个方面与天体无异，而天体是不存在什么对立的元素的。然而，这里说到的是月亮，而不是别的天体，因为在所有的天体中，月亮是离我们最近的，而且，也是同地球最相像的。因此，它被认为是被云彩遮蔽了的，以致差不多是模糊不清的。另一些人则说：伊甸园一直延伸到月亮，也就是说，一直延伸到大气的中心地带，雨、风等等都是从那里出现的，因为月亮被说成是对这样一类的气候变化有影响。但是，在这个意义上，这个地方并不适合于人类居住，因为它与地球附近的大气层不同，上面的气温悬殊太大，从而与人体的温度不协调。

① 亚里士多德：《论天》，Ⅱ，2，285b16。

答异议理据 2：奥古斯丁在《〈创世记〉文字注》第 8 卷第 7 章中说过："人很可能根本不知道伊甸园在何处，那些河流，其源头虽说是大家都知道的，但是却很可能是在远处地下流动，然后从别处涌出来的。因为有谁不知道其他一些河流是这样一种情况呢？"

答异议理据 3：伊甸园的坐落是为不可能穿越的高山、海洋，或炎热地带同可居住的世界隔离开来的；所以，写到这些地方的人都不曾提及它。

答异议理据 4：生命之树是一棵有形的树，之所以被称作生命之树，乃是因为它的果子，如上所述（问题 97 第 4 条），是具有保存 611b
生命的力量的。然而，它却具有精神的意义，正如那块沙漠中的磐石虽然具有物质本性，然而所表示的却是耶稣基督一样（《哥林多前书》10：4）。同样，分辨善恶的知识之树也是一棵有形的树，并且也是由于未来的事件而被称作知识之树的。因为在吃过它的果子之后，人就由于经验到后来的惩罚而懂得了服从的善与反叛的恶的区别了。如一些人所说的，这也可以被说成是从精神上表示自由意志的。

答异议理据 5：按照奥古斯丁在《〈创世记〉文字注》第 5 卷第 5 章与第 8 卷第 3 章中的说法，植物虽然是在第三天现实地造出来的，但是却处于它们的种子原则（rationes seminales）中；但是，在六天工作之后，植物，无论是在伊甸园中的还是在其他地方的，便都现实地造了出来。按照其他宗教作家的观点（问题 69 第 2 条），我们应当说：所有的植物，包括伊甸园中的树，都是在第三天现实地造出来的。而关于伊甸园的树是在六天之后种植的说法，他们说，是可以藉重述的方式（per recapitulationem）予以理解的。所以，我们的经文中写道：“上帝在东方的伊甸立了一个园子”（《创世记》2：8）。

第2条　伊甸园是否是一个适合于作人的住所的场所？

现在我们着手讨论第2条。

异议：伊甸园似乎并不是一个适合于作人的住所（habitationi humanae）的场所。

理据1：因为人和天使是同样被安排来达到幸福的。但是，天使，从他们存在之时起，就被造成生活于有福的人的住所即天堂里。所以，人的住所本来是应当在天堂上的。

理据2：再者，如果人的住所要求有个确定的地方的话，这就
612a 要么是灵魂方面所要求的，要么是身体方面所要求的。如果是灵魂方面所要求的，这个场所就会处于适合灵魂本性的天上，因为在天堂生活的欲望是灌输到所有的事物之中的。就身体方面而言，除了为其他动物提供的那个场所外是无需提供任何别的场所的。由此可见，伊甸园是完全不适合于成为人的住所的。

理据3：再者，一个地方什么东西也不包含是没有什么用处的。但是，在犯罪之后，伊甸园就不再为人所居住了。所以，如果它是个适合于人居住的场所的话，则上帝之造伊甸园似乎就无的放矢了。

理据4：还有，既然人是具有恒温的，适合于他住的地方也就同样应当具有恒温。但是，伊甸园并不是具有恒温的，因为它被说

成是位于赤道，是个非常热的地方，因为一年之内有两次太阳是直射到它的居民的头顶上的。由此可见，伊甸园并不是一个适合于人居住的地方。

但是，从另一个方面看，大马士革的约翰在《论正统信仰》第 2 卷第 11 章中却说过："伊甸园是一个由上帝安排的地方，是配得上按照上帝的肖像造出来的人的。"

我的回答是：如上所述（问题 97 第 1 条），人之所以是不可朽坏的和不朽的，不是因为他的身体具有达到不朽性的性向，而是因为在他的灵魂中存在有一种保护身体免予朽坏的力量。这样，人的身体就可能由于内部或外部的原因而朽坏。从内部原因看，如上所述（同上，第 4 条），身体会由于体液的消耗以及年老而朽坏，但也能够由于食物而避免这样的朽坏。在那些从外部朽坏身体的事物中，首要的似乎是气温不平和的大气，然而在一种本性平和的大气中也能够找到对这样一种朽坏的补救。在伊甸园中，这两种条件都可以发现。因为如大马士革的约翰在《论正统信仰》第 2 卷第 11 章中所说，"伊甸园充满了一种弥漫一切的适度的纯净的赏心悦目的大气的光明，并且装饰有永远开放着鲜花的植物。"所以，伊甸园显然最适合于成为人的住所，而且同他的不朽的原初状态也是保持一致的。

答异议理据 1：天堂是最高的有形场所，而且也是处于变化范 612b
围之外的。由于这两个条件的第一条，它便是天使本性的合适的住所。因为奥古斯丁在《论三位一体》第 2 卷第 4 章中说过：上帝是通过精神的受造物来管理有形的受造物的。因此，精神的本性奠放在整个形体本性之上以便对之实施管辖是一件适宜的事情。

由于第二个条件，它便成为幸福状态的一个合适的住所，因为它具有最高等级的稳定性。这样，幸福的住所就适合于天使的本性，从而他便是在那儿被创造出来的。但是，它并不适合于人的本性，因为人并不是作为统治者被置放在整个形体创造之上的。它之所以被认为是人的一个合适的住所，只是就人的幸福而言的。所以，他并不是从一开始就被置放进了天堂的，而只是在他的最后幸福状态中才被指定转移到那儿的。

答异议理据 2：说任何一个特殊的场所对于灵魂或任何精神实体都是自然的这样一种说法是荒谬的，虽说一些特殊的场所也可能对精神实体有一定的适宜性。因为地球上的伊甸园之所以是一个适合于人的场所，乃是就他的身体和他的灵魂两个方面而言的，也就是说，是就他的灵魂是那种保护人的身体免予腐朽的能力而言的。这不可能是在说别的动物的。所以，大马士革的约翰在《论正统信仰》的同一处说："没有什么无理性的动物是居住在伊甸园中的"；虽然，通过一定的恩典，各种动物便被上帝带到那儿，带到亚当的面前，而蛇也就能够由于恶魔的工作而擅自爬入伊甸园。

答异议理据 3：伊甸园并没有因为人在犯罪之后不再占用就变得无用了，就像不朽性并不是白白地赐给人的一样，虽然他后来也丧失了它。因为这样一来，我们就认识到了上帝对人的仁慈，并且知道人由于犯罪而失去了什么。再者，有人说：以诺(Enoch)和以利亚(Elias)至今还住在伊甸园中。

613a 答异议理据 4：那些说伊甸园处于赤道上的人具有下述一种意见，这就是：由于昼夜永远相等，这样的位置是最适宜的；在那儿，气候绝不会太冷，因为太阳从来不会离开得太远；气候也绝不会太热，因为虽然太阳会直射到居民的头顶上，但是，它却不会在那个位置上待得太久。然而，亚里士多德在《气象学》中却明确地说：这样一种地区由于太热而不适合住人。[①] 这似乎更为可能，因为即使那些太阳并不直射到人的头上的地方，也会由于接近太阳而极端热。但是，无论问题的真相是什么，我们都必须坚持认为：伊甸园处于最适宜的位置，不管是处于赤道上还是别处都是如此。

第 3 条　人被安顿在伊甸园是否是为了修整和看守它？

现在我们着手讨论第 3 条。

异议：人被安顿在伊甸园中似乎并不是为了修整（operaretur）和看守（custodiret）它。

理据 1：因为凡是作为对罪的惩罚而带给人的东西在无罪状态下都是不会存在于伊甸园中的。但是，耕种土地，按照《创世记》第 3 章第 17 节中的说法，却是对罪的一种惩罚。由此可见，人被安顿在伊甸园中并不是为了修整它和看守它的。

理据 2：再者，当根本不存在担心暴力侵占的时候，看守者的存在也是没有必要的。但是，在伊甸园中是根本不存在担心暴力侵占的问题的。由此可见，人那时是没有必要来看守伊甸园的。

理据 3：还有，如果人被安顿在伊甸园中乃是为了修整、看守它，人之被造出来显然就是为了伊甸园的缘故，而不是相反。但这

① 亚里士多德：《气象学》，Ⅱ，5，362b25。

似乎是荒谬的。由此可见,人被安顿在伊甸园中并不是为了修整、看守它。

但是,从另一个方面看,《创世记》第 2 章第 15 节中却写道:“上帝将那人安置在伊甸园,使他修理看守。”

我的回答是:如奥古斯丁在《〈创世记〉文字注》第 8 卷第 10 章
613b 中所说,对《创世记》中的这些话可以用两种方式加以理解。首先,可以在下述的意义上加以理解,这就是:上帝之所以把人安顿在伊甸园中,乃是为了他自己可以管理人并且可以看守他,使人圣洁(因为如果这项工作停止了,人就会立刻堕入黑暗,正如当光不再照耀的时候,天空也就变暗了),并且使人免除所有的腐朽和恶。其次,是可以从人可以修整和看守伊甸园的意义上来理解,不过在这里,所谓修整并不包括劳作(laboriosa),因为劳作是在犯罪之后才从事的;但是它也会由于人因此而对自然力量具有实践知识而令人愉快。人也不是为了防止入侵者而看守伊甸园的,而是他努力为自己看守伊甸园,以免他由于犯罪而失去它。所有这一切都是为了人的好处。所以,伊甸园是为了人的好处而安排给人的,而不是相反。

由此也就清楚地答复了上述各项反对意见。

第 4 条 人是否是在伊甸园中造出来的?

现在我们着手讨论第 4 条。

异议:人似乎是在伊甸园中造出来的。

理据 1:因为天使是在他的住所即天堂里造出来的。但是,在犯罪之前，伊甸园是人的合适的住所。由此可见，人似乎是在伊甸园中造出来的。

理据 2：再者，其他动物依然存在于产生它们的地方，例如鱼依然存在于水中，而爬行动物则依然存在于把它们造出来的陆地上。然而，人在他被造出来之后也依然待在伊甸园中（问题 97 第 4 条）。由此可见，他是在伊甸园中造出来的。

理据 3：还有，女人是在伊甸园中造出来的。但是，男人却比女人更伟大些。所以，男人就更其是在伊甸园中造出来的了。

但是，从另一个方面看，《创世记》第 2 卷第 15 章中写道："上帝将那人安置在伊甸园。"

我的回答是：就原始状态的不可朽坏性而言，伊甸园是人的一
个合适的住所。然而，这种不可朽坏性之为人的，却不是由于本
性，而是由于上帝的超自然的赐品。所以，既然这可以归因于上帝 614a
的恩典，而不能归因于人的本性，则上帝就是在伊甸园之外造人
的，而后才在他的整个动物生命期间把他安置到那儿生活的；而在
获得灵性生命之后，又进而将他转移到天堂上。

答异议理据 1：天堂就其本性而言是适合于天使居住的，故而，他们也是在那儿造出来的。

以同样的方式，我也就答复了异议的第二条理据，因为那些地方也是适合于动物的本性的。

答异议理据 3：女人之在伊甸园被造出来，这并不是由于她自己的尊严，而是由于她的身体得以形成的那项原则的尊严。由于同样的理由，儿童也就是在伊甸园中生出来的，因为他们的父母是已经住在那儿的。

译名对照表

（依汉语拼音字母为序）

阿尔布马扎 Albumazar
阿维洛伊 Ibn Rushd / Averroes
阿维森纳 Ibn Sina / Avicenna
安瑟尔谟 Anselm / Anselmus
奥古斯丁 Augustinus / Augustine
奥利金 Origen

《83 问题集》*Octoginata Trium Quaestionbus*
白板 tabula in qua nihil est scriptum / a tablet on which nothing is written
保存身体 praeservandi corpus / preserving the body
保罗 Paulus / Paul
被动理智 intellectus passivus / passive intellect
被动能力 potentia passiva / passive power
被动意志 voluntate possibile / passive will
被推动的推动者 movens motum / move unless moved
本体 hypostasis /Hypostasis
彼得·隆巴迪 Petrus Lombardus / Peter Lombard
《彼得前书》*I Peter*
波爱修 Boethius
伯德 Beda / Bede the Venerable
柏拉图 Platō / Plato
伯纳德 Bernardus / Bernard of Clairvaus
不动的推动者 quoddam movens potest penitus immonile / a mover which is immovable
《布道集》*Homilia*

《忏悔录》*Confess. / The Confessions*
初级质料 materiam elementarem / elementary matter
《传道书》*Ecclesiastes*
《创世记》*Genesis*
《〈创世记〉文字注》*Gen. ad Lit.*

大马士革的约翰 Ioahn Damascus / John Damascene
道德科学 moralis scientiae / science

of morals
《道德论》*Moral.*
德谟克利特 Democritus
《德训篇》*Ecclesiasticus*
低级理性 ratio inferior / lower reason
狄奥尼修斯 Dionysius
狄奥斯科 Dioscorus
第二现实 actum secundum / second act
《弟茂德前书》1 *Timotheum*
第一感觉 primi sensitivi / first sensitive
第一个人 primus homo / first man
第一实践原则 prima principia operabilium / first practical principles
第一思辨原则 prima intellectus speculativus / first speculative intellects
第一现实 actus primus / first act
第一印象 prima immutatio / first impression
第一原则 primum principium / first principle
《第一原则》*Peri Archon*
动物灵魂 anima animalem / animal soul
《动物志》*De Animal. Histor.*
独立理智 intellectus separati / separate intellects
独立实体 substantia separata / separate substance
《对话录》*Dialog.*

恩典 gratia / grace
恩培多克勒 Empedoclem

《范畴篇》*Praed.* / *Categories*
非物质实体 substantia immaterialis / immaterial substance
《斐理伯书》*Philipenses*
分有 participationem / participation
愤怒能力 irascibilis / irascible power
愤怒意志 voluntas iracibilis /irascible will
愤怒欲望 appetitus irascibilis / irascible appetite
夫妻关系 matrimonium / matrimony
《〈福音书〉注》*In Ev.*

感觉活动 actum sentiendi / sensitive action
感觉灵魂 anima sensibilis, animae sensitiva / sensitive soul
感觉能力 vertutem sensitiendi / power of feeling, sensitive power
感觉欲望 appetitus sensitivus / sensitive appetite
感性能力 potentiis sensus / power of sense
高级理性 ratio superior / higher reason
《哥林多前书》1 *Corinth*
《哥林多后书》2 *Corinth*
《哥罗西书》*Colossenses*
格列高利 Gregorium / Gregory
个体性原则 indiviationis principium / principle of individuation

《更正篇》*Retract.*

功德 merendum / meritorious

公共本性 communem rationem

公共概念 intentionem communem

公共感觉能力 unam potentiam sensus comminis / power of common sense

公共质料 materia communis / common matter

估计能力 aestimativam / estimative power

光荣的不朽性 immortalitas gloriae / immortality of glory

合成性整体 totum integrale / integral whole

《基督宗教学说》*De Doct. Christ.* / *On Christian Doctrine*

《几何原本》*Elements*

记忆能力 potentias memoraativam / memorative power

《迦拉达书》*Galatas*

《解释篇》*Periherm*

精神灵魂 anima spritualem / spiritual soul

精神受造物 creaturam spiritualem / spiritual creature

精神质料 material spirituali / spiritual matter

《〈旧约〉与〈新约〉问题集》*Quaest. Vet. et Nov. Test.*

绝对的形式 forma absoluta / absolute form

可理解的种相 species intelligibiles / intelligible species

可能理智 intellectus possibilis / possible intellect

可能意志 voluntate possibile / possible will, passive will

拉撒路 Lazarum

理解能力 vertutem intelligendi / power of understanding

理性灵魂 anima rationalis / rational soul

理性能力 potentiis rationis / power of reason

理智活动 intellectualem / action of intellect

理智灵魂 anima intellectiva / intellectual soul

理智能力 potentiae intellectivae / intellectual power

理智判断 iudicium intellectus / judgment of intellect

理智实体 substantia intellectualis / intellectual substance

理智欲望 appetitus intellectivus / intellective appetite

理智原则 intellectivum principium / intellectual principle

理智运作 intellectus operationem / intellectual operation

理智知识 intellectiva cognition / intellectual knowledge

《利未记》*Leviticus*

良知 conscientia / conscience
《列王纪上》1 *Regum*
《列王纪 4》4 *Regum*
灵魂能力 potentiae animae / power of the soul
灵魂与身体的结合 unio animae ad corpus / union of body and soul
灵智 intelligentia / Intelligence
《路加福音》*Lucas*
《伦理学》*Ethic / Ethics*
《论产生和消灭》*De Generot. et Corrupt. / On Generation and Corruption*
《论动物的产生》*De Gen. Anim. / On the Proggression of Animals*
《论动物活动的原因》*De Causa Motus Animalium*
《论恩典与自由》*De Gratia et Lib.*
《论儿童的洗礼》*De Bapt. Parv.*
《论感觉与感觉对象》*De sensu et sensibilibus*
《论教会信条》*De Eccl. Dogm.*
《论精神与灵魂》*De Spiritu et Anima*
《论灵魂》*De Anima / On the Soul*
《论灵魂的量》*De Quantitate Animae*
《论灵魂的起源》*De Orig. Animae*
《〈论灵魂〉卷三注》*Commentario Ⅲ De An.*
《论魔鬼的预言》*De Divin. Daemon*
《论劝诫与恩典》*De Corr. Et Grat.*
《论人的创造》*De Homin. Opif.*
《论三位一体》*De Trinit. / On the Trinity*
《论神的名称》*De Div. Nom / On the Divine name*
《论圣事》*De Sacram.*
《论睡与醒》*De Som. et Vilgil.*
《论题篇》*Topic. / Topics*
《论天》*De Caelo / On the Heavens*
《〈论天〉第三卷注》*Ⅲ De Caelo*
《论童贞女受孕》*De Concep. Virg.*
《论原因》*Libre de Causis / Book of Causes*
《论正统信仰》*De Fide Catholica*
《论主教会议》*De Synodis*
《论追荐亡者》*De Cura pro Mort.*
《论自由意志》*De Lib. Arb. / On Free Will*
《罗马书》*Ad Romanos*
《〈罗马书〉注》*Supper Epistolam ad Romanos*

《马太福音》*Matthaeus*
《美诺篇》*Meno*
目的必然性 necessitas finis / necessity of end

内感觉 interiores sensus / interior senses
内在的人 homo interior / inward man
内在能力 vis interior / interior power
能动理智 intellectus agens / active intellect
能动能力 potentiae activae / active power
能动意志 voluntate agens / active

will
尼斯的格列高利 Gregorius Nyssenus / Gregory of Nyssa

欧几里得 Euclides / Euclid
偶然的男人 mas occasionatus / misbegotten male

普遍实体 substantia universalis / universal substance
普遍性整体 totum universale / universal whole

《启示录》*Apocalypsis*
《气象学》*Meteor. / Meteorology*
强制的必然性 necessitas coactionis / necessity of coercion
情欲能力 concupicibilis / concupiscible power

情欲意志 voluntas concupicibilis / concupicible will
情欲欲望 concupiscibilis appetitus / concupicible appetite

人的产生 productio hominis / production of man
人的繁殖 propagatio hominis / propagation of man
人的幸福 huminis beatitudo / man's beatitude
人的主人地位 dominium quod homini / mastership belonging to man
人的住所 habitationi humanae, locus hominis / man's abode
仁爱 caritas / charity
认识能力 vim cognitiva / power of knowledge; potentia cognitive / cognitive power
《若望福音》*Joannes*

三位一体 Trinitatem / Trinity
上帝的本质 essentia Dei / essence of God
上帝的肖像 imago vera Dei / image of God
《上帝为何化成人?》*Cur Deus Homo*
《上帝之城》*De Civit. Dei / The City of God*
《申命记》*Deuteronomii*
身体与灵魂的结合 unio animae ad corpus / union of body and soul
《神秘神学》*Myst. Theolog. / The Mystical Theology*
慎思能力 cogitativa / cogitative power
生命之树 lignum vitae / tree of life
生育 generation / generation
生殖能力 ratio seminalis / seminal virtue
《圣经》*Scripturas / Scripturarum*
圣维克多的雨果 Hugo de Sancto Victore / Hugh of St. Victor
《圣咏集》*Psalmi*
《诗篇》*Cantica Cant*
实践理性 ratio practica / practical

reason

实践理智 intellectus practicus / practical intellect

实践原则 principia operabilium / practical principles

《使徒行传》*Actus Ap*

《书信集》*Epistola*

思辨理性 ratio speculativa / speculative reason

思辨理智 intellectus speculativus / speculative intellects

思辨原则 principia speculabilium / speculative principles

思想能力 virtus cogitative / cogitative power

苏格拉底 Socrates

特米斯提 Themistius

特殊理性 ratio particularis / particular reason

特殊实体 substantia particularis / a particular substance

特指质料 materia signata / signate matter

《天国等级论》*Cael. Hier. / The Celestial Hierarchy*

通感 sensus communis / common sense

同类认识同类 simile simili cognosci / like is known by like

脱离了身体的灵魂 anima separate / separated soul

瓦罗 Varro

外感觉 sensus exteriors / exterior senses

外感觉的公共根 communis radix exteriorum sensuum / common root of the exterior senses

外在的人 noster homo / outward man

位格 persona / person

无罪状态 statu innocentiae / state of innocence

《物理学》*Phys. / Physics*

奚拉里 Hilarius / Hilary, Hilary of Poitiers

习性 habitus / habit

夏娃 Eva

想象能力 memoraativam / memorative power

心像 phantasias / phantasms

信仰学说 fidei documenta / teaching of faith

《形而上学》*Metaph. / Metaphysics*

性交 coitum / coition

《修辞学》*Ars Rhetorica / Rhetorics*

修理看守 operaretur et custodiret / dress and keep

选择活动 eligere / to choose

《训道篇》*Ecclesiasticus*

亚伯拉罕 Abraham

亚当 Adam

亚里士多德 Aristoteles / Aristotle

《耶利米书》*Jeremias proph*

伊甸园 paradisus / paradise

伊西多尔 Isidorus
《以弗所书》*Ephesios*
以利亚 Elias
以诺 Enoch
《以赛亚书》*Isaias*
《〈以西结书〉注》*In Isaiam. / Comment. In Isai.*
意欲活动 velle / to will
意志活动 actum voluntatis / act of the will
姻亲关系 dicendum / affinity
营养灵魂 animae nutritiva / nutritive soul
营养能力 vim nutritivam / nutritive power
有形实体 corporali substantia / corporeal substance
有形受造物 creatura corporalis / corporeal creatures
有形质料 materia corporali / corporeal matter
《语源学》*Etymologiae*
欲望能力 vim concupiscibilem / concupiscible power; potentia appetitive / appetitive power
原初生命 primum animatum / primary animate
原初质料 materia prima / primary matter
原始状态 primo statu / primitive state
《约伯记》*Job*
《约翰福音》*Jonnes*
《〈约翰福音〉研究》*Super Joann*
约西亚王 Iosiae regi
运动能力 potentia motiva / motive power

哲罗姆 Jerome
《哲学的慰藉》*De Consol. / On the Consolation of Philosophy*
哲学家(亚里士多德) Philosophus / Philosopher
这个人 hic homo / this man
《箴言》*Proverbia*
《箴言四书》*Sent. / Sententiis*
正义 iustitia / justice
《证道集》*Serm.*
《政治学》*Polit. / Politics*
知识习性 habitus scientiae / habit of knowledge
植物灵魂 anima vegetabilis / vegetative soul
《致彼得论信仰》*De Fide ad Petrum*
至福 beatitudo / happiness
《智慧篇》*Sapientiae*
种类保存 conservationem speciei / preservation of the species
子女 prolis genitae / offspring
自然的必然性 necessitas naturalis / natural necessity
自然的不可朽坏性 incorruptibili per naturam / natural incorruptibility
自然目的 intentionem naturae / purpose of nature
自然生育 naturali generatione / natural

generation
自然习性 habitus naturalis / natural habit
自然欲望 appetius naturalis / natural appetite
自由意志 liberum arbitrium / free-will

译后记

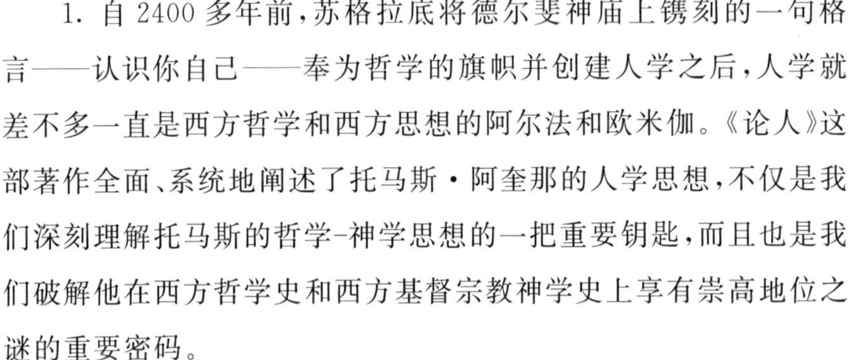

1. 自 2400 多年前，苏格拉底将德尔斐神庙上镌刻的一句格言——认识你自己——奉为哲学的旗帜并创建人学之后，人学就差不多一直是西方哲学和西方思想的阿尔法和欧米伽。《论人》这部著作全面、系统地阐述了托马斯·阿奎那的人学思想，不仅是我们深刻理解托马斯的哲学-神学思想的一把重要钥匙，而且也是我们破解他在西方哲学史和西方基督宗教神学史上享有崇高地位之谜的重要密码。

2.《论人》这部著作原本是托马斯·阿奎那的代表作《神学大全》的一部分，属于《神学大全》第一集第 6 卷。该书中译本作为《神学大全》第一集的一个部分曾由商务印书馆于 2013 年与其他 6 卷一起出版。现在，商务印书馆决定出单行本，译者专门写了一篇长篇导读，对其作者及其出处、行文格式、基本内容和学术价值作出专门说明。

3. 为方便读者阅读、理解和研究该著，译者还专门为本著制作了一个译名对照表。此外，借本著出版单行本的机会，译者对原来的译文也做了一些必要的修订。

4. 在翻译《圣经》经文时，译者对《圣经》版本做过艰苦而审慎的选择。考虑到我国学界的现状和可接受性，在大多数情况下，译者选用了中国基督教协会和中国基督教三自爱国运动委员会刊印的《新旧约全书》或上帝版《圣经》，但当其相关引文妨碍我们在翻译中呈现托马斯《神学大全》逻辑线索的本来面目时，我们便选用了思高版《圣经》。有些经文，如《智慧篇》和《德训篇》等，为思高本《圣经》所独有，译者即参照思高本译出。但当发现无论是上帝版《圣经》还是思高本《圣经》的译文都不尽精确时，译者便依据文本和上下文重新译出。这一点也有必要提醒读者。

5. 商务印书馆副总编辑陈小文先生长期以来一直关心《神学大全》的翻译和出版工作，商务印书馆的徐奕春先生、朱泱先生和于娜先生先后为编辑、出版本著付出过巨大辛劳，在本著即将付梓之际，特向他们致以衷心的谢意。

6. 本著的译文若有不当之处，敬请读者批评指正。

2019 年 9 月 5 日

于武昌珞珈山南麓

图书在版编目(CIP)数据

论人/(意)托马斯·阿奎那著;段德智译.—北京:商务印书馆,2024
(汉译世界学术名著丛书:120年纪念版:珍藏本:增订本)
ISBN 978-7-100-23701-7

Ⅰ.①论… Ⅱ.①托…②段… Ⅲ.①人学—研究 Ⅳ.①B038

中国国家版本馆CIP数据核字(2024)第076648号

权利保留,侵权必究。

汉译世界学术名著丛书
(120年纪念版·珍藏本·增订本)
论人
〔意〕托马斯·阿奎那 著
段德智 译

商务印书馆出版
(北京王府井大街36号 邮政编码100710)
商务印书馆发行
北京通州皇家印刷厂印刷
ISBN 978-7-100-23701-7

2024年5月第1版 开本710×1000 1/16
2024年5月北京第1次印刷 印张31¾
定价:176.00元